Jörg Guido Hülsmann

Krise der Inflationskultur

JÖRG GUIDO HÜLSMANN

KRISE DER INFLATIONSKULTUR

GELD, FINANZEN UND STAAT IN ZEITEN DER KOLLEKTIVEN KORRUPTION

FBV | EDITION LICHTSCHLAG

Bibliografische Information der Deutschen Nationalbibliothek
Die Deutsche Nationalbibliothek verzeichnet diese Publikation in der Deutschen Nationalbibliografie.
Detaillierte bibliografische Daten sind im Internet über **http://dnb.d-nb.de** abrufbar.

Für Fragen und Anregungen:
huelsmann@finanzbuchverlag.de

2. Auflage 2014

ein Imprint der Münchner Verlagsgruppe GmbH
Nymphenburger Straße 86
D-80636 München
Tel.: 089 651285-0
Fax: 089 652096

Lektorat: Ulrike Kroneck, Melle-Buer
Satz: Georg Stadler, München
Umschlaggestaltung: Marco Slowik, München
Druck: Konrad Triltsch, Ochsenfurt
Printed in Germany

ISBN Print 978-3-89879-797-9
ISBN E-Book (PDF) 978-3-86248-432-4
ISBN E-Book (EPUB, MOBI) 978-3-86248-433-1

Für Hans-Hermann Hoppe

Inhalt

Vorwort

Zur Bewältigung der gegenwärtigen Finanzkrise gibt es zwei Ansätze.

Auf regierungsamtlicher Seite bevorzugt man das Retten und Regulieren. Banken, Versicherungen und Staaten werden mit scheinbar unbegrenzten Krediten und anderen Subventionen aus der Notenpresse gestützt. Gleichzeitig werden ihnen neue und scheinbar strengere Regeln auferlegt, um eine zukünftige Wiederholung der gegenwärtigen Probleme zu unterbinden. Dieser Lösungsansatz wird von den Regierungen als der einzig mögliche verkauft. Auch die Vertreter der Finanzwirtschaft sehen hier das Heil, selbst wenn sie nicht in allen Einzelheiten einer Meinung sind.

Aber außerhalb dieses Kreises regt sich Widerstand. Vermögensverwalter, Investoren, mittelständische Unternehmer und auch viele Privatleute haben den Verdacht, dass der offizielle Lösungsansatz ins Nichts führt. Sie stellen einfache und grundsätzliche Fragen: Wie ist es möglich, eine Schuldenkrise mit immer neuen Krediten zu bewältigen? Warum sollen überschuldete Banken nicht liquidiert werden? Hat nicht schon die frühere Finanzmarktregulierung versagt? Warum sollten die neuen Regeln andere Folgen haben?

Ihnen wird geantwortet, dass sie besser zuhören sollten: Es gebe keine Alternative! Ohne die Rettung aus der Notenpresse gingen Banken, Versicherungen und sogar Staaten in den Bankrott. Die gesamte Kreditwirtschaft bräche zusammen und mit ihr alle Firmen und Haushalte, die auf Kredite angewiesen sind. Aber letztlich wären auch alle anderen Bürger negativ betroffen. Denn es käme zu einer gewaltigen Deflation, die unser gesamtes Währungs- und Finanzsystem in ihren Sog ziehen und zerstören würde. Es sei offensichtlich, dass dies unter allen Umständen vermieden werden müsse. Unser heutiges Finanzsystem sei eine der größten Errungenschaften der modernen Zivilisation. Es habe enorme Erleichterungen gebracht, und zwar keineswegs nur für Staaten, sondern insbesondere auch für Unternehmen und Privathaushalte. Die beispiellose wirtschaftliche Entwicklung der letzten hundertfünfzig Jahre sei ganz wesentlich der Entwicklung der Finanzwirtschaft zu verdanken. Wenn es nicht gelinge, sie in ihrem gegenwärtigen Umfang zu erhalten, stünden all diese Fortschritte infrage. Leider sei es im Kapitalismus nun einmal unmöglich,

Wachstum ohne gelegentliche Krisen zu haben. Wer Omelette essen wolle, müsse auch hinnehmen, dass der Koch ein paar Eier zerbricht. Man könne nicht mehr erreichen, als Auswüchse durch immer neue Gebote und Verbote soweit es geht einzudämmen. Einen anderen Weg gebe es nicht.

Aber das stimmt natürlich nicht. Es gibt immer alternative Auffassungen der Sachlage und alternative Ansätze der Krisenbewältigung. Wir wollen uns hier mit einer besonders traditionsreichen Alternative befassen, die bis zu den klassischen Ökonomen und sogar noch weiter zurückreicht. Dieser Auffassung zufolge entspringt die gegenwärtige Überschuldungskrise unserem künstlichen Währungssystem, durch das prinzipiell unbegrenzte Geld- und Kreditmengen aus dem Nichts geschöpft werden können. Doch diese unbegrenzte Geldschöpfung ist keineswegs günstig für das Gemeinwohl. Bereits Adam Smith hatte unterstrichen, dass die Geldmenge aus gesamtwirtschaftlicher Sicht unerheblich ist. Eine wachsende Wirtschaft mit immer größeren *realen* Umsätzen ist durchaus auch dann möglich, wenn die Geldmenge nicht im gleichen Rhythmus steigt, und sogar selbst dann, wenn die Geldmenge überhaupt nicht wächst. Später haben die Theoretiker der Currency-Schule und vor allem die Ökonomen der Wiener Schule in genau die gleiche Kerbe gehauen und dabei die klassische Argumentation bestärkt. Ludwig von Mises und seine geistigen Erben legten dar, dass die künstliche Geldschöpfung aus der staatlichen Notenpresse keinerlei gesamtwirtschaftliche Vorteile mit sich bringt. Sie führt vielmehr zu zwei sehr negativen Folgen: Umverteilung und Verarmung. Zum einen begünstigt sie lediglich ihre *unmittelbaren* Nutznießer, und zum anderen verleitet sie die Unternehmer zu massiven Fehlinvestitionen. Die künstliche Geldschöpfung führt somit keineswegs zu mehr Wachstum und Wohlstand, sondern zu Kapitalverschwendung und Vetternwirtschaft. Das Wirtschaftswachstum wird durch sie nicht gestärkt, sondern geschwächt.

Wenn diese Auffassung zutrifft, dann gibt es einen alternativen Weg zur Bewältigung der gegenwärtigen Finanzkrise. Er besteht in der Reform der Geldordnung. Ludwig von Mises, Murray Rothbard und zuletzt Jesús Huerta de Soto haben die Wiedereinführung einer Goldumlaufswährung empfohlen, denn der Goldstandard verhindert die beliebige Geldschöpfung und folglich auch die Umverteilung und Verarmung, die aus ihr entspringen. Ein anderer Reformansatz wurde in den 1930er-Jahren zuerst von Richard von Strigl entworfen und in den 1970er-Jahren durch Friedrich August von Hayek berühmt gemacht. Er findet auch die Zustimmung der meisten heutigen Vertreter der Wiener Schule. Er besteht darin, den Währungsmarkt zu öffnen und dadurch eine wettbewerbliche Geldordnung zu schaffen. Die besten Geldarten würden sich dann tendenziell durchsetzen, wie sich auch auf allen anderen Märkten tendenziell die besten Produkte durchsetzen.

Diese Gedanken haben sich unter dem Eindruck der jüngeren Krisenereignisse wie ein Lauffeuer verbreitet. In den USA wurden sie insbesondere durch den Kongressabgeordneten und Präsidentschaftskandidaten Ron Paul vertreten, der mit seinen Argumenten einen großen und nachhaltigen Eindruck hinterließ. Paul empfahl die Abschaffung der Zentralbank und die Öffnung des Währungsmarktes.[1] Auch in Europa fanden sich Fürsprecher dieser politischen Linie, insbesondere Frank Schäffler in Deutschland und Steve Baker in Großbritannien. Zudem gab es auf dieser Seite des Atlantiks besonders zahlreiche einschlägige Publikationen. Im deutschsprachigen Raum trat dabei insbesondere der kürzlich verschiedene Roland Baader hervor, in jüngerer Zeit auch Philipp Bagus, Gregor Hochreiter, Thorsten Polleit, Michael von Prollius und Rahim Taghizadegan.[2]

Auf den folgenden Seiten sollen diese Schriften ergänzt werden. Es gibt nämlich ein Thema, das von den Theoretikern der Wiener Schule etwas stiefmütterlich behandelt wird: die Finanzierung der Wirtschaft. Die Currency-Schule und die Wiener Schule haben dieses Thema nicht grundsätzlich genug aufgerollt. Sie haben sich auf den recht speziellen Fall des *Bankkredits* konzentriert, denn dies ist in der Tat der gordische Knoten, in dem die wichtigsten theoretischen Probleme zusammenlaufen. Ihre Überlegungen kreisten um die zentrale Frage, ob Bankkredite, die nicht durch Sparen, sondern durch Geldschöpfung finanziert werden, der wirtschaftlichen Entwicklung förderlich sind. Sie haben

1 Siehe R. Paul, *End the Fed* (New York: Grand Central Publishing, 2009); ders., *The Revolution: A Manifesto* (New York: Grand Central Publishing, 2008), Kap. 6. Siehe auch R. Grözinger, *Wer ist Ron Paul?* (Grevenbroich: Lichtschlag, 2008).

2 Siehe R. Baader, *Geld, Gold und Gottspieler* (Gräfelfing: Resch, 2004); ders., *Geldsozialismus* (Gräfelfing: Resch, 2010); G. Hochreiter, *Krankes Geld – kranke Welt* (Gräfelfing: Resch, 2010); J. G. Hülsmann, *Ethik der Geldproduktion* (Leipzig: Manuscriptum, 2007); T. Polleit, *Der Fluch des Papiergeldes* (München: FinanzBuch Verlag, 2011); P. Bagus, *Die Tragödie des Euro* (München: FinanzBuch Verlag, 2011). Siehe auch P. Altmiks (Hg.), *Im Schatten der Finanzkrise: Muss das staatliche Zentralbankwesen abgeschafft werden?* (München: Olzog, 2010). Ebenfalls artverwandt ist die Empfehlung einer Parallelwährung zum Euro durch den Juristen Markus Kerber; vgl. sein Werk *Mehr Wettbewerb wagen* (Stuttgart: Lucius & Lucius, 2012).

diese Frage treffenderweise verneint. Sie haben insbesondere die Argumente widerlegt, mit denen Kredite per Geldschöpfung typischerweise begründet werden. Aber von diesem besonderen Fall abgesehen haben sie hauptsächlich aus *geldtheoretischem* Blickwinkel argumentiert.[3] Dreh- und Angelpunkt ihrer Überlegungen war die Einsicht, dass die Geldmenge für die Tauschdienste, die das Geld leistet, irrelevant ist. Die Geldschöpfung kann in dieser Hinsicht nur einzelwirtschaftliche, nicht aber gesamtwirtschaftliche Vorteile verschaffen.

Der kommerzielle Bankkredit war lange Zeit die einzige oder doch zumindest die wichtigste Form, in der sich die Geldschöpfung auf den Finanzmärkten äußerte. Das ist allerdings schon lange nicht mehr der Fall, und in den Zeiten der »unorthodoxen Geldpolitik« könnte seine Bedeutung weiter schwinden.[4] Es ist daher an der Zeit, die Folgen der unbegrenzten Geldschöpfung von *finanzieller* Seite zu beleuchten. Wie werden Wirtschaft und Gesellschaft ohne Geldschöpfung finanziert? Wie werden die verfügbaren Ersparnisse verwendet? Welche Rolle spielen dabei die Finanzmärkte? Wie werden Finanzierung, Investition und Finanzmärkte durch die Geldschöpfung beeinflusst? Welche unbeabsichtigten Folgen ergeben sich daraus, nicht nur für die Wirtschaft, sondern auch für Gesellschaft und Kultur? Diese Fragen sollen nachfolgend erörtert werden.

* * *

Ludwig von Mises und Murray Rothbard haben meinem Denken den Boden gegeben, in dem es wurzeln und von dem aus es sich entwickeln konnte. Ich hoffe, dass das vorliegende Werk ihrem Andenken Ehre machen wird. Aber ohne meine akademischen Lehrer Hans-Hermann Lechner und Claude Courtois hätte ich die Wiener Schule wahrscheinlich nie entdeckt. Vor allem Lechner war es, der mich geistig auf diese Begegnung vorbereitete, indem er Keynesianer und Monetaristen gleichmäßig mit seiner Kritik

---

3 Die diesbezügliche Bemerkung von Tyler Cowen gilt auch heute noch. Vgl. Cowen, *Risk and Business Cycle Theory* (London: Routledge, 1997), S. 6. Cowens Werk hat diese Lücke allerdings nicht schließen können, weil er die Fragestellung von vorneherein zu eng gewählt hat.

4 Zu den neuen Formen zählt beispielsweise die Verbriefung von nichtbörsenfähigen Aktiva (*securitization*). Vgl. N. Gertchev, »Securitization and Fractional Reserve Banking« in J.G. Hülsmann und S. Kinsella (Hg.), *Property, Freedom, and Society* (Auburn, Ala.: Mises Institute, 2009), S. 283–300.

bedachte und uns Studenten immer wieder auf den bleibenden Wert der älteren deutschsprachigen Nationalökonomie hinwies. Auch ihm sei somit herzlich gedankt.

Meine allergrößte Verbundenheit gilt meinem lieben Freund Hans-Hermann Hoppe. Seine Schriften, seine Begeisterung für die Forschung, sein persönlicher und wissenschaftlicher Mut und sein Kampfgeist haben mich – wie viele andere meiner Generation – immer wieder mitgerissen. Hoppe und seine Frau Gülçin Imre-Hoppe waren es auch, die mir als Gastgeber der *Property and Freedom Society* wiederholt ein Forum gaben, auf dem ich die Ideen dieses Buches testen konnte. Ebenso herzlich danke ich meinen Freunden Pascal Salin und Bertrand Lemennicier, auch sie große Vorbilder und langjährige Förderer meiner Arbeit. Fast genauso lang bestehen meine freundschaftlichen Beziehungen zu den Professoren Jeffrey Herbener und Shawn Ritenour vom Grove City College in den USA. An dieser ausgezeichneten Privatuniversität habe ich in den letzten Jahren verschiedene Teile dieses Buches vorgestellt. Andere Teile habe ich in Vorträge auf der jährlichen Sommeruniversität des Mises Institutes in Auburn, Alabama eingebaut. Auch meinen dortigen Freunden bin ich sehr verbunden, insbesondere Lew Rockwell, Joseph Salerno, Mark Thornton und Peter Klein. Gleiches gilt für die Tagungen der *Association des Économistes Catholiques*, wo ich aus dem Gedankenaustausch mit meinen Kollegen Jacques Bichot, Bernard Cherlonneix, Pierre Garello, Pierre de Lauzun und Jean-Yves Naudet großen Nutzen zog. Ebenso hilfreiche Denkanstöße verdanke ich einer Tagung der *Fondation Avenir Suisse* mit Gerhard Schwarz, Gerald O'Driscoll und anderen ausgezeichneten Ökonomen. Unzählige Anregungen, Literaturhinweise und Berichtigungen schulde ich meinen Doktoranden und den Mitgliedern meines Pariser Forschungsseminars, insbesondere Eduard Braun, Stéphane Couvreur, Attilio Di Mattia, Renaud Fillieule, Nikolay Gertchev, Amadeus Gabriel, Gabriel Giménez Roche, Robyn Harte-Bunting, Georges Lane, Jason Lermyte, Xavier Méra, Massimiliano Neri, Lucas Scrive und Guillaume Vuillemey. Nicht weniger Anregungen verdanke ich hervorragenden Männern außerhalb des Elfenbeinturms, die selber die Durchdringung der hier behandelten Fragen vorantreiben, vor allem Andreas Acavalos, Toby Baxendale, Sean Corrigan, Anthony Deden, Dylan Grice, Eric Lemaire und Thomas Kertsos. Ebenso verpflichtet bin ich jenen Ökonomen, aus deren Schriften ich in den letzten Jahren lernen durfte, insbesondere Philipp Bagus, Thomas DiLorenzo, Gregor Hochreiter, David Howden, Jesús Huerta de Soto, Anton Müller, Philippe Nataf, Thorsten Polleit und Tom Woods. Der Firma Shadowstats.com verdanke ich die freundliche Überlassung statistischer Daten. Sehr verbunden bin ich auch André Lichtschlag und René Scheu, meinen Verlegern im deutschsprachigen Raum, die mich mit Geduld und Hartnäckigkeit zu immer neuen Schriften ermutigt – und manchmal auch getrieben und gescheucht – haben. Aus gleichem Grunde danke ich Herrn Georg Hodolitsch vom FinanzBuchVerlag. Die größte Unterstützung kam wie immer von meiner Frau Nathalie, die mir durch ihre Zuneigung durch viele dunkle Stunden geholfen hat, auch beim Verfassen dieses Werkes.

Jörg Guido Hülsmann

Angers, Aschermittwoch 2013

Einleitung

Im Frühsommer 1971 schmolzen die Goldbestände der Fed wie das sprichwörtliche Eis in der Sonne. Seit Monaten schon hatten ausländische Zentralbanken ausgiebig von der Goldzahlungsverpflichtung ihrer amerikanischen Schwesterinstitution Gebrauch gemacht. Schließlich zog Präsident Nixon die Notbremse. Am 15. August 1971 gab er bekannt, dass die Fed die von ihr erzeugten Dollars künftig nicht mehr gegen Gold einlösen würde. Dieses »goldene Fenster« zur Flucht aus dem Dollar und den anderen Papierwährungen war von nun an verschlossen.

Das Schein-Geld-Experiment

Zahlungseinstellungen hatte es auch zuvor schon gegeben, aber sie betrafen immer nur einzelne Länder. Zu Beginn des Ersten Weltkriegs stellten die kriegführenden Parteien die Goldzahlungen ihrer Zentralbanken ein, während neutrale Länder wie die Schweiz, Schweden und die USA die Goldanbindung ihrer Währung beibehielten. Nach dem Zweiten Weltkrieg gab es mit der Fed überhaupt nur noch eine einzige Zentralbank, die ihre Noten weiterhin in Gold einlöste. Alle anderen Währungen hatten nur noch eine indirekte Goldanbindung, nämlich durch den Wechselkurs zum Dollar. Die Einstellung der Goldeinlösung des Dollars erzeugte dann eine tektonische Verschiebung im Gefüge der Weltwirtschaft. Mit einem Schlag gab es zum ersten Mal in der Menschheitsgeschichte überhaupt kein Land mehr, das noch über ein Warengeld verfügte. Es begann das Zeitalter jenes Geldes, das Roland Baader sehr treffend »Schein-Geld« taufte.[5]

Bis zum 15. August 1971 waren Dollarnoten und die von den anderen Zentralbanken herausgegebenen Geldscheine letztlich nichts anderes als auf Gold lautende Zahlungsanweisungen. Sie waren Platzhalter für Gold. Nur Gold

5 Baader schlug seinerzeit den Titel der deutschen Übersetzung von Murray Rothbards Buch *What Has Government Done to Our Money?* vor: *Das Schein-Geld-System* (2. Aufl., Gräfelfing: Resch, 2005). Roland Baader schrieb selbst zwei ausgezeichnete Bücher, die in genau die gleiche Kerbe schlugen: *Geld, Gold und Gottspieler* (Gräfelfing: Resch, 2004) und *Geldsozialismus* (Gräfelfing: Resch, 2010).

war das eigentliche Geld, das sogenannte Grundgeld. Durch die Zahlungseinstellung der Fed verlor Gold dann seine Währungsfunktion, und die vormaligen Platzhalter rückten an seine Stelle. Seitdem besteht unser Grundgeld aus den körperlosen Geschöpfen der Zentralbanken, aus ihren Geldscheinen und ihrem (elektronischen) Giralgeld.

Bei der Beurteilung dieses Ereignisses scheiden sich die Geister. Keynesianer, Monetaristen und die Ökonomen der Österreichischen Schule geben grundverschiedene Interpretationen der hier wirksamen Ursachen und Folgen.

Keynesianisch inspirierte Ökonomen wie Joseph Stiglitz und Paul Krugman begrüßen ohne Wenn und Aber den Untergang des Goldstandards. Sie sehen in der monetären Verwendung von Gold ein »barbarisches Relikt« – einen Hemmschuh für Beschäftigung und Wachstum. Das Grundproblem des Goldstandards liegt in ihren Augen darin, dass sich die Goldmenge einfach nicht stark genug vergrößern lässt. Die Goldproduktion hängt im Wesentlichen von der Rentabilität der Goldbergwerke ab, aber selbst bei sehr großer Rentabilität sind die Goldvorkommen letztlich begrenzt. Die Goldwährung eigne sich somit nicht als Werkzeug zur »Ankurbelung der Wirtschaft«. Genau hier erblicken die Keynesianer den Vorteil eines immateriellen Grundgeldes. Die Herstellung von Geldscheinen und elektronischem Giralgeld ist praktisch kostenlos und eröffnet daher die Möglichkeit zu einer fast unbegrenzten Erhöhung der Geldausgaben.

Ständig genügend Geld ausgeben, nach Möglichkeit immer mehr Geld ausgeben – das ist in der keynesianischen Orthodoxie die wichtigste Voraussetzung für wirtschaftliches Wachstum. In ihren Augen haben vor allem *überraschende* Ausgabenschübe einen positiven Einfluss auf Beschäftigung und Wachstum. Deshalb hatte Keynes schon 1944 auf der Konferenz von Bretton Woods gefordert, eine auf immateriellem Grundgeld (»Bancor«) beruhende internationale Währungsordnung zu schaffen. Damals konnte er seinen Vorschlag gegen die Verfechter der Golddeckung nicht durchsetzen.[6] 1971 war das ungeliebte System von Bretton Woods dann schließlich am Ende, aber mit ihm ging auch

6 Vgl. die stenographische Mitschrift in K. Schuler und A. Rosenberg, *The Bretton Woods Transcripts* (New York: Center for Financial Stability, 2012).

die weltumspannende Währungsordnung verloren. Für die Keynesianer ist dies ein Wermutstropfen im Abschied vom Goldstandard, denn die einheitliche Weltwährung bzw. ein System fester Wechselkurse ist in ihren Augen ein wichtiger Garant der internationalen Arbeitsteilung. Sie hätten einen geordneten Übergang zu einer neuen, auf immateriellem Grundgeld beruhenden internationalen Währungsordnung bevorzugt.

Anders die Haltung der Monetaristen um Milton Friedman, Allen Meltzer und David Laidler. Sie sehen im Abschied vom internationalen Goldstandard keineswegs eine Beschränkung des internationalen Handels. Die neue Währungsordnung bietet in ihren Augen eigentlich nur Vorteile, auch wenn sie anders als die Keynesianer nicht glauben, dass überraschend steigende Geldausgaben auf lange Sicht wachstumsstärkend sind. Ihnen zufolge bietet die neue Ordnung vor allem zwei Vorteile gegenüber dem Goldstandard. Zum einen seien die flexiblen Wechselkurse ein Schutzmechanismus gegen unerwünschte konjunkturelle Einflüsse aus dem Ausland. Zum anderen ermögliche das immaterielle Grundgeld die konsequente Umsetzung einer planmäßigen Stabilisierungspolitik.

Genau wie die Keynesianer sind die Monetaristen davon überzeugt, dass ein völlig freier Markt letztlich nicht besonders gut funktioniert und es staatlicher Eingriffe bedarf, um die Wirtschaft auf gedeihliche Bahnen zu lenken. Während die Keynesianer jedoch meinen, diese Eingriffe sollten eine ständige Erhöhung der Geldausgaben zum Ziel haben (»expansive Wirtschaftspolitik«), sehen die Monetaristen das Heil in der Stabilisierungspolitik. Insbesondere die Stabilität der Währung (verschiedentlich definiert als konstante Geldmenge, als konstantes Wachstum der Geldmenge, als konstantes Preisniveau und heute vor allem als konstant wachsendes Preisniveau) erscheint ihnen von großer Bedeutung. Die Goldwährung, meinen sie, könne eine solche Stabilität nicht garantieren. Zwar biete sie einen recht guten Schutz gegen Inflation, doch bei der Deflationsbekämpfung versage sie völlig.

Friedmans Paradebeispiel ist der Konjunktureinbruch der frühen 1930er-Jahre. Infolge massenhafter Bankenkonkurse schrumpfte die amerikanische Gesamtgeldmenge, zu der neben dem goldenen Grundgeld auch das im Teilreservebankwesen geschöpfte, ungedeckte Giralgeld zählt, zwischen 1929 und 1933 um mehr als ein Drittel. Die Fed versuchte gegenzusteuern, aber ihr waren durch die Goldbindung des Dollars die Hände gebunden. Diese Unbill, so Friedman, hätte mit einer immateriellen Währung vermieden werden können.[7] Wenn die Zentralbank sich um die Einlösung ihrer Noten keine Sorgen machen muss, kann sie den Staat und die notleidenden Geschäftsbanken in praktisch unbegrenztem Umfang refinanzieren und somit einen deflationären Zusammenbruch der Wirtschaft zunächst einmal verhindern.

Genau diese von der monetaristischen Lehre empfohlene Linie verfolgten die Zentralbanken in den vergangenen dreißig Jahren. Doch die an die Stabilisierungspolitik geknüpften Erwartungen haben sich nicht erfüllt. Die Jahre seit dem Untergang des Goldstandards waren mitnichten eine Ära der Stabilität. Immer wieder brachen große internationale Finanzkrisen aus, die sich gerade in den letzten zehn Jahren immer mehr verstärkten: 1974 (1. Ölkrise), 1978 (2. Ölkrise), 1982 (Konkurs wichtiger Entwicklungsländer und ihrer Gläubiger, insbesondere der amerikanischen Sparkassen), 1987 (Schwarzer Freitag an der Wall Street), 1992 (Krise des EWS), 1994 (Mexiko), 1997 (Asien), 1998 (Russland, Brasilien), 2000 (Platzen der Dotcom-Blase), 2001 (Argentinien), 2008 (Einbruch der Aktienmärkte), 2010 (europäische Staatsfinanzen). Diese Liste wäre noch weitaus länger, wenn man die vielen kleineren Krisen berücksichtigte, von denen beispielsweise das EWS geplagt war.

Sicherlich ist es den Zentralbanken der kapitalstarken Länder ein ums andere Mal gelungen, eine drohende Finanz- und Wirtschaftskrise zu verhindern bzw. abzumildern. Aber allen amtlichen Beteuerungen zum Trotz ging daraus niemals eine nachhaltige Lösung hervor. Immer wieder wurden die Probleme nur mit vielen aus der Notenpresse finanzierten Krediten überpflastert.

Zudem wurde bei diesen Rettungsaktionen einer der Grundpfeiler der Marktwirtschaft, das Prinzip der Verantwortung, systematisch ausgehöhlt. Gerade jene Marktteilnehmer, die auf die stützende Hand der Zentralbanken zählen konnten, haben ihre eigenständige Risikovorsorge vernachlässigt und sich zu einer geradezu atemberaubenden Schuldenwirtschaft hinreißen lassen. Banken und Investitionsfonds, aber auch private und öffentliche Haushalte –

---

7 Vgl. M. Friedman und A.J. Schwarz, *A Monetary History of the United States, 1867–1960* (Princeton: Princeton University Press, 1963), S. 299–301 et passim.

Bund, Länder und Gemeinden – haben in den letzten vierzig Jahren einen geradezu unvorstellbaren Schuldenberg angehäuft.

Hochverschuldete Unternehmen und Haushalte bewegen sich ständig am Rande der Insolvenz. Da sie zudem stark miteinander verflochten sind – die Schulden der Haushalte sind typischerweise die Anlagen der Banken und Fonds; die Schulden einer Bank finden sich gewöhnlich als Anlage in den Portfolios der Haushalte und anderer Banken oder Fonds wieder, usw. –, springt die Insolvenz der einen unverzüglich auf die anderen über. Daraus können dann finanzielle Tsunamis entstehen, wie jener, der Ende 2008 nur durch die vereinten Bemühungen der großen Zentralbanken und durch eine gewaltige Erhöhung der öffentlichen Verschuldung gerade noch abgewendet werden konnte. Aber durch diese erneute Rettung mit der Notenpresse wurde das Prinzip Verantwortung natürlich abermals untergraben und die Finanzwirtschaft weiter geschwächt.

Diese Umstände werfen einen dunklen Schatten auf die Wirtschaftspolitik. Irgendwo kann hier etwas nicht stimmen. Die Fehlersuche hat die Aufmerksamkeit weiter Kreise auf die Österreichische Schule (auch bekannt als Wiener Schule) gelenkt.[8] Ihr zufolge ist es die Währungspolitik selbst, die einen destabilisierenden Einfluss ausübt. Nicht nur sind die Zentralbanken ohnmächtig, wenn es darum geht, nachhaltige Lösungen für die Schuldenwirtschaft zu finden. Sie selber sind die wichtigste Ursache dieser Schuldenwirtschaft.[9]

Die Geldlehre der Österreichischen Schule geht auf Carl Menger zurück und wurde im 20. Jahrhundert vor allem von Ludwig von Mises und Murray Rothbard weiterentwickelt.[10] Kern- und Angelpunkt dieser Geldtheorie be-

8 Vgl. z. B. S. Kooths, »Wirtschaftspolitik mit Weitwinkel« *Frankfurter Allgemeine Zeitung* (1. Februar 2013), S. 12. Dieser Forscher vom Kieler Institut für Weltwirtschaft schreibt u. a. Folgendes: »Die Verläufe der jüngsten Weltfinanz- und Euro-Schuldenkrisen weisen alle Merkmale auf, die vor allem die Theoretiker der Austrian Economics (allen voran Ludwig von Mises) in ihren Mustervorhersagen zur Wirtschaftsentwicklung identifiziert haben.«

9 Zur Einführung siehe R. Taghizadegan, *Wirtschaft wirklich verstehen: Einführung in die Österreichische Schule der Ökonomie* (München: FinanzBuchVerlag, 2011); R. Fillieule, *L'école autrichienne d'économie: Une autre hétérodoxie* (Lille: Presses Universitaires du Septentrion, 2010); S. Ritenour, *Foundations of Economics* (Eugene, Oregon: Wipf & Stock, 2010).

10 Siehe E. M. Schulak und H. Unterköfler, *Die Wiener Schule der Nationalökonomie* (Weitra: Bibliothek der Provinz, 2009), erschienen als Band VII der *Enzyklopädie des Wiener Wissens*;

steht in der Auffassung, dass Geldmenge, Geldausgaben und Preisniveau für den Produktionsumfang und den Volkswohlstand irrelevant sind.

Ein Jahrhundertereignis

Unter den Autoren der Österreichischen Schule nimmt Ludwig von Mises einen ganz besonderen Platz ein. Seine vor hundert Jahren erstmals veröffentlichte *Theorie des Geldes und der Umlaufsmittel* kann mit Fug und Recht als das wichtigste Buch, das je über Geld geschrieben wurde, angesehen werden. Mises stellt hier die klassische Geldlehre – die in der ersten Hälfte des 19. Jahrhunderts von David Ricardo und der Currency-Schule entwickelt wurde – auf eine völlig neue Grundlage und bereinigt sie zugleich von ihren wichtigsten Mängeln. Sein Buch ist und bleibt ein Wegweiser aus inflationistischen Irrpfaden, nicht zuletzt aus jenen, in die sich unsere heutige Politik verrannt hat.[11]

David Ricardo (1772–1823) und seine Mitstreiter hatten in der berühmten Bullion-Kontroverse dargelegt, dass ein uneinlösliches Papiergeld – ein »reines« Papiergeld – unweigerlich zu Preisinflation führen müsse. Sie hoben zudem die steinalte Einsicht hervor, dass eine erhöhte Geldmenge zwar bestimmten *Einzel*wirtschaften zugutekommt, aber keine *gesamt*wirtschaftlichen Vorteile erbringt. Erhöhungen der Geldmenge haben, genau wie das massive Horten und Enthorten von Geld, letztlich nur sektorielle Auswirkungen. Sie begünstigen *einzelne* Gruppen, Firmen und Wirtschaftszweige zulasten anderer Marktteilnehmer. Die Wirtschaft als Ganzes könne selbst dann wachsen, wenn das Geldpreisniveau ständig fiele.

Nach Ricardo traten seine geistigen Erben (die Currency-Schule um Joplin, McCulloch, Longfield, Torrens, Lord Overstone u. a.) dafür ein, jegliche weitere Ausgabe ungedeckter Banknoten zu unterbinden. Die Geldmenge sollte

---

J. G. Hülsmann, *Mises – The Last Knight of Liberalism* (Auburn, Ala.: Mises Institute, 2007).

11 Vgl. Mises, *Theorie des Geldes und der Umlaufsmittel* (Neudruck der 2. Aufl., Berlin: Duncker & Humblot, 2005 [1924]). Zum hundertjährigen Jubiläum erscheint in diesen Tagen eine Festschrift in englischer Sprache, in der dreizehn Autoren die Entstehung, Wirkungsgeschichte und heutige Bedeutung dieses Buches beleuchten. Siehe J. G. Hülsmann (Hg.), *Theory of Money and Fiduciary Media: Essays in Celebration of the Centennial* (Auburn, Ala.: Mises Institute, 2012).

ausschließlich durch den Markt reguliert werden. Zusätzliches Gold könne dabei durch den Verkauf von Waren und Diensten importiert werden, und die Geschäftsbanken könnten durch Gold gedeckte Noten herausgeben. Aber es sei strikt zu vermeiden, die Geldmenge darüber hinaus aufzublähen, indem man den Banken gestatte, auch ungedeckte Noten zu emittieren. Denn dieses sei aus gesamtwirtschaftlicher Sicht sinnlos, außerdem bringe es eine Schwächung der Kaufkraft des Geldes (Preisinflation) mit sich, und schließlich führe es auch zu regelmäßigen Bankenkrisen.

Diese klassische Geldlehre wurde im britischen *Peel's Act* von 1844 gesetzlich zementiert. Sie scheiterte aber schon bald an ihrer Unzulänglichkeit in einer vergleichsweise zweitrangigen Frage. Die Currency-Schule hatte nämlich ihren Grundsatz der ausschließlichen Marktregulierung der Geldmenge zu einseitig ausgelegt. Sie hatte nur die Ausgabe ungedeckter *Noten* bekämpft, nicht aber auch die Schaffung ungedeckter Sichtguthaben, ungedeckter Sichtwechsel, ungedeckter Scheidemünzen usw. *Peel's Act* brachte daher keine gesamtwirtschaftliche Stabilisierung, sondern führte lediglich zu Ausweichmanövern der Inflationsproduzenten. Die ungedeckte Notenausgabe war zwar hinfort unmöglich, aber das Depositengeschäft florierte wie nie zuvor. An die Stelle der Banknoten traten Schecks und Sichtwechsel (und in neuerer Zeit Kreditkarten u. Ä.), aber die Folgen blieben die gleichen wie zuvor: Preisinflation, Umverteilung durch die Geldproduktion und regelmäßig wiederkehrende Krisen.[12] Bereits drei Jahre nach dem *Peel's Act* litt Großbritannien erneut unter einer Bankenkrise. Weitere Krisen folgten 1857, 1866, 1873, 1882, 1893 und 1897. Die Lehre der Currency-Schule hatte schon bald jegliche Glaubwürdigkeit eingebüßt, und zu Beginn des 20. Jahrhunderts war sie kaum noch bekannt.

Es begann die Herrschaft jener inflationistischen Wirtschaftslehre, die die Welt bis heute plagt und die das genaue Gegenteil der klassischen Geldlehre ist. Nach dieser Lehre haben Krisen alle möglichen Ursachen (Überproduktion, Technologieschübe usw.), sind aber kaum einmal den Banken anzulasten. Der Preisverfall resultiere aus steigenden Kosten und anderen Umständen,

12 Nur wenige Autoren vor Mises hatten diesen Mangel des Peel'schen Bankgesetzes erkannt. Dazu zählte insbesondere der amerikanische Geschäftsmann und Publizist Charles H. Carroll. Vgl. Carroll, *Organization of Debt into Currency* (Princeton: Van Nostrand, 1964), S. 86, 116 f. et passim.

aber nur selten aus der Ausweitung der Geldmenge. Schließlich könne die Geldschöpfung der Zentral- und Geschäftsbanken ein äußerst stimulierender Faktor des Wirtschaftslebens sein, und seine Nützlichkeit zeige sich nicht zuletzt auch in der Deflationsbekämpfung.

Gerade in jenen Jahren, als die inflationistische Wirtschaftslehre ihren Siegeszug antrat, erschien jenes Buch, das bis heute die wichtigste Quelle des Widerstandes gegen die Inflation geblieben ist. Mit seiner im Jahre 1912 veröffentlichten Habilitationsschrift *Theorie des Geldes und der Umlaufsmittel* erweckte Ludwig von Mises die klassische Geldlehre aus ihrem Dornröschenschlaf zu neuem Leben. Er stellte die Theorie der Geldpreise auf die solide Grundlage der Menger'schen Wertlehre und erklärte die Ursache des Scheiterns der Currency-Schule. Ihr Misserfolg resultierte nicht aus falschen Grundsätzen – ganz im Gegenteil –, sondern aus der unzureichenden Verallgemeinerung eben dieser Grundsätze. Eine Marktregulierung der Geldmenge verlangt nicht nur die Deckung von Noten, sondern ebenso die Deckung aller anderen Geldsubstitute – Sichtguthaben, Sichtwechsel, Scheidemünzen usw. – welches auch immer die Erscheinungsform dieser Substitute sein mag.

Mises' Buch ist bei seinem Erscheinen auf entrüsteten Widerspruch gestoßen.[13] Erst die im Jahre 1924 veröffentlichte zweite Auflage (auch heute noch verlegt) traf auf viele offene und auch begeisterte Leser, denn die schmerzlichen Erfahrungen der Kriegsjahre und der Nachkriegszeit hatten Mises in allen Punkten bestätigt und seine Kritiker widerlegt. Mises widmete diesen Erfahrungen einige zusätzliche Seiten, aus denen wir aus gegebenem Anlass zitieren wollen. Denn genau wie in unseren Tagen wurde seinerzeit die Finanzierung der Staatsausgaben per Notenpresse nicht zuletzt durch Hinweis auf die vermeintliche Alternativlosigkeit dieser Politik begründet.

Mises wirft die entscheidende Frage auf, warum es nicht möglich sein sollte, Steuern zu erhöhen oder Anleihen zu begeben, statt immer mehr neues Geld zu schaffen. Seine Antwort: »Man kann hohe Steuern nur dann erheben, wenn

13 Vgl. B.B. Greaves und R.W. McGee, *Mises: An Annotated Bibliography (Irvington-on-Hudson: Foundation for Economic Education,* 1993), S. 175–199; A. Gabriel, »Why Was the Reception of the First Edition of Mises's Theory of Money and Credit so Lukewarm? « in Hülsmann (Hg.), *Theory of Money and Fiduciary Media* (Auburn, Ala.: Mises Institute, 2012), S. 37–61.

die Steuerträger mit dem Zweck, für den die aufgebrachten Mittel verwendet werden sollen, einverstanden sind. Dabei ist zu beachten, dass es, je höher die Gesamtsteuerlast wird, desto schwieriger wird, die öffentliche Meinung darüber zu täuschen, dass es nicht möglich ist, die Steuern allein durch die dünne Oberschicht der Bevölkerung tragen zu lassen.«[14] Aber eine erhöhte Besteuerung aller Teile der Bevölkerung »kann eine Politik nicht wagen, die der Zustimmung der Massen nur solange sicher ist, als sie ihnen keine sichtbaren Opfer auferlegt.« Mises weiter:

> *Der sozialistische oder halbsozialistische Staat braucht Geld, um unrentable Betriebe zu führen, um Arbeitslose zu unterstützen und um dem Volke billige Lebensmittel zu liefern. Auch er kann die Mittel nicht durch Steuern aufbringen. Er wagt es nicht, dem Volke die Wahrheit zu sagen. Das etatistisch-sozialistische Prinzip, die Bahnen als Staatsanstalt zu führen, würde schnell seine Volkstümlichkeit verlieren, wenn man etwa eine Spezialsteuer zur Deckung des Betriebsabganges der Staatsbahnen einheben wollte. [...] Ebenso konnte die deutsche Regierung, die die von der Mehrheit des deutschen Volkes bekämpfte ‚Erfüllungspolitik' gewählt hatte, sich die erforderlichen Mittel nicht anders als durch Notendruck beschaffen; und als dann die passive Resistenz im Ruhrgebiet Unsummen erforderte, waren sie, wieder aus politischen Gründen, nur durch die Notenpresse aufzubringen.*

Ein Schelm, wer beim Wort von der Erfüllungspolitik an die heutige Lage unseres Landes denkt. Genau wie damals gilt auch heute, dass die Finanzierung der Staatsausgaben per Notenpresse (bzw. durch Knopfdruck im automatisierten Giralgeldsystem) den Staat von jeglicher Kontrolle durch die Bevölkerung befreit. Inflationspolitik ist in ihrem Kern ein Werkzeug der Tyrannei, wie bereits der große Scholastiker Nicholas Oresme vor mehr als 600 Jahren darlegte.[15] In Mises' Worten:

---

14 L. v. Mises, *Theorie des Geldes und der Umlaufsmittel* (2. Aufl., München: Duncker & Humblot, 1924), S. 206. Die nachfolgend zitierten Stellen finden sich ebendort auf den Seiten 207–208.

15 Vgl. N. Oresme, *Traktat über Geldabwertungen* (Berlin: Kadmos, 1999). Für eine eingehende Beschäftigung mit Oresme empfehlen wir die vollständige englische Ausgabe, zu finden in C. Johnson (Hg.), *The De Moneta of Nicholas Oresme and English Mint Documents* (London: Nelson & Sons, 1956).

Eine Regierung sieht sich immer dann genötigt, zu inflationistischen Maßnahmen zu greifen, wenn sie den Weg der Anleihebegebung nicht zu betreten vermag und den der Besteuerung nicht zu betreten wagt, weil sie fürchten muss, die Zustimmung zu dem von ihr befolgten System zu verlieren, wenn sich seine finanziellen und allgemein wirtschaftlichen Folgen allzu schnell klar enthüllen. So wird die Inflation zu dem wichtigsten psychologischen Hilfsmittel einer Wirtschaftspolitik, die ihre Folgen zu verschleiern sucht. Man kann sie in diesem Sinne als ein Werkzeug nicht volkstümlicher, das ist antidemokratischer Politik bezeichnen, da sie durch Irreführung der öffentlichen Meinung einem Regierungssystem, das bei offener Darlegung der Dinge keine Aussicht auf die Billigung durch das Volk hätte, den Fortbestand ermöglicht. Das ist ihre politische Funktion. Das erklärt, warum sie seit jeher ein wichtiges Requisit der Kriegs- und Revolutionspolitik war und warum sie heute auch dem Sozialismus dient. Es ist eine Verhüllung der Ideologie des Absolutismus, wenn die Regierungen es nicht für notwendig erachten, ihre Ausgaben den Einnahmen anzupassen, und für sich das Recht in Anspruch nehmen, fehlende Mittel durch Notenausgabe zu ersetzen.

Dem ist auch heute nichts hinzuzufügen. In den knapp neunzig Jahren, die seit der Niederschrift der obigen Zeilen verstrichen sind, hat jedoch die inflationistische Wirtschaftslehre die Welt erobert. Es kam immer wieder zu falschen Weichenstellungen, in deren Folge die Finanzmärkte zwar ein geradezu beispielloses Wachstum durchlaufen haben, jedoch unter gleichzeitiger Schwächung ihrer eigenen Widerstandsfähigkeit und unter Zerrüttung der moralischen Grundlagen gesellschaftlichen Lebens.

Diese Entwicklung wollen wir in den nächsten Kapiteln von verschiedenen Blickwinkeln beleuchten. Wir beginnen mit einer geschichtlichen Einordnung von John Maynard Keynes, dem großen intellektuellen Führer des modernen Inflationismus.

Ein langer Schatten

Dreh- und Angelpunkt der heutigen Schulweisheit über gesamtwirtschaftliche Zusammenhänge ist die Mär vom allgewaltigen Staat, der die

Wirtschaft vorsorglich stabilisiert und (falls es trotz seiner Vorsorge zu einer Krise kommt) ihr auch mit weiser Voraussicht aus allen Schwierigkeiten heraushilft. Das ist nicht zuletzt die Grundidee der keynesianischen Wirtschaftsauffassung, die heute überall in der westlichen Welt gelehrt wird.

Ihr zufolge werden private Investitionsentscheidungen im Wesentlichen von kurzfristigen Emotionen gesteuert. Die Gefühlslage ist natürlich ein schlechter Ratgeber und ein wankelmütiger dazu. An einem Tag ist sie unter dem Einfluss momentaner Ereignisse von Leichtsinn und Übermut bestimmt, dann wieder von übermäßiger Furcht. Kollektiver Leichtsinn führt aber leicht zur Bildung von Finanzblasen und kollektive Furcht in die Depression. Der Staat ist daher in vierfacher Hinsicht gefordert. Erstens soll er durch eine geeignete Umverteilungspolitik die privaten Konsumausgaben fördern. Zweitens soll er auf die Erwartungsbildung der Unternehmer einwirken (er soll ihre Gefühle managen), um ihr Investitionsverhalten zu stabilisieren. Drittens soll er selber vermehrt investieren, insbesondere wenn die furchtsamen Unternehmer ihre Ausgaben zurückfahren. Viertens soll er eine Blasenbildung auf den Märkten durch geeignete Regulierung eindämmen.

Kurz gesagt soll der Staat hier alle Probleme richten. Doch warum eigentlich der Staat? Warum sollte eine Organisation, die von Politikern und Beamten geführt wird, besonders geeignet sein, den Rest der Wirtschaft zu korrigieren und zu leiten? Auf diese einfache Frage haben die Etatisten noch keine gute Antwort gegeben. Sie behelfen sich, indem sie das Problem aus der Welt definieren. Ihre Argumente beruhen auf der *Annahme*, dass sich die Menschheit letztlich in zwei Gruppen scheidet.

Auf der einen Seite findet sich der wankelmütige, kurzsichtige, engstirnige, selbstsüchtige, verlogene, manchmal von unbegründeter Furcht und dann wieder von unbegründeter Hoffnung getriebene Teil der Menschheit, dessen Streben trotz aller besseren Belehrung im Wesentlichen nur auf kurzfristige Ergebnisse abzielt und der moralisch so korrupt ist, dass er die längerfristigen Rückwirkungen seines gegenwärtigen Handelns auf Gesellschaft, Politik und Umwelt außer Betracht lässt. Auf der anderen Seite finden sich glücklicherweise auch kühl abwägende, umsichtige, vorausschauende, aufrechte, rücksichtsvolle, langfristig planende und nachhaltig wirtschaftende Leute.

Die zweitgenannte Gruppe, die Sahne der Menschheit, sammelt sich der etatistischen Mythologie zufolge mehrheitlich im Staatsdienst, während die erstgenannte Gruppe mehrheitlich die Märkte bevölkert und dort ihr Unwesen treibt. Die Staatsdiener stehen daher in der Pflicht, den Märkten die nötige Führung zu geben und ihre Auswüchse durch geeignete Aufklärung und gesetzliche Schranken einzudämmen.

Diese Karikatur wird an den Universitäten der westlichen Welt den angehenden Juristen und Sozialwissenschaftlern vorgesetzt und zum Teil auch durchaus unkritisch eingebläut. Insbesondere die sogenannte Makroökonomie leidet unter diesem Vorgehen, und ähnliche Tendenzen bestehen auch in Fächern wie der Wirtschaftsethik.[16] Vor einiger Zeit war der Autor dieser Zeilen Gastredner bei der Jahrestagung einer großen sozialwissenschaftlichen Akademie. Thema war die gegenwärtige Finanzkrise, die sich zu diesem Zeitpunkt noch nicht zu einer Krise der Staatsfinanzen ausgeweitet hatte. Ein recht bekannter Ökonom ergriff dabei mehrfach das Wort, um einseitigen Schuldzuweisungen an die Adresse der Wirtschaftswissenschaften vorzubeugen. Angesichts des Debakels auf den Finanzmärkten konnte man schließlich auf den Gedanken kommen, dass hier nicht zuletzt auch ein spektakuläres Versagen der Volkswirtschaftslehre zum Vorschein kam. Der besagte Kollege wies nachdrücklich darauf hin, dass er in seinen Vorlesungen die Funktionsweise eines vollkommenen Marktes nur einleitend behandeln würde. 95 Prozent der Zeit diene dem Zweck, verschiedene Fälle von Marktversagen zu analysieren. Gleiches gälte auch von den meisten anderen Kollegen an seiner Fakultät, und genauso stünden die Dinge auch an praktisch allen anderen prestigereichen Universitäten. Darauf stellte meine Wenigkeit die Frage, wie viel Zeit er denn auf die Untersuchung der verschiedenen Fälle von Staatsversagen verwenden würde. Dieser Einwurf wurde in der weiteren Diskussion allerdings höflich übergangen. Es gab wichtigere Dinge zu besprechen. Wer, wenn nicht der Staat sollte

16 Die Wirklichkeit unserer Tage stellt sie geradezu auf den Kopf. Seit dem Mai 2010 lässt sich in der politischen Entscheidungsfindung immer wieder das gleiche haarsträubende Vorgehen beobachten. Die Staatschefs der EU-Länder und Vertreter der Europäischen Zentralbank versammeln sich zu einem Arbeitstreffen mit dem Thema XY. Unter dem Eindruck der Ereignisse der vorausgehenden Tage wird die Tagesordnung kurzerhand geändert und über die »Rettung des Euro« debattiert. Mitten in der Nacht werden von den müden Teilnehmern tiefgreifende und weitreichende Entscheidungen gefällt. Es werden Ausgabenpakete von vielen Hunderten Mrd. Euro zusammengezurrt. Bisherige Grundsätze der gemeinsamen Wirtschafts- und Geldunion werden einfach über den Haufen geworfen. Die Parlamente setzt man dann unter Druck, die z. T. sehr umfangreichen Gesetzentwürfe ebenfalls im Hauruck-Verfahren durchzuwinken usw. usf.

die zerrüttete Finanzwirtschaft wieder ins Lot bringen? Es war zweitrangig, sich den Kopf über die bedauerlichen Fälle von Staatsversagen zu zerbrechen. Auch der sorgsamste Gärtner tritt hin und wieder auf ein Blümchen.

Diese Episode wirft ein Schlaglicht auf den typischen Volkswirt unserer Tage. Die Marktwirtschaft behandelt er vor allem in ihrer vermeintlich »vollkommenen« Form. Genauer gesagt untersucht er sie als ein Bündel von rein fiktiven Annahmen, die die algebraische und graphische Modellbildung erleichtern. Auf einem »vollkommenen« Markt herrscht eine bei allen Menschen vollkommene Kenntnis aller vergangenen und künftigen Dinge. Jegliches Handeln ist kostenlos, alle Güter beliebig teilbar, und jede Firma und jeder Haushalt so klein, dass sie keinen Einfluss auf das Marktgeschehen ausüben können. Kein Mensch irrt sich, und jeder maximiert daher fehlerlos seinen persönlichen Nutzen – außer den Beamten, die zwar genauso frei von Irrtum sind, aber zumindest während der Amtszeiten nur das Gemeinwohl verfolgen.

Der typische Volkswirt weiß ganz genau, dass es diesen »vollkommenen« Markt nicht gibt und dass die reale Marktwirtschaft von ihrem Kunstbild grundverschieden ist. Er wählt das Bild des »vollkommenen« Marktes vor allem deshalb, weil es sich so schön dazu eignet, quantitative Modelle zu bilden, die idealerweise anschließend anhand des vorhandenen statistischen Materials getestet werden können.[17] Außerdem hat dieses Kunstbild den Vorteil, dass man es auch zur Erörterung wirtschaftspolitischer Fragen verwenden kann. Mit seiner Hilfe lassen sich sogar weitreichende Staatseingriffe in die Marktwirtschaft begründen. Dabei kommt letztlich immer der gleiche Trick zur Anwendung. Er besteht darin, von Marktversagen zu sprechen, wann immer die Marktwirtschaft vom Kunstbild des »vollkommenen« Marktes abweicht.

17 Warum aber will er unbedingt an solchen Modellen herumbasteln? Das hängt ganz wesentlich von seiner Persönlichkeit ab. Drei Grundtypen lassen sich unterscheiden: der Überzeugungstäter, der Zyniker und der Verspielte. Es gibt einige Überzeugungstäter, die fest daran glauben, dass die mathematische Form der Inbegriff der Wissenschaftlichkeit ist. Diese Fälle sind aber aller Erfahrung nach relativ selten. Weiter verbreitet ist heute der zynische Persönlichkeitstyp. Er selber zweifelt daran, dass die Untersuchung rein fiktiver Modelle besonders hilfreich zur Erkenntnis der Wirklichkeit ist. Er weiß allerdings auch, dass gewisse ahnungslose, aber einflussreiche Leute (Kollegen, Politiker, Journalisten usw.) anderer Auffassung sind, und daher spielt er ihnen etwas vor. Am weitesten verbreitet sind in unseren Tagen die Verspielten. Das sind Leute, die einfach gern mit Zahlen und Modellen spielen und knifflige logische Probleme untersuchen. Es stört sie nicht im geringsten, irgendwelche Fantasiewelten zu ergründen – ganz im Gegenteil, das ist »originell« und macht die Sache für sie häufig erst besonders unterhaltsam.

Daraus wird gefolgert, dass es in diesen Fällen womöglich notwendig ist, das betreffende Marktversagen durch staatliche Eingriffe zu beheben.

Auf Untersuchungen dieser Art werden also anscheinend an manchen Orten 95 Prozent der Lehrtätigkeit verwendet. Der ahnungslose Student hat den Eindruck, einen unvoreingenommenen Dozenten, jedenfalls keinen Apologeten des Kapitalismus vor sich zu haben. Der Dozent kann sich einbilden, die Waffen der Vernunft schonungslos einzusetzen. Beide vollziehen zwar die üblichen Gesten des Universitätsbetriebs, doch die Wissenschaft stellen sie auf den Kopf. Ihr Denken und Handeln dreht sich um einen Strohmann, der zuerst liebevoll ausgestopft und anschließend verdroschen wird.

Keynes und seine Jünger haben diese Methode im Bereich der Makroökonomie mit großer Hingabe vollendet. Keiner von den Jüngern hat aber den Meister bei diesem Spiel übertroffen. Keynes behauptete, dass die auf Adam Smith zurückgehende klassische Ökonomie jeglicher wissenschaftlichen Grundlage entbehrte. Sie könne sich nur auf willkürliche Postulate philosophischer (Naturrecht) und theologischer (Harmonie der Interessen) Art stützen.[18] Er stellte die klassische Lehre als eine Quasireligion dar, eine nur auf den liberalen Aberglauben gestützte, aber im Grunde lächerliche »Orthodoxie«, der er seine vermeintlich neue Wissenschaft entgegenhielt.

Soweit die rhetorische Seite. Keynes hatte bekanntlich durchschlagenden Erfolg – aber gerade nicht, weil seine Auffassungen von Grund auf *neu* waren, sondern weil sie den Interessen der Politiker und auch den tiefsitzenden Überzeugungen der staatlich besoldeten Berufsökonomen entsprachen.

Der von Keynes bekämpfte Adam Smith kann noch mit Fug und Recht ein intellektueller Revolutionär genannt werden, denn er widersprach der herrschenden politischen Auffassung seiner Zeit, die in einer ständigen Erhöhung der staatlichen und privaten Geldausgaben die Kernvoraussetzung des volkswirtschaftlichen Wohlstands sah. Smith zeigte, dass diese Politik in der Tat zum genauen Gegenteil führt: zu Wachstums*einbußen* statt -zuwächsen. Der Königsweg zum Wohlstand für alle führe dagegen über Arbeitsteilung und

18 Siehe insbesondere J. M. Keynes, *Das Ende des Laissez-Faire* (München: Duncker & Humblot, 1926).

eine sparsame Lebensführung. Kein Wunder, dass diese Argumentation sich nicht schlagartig durchsetzte, sondern ihre Anhänger erst in einem jahrzehntelangen Ringen um die besseren Ideen gewann.

John Maynard Keynes war hingegen kein Revolutionär, sondern ein geistiger Reaktionär.[19] Mit ihm erhielten die merkantilistischen Ideen des *Ancien régime* – jene Ideen, die Smith bekämpft hatte – wieder jenen Vorrang in der Wissenschaft, den sie in der politischen Praxis, vielleicht abgesehen von einer kurzen Phase zwischen 1840 und 1870, nie verloren hatten.[20] In den 1920er- und 1930er-Jahren wurde die klassische Ökonomie nur noch in Sonntagsreden beschworen. In der Praxis spielte sie kaum noch eine Rolle, und auch die meisten Universitätslehrer der Ökonomie hatten sich von ihrem politischen Programm verabschiedet. Es fehlte lediglich ein mehrheitsfähiger Ersatz. Den lieferte Keynes, der bekannteste Ökonom der seinerzeit berühmtesten Wirtschaftsfakultät der Welt. Mit seinen Ausführungen rannte er überall weit offen stehende Türen ein.[21]

Anschließend schufen seine Anhänger, ganz unter dem Banner des aufgeklärten Kampfes gegen eine blinde Orthodoxie, die längste und blindeste »Orthodoxie«, die es jemals in der Volkswirtschaftslehre gegeben hat. Jeder Student erlernt heute noch in den ersten Studienjahren genau jene mathematischen und graphischen Modelle der gesamtwirtschaftlichen Zusammenhänge, die vor etwa siebzig Jahren von John Hicks und anderen Keynes-Anhängern er-

19 Der gegenteilige Eindruck beruht zum großen Teil darauf, dass er in seinem persönlichen Umgang beinahe zwanghaft die Gesellschaft von dekadenten Künstlern und Intellektuellen suchte. Murray Rothbard – ein ausgesprochener Keynes-Kritiker – hat ein wenig schmeichelhaftes Porträt des großen Engländers gezeichnet, in dem u. a. auch dieser Punkt zur Sprache kommt. Vgl. Rothbard, »Keynes, the Man« in M. Skousen (Hg.), *Dissent on Keynes: A Critical Appraisal of Keynesian Economics* (New York: Praeger, 1992), S. 171–198.

20 Seine Grundthesen zur zentralen Bedeutung der Geldausgaben hatten vor Adam Smith jahrhundertelang die Gedankenwelt der königlichen Berater und der privatwirtschaftlichen Pamphletisten beherrscht. Vgl. J. A. Schumpeter, *History of Economic Analysis* (Oxford: Oxford University Press, 1954), insb. zweiter Teil, Kap. VI und VII; J. Viner, *Studies in the Theory of International Trade* (New York: Harper, 1937), Kap. 1 und 2; E. F. Heckscher, *Der Merkantilismus* (Jena: Fischer, 1932).

21 Vgl. H. Hazlitt, *The Failure of the »New Economics«* (Princeton: Van Nostrand, 1959); ders. (Hg.), *The Critics of Keynesian Economics* (2. Aufl., Irvington-on-Hudson: Foundation for Economic Education, 1995 [1960]); H. G. Johnson, »The Keynesian Revolution and the Monetarist Counter-Revolution« *American Economic Review*, Bd. 61, Nr. 2 (1971), S. 1–14; D. Laidler, *Fabricating the Keynesian Revolution* (Cambridge: Cambridge University Press, 1999).

sonnen wurden. Viele Professoren sind zudem der Meinung, dass damit die Grundkoordinaten der gesamtwirtschaftlichen Analyse bereits vollständig abgesteckt sind. Sie verwenden keine Zeit darauf, irgendwelche grundsätzlich andersartigen Denkansätze zu lehren, geschweige denn solche Ansätze forschend weiterzuentwickeln. Auch die sogenannten Monetaristen um Milton Friedman bilden hierbei keine Ausnahme. Sie haben ausdrücklich den Denkansatz der Keynesianer übernommen und lediglich versucht, daraus eine andere Wirtschaftspolitik – einen anderen Interventionismus – abzuleiten.

Im Ergebnis also siebzig Jahre geistige Starre, aufgelockert von ein paar wenigen »heterodoxen« Schulen mit Randexistenz. Kein einziger klassischer Ökonom wurde so blind nachgebetet, und auch verehrt, wie Keynes und seine frühen Anhänger. Aber diese Pseudo-Orthodoxie – denn es ist eben keine *richtige* Lehre – erhielt ihren Vorrang in der Ausbildung der Ökonomen ja auch nicht unter dem Einfluss der freien Meinungsbildung, sondern wurde durch das Monopol der staatlichen Hochschulen verbreitet.

Wir werden auf den geistesgeschichtlichen Hintergrund des keynesianischen Siegeszuges noch verschiedentlich zurückkommen. Im Folgenden wollen wir uns aber vor allem auf die Sachfragen konzentrieren. Denn dass Keynes ein Reaktionär war und dass seine Anhänger ihn bis heute geradezu kultisch verehren – das hat ja alles an sich nichts mit der einzig entscheidenden Frage zu tun:

Hatte Keynes recht?

- *Stimmt es,* dass die Wirtschaft nicht wachsen kann, wenn ihr Wachstum nicht von einem entsprechenden Wachstum der Geldmenge begleitet wird?
- *Stimmt es,* dass Sparen ein Hemmschuh des Wachstums ist?
- *Stimmt es,* dass die Produktion von immateriellem Geld durch Zentralbanken und Geschäftsbanken – die sogenannte Geldschöpfung – das Wachstum fördert bzw. fördern kann?
- *Stimmt es,* dass ein Absinken des Preisniveaus (»Deflation«) verheerende Auswirkungen hat und möglichst vermieden werden muss?

Diesen Fragen wollen wir uns im nachfolgenden ersten Teil unseres Buches zuwenden. Dort werden die grundlegenden Zusammenhänge von Sparen,

Wachstum und Geldmenge auseinandergelegt. Wir werden zeigen, wie wirtschaftliches Wachstum auch ganz ohne Geldschöpfung finanziert werden kann und welche Verwendung zunehmende Sparmittel auch außerhalb der Produktion finden. Anschließend besprechen wir die Rolle der Finanzmärkte bei der Sparbildung und Sparverwendung, und wir diskutieren die Frage, ob die Geldschöpfung zu höherem Wachstum führen kann bzw. führt.

Im zweiten Teil werden wir dann jene Folgen der Geldschöpfung untersuchen, die von ihren Urhebern nach eigenem Verlautbaren überhaupt nicht beabsichtigt werden. Dazu zählen die Wucherungen auf den Finanzmärkten, die Verstaatlichung der Vermögen und der tiefgreifende Wandel der menschlichen Kultur.

Im abschließenden dritten Teil werden wir die Möglichkeiten zur Bewältigung der gegenwärtigen Finanzkrise kommentieren. Dabei werden wir hervorheben, dass das größte Hindernis eine geistige Blockade ist, die sich aus der Inflationskultur ergibt.

Erster Teil:

Über Wachstum

Kapitel I
Wachstum ohne Geldschöpfung

Unter wirtschaftlichem Wachstum wird gewöhnlich eine Steigerung der Konsumgüterproduktion von einer Periode zur nächsten verstanden. Auch wir wollen nachfolgend von dieser Definition ausgehen und uns insbesondere auf das Pro-Kopf-Wachstum konzentrieren.[22]

Eine vermehrte Güterproduktion pro Kopf der Bevölkerung kann grundsätzlich aus vier Ursachen entstehen: verbesserte Unternehmensführung, verbesserte menschliche Zusammenarbeit (Unternehmens- und Wirtschaftskultur), verbesserte Technologie und höheres Sparvolumen. Alle vier hängen aufs Engste zusammen und können im konkreten Handeln nicht getrennt werden. Zum Beispiel hat jede Veränderung der Wirtschaftskultur gewisse Rückwirkungen auf die Unternehmensführung, auf die verwendeten Technologien und auf das Sparverhalten. Zum vollständigen Verständnis von Wachstumsprozessen ist es erforderlich, gerade das Zusammenspiel zwischen diesen Einzelursachen zu begreifen. Aber das setzt natürlich voraus, dass man in einem ersten Schritt bereits versteht, wie jede von ihnen »an und für sich« wirkt. Allein auf diese erste Verständnisebene kommt es uns hier an.

Die grundsätzliche Bedeutung der Unternehmer, der Kultur und der Technologie wird heute von kaum jemandem ernsthaft in Zweifel gezogen.[23] Zwar ist

22 Der Begriff des Wachstums ist heute sehr geläufig und geradezu ein Grundbegriff der Makroökonomie. Doch es handelt sich um einen problematischen Sammelbegriff. Wenn die Produktion von Tomaten steigt, während die Hosenproduktion sinkt, dann lässt sich eigentlich gar nicht sagen, wie sich »das« Wachstum entwickelt hat. Dieses Problem und die damit zusammenhängenden Schwierigkeiten werden uns aber nicht bedrücken, da wir hier vor allem an der Frage interessiert sind, wie Sparen, Investieren und Geld zusammenhängen. Wie wir noch sehen werden, lässt sich diese Frage auch dann behandeln, wenn die Definition und Messung von Wachstum in der Schwebe hängen.

23 Sie wird allerdings sehr weitgehend aus betriebswirtschaftlicher bzw. mikroökonomischer Perspektive erörtert. Die Fragestellungen und Ergebnisse der einschlägigen Literatur sind daher aus gesamtwirtschaftlicher Sicht häufig unbrauchbar. Zu den wenigen Ausnahmen zählt das ausgezeichnete Werk von P. Klein und N. Foss, *Organizing Entrepreneurial Judgment* (Cambridge: Cambridge University Press, 2012); sowie T. Kealey, *The Economic Laws of Scientific Research* (London: Palgrave Macmillan, 1997). Kealey hebt insbesondere hervor, dass staatliche bzw. öffentliche Forschungsausgaben in keinem statistisch nachweisbaren Zusammenhang mit dem Wirtschaftswachstum stehen. Hingegen besteht ein solcher Zusammenhang zwischen dem Wirtschaftswachstum und den *privaten* Forschungsausgaben.

das Zusammenspiel zwischen Technologie und Wirtschaftskultur oder zwischen Unternehmergeist und Sparverhalten keineswegs lückenlos ergründet – und wird es wahrscheinlich auch nie sein. Aber jedenfalls besteht weitgehende Einigkeit, dass z. B. die Qualität der Unternehmensführung das gesamtwirtschaftliche Wachstum positiv beeinflusst.

Welcher Einfluss geht aber von einem höheren Sparvolumen aus? An dieser Frage scheiden sich die Geister. Genau auf diese Frage wollen wir uns daher nachfolgend konzentrieren. Wir werden zeigen, wie eine Produktionssteigerung durch ein größeres gesamtwirtschaftliches Sparvolumen möglich wird, und zwar insbesondere auch ohne jede Geldschöpfung.

Um den Einfluss des Sparvolumens gedanklich zu isolieren, werden wir bei allen Überlegungen in diesem Kapitel annehmen, dass die Geldmenge konstant bleibt. Außerdem wollen wir zunächst annehmen, dass es keine Finanzmärkte gibt, sondern dass alle Investitionen von den Sparern selber vorgenommen werden. Nachfolgend werden wir diese Annahmen fallen lassen. Auf diese Weise kann dann die Rolle der Finanzmärkte und die Wirkung der Geldschöpfung hervorgehoben werden.

Verbrauchen, Sparen und Investieren

Bevor wir uns an unsere eigentliche Aufgabe machen, sollen nachfolgend einige Begriffe geklärt werden. Bekanntlich gibt es keinen dümmeren Streit als den Streit um bloße Worte, und ebenso bekannt ist auch, dass gerade solcher Streit häufig mit der größten Inbrunst geführt wird. Dabei wollen wir besser nicht mitmachen.

Ausgangspunkt unserer Definitionen ist der Begriff des Geldeinkommens. Damit meinen wir die zusätzliche Summe Geldes, die innerhalb einer bestimmten Zeitspanne in das Eigentum einer Person gelangt. Sie kann sie durch den Verkauf von Gütern oder als Geschenk erhalten. Es kann sich um Tributzahlungen unterlegener Feinde handeln oder um Steuern. Wenn die betreffende Person ein Geldproduzent ist (z. B. ein Goldminenbesitzer in einer Wirtschaft mit Goldstandard), dann ist ihr Geldeinkommen die Summe Geldes, die sie in der jeweiligen Zeitspanne produziert.

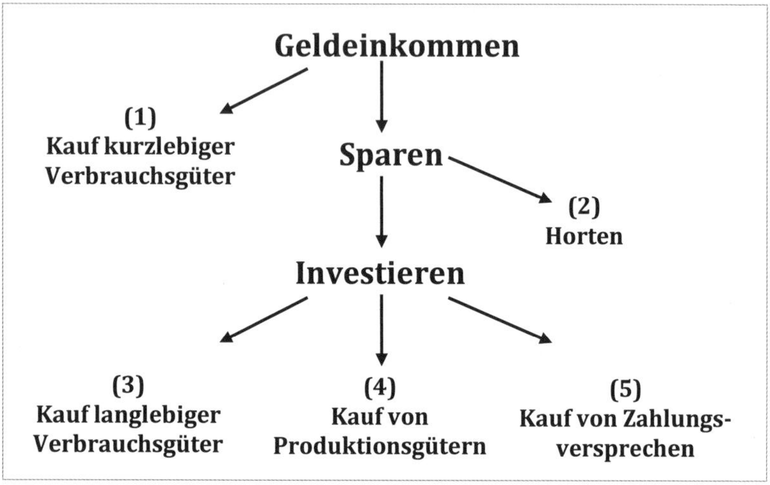

Abb. 1: Fünf Verwendungsmöglichkeiten von Geldeinkommen

Das Geldeinkommen kann nun auf fünf grundsätzliche Weisen verwendet werden, deren Zusammenhang in der beistehenden Abbildung 1 dargestellt ist.

Zunächst einmal kann das Geldeinkommen entweder gespart oder zum Kauf kurzlebiger Verbrauchsgüter (einschließlich Geldgeschenke) verwendet werden. Es gibt keine dritte Möglichkeit. Jeder Euro, der nicht zum Kauf eines Konsumguts verwendet wird, ist ein gesparter Euro. Nun gibt es allerdings verschiedene Formen des Sparens. Grundsätzlich kann ein gesparter Euro entweder gehortet oder investiert werden.[24]

Als gehortet bezeichnen wir nur jene Summen, die sich unter *ausschließlicher Kontrolle des Eigentümers* befinden. Dazu zählen wir die Münzen und Geldscheine, die er in seinem Haus lagert oder vielleicht auch im eigenen Garten vergraben hat. Dazu zählen wir ebenso die Summen, die er in seinem Porte-

24 Es gibt gute Gründe, auch das Geldhorten als eine Investition anzusehen, nämlich als Investition in Bargeld. Mises schrieb: »Das sogenannte Thesaurieren ist ein System der Vermögensanlage.« (*Theorie des Geldes und der Umlaufsmittel*, 2. Aufl., 1924, S. 129) Aber wir wollen hier soweit es geht dem heute üblichen Sprachgebrauch folgen. In der volkswirtschaftlichen Literatur ist das Geldhorten übrigens auch als Erhöhung der Geldnachfrage bekannt. Eine typische Folge des Hortens ist die Verringerung der sogenannten Umschlagshäufigkeit des Geldes.

monnaie mit sich herumträgt.[25] Hingegen sind diejenigen Summen, die er auf seinem Bankkonto hält, *kein* Teil der Geldhorte; denn die Banken verfügen über diese Summen, um sie als Kredite an andere Kunden weiterzureichen, und somit besteht über die betreffenden Summen keine *ausschließliche* Kontrolle der Kontoinhaber.[26]

Diejenigen Ersparnisse, die nicht in die Geldhorte fließen bzw. darin verbleiben, werden investiert. Sie werden zum Kauf anderer als kurzlebiger Verbrauchsgüter verwendet. Der Sparer wandelt sich dann sozusagen in einen »Sparer-Investor«. Drei grundsätzliche Investitionsformen lassen sich unterscheiden.

Zum einen können die gesparten Geldsummen zum *Kauf von langlebigen Konsumgütern* verwendet werden, insbesondere zum Kauf von Wohnimmobilien, Land, Autos und Haushaltsgeräten. Der Kauf solcher Güter beinhaltet natürlich immer auch eine Konsumkomponente, da ein Teil des Verbrauchs schon in der Gegenwart stattfindet. Doch der größte Teil der betreffenden Nutzleistung wird eben nicht in der Gegenwart verbraucht bzw. zerstört, und dieser Teil ist eben der gesparte Teil.

Zum anderen können die gesparten Summen auch zum *Kauf von Produktionsfaktoren* verwendet werden. Das ist typischerweise der Fall, wenn der Sparer eine eigene Firma hat und sein Geldeinkommen in diese Firma investiert. Er kauft also Rohstoffe und Werkzeuge, mietet Fabrikhallen oder Büroräume, kauft alle Arten von vorgefertigten Produkten, die er dann weiterverarbeitet, und er bezahlt Löhne an seine Angestellten und Arbeiter. Diese Tauschhand-

25 Häufig wird zwischen gehortetem und »im Umlauf befindlichen« Geld unterschieden, wobei zu Letzterem typischerweise auch der Inhalt des Portemonnaies gezählt wird. Aber diese Unterscheidung ist nicht kategorisch, sondern nur graduell. Die Geldscheine im Portemonnaie werden letztlich genauso gehortet wie diejenigen, die im heimischen Tresor schlummern. Vgl. Mises, *Theorie des Geldes und der Umlaufsmittel* (2. Aufl., München: Duncker & Humblot, 1924), S. 128–130. Ein kategorischer Unterschied besteht nur zwischen den Summen, die sich unter ausschließlicher Kontrolle des Eigentümers befinden, und jenen gesparten Summen, für die diese Bedingung nicht zutrifft. Wie wir noch sehen werden, ist genau dieser Unterschied relevant zum Verständnis der Finanzmärkte.

26 Anders wäre die Lage in einem System von »Geldwarenhäusern«, in dem die Banken die ihnen anvertrauten Summen lediglich verwahren würden, ohne sie selber zu verwenden. Vgl. Rothbard, *Das Schein-Geld-System*, S. 42–52; Hülsmann, *Ethik der Geldproduktion*, Kap. 2.

lungen auf den Faktormärkten sind der zentrale Teil des sogenannten Kapitalmarktes.[27]

Schließlich und endlich können die gesparten Geldsummen auch im Rahmen eines intertemporalen Tausches *auf andere (natürliche oder juristische) Personen übertragen* werden. Dabei vertraut der Sparer-Investor der betreffenden Person hier und jetzt eine von ihm gesparte Summe an. Im Tausch erhält er das Versprechen dieser Person, ihm in der Zukunft eine andere, typischerweise höhere Zahlung zu leisten. Der Sparer-Investor kauft also ein Zahlungsversprechen; und der unmittelbare Nutznießer der gesparten Summen verkauft dieses Zahlungsversprechen. Hier haben wir das Grundschema einer finanziellen Investition. Finanzmärkte sind Märkte, auf denen Zahlungsversprechen gehandelt werden.[28]

Von besonderer praktischer Bedeutung sind solche Versprechen, die in schriftlicher Form gegeben werden. Dazu zählen Bankkredite, Gesellschafterverträge usw. Unter den schriftlichen Zahlungsversprechen ragen wiederum die besonders liquiden Wertpapiere heraus, also Aktien, Schuldverschreibungen, Staatsanleihen usw.

Auch die Summen, die auf ein Bankkonto eingezahlt werden, zählen zu den finanziellen Investitionen im soeben genannten Sinne. Den meisten Bankkunden ist das natürlich nicht klar.[29] Aber dem Buchstaben des Gesetzes nach bedeutet die Einzahlung von 10 Euro auf ein Sichtguthaben, dass der betreffende Kunde mit seiner Bank ein Tauschgeschäft vornimmt. Er verkauft seiner Bank 10 Euros und im Gegenzug verkauft ihm die Bank das Versprechen, ihm jederzeit auf Verlangen 10 Euro zurückzuzahlen.

27 Murray Rothbard hat den Kapitalmarkt als »Zeitmarkt« bezeichnet. Vgl. Rothbard, *Man, Economy, and State* (3. Aufl., Auburn, Ala.: Mises Institute, 1993), Kap. 6, S. 319–323.

28 In der »österreichischen« Kapitaltheorie sind die Finanzmärkte der große Nebenflügel des Kapitalmarkts. Vgl. Rothbard, *Man, Economy, and State*, S. 360–380. In der Hauptstromökonomie wird das Wort »Kapitalmarkt« in einem sehr viel engeren Sinne verwendet. Es ist damit der Markt für langläufige verbriefte Zahlungsversprechen gemeint, im Gegensatz zum »Geldmarkt«, dem Markt für kurzläufige verbriefte Zahlungsversprechen.

29 Eine vor Kurzem im Auftrag des Londoner Cobden Centre durchgeführte Befragung führte unter anderem zu dem Ergebnis, dass 74 Prozent der Bankkunden des Vereinigten Königreiches der fälschlichen Auffassung waren, sie selber (und nicht etwa ihre Bank) seien gesetzliche Besitzer der von ihnen deponierten Summen. Vgl. A. J. Evans et al., *Public Attitudes to Banking* (London: Cobden Centre, Juni 2010).

Der Kauf von Zahlungsversprechen ist immer nur eine Zwischenstation der Sparverwendung. Die Empfänger der betreffenden Zahlungen werden diese nämlich ihrerseits auf eine der vier vorgenannten Weisen verwenden. Wenn der Staat beispielsweise eine Staatsanleihe (ein Zahlungsversprechen) verkauft, wird er den Verkaufserlös entweder zum Kauf kurzlebiger Konsumgüter oder zum Horten oder zum Kauf von Produktionsgütern oder zum Kauf langlebiger Konsumgüter verwenden. Genauso liegen die Dinge bei der Emission von Aktien u. Ä. Letztlich fließt also alles Geld in den Kauf von Konsumgütern, in die Geldhorte oder in den Kauf von Produktionsfaktoren.

Fassen wir die vorstehenden Unterscheidungen zusammen. Wie wir sahen, kann ein Geldeinkommen auf fünf grundsätzliche Arten und Weisen verwendet werden, nämlich zum Kauf kurzlebiger Konsumgüter (1), zum Horten (2), zum Kauf langlebiger Konsumgüter (3), zum Kauf von Produktionsfaktoren (4) und zum Kauf von Zahlungsversprechen (5). Zwischen diesen fünf Verwendungsmöglichkeiten besteht somit ein Konkurrenzverhältnis. Jeder Euro, der in den kurzlebigen Konsum fließt, wird nicht gespart. Jeder Euro, der zum Kauf von Wertpapieren verwendet wird, steht nicht zum Kauf der anderen Güterarten zur Verfügung. Dieses Konkurrenzverhältnis ist eine wichtige Tatsache des Wirtschaftslebens, auf die wir noch öfter zurückkommen werden.

Nachfolgend wollen wir das Verhältnis der Verwendungen (1) und (4) klären. Es ist schließlich nicht schwer zu verstehen, wie und warum verringerte Konsumausgaben (1) mit verstärktem Horten (2) einhergehen können; oder auch mit umfangreicheren Käufen von Immobilien (3) und Staatspapieren (5). Wie aber ist es möglich, verringerte Konsumausgaben mit einer Erhöhung der produktiven Investitionen (4) zu vereinbaren? Ist es möglich, die Investitionen in die Güterproduktion zu erhöhen, wenn gleichzeitig die Konsumausgaben fallen?

Trugschluss der Verallgemeinerung

Diese Frage wird von den keynesianisch geprägten Ökonomen verneint. Sie verweisen in diesem Zusammenhang auf das sogenannte »Sparparadoxon« bzw. auf den »Trugschluss der Verallgemeinerung«. Demzufolge könne vermehrtes Sparen zwar das Vermögen eines *einzelnen* Sparers vergrößern, doch lasse sich dieses Ergebnis nicht verallgemeinern. Denn wenn *alle* Bürger mehr sparten, so bedeute dies eine Verringerung der gesamtwirtschaftlichen Konsumausgaben. Dies wiederum hieße nichts anderes, als dass die Verkaufserlöse der Unternehmen fallen, und mithin falle auch die Rentabilität ihrer Investitionen. Es werde also weniger investiert, folglich weniger produziert, und somit sinke das gesamtwirtschaftliche Realeinkommen.

Diese Argumentation ist allerdings falsch. Sie irrt insbesondere darin, dass sie einzelwirtschaftliche Zusammenhänge unzulässig verallgemeinert. Mit anderen Worten beruht sie auf genau jenem logischen Fehler, den sie eigentlich berichtigen will.[30]

Es stimmt, dass eine *einzelne* Firma ihre Investitionen verringern wird, wenn die Gelderlöse aus dem Verkauf ihrer Produkte sinken. Denn sie wird in der Regel außerstande sein, ihre Kosten – d. h. die Geldsummen, die sie an ihre Angestellten und Lieferanten zahlen muss – so weit zu senken, dass die Produktion trotz der geringeren Erlöse weiterhin genauso rentabel ist wie zuvor. Warum aber lassen sich die Kosten nicht senken? Weil die Angestellten und die Lieferanten damit in der Regel nicht einverstanden wären und abwandern würden. Denn die *anderen* Firmen leiden ja annahmegemäß nicht unter verringerten Gelderlösen. Also würden die vormaligen Angestellten und Lieferanten der leidenden Firma für andere Firmen arbeiten, anstatt eine Verringerung ihrer Bezahlung in der leidenden Firma hinzunehmen.

Genau dies gilt jedoch nicht aus gesamtwirtschaftlicher Sicht. Denn wenn die Gelderlöse *aller* Firmen sinken, werden sie auch alle versuchen, ihre Kosten zu senken. Daraus folgt, dass eine Abwanderung für die Angestellten und Lieferanten dann in der Regel *nicht* möglich bzw. ratsam ist. Letztere stehen nunmehr vor der Alternative, entweder eine Verringerung ihrer Bezahlung hinzunehmen oder überhaupt kein Geldeinkommen mehr zu erzielen. Sie werden sich also in der Regel dazu entscheiden, bei verringertem Geldeinkom-

30 Vgl. J. G. Hülsmann, »The Meaning of Macroeconomics« *Romanian Economic and Business Review*, Bd. 7, Nr. 3 (2012), insb. S. 50–52. Dieser Fehler wurde bereits von den Ökonomen der sogenannten Angebotsschule (*supply-side economics*) hervorgehoben. Vgl. z. B. P. C. Roberts, »The Breakdown of the Keynesian Model« *National Affairs*, Nr. 52 (Sommer 1978), S. 20–33. W. G. Laffer, »Virtues and Deficiencies of Supply-Side Economics Viewed from an Austrian Perspective« (unveröffentl. Manuskript, 28. September 1990).

men ihre Tätigkeit weiterzuführen. Vom Standpunkt der Firmen würde dies bedeuten, dass der Einbruch der Gelderlöse keineswegs unbedingt zu einem Einbruch der Rentabilität führt, denn die verringerten Gelderlöse könnten ja durch verringerte Kosten kompensiert werden. Sie würden dann im Großen und Ganzen weiterhin auf dem alten Niveau produzieren können. Mit anderen Worten würde sich in diesem Fall aus *real*wirtschaftlicher Sicht nichts ändern. Es würden weiterhin die gleichen Mengen an Arbeit und Material verwendet werden. Es würden also weiterhin die gleichen Mengen an Konsumgütern und Produktionsgütern produziert werden. Und somit würden weiterhin die gleichen Gütermengen konsumiert werden können. Die *Real*einkommen blieben also unverändert.

Diese grundlegenden Überlegungen gelten ganz unabhängig von der Frage, aus welchem Grund es zu einer Verringerung der Konsumausgaben kommt. Sie gelten insbesondere auch für den Fall vermehrten Geldhortens; auch hier käme es zu einer Verringerung *aller* Geldeinkommen. Mit Hinblick auf das gesamtwirtschaftliche *Real*einkommen ist das Niveau der *Geld*einkommen jedoch wie gesagt völlig unerheblich. Die wesentliche Frage lautet stets, wie viele Güter rentabel produziert werden können. Nun ist die Produktion grob gesprochen immer dann rentabel, wenn die Verkaufserlöse höher als die Kosten sind. Aber ein solcher Überschuss der Erlöse über die Kosten lässt sich bei jedem Niveau der Geldzahlungen erwirtschaften. Beispiel: Ein Bäcker produziert in einer Stunde 20 Brote. Zutaten und Amortisierung seines Ofens kosten ihn 1 Euro pro Brot, und er verkauft seine Brote zum Stückpreis von 2 Euro. Realwirtschaftlich ändert sich nichts, wenn die Kosten auf 2 Euro und der Verkaufspreis auf 4 Euro steigen. Es ändert sich ebenfalls nichts, wenn sie auf 0,50 Euro und 1 Euro sinken.[31]

Sparen und Wirtschaftswachstum

Ausgehend von diesen Erwägungen können wir auch den interessantesten Fall erörtern, in dem es zu einer Verringerung der Konsumausgaben kommt, nämlich den Fall vermehrten Sparens.

31 Auf die Komplikationen, die sich aus einer Deflation bei hoher Verschuldung ergeben können, werden wir weiter unten eingehen.

Sparen und Konsumausgaben schließen einander aus. Jeder Euro, der momentan nicht zum Erwerb von Verbrauchsgütern dient, ist ein gesparter Euro. Eine größere Sparneigung bedeutet somit geringere Konsumausgaben, und umgekehrt geht eine verringerte Sparneigung mit höheren Konsumausgaben einher.

Genau aus diesem Zusammenhang entspringen auch die günstigen gesamtwirtschaftlichen Wirkungen einer größeren Sparleistung. Wenn mehr Geld gespart und weniger Geld für Konsumgüter ausgegeben wird, so verändern sich die Einkommensströme und Produktionsweisen. Es kommt zu einer Verringerung der Erlöse aus dem Verkauf von Verbrauchsgütern, und die Produzenten dieser Güter werden somit weniger Geld in Arbeit, Rohstoffe, Werkzeuge und andere Produktionsfaktoren investieren. Andererseits erlauben die größeren Ersparnisse nun vermehrte Investitionen zur Produktion von Kapitalgütern, und somit steigt auch die Verwendung von Arbeit und Rohstoffen in diesen »konsumfernen« Industrien.[32]

Der springende Punkt liegt mit anderen Worten darin, dass die Geldausgaben *umgeschichtet* werden.[33] Als Folge ergibt sich eine Umstellung der Produktionsweise. In den Konsumgüterindustrien verringert sich die Zahl der Beschäftigten, aber diese geringere Zahl arbeitet kapitalintensiver. Sie produziert daher mehr Güter, als zuvor noch von den zahlreicheren Beschäftigten erzeugt wurden (man denke hier etwa an den Übergang von handwerklicher

32 Bei konstanter Geldmenge käme es zu einer *absoluten* Verringerung der Erlöse aus dem Verkauf von Verbrauchsgütern und zu einer *absoluten* Erhöhung der Investitionen zur Produktion von Kapitalgütern. Infolge der ständigen Geldproduktion können diese Änderungen auch bloß *relativ* sein.

33 Vermehrtes Sparen wird in der Regel auch mit einer (zumindest relativen, manchmal auch absoluten) Verringerung der gesamtwirtschaftlichen Geldausgaben einhergehen. Mit anderen Worten fällt die sogenannte gesamtwirtschaftliche Nachfrage. Der Grund liegt darin, dass gewöhnlich zumindest ein Teil der zusätzlichen Ersparnisse gehortet wird. Diese Summen sind dem Geldkreislauf gewissermaßen entzogen. Die gesamtwirtschaftlichen Ausgaben verringern sich dementsprechend um ein Vielfaches dieses Betrages, denn jede Geldeinheit wird im Verlaufe eines Jahres typischerweise nicht nur einmal, sondern mehrfach getauscht. Es ist bekannt, dass die meisten ökonomischen Denkschulen hier einen sehr nachteiligen Vorgang erblicken. Ganz anders die Sichtweise der heutigen Wiener Schule. Wir werden auf diese Frage weiter unten zurückkommen. Auf den folgenden Seiten werden wir zur Vereinfachung unserer Überlegungen jedoch annehmen, dass die gesamtwirtschaftliche Nachfrage unverändert bleibt, wenn die Sparneigung zunimmt. Es wird noch offensichtlich werden, dass diese Annahme die allgemeine Gültigkeit unserer Argumentation nicht einschränkt.

zu industrieller Fertigung von Kleidung und Nahrung). Die vermehrte Verwendung von Maschinen und anderen Kapitalgütern setzt wiederum voraus, dass diese Güter ihrerseits in größerem Umfang hergestellt werden, und genau diese Ausweitung der Produktionsgüterindustrien kann nun auch mit Hilfe der größeren Ersparnisse finanziert werden.

Die kapitalintensivere Produktionsweise erhöht die Arbeitsproduktivität und somit das gesamtwirtschaftliche Realeinkommen. Selbst wenn der Aufwand an Arbeitsstunden nicht erhöht wird, wird doch *mehr* produziert.

Aber wie gesagt wird vor allem auch *anders* produziert als zuvor. Es wird anders und an anderer Stelle gearbeitet. In den Konsumgüterindustrien werden Arbeitsplätze abgebaut, und neue Arbeitsplätze entstehen in den Produktionsgüterindustrien und bei den Dienstleistungen. Immer weniger Menschen sind *unmittelbar* damit beschäftigt, Konsumgüter herzustellen, immer mehr Menschen sind jedoch *mittelbar* daran beteiligt. Sie arbeiten in den Zulieferindustrien, im Maschinen- und Anlagenbau, im betrieblichen Rechnungswesen, im Marketing, als Anwälte, Notare und Berater.

Wie aber ist es möglich, eine größere Menge von Konsumgütern zu verkaufen, wenn gleichzeitig doch die Konsumausgaben sinken? Das ist dadurch möglich, dass die Stückpreise sinken. Wachstumsprozesse, die auf vermehrter Ersparnisbildung beruhen, führen unweigerlich zu einer mehr oder weniger ausgeprägten Preisdeflation. Güterpreise und *Geld*einkommen sinken, aber die *Real*einkommen steigen infolge der vermehrten Produktion.[34]

Wir können diesen Vorgang erneut am Beispiel des bereits genannten Bäckers veranschaulichen. Anfänglich produziert er in einer Stunde 20 Brote. Zutaten und Amortisierung seines Ofens kosten ihn 1 Euro pro Brot, und er verkauft seine Brote zum Stückpreis von 2 Euro. In einer Stunde verdient er also ein *Brutto*einkommen von 40 Euro. Da seine Kosten 20 Euro pro

34 Ein Paradebeispiel aus der deutschen Wirtschaftsgeschichte ist das letzte Viertel des 19. Jahrhunderts, in dem sehr hohe Wachstumsraten in einem Umfeld ständig fallender Konsumgüterpreise erzielt wurden. Zwar wuchs damals die Geldmenge, aber sie wuchs sehr viel weniger stark als der Umfang der Produktion. Vgl. U. Nocken, »Die Große Deflation: Goldstandard, Geldmenge und Preise in den USA und Deutschland 1870–1896« in Eckart Schremmer (Hg.), *Geld und Währung vom 16. Jahrhundert bis zur Gegenwart* (Stuttgart: Franz Steiner, 1993), S. 157–189.

Stunde betragen, erzielt er ein *Netto*einkommen von ebenfalls 20 Euro pro Stunde.

Wenn nun in der betreffenden Volkswirtschaft vermehrt gespart wird, dann verringern sich wie gesagt die Konsumausgaben der Bevölkerung, und die Produktion wird auf eine kapitalintensivere Weise umgestellt. Auch unser Bäcker lässt sich jetzt einen größeren und effizienteren Ofen installieren. Außerdem unterzeichnet er einen Zuliefervertrag mit einer Firma, die ihm den Teig für die meisten Backwaren vorbereitet. Er kann sich dann auf die Feinarbeit und den Backvorgang konzentrieren. Dadurch erhöht er seine Produktion und erzeugt nunmehr 20 Brote und 10 Teile Hefegebäck pro Stunde.

Die Brote verkauft er nunmehr zum Stückpreis von 1 Euro und das Hefegebäck für 1,50 Euro pro Stück. Sein Bruttoeinkommen beträgt somit 35 Euro pro Stunde. Gleichzeitig sind seine Kosten gestiegen. Für Zutaten, Liefervertrag und Amortisierung des neuen Ofens muss er nun 23 Euro pro Stunde aufbringen. Somit fällt sein Nettoeinkommen von 20 auf 12 Euro pro Stunde. Es scheint somit, als habe unser Bäcker ein schlechtes Geschäft gemacht. Aber dieser Eindruck wird wahrscheinlich nicht stimmen. Denn unserer Annahme gemäß sind *überall* in der betreffenden Volkswirtschaft größere Investitionen getätigt worden. Überall wird somit die Produktion erweitert, und überall fallen somit die Güterpreise. Die Brotpreise unseres Bäckers sind wie gesehen auf die Hälfte gesunken. Wenn auch die Preise derjenigen Konsumgüter, die er selber für seinen täglichen Bedarf kauft, um 50 Prozent sinken, so hätte sich sein *reales* Nettoeinkommen erhöht. Zwar sinkt sein Geldeinkommen von 20 Euro auf 12 Euro, aber mit dem gesunkenen Geldeinkommen kann er genauso viele Konsumgüter kaufen, wie er zuvor nur mit 24 Euro hätte kaufen können.

Im Einzelfall muss das natürlich nicht zutreffen. Wachstumsprozesse wirken sich nicht gleichmäßig aus. Sie kommen einigen Menschen mehr zugute als anderen, und manche leiden auch unter ihnen. Reale Wachstumsprozesse schaffen Gewinner und Verlierer. Es ist beispielsweise sehr wohl möglich, dass das Geldeinkommen unseres Bäckers stärker fällt als die Preise der von ihm bevorzugten Konsumgüter. Es besteht kein Anlass, solche Veränderungen schönzureden, indem man sich zu der Behauptung versteigt, sie würden allen Beteiligten zugutekommen; oder indem man noch weitergehend behauptet, sie würden allen Menschen im gleichen Maße zugutekommen. Das ist sicherlich nicht der

Fall. Fest steht lediglich, dass sich infolge einer vermehrten Spartätigkeit die *gesamtwirtschaftliche* Güterversorgung verbessert und somit das *durchschnittliche* Realeinkommen steigt. Fest steht weiterhin – und das ist für uns an dieser Stelle der zentrale Punkt –, dass die Preisdeflation keinen Hinderungsgrund des Wirtschaftswachstums darstellt; und dass sie sogar ein ganz wesentlicher Gesichtspunkt der auf vermehrter Ersparnisbildung basierten Wachstumsprozesse ist.

Wirtschaftliches Wachstum – insbesondere auch sehr starkes wirtschaftliches Wachstum – ist möglich, wenn die Geldmenge und die gesamtwirtschaftlichen Geldausgaben der Realwirtschaft hinterherhinken. Die Produktion neuen Geldes – insbesondere die »Geldschöpfung« durch Zentralbanken und Geschäftsbanken – ist überhaupt keine *notwendige* Voraussetzung für Wachstum.

Ein Zahlenbeispiel

Wir wollen die soeben erörterten Zusammenhänge mit einem einfachen Zahlenbeispiel der Gesamtwirtschaft noch weiter verdeutlichen. Um dieses Zahlenbeispiel zu konstruieren, müssen wir einige Annahmen machen, die die Wirklichkeit stark vereinfachen; und wir müssen andere Annahmen machen, die in der Wirklichkeit wohl nie zutreffen. Die Ökonomen der Wiener Schule stehen solchen Modellen grundsätzlich skeptisch gegenüber. Modelle sind für den Beweis ursächlicher Zusammenhänge in der Ökonomie nicht notwendig, und wegen ihrer z. T. fiktiven Annahmen bergen sie sogar die Gefahr, irrtümlichen Schlussfolgerungen Vorschub zu leisten. Dennoch haben einige große »Österreicher« auch immer wieder Modelle verwendet, um theoretische Einsichten ein wenig greifbarer zu machen.[35] Genau diesen Zweck verfolgen wir auch hier. Leser, denen die Ausführungen des vorigen Abschnitts reichen, können ohne Verlust zum nächsten Abschnitt weiterspringen.

Die nachfolgende Abbildung 2 stellt eine Wirtschaft dar, in der es nur zwei Firmen gibt. Firma A produziert Konsumgüter und verkauft sie für 440 Geldeinheiten an die Verbraucher. Firma B ist ein Hersteller von Kapitalgütern

35 Vgl. insb. Böhm-Bawerk, *Kapital und Kapitalzins*, Bd. II, Kap. 5; F. A. Hayek, *Preise und Produktion* (Wien: Springer, 1931), Kap. 2; ders., *The Pure Theory of Capital* (Chicago: Chicago University Press, 1941); M. N. Rothbard, *Man, Economy, and State* (3. Aufl., Auburn, Ala.: Mises Institute, 1993), Kap. 5 und 6.

(halbfertige Erzeugnisse, Maschinen, Anlagen usw.) und verkauft ihre gesamte Produktion für 110 Geldeinheiten an die Firma A.

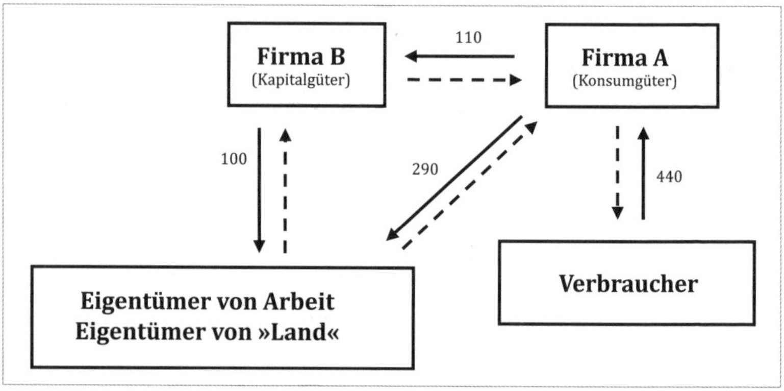

Abb. 2: Modell einer Wirtschaft mit relativ geringer gesamtwirtschaftlicher Sparquote (gestrichelte Linien: Übertragung von Realgütern; volle Linien: Übertragung von Geld)

Beide Firmen kaufen auch menschliche Arbeitskraft und jene nichtmenschlichen Ressourcen (Rohstoffe, Anbauflächen usw.), die in der ökonomischen Literatur unter dem Begriff »Land« zusammengefasst werden. Die Firma A investiert 400 Geldeinheiten (110 für Kapitalgüter und 290 für Arbeit und andere Ressourcen), und sie erzielt einen Erlös von 440 Geldeinheiten durch den Verkauf der von ihr gefertigten Konsumgüter. Die Firma B investiert 100 Geldeinheiten zum Kauf von Arbeitsleistungen und anderen Ressourcen. Sie erzeugt Kapitalgüter, die sie an ihren einzigen Kunden, die Firma A, für 110 Geldeinheiten verkauft.

Zur weiteren Vereinfachung wollen wir annehmen, dass dies immer so weitergeht. Jahraus, jahrein werden immer genau die gleichen Güter hergestellt, immer zu genau den gleichen Preisen verkauft und immer auf genau die gleiche Art und Weise verwendet. Die Umsätze, Kosten und Geldeinkommen sind somit unveränderlich, und ebenso bleibt auch der Gesamtumfang der Ersparnisse bzw. der Investitionen immer auf dem gleichen Niveau.[36]

36 Die Wirtschaft befindet sich mit anderen Worten in einem statischen Gleichgewicht. Mises sprach hier vom Gedankenbild einer »gleichmäßigen Wirtschaft« (vgl. *Nationalökonomie*, S. 238–243). Weiter unten werden wir den Zweck dieser Vereinfachung näher erläutern.

Das bedeutet, dass der größte Teil der Erlöse einer jeden Periode in der darauffolgenden Periode reinvestiert wird. In unserem Modell ist das die einzige Finanzierungsquelle der Investitionen. Die Firma A kauft jahraus, jahrein Kapitalgüter und natürliche Ressourcen im Umfang von 400 Geldeinheiten, und jahraus, jahrein verwendet sie diese Produktionsfaktoren zur Produktion von Konsumgütern, die abermals für 440 Geldeinheiten veräußert werden. Die Firma B kauft jahraus, jahrein Ressourcen zum Wert von 100 Geldeinheiten, und jahraus, jahrein stellt sie damit Kapitalgüter her, die immer wieder für 110 Geldeinheiten abgesetzt werden.

Die Verbraucher sind keine gesonderte dritte Gruppe, sondern genau die gleichen Personen, denen wir bereits in Gestalt der Angestellten, Unternehmer und »Land«-Besitzer begegnet sind.[37] Alle diese Personen geben ihr Nettoeinkommen in ganzer Höhe für Konsumgüter aus (in einer statischen Wirtschaft werden wie gesagt keine *zusätzlichen* Ersparnisse gebildet). Das Nettoeinkommen der Angestellten und Landbesitzer beträgt 390 Geldeinheiten (290+100). Bei den Unternehmern besteht das Nettoeinkommen aus der Differenz zwischen Erlösen und Kosten. Im Fall der Firma A beträgt diese Differenz 40 Geldeinheiten (440-400), und im Fall der Firma B beträgt sie 10 Geldeinheiten (110-100). Das gesamtwirtschaftliche Nettoeinkommen beträgt also 440 Geldeinheiten – genau der Betrag, den die Firma A durch den Verkauf ihrer Produkte einnimmt.

Alle diese Zahlungen wiederholen sich wie gesagt jahrein, jahraus. Wir können sie daher aufaddieren, um einen zahlenmäßigen Ausdruck des jährlichen »gesamtwirtschaftlichen Einkommens« bzw. der jährlichen »gesamtwirtschaftlichen Nachfrage« zu erhalten. In unserem Modell beträgt diese Größe 940 Geldeinheiten. Von diesem Gesamteinkommen werden 440 Geldeinheiten zum Konsum verwendet und 500 werden gespart bzw. investiert (400 in der Firma A und 100 in der Firma B). Die gesamtwirtschaftliche Sparquote beträgt somit 53 Prozent (500 geteilt durch 940).[38]

37 Es ist auch keineswegs notwendig, dass es sich bei den Angestellten, Unternehmern und Landbesitzern um jeweils verschiedene Personen handelt. Ein Unternehmer kann beispielsweise auch gleichzeitig Eigentümer der von seiner Firma gemieteten Gebäude sein. Er verdient dann drei Arten von Einkommen: Kapitaleinkommen (Kapitalzins), unternehmerisches Einkommen (Reingewinn) und Einkommen aus Immobilienbesitz.

38 Nur in einem statischen Gleichgewicht bzw. in einer gleichmäßigen Wirtschaft ist es sinnvoll, die

Wie verändern sich nun diese Größenverhältnisse, wenn die beteiligten Personen sparsamer werden? Normalerweise gehen solche Veränderungen nur langsam vor sich und sind auch nicht sehr groß. Da wir uns aber nur für die grundsätzliche Art und Richtung ihrer Folgen interessieren, wollen wir zur besseren Verdeutlichung eine dramatische Änderung ins Auge fassen. Nehmen wir also an, dass die Konsumausgaben von 440 auf 336 Geldeinheiten fallen. Außerdem wollen wir unterstellen, dass sich dabei die Gesamtausgaben nicht verändern, also unverändert bei 940 Geldeinheiten verbleiben. Wir haben bereits hervorgehoben, dass auch das keine realistische Annahme ist, da erhöhtes Sparen in der Regel auch mit erhöhtem Horten einhergeht. Wir werden jedoch noch sehen, dass unsere Annahme die Allgemeingültigkeit des Ergebnisses nicht einschränkt.[39]

Wenn also die Konsumausgaben von 440 auf 336 Geldeinheiten fallen, so bedeutet dies nichts anderes, als dass das gesamtwirtschaftliche Sparvolumen von 500 auf 604 Geldeinheiten steigt. (Die gesamtwirtschaftliche Sparquote erhöht sich von 53 auf 64 Prozent.) Die entscheidende Frage lautet nun, ob es möglich ist, die um 104 Geldeinheiten vermehrten Ersparnisse zu investieren, wenn gleichzeitig die Konsumausgaben fallen.

Wenn die Konsumausgaben die treibende Kraft hinter den Investitionsausgaben wären – wie es in der keynesianischen Theorie unterstellt wird – so wäre dies ein Ding der Unmöglichkeit. Aber die Keynesianer irren sich. Wie im vorigen Abschnitt bereits erläutert wurde, kommt es infolge der größeren Sparleistung zu vermehrten Investitionen im Kapitalgüterbereich. Insbesondere wird es aufgrund der größeren Ersparnisse nun möglich, *zusätzliche Industrien aufzubauen*, die vormals noch *zu »konsumfern«* waren, als dass man sie mit den vorhandenen Mitteln hätte aufbauen können. Die folgende

---

Zahlungsströme einer einzigen (hinreichend langen) Periode miteinander zu vergleichen. Nur hier ist es auch statthaft, die einzelnen Zahlungsströme zu summieren und somit die gesamtwirtschaftlichen Proportionen zwischen Sparen und Konsumausgaben anhand eines Zahlenbeispiels zu veranschaulichen. *Einzig und allein zu diesen rein pädagogischen Zwecken empfiehlt sich die Annahme eines statischen Gleichgewichts.* Dagegen ist sie keinesfalls nötig, um den grundsätzlichen ursächlichen Zusammenhang zwischen Erlösen und Kosten (bzw. Investitionen) zu erklären. Im vorigen Abschnitt haben wir diese grundsätzliche Erklärung vorgestellt, und dabei kamen wir ganz ohne irgendwelche gekünstelten Annahmen aus.

39 Die Annahme unveränderter Gesamtausgaben erlaubt uns insbesondere, den Einfluss, der von der erhöhten Sparleistung ausgeht, gedanklich von jenem Einfluss zu trennen, der von einer erhöhten Geldmenge ausgehen würde.

Abbildung 3 zeigt eine mögliche Produktionsstruktur, die sich dabei ergeben kann.[40]

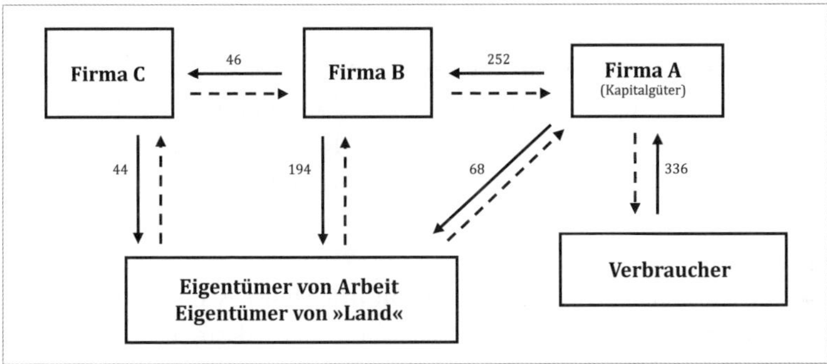

Abb. 3: Modell einer Wirtschaft mit relativ hoher gesamtwirtschaftlicher Sparquote (gestrichelte Linien: Übertragung von Realgütern; volle Linien: Übertragung von Geld)

Die gesamtwirtschaftliche Nachfrage bzw. das gesamtwirtschaftliche Einkommen liegt in dieser neuen Produktionsstruktur wie gesagt unverändert bei 940 Geldeinheiten. Auch der verfügbare Umfang an Arbeitskraft hat sich nicht vermehrt. Aber die Struktur der Geldausgaben und die Einsatzorte der Arbeit haben sich verändert. Es wird anders und an anderer Stelle gearbeitet.

In der Konsumgüterindustrie sind Arbeitsplätze abgebaut worden. Die Firma A hatte zuvor 290 Geldeinheiten für Arbeit und andere Ressourcen ausgegeben. Da das Gesamteinkommen der Ressourcenbesitzer 390 Geldeinheiten betrug, bedeutet dies, dass etwa 74 Prozent aller Ressourcen in der Firma A verwendet wurden. Nun aber verausgabt diese Firma nur noch 68 Geldeinhei-

40 Es gibt unendlich viele andere mögliche Umstellungen der gesamtwirtschaftlichen Produktionsstruktur, die sich unter dem Einfluss einer steigenden Sparquote ergeben können. Letztlich entscheiden über diese konkreten Ausgestaltungen immer die persönlichen Werturteile aller dabei beteiligten Menschen – auch wenn diese Werturteile natürlich nicht in einem Vakuum erfolgen, sondern von gewissen äußeren Umständen maßgeblich beeinflusst werden. Vgl. J. G Hülsmann, *The Structure of Production Reconsidered* (Université d'Angers: GRANEM working paper n° 2011-09-034), verfügbar im Internet. Uns geht es an dieser Stelle nur darum, die Tatsache zu verdeutlichen, dass ein größeres Sparvolumen auch dann investiert werden kann, wenn die Geldausgaben – und insbesondere die Konsumausgaben – nicht steigen.

ten für Arbeit und »Land«. Da das Gesamteinkommen der Ressourcenbesitzer in der neuen Produktionsstruktur 306 Geldeinheiten beträgt, bedeutet dies, dass die Firma A nur noch etwa 22 Prozent aller Ressourcen verwendet.

Dagegen werden die vorhandenen Ressourcen verstärkt im Kapitalgüterbereich verwendet. Die Firma B beschäftigt nunmehr 63 Prozent der verfügbaren Ressourcen (zuvor 26 Prozent), und die Firma C, die es zuvor noch überhaupt nicht gab, beschäftigt 14 Prozent der verfügbaren Ressourcen.

Es entstehen somit neue Arbeitsplätze im Bereich der Kapitalgüterproduktion und insbesondere in den neuen konsumfernen Industrien (Firma C), die wegen der größeren Ersparnisse aufgebaut werden können. Weniger Menschen sind *unmittelbar* damit beschäftigt, Konsumgüter herzustellen, mehr Menschen sind *mittelbar* daran beteiligt. Die Folge ist eine Erhöhung der Arbeitsproduktivität und der gesamtwirtschaftlichen Produktion. Bei insgesamt gleichem Aufwand an Arbeitsstunden wird *mehr* produziert. Zwar hat sich die Zahl der Beschäftigten in der Konsumgüterindustrie (Firma A) verringert, aber diese geringere Zahl arbeitet nun sehr viel kapitalintensiver. Sie verwendet mehr Werkzeuge und Anlagen, und ihr wird ein größerer Teil der vorbereitenden Arbeit von den Zulieferern abgenommen. Ihre verringerte Belegschaft produziert daher mehr Güter als zuvor noch von der größeren Belegschaft erzeugt wurden.

Wir sollten nochmals hervorheben, dass es sich hier um einen *preisdeflationären* Wachstumsprozess handelt. Einerseits sinken die zum Kauf von Konsumgütern verwendeten Nettogeldeinkommen, und zwar von 440 auf 336 Geldeinheiten. Andererseits können die Verbraucher mit diesen geringeren Geldeinkommen mehr Güter erwerben als zuvor. (Wie bereits erörtert wurde, ist dies dadurch möglich, dass die Stückpreise sinken.) Die *Geld*einkommen sinken, aber die *Real*einkommen steigen.

Grenzen der Kapitalakkumulation in einer freien Wirtschaft

Wir haben in den vorigen Abschnitten einen auf vermehrter Spartätigkeit beruhenden Wachstumsprozess beschrieben. Die höheren Ersparnisse werden in einem solchen Prozess dazu verwendet, größere Mengen von Kapitalgütern zu produzieren. Daher heißt dieser Vorgang auch Kapitalakkumulation. Welche Grenzen hat die Kapitalakkumulation in einer freien Wirtschaft? Welche Rückwirkungen hat sie auf die Verwendung der Vermögen und der Einkommen? Wir wollen diese Fragen hier für den theoretischen Fall einer freien Wirtschaft beantworten. Später werden wir diese Antworten mehr oder weniger stark nuancieren, wenn wir den Einfluss staatlicher Eingriffe berücksichtigen.

Beginnen wir mit einer grundsätzlichen Feststellung. Verbrauchen, Sparen und Investieren sind Ausfluss des menschlichen Wollens und Handelns. Wir *entscheiden* uns, einen gewissen Teil unseres Einkommens zu verbrauchen. Wir entscheiden uns, diesen Teil unserer Ersparnisse zu horten und jenen Teil zu investieren. Wir entscheiden uns zwischen einer großen Zahl möglicher Investitionsvorhaben. All diese Entscheidungen entspringen letztlich unseren persönlichen Werturteilen. Zwar gibt es objektiv bessere und objektiv schlechtere Investitionen, aber das, was besser oder schlechter ist, lässt sich letztlich nur an unseren eigenen, frei gewählten Zielsetzungen bemessen.

Verbrauchen, Sparen und Investieren fallen also nicht vom Himmel. Gleiches gilt für die Kapitalakkumulation. Es gibt kein Gesetz der Menschheitsentwicklung, demzufolge die Kapitalbildung eine Art Einbahnstraße wäre. In der Wirtschaftsgeschichte sehen wir Phasen der Akkumulation, aber wir sehen auch mehr oder weniger ausgeprägte Phasen des Kapitalkonsums. Die Theorie stellt das vor keine besonderen Probleme. Der vorige Abschnitt, in dem wir die Kapitalakkumulation an einem Zahlenbeispiel veranschaulicht haben, kann gewissermaßen auch von hinten nach vorne gelesen werden. Dann sieht man den Übergang von einer Wirtschaft mit relativ hoher gesamtwirtschaftlicher Sparquote zu einer Wirtschaft mit geringerer Sparquote. Arbeitsplätze werden in den konsumfernen Industrien abgebaut, und dafür werden mehr Leute in den konsumnahen Bereichen beschäftigt. Die Geldausgaben für Konsumgüter steigen, aber es werden letztlich weniger Konsumgüter produziert. Mit anderen Worten steigen die Stückpreise – es kommt zu einer preisinflationären Verarmung, genau wie es im umgekehrten Fall zu einem preisdeflationären Wachstum kam.

Welche Grenzen hat die Kapitalakkumulation? Von einem rein physischen Standpunkt aus betrachtet gibt es hier praktisch keine Grenzen. Theoretisch könnte fast die gesamte vorhandene Materie – einschließlich aller Planeten – durch den Menschen planmäßig zu Kapitalgütern umgewandelt werden.[41] Erst wenn dieser Punkt erreicht wäre, ginge es nicht mehr weiter. Wir haben im Moment noch kaum einen Bruchteil unseres eigenen Planeten umgeformt, und es ist nicht abzusehen, dass hier bald eine Beschleunigung eintreten würde.[42] Denn es gibt auch noch andere Grenzen. Eingangs haben wir bereits hervorgehoben, dass wirtschaftliches Wachstum vor allem durch verbesserte Unternehmensführung, verbesserte menschliche Zusammenarbeit (Unternehmens- und Wirtschaftskultur), verbesserte Technologie und höheres Sparvolumen ermöglicht wird. Diese vier Faktoren begrenzen somit auch den jeweiligen Stand der Kapitalakkumulation.

Wir wollen uns im Folgenden auf das Sparverhalten konzentrieren und über die anderen Faktoren nur Folgendes bemerken: Der größte Hemmschuh der Kapitalakkumulation scheint uns im kulturellen Faktor der menschlichen Zusammenarbeit gelegen zu sein. Ein Blick auf die Menschheitsgeschichte zeigt, dass viele Leute einen Großteil ihrer Zeit damit verbringen, anderen Leuten Steine in den Weg zu legen bzw. nach Wegen zu suchen, ihre Ziele auf Kosten anderer Menschen zu verfolgen. Besonders arg wird es, wenn diese Bestrebungen durch ganze Organisationen verfolgt werden. Krieg, Raub und Beschlagnahme durch den Staat sind die größten Kapitalvernichter. Solange sich das nicht ändert – und es gibt keine Aussicht auf eine solche Änderung –, sind dem wirtschaftlichen Fortschritt recht enge Grenzen gezogen. Er kann dann nur aus den anderen Faktoren entspringen, aber diese Faktoren existieren nicht in einem Vakuum, sondern hängen ihrerseits von der Wirtschaftskultur

41 Wir sagen: *fast* die gesamte Materie, weil natürlich auch noch Materie bleiben muss, um daraus Konsumgüter zu formen.

42 Eine ganz andere Frage ist es, ob es *wünschenswert* wäre, die Kapitalakkumulation so weit wie möglich voranzutreiben. Hier beschäftigt uns nur die theoretische Frage, wo die Grenzen liegen und welche Rückwirkungen sich aus diesem Prozess ergeben.

ab. Die Entfaltung des Unternehmergeistes ist beispielsweise nicht unabhängig von der Regulierungsdichte und der Höhe der Steuern.

Wenden wir uns also dem Sparverhalten zu. Hier gibt es eine klare Grenze. Es ist nämlich nicht möglich, 100 Prozent der verfügbaren Einkommen zu sparen, und zwar aus dem einfachen Grund, dass es dann mit dem Erdendasein der Menschheit sehr schnell ein Ende hätte. Der menschliche Körper lebt nun einmal vom Verbrauch. Zumindest ein kleiner Teil des verfügbaren Einkommens muss zum Erwerb kurzlebiger Konsumgüter verwendet werden. In unserem obigen Modell haben wir den Übergang von einer 53-prozentigen zu einer 64-prozentigen Sparquote analysiert. Es verlangt nur ein klein wenig Fantasie, um sich auszudenken, wie sich die Produktionsstruktur unter dem Einfluss einer immer größeren Sparquote verändern könnte. Theoretisch wäre es möglich, die Sparquote auf 80, 90 oder gar 99 Prozent des gesamtwirtschaftlichen Einkommens zu erhöhen und in der Güterproduktion zu investieren.[43] Aber auf 100 Prozent kommt man nicht – oder vielleicht bestenfalls *ein*mal.[44]

Aber schon auf dem Weg zu den 100 Prozent treten der Kapitalakkumulation zwei weitere Hindernisse entgegen: zum einen die Zeitpräferenz, zum anderen die sinkende Rate des Kapitalertrags.

Mit der Zeitpräferenz ist die relative Bedeutung gegenwärtiger im Vergleich zu zukünftigen Gütern gemeint. Vermehrtes Sparen findet nur dann statt, wenn die Zeitpräferenz der Sparer sinkt, d. h. wenn gegenwärtige Güter in ihren Augen an Bedeutung verlieren, während die Bedeutung zukünftiger Güter für sie zunimmt. Nun könnte man meinen, dass die Zeitpräferenz bei steigendem Vermögen auf geradezu automatische Weise abnimmt: je größer die Kapitalakkumulation, desto besser schließlich die Versorgung mit Gegenwartsgütern. Wenn jemand aber bereits überreich mit Gegenwartsgütern versorgt ist, wird

43 Die reale Kapitalbildung ist dabei stärker als die nominale. Der Grund liegt darin, dass der durch vermehrtes Sparen in Gang gesetzte Prozess der Kapitalakkumulation preisdeflationär wirkt (stets *relativ* preisdeflationär, manchmal auch absolut).

44 Wie alle Preise ist auch der Geldwert des gesparten Vermögens durch die Geld*menge* bestimmt. Bei konstanter Geldmenge gibt es somit eine absolute Grenze, die er nicht überschreiten kann. Der maximal erreichbare *reale* Vermögenswert ist dagegen prinzipiell unbegrenzt. Auch das *Verhältnis* zwischen dem gesamtwirtschaftlichen Nettoeinkommen und dem Geldwert des gesparten Vermögens kann prinzipiell in unendlich kleine Bereiche fallen.

deren Bedeutung für ihn sinken, und somit wird er einen umso größeren Teil seines Einkommens sparen. Die natürliche Folge wäre somit ein sich selbst immer mehr verstärkender Prozess der Kapitalakkumulation.[45]

Der Mangel dieser Argumentation liegt darin, die Rückwirkung der Vermögensbildung auf die Wertordnung der Bevölkerung nicht zu berücksichtigen. Es ist durchaus möglich, dass Leute, die zu Einkommen und Vermögen gelangen, verweichlichen und in einen konsumorientierten Lebensstil verfallen.[46] Das ist vielleicht nicht sehr wahrscheinlich im Fall von älteren Leuten, deren Wertgefüge sich über ein langes Leben herausgebildet hat. Aber wie steht es mit ihren Erben? Werden sie allein durch Erziehung die Werte ihrer Eltern übernehmen und fortführen? Sicherlich ist das nicht unbedingt der Fall. Zudem kann eine wachsende Konsumorientierung bei steigendem Vermögen auch durch verschiedene staatliche Eingriffe gefördert werden. Auf dieses Thema werden wir später noch zu sprechen kommen.

Aber *selbst wenn* die persönlichen Wertordnungen der Marktteilnehmer konstant blieben und somit wachsende Einkommen zu einer wachsenden Sparquote führten, käme es nicht zu einer dementsprechenden Vermehrung der Kapitalakkumulation. Denn wachsende Ersparnisse führen dann unweigerlich zu einer sinkenden Rate des Kapitalertrags.[47] Wenn sich Knappheit der Ersparnisse durch vermehrtes Sparen im Vergleich zu allen anderen Gütern verringert, so sinkt auch ihr Preis – eine notwendige Folge der Gesetze von

45 Vgl. H.-H. Hoppe, *Demokratie – Der Gott, der keiner ist* (Leipzig: Manufactum, 2003), Kap. 1. N. Elias, *Über den Prozess der Zivilisation* (Frankfurt a. M.: Suhrkamp, 1968).

46 W. Block, W. Barnett und J. T. Salerno, »The relationship between wealth or income and time preference is empirical, not apodictic: a critique of Rothbard and Hoppe« *Review of Austrian Economics*, Bd. 19 (2006), S. 69–80.

47 In der theoretischen Literatur wird die Rate des Kapitalertrags vereinfachend »Kapitalzins« genannt, auch wenn mit dem Zins im engeren Sinne nur *vertragliche* Erträge der Kapitalanlage gemeint sind. Vgl. J. M. Herbener, »Introduction« in ders. (Hg.), *The Pure Time-Preference Theory of Interest* (Auburn, Ala.: Mises Institute, 2011), S. 11 ff. Im obigen Modellbeispiel betrug die Rate des Kapitalertrags anfänglich 10 Prozent. Die Firma A kaufte Produktionsfaktoren für 400 Geldeinheiten und erzielte einen Umsatz von 440 Geldeinheiten durch den Verkauf ihrer Produkte. Ihr Nettoeinkommen – der Nettoertrag des eingesetzten Kapitals – betrug somit 40 Geldeinheiten und die Rate des Kapitalertrags 10 Prozent. Infolge der erhöhten Spartätigkeit sank diese Rate dann auf 5 Prozent, da die Firma A in der neuen Produktionsstruktur 320 Geldeinheiten investierte und einen Umsatz von 336 Geldeinheiten erzielte. Gleiches galt für die Firma B. (Die Firma C entstand überhaupt erst unter dem Einfluss des vermehrten Sparens.)

Angebot und Nachfrage. Ein steigendes Sparvolumen führt immer und überall zu einer sinkenden Entlohnung der Ersparnisse.[48]

Das bedeutet aber nichts anderes, als dass *bei steigender Kapitalakkumulation die Anreize zur Investition in die Güterproduktion sinken. Andere Verwendungen der Geldeinkommen werden zunehmend interessanter.* Dazu zählt natürlich einerseits der kurzlebige Konsum, andererseits jedoch auch die anderen Sparformen: das Horten von Geld, der Erwerb langlebiger Konsumgüter und der Erwerb von Wertpapieren und anderen Zahlungsversprechen.[49]

Mit anderen Worten kann eine auf erhöhter Sparleistung beruhende Kapitalakkumulation nur unter steigendem Widerstand vorangetrieben werden. Je größer das Sparvolumen, desto interessanter werden insbesondere jene Investitionen, die nicht zur Erzielung von Kapitalerträgen getätigt werden. Dazu zählen beispielsweise philanthropische Ausgaben, die Errichtung von öffentlichen Bauten, das Anlegen von privaten und öffentlichen Parkanlagen u. Ä.

---

48 Wie alle Kausalzusammenhänge gilt auch dieser hier nur *ceteris paribus*. Er kann durch andere, gleichzeitig auftretende Veränderungen kompensiert bzw. überkompensiert werden. Das ist insbesondere unter dem Einfluss des technischen Fortschritts der Fall, denn dieser führt tendenziell zu *steigenden* Raten des monetären Kapitalertrags. Die mit neuer Technologie gefertigten Kapitalgüter erwirtschaften höhere Erträge, also steigt hier auch die Rate des Kapitalertrags. Gleichzeitig *sinkt* der monetäre Gegenwert der veralteten Kapitalgüter, da diese nunmehr an der Messlatte der neuen Kapitalgüter bewertet werden. Doch das bedeutet nichts anderes, als dass die von ihnen erwirtschafteten Erträge relativ zum Kapitalwert steigen. Somit steigt also die Rate des Kapitalertrags nicht nur in den Branchen, in denen sich der technologische Fortschritt zuerst bemerkbar macht, sondern in der Wirtschaft insgesamt.

49 In diesem Licht besehen erkennt man leicht den Irrtum der volkstümlichen Zinseszins-Kritik, wie sie zum Beispiel in der Mär vom Josephspfennig zum Ausdruck kommt. Wenn Joseph einen Pfennig bei Jesu Geburt festverzinslich angelegt hätte, so die Überlegung, wäre dieser Betrag durch die Zinseszinsmechanik mittlerweile zu einem Milliarden- und Billionenbetrag herangewachsen. Auf diese Weise könnten aber unmöglich alle Sparbeträge angelegt werden. Aus dieser richtigen Feststellung wird dann der falsche Schluss abgeleitet, dass etwas mit dem Zinseszins an sich nicht stimme. Er treibe die Wirtschaft unweigerlich in die Überschuldung, die daher von Zeit zu Zeit krisenhaft bereinigt werden müsse. Der Fehler dieser Argumentation liegt in der Annahme, dass die Sparform und die Finanzierungsform der Güterproduktion (Kredit oder Eigenkapital) und auch der Kapitalertrag unabhängig von der bereits erfolgten Kapitalakkumulation sind. Das trifft jedoch schlicht und einfach nicht zu. Wenn uns seit Christi Geburt keine Kriege und staatlichen Raubzüge geplagt hätten, wenn es nie Fehlinvestitionen gegeben hätte und die Kapitalakkumulation ununterbrochen fortgeführt worden wäre, dann lägen die Zinsen auf Bankguthaben wahrscheinlich bei null, und der größte Teil der Ersparnisse würde nicht verliehen, sondern außerhalb der gewerblichen Güterproduktion investiert werden.

Welche Aussagen lassen sich über die Verteilung des Kapitals bzw. des Vermögens machen? Eine fortschreitende Kapitalakkumulation wird u. a. die Verwirklichung großer Investitionsvorhaben begünstigen, die mit dem vormals kleineren Kapitalstock nicht zu bewältigen waren. Die Geschichte der Industrialisierung liefert viele Beispiele. Größere Produktionseinheiten (größere Betriebe) sind somit eine natürliche Folge der Kapitalakkumulation.

Daraus darf allerdings nicht der Schluss gezogen werden, die Konzentration der Betriebe ginge notwendigerweise auch mit einer *Konzentration des Vermögens* einher. Die Investitionen mögen konzentriert erfolgen, aber das sagt noch nichts über die Sparquellen, aus denen diese Investitionen fließen. Historisch gesehen waren es die Ersparnisse der großen Masse der Bevölkerung, die im 19. Jahrhundert die Grundlage für den industriellen Aufschwung in Deutschland und anderen Ländern schufen. Vor neunzig Jahren fasste Ludwig von Mises diese Erfahrung in folgende Worte:

> *Die moderne Volkswirtschaft hat in dem Maße, in dem die Betriebe und die Unternehmungen gewachsen sind, Unternehmungsformen herausgebildet, die es ermöglichen, daß große Geschäfte von Leuten mit kleinen Vermögen unternommen werden. Daß diese Formen entstehen konnten und daß sie eine von Tag zu Tag wachsende Bedeutung in der Volkswirtschaft gewonnen haben und daß ihnen gegenüber der Einzelkaufmann auf dem Gebiete der Großindustrie, des Bergbaus und des Verkehrswesens nahezu verschwunden ist, beweist, daß eine Tendenz zur Konzentration der Vermögen nicht besteht.*[50]

Daraus folgt natürlich keineswegs, dass es nicht aus anderen Gründen zu einer Konzentration der Vermögen kommen kann. Diese Frage wird uns später noch beschäftigen. An dieser Stelle halten wir jedoch fest, dass in der Kapitalakkumulation an und für sich keine solche Tendenz zu erkennen ist.

Gewiss, einer volkstümlichen Ansicht zufolge vermehrt sich Kapital wie von selbst. Wer bereits Kapital zusammengespart oder ererbt hat, hätte demnach

50 Mises, *Die Gemeinwirtschaft* (2. Aufl., Jena: Fischer, 1932), S. 343. Er fährt fort: »Die Geschichte der gesellschaftlichen Unternehmungsformen – von der societas unius acti angefangen bis zur modernen Aktiengesellschaft – ist ein einziger Widerspruch gegen die von Marx leichtfertig aufgestellte These von der Konzentration des Kapitals.«

einen Startvorteil, den die anderen kaum noch aufholen könnten. Daraus ergäbe sich dann eine mehr oder minder ausgeprägte Tendenz zur Konzentration des Vermögens. Aber in der wirklichen Wirtschaft gibt es keinen solchen Automatismus. Gerade die Investitionen in die Güterproduktion (bzw. in die damit zusammenhängenden Wertpapiere) bieten nicht nur die Aussicht auf Erträge und Kapitalzuwachs, sondern gehen auch mit dem Risiko des Verlustes einher. Auch diese Tatsache wurde von Mises seinerzeit bereits gebührend betont. Er schrieb:

> *Es gibt so wenig eine ewige Kapitalsanlage wie es eine sichere gibt. Jede Kapitalsanlage ist ein spekulatives Wagnis, dessen Erfolg im Vorhinein nicht mit Bestimmtheit anzusehen ist. Nicht einmal die Vorstellung »ewigen und sicheren« Kapitalertrages hätte entstehen können, wenn man die Begriffe über Kapitalsanlage stets aus der Sphäre des Kapitals und der Unternehmung hergenommen hätte. Die Ewigkeits- und Sicherheitsvorstellungen kommen von der auf Grundeigentum sichergestellten Rente und von der ihr verwandten Staatsrente her. […] Im kapitalistischen Unternehmen gibt es kein sicheres Einkommen und keine Sicherheit des Vermögens.*[51]

Fassen wir zusammen. Die Kapitalakkumulation ist in physischer Hinsicht praktisch unbegrenzt, aber ihr stehen mehr oder weniger große soziale, politische, psychologische und wirtschaftliche Hindernisse im Weg. Zunehmende Kapitalakkumulation verlangt zunehmende Anstrengungen. Insbesondere haben wir hervorgehoben, dass Investitionen in die Güterproduktion bei steigendem Sparvolumen in einen immer schärferen Wettbewerb mit Sparverwendungen treten, die nicht zur Erzielung von Kapitalerträgen getätigt werden. Und wir haben gesehen, dass es in freier Wirtschaft keine Tendenz zur Konzentration der Vermögen gibt.

Ein Wachstum der Güterproduktion und der Vermögen ist jedenfalls möglich, auch wenn sich die gesamtwirtschaftlichen Geldausgaben überhaupt nicht ändern. Die Produktion neuen Geldes ist dafür keine *notwendige* Voraussetzung. Somit verbleibt nur noch die Frage, ob Geldschöpfung nicht wenigstens in dem Sinne eine Ursache des Wirtschaftswachstums ist, dass sie ein *noch stärkeres* Wachstum begünstigt. Dieser Frage wollen wir uns nun langsam

---

51 Mises, *Die Gemeinwirtschaft*, S. 349 f.

nähern. Da die Geldschöpfung heutzutage in der Form von Kreditschöpfung erfolgt, werden wir zunächst die grundsätzliche Rolle der Finanzmärkte in einer Marktwirtschaft besprechen. Im Anschluss daran wollen wir schließlich auf die Frage der Geldschöpfung zurückkommen.

Kapitel II
Die Rolle der Finanzmärkte

Bislang sind wir von der Annahme ausgegangen, dass die Güterproduktion ausschließlich durch die Umsätze der Firmen finanziert wird. Alle Eigentümer der von uns angenommenen Firmen waren Sparer-Investoren, die ausschließlich mit ihrem eigenen Geld arbeiteten. Es gab keine Finanzmärkte und somit keine Finanzierung durch Kreditgeber, Aktionäre, stille Gesellschafter, Kommanditäre usw.[52] Es gab auch keine Veränderung der Geldmenge und keine Veränderung des Geldhortens; stets wurden jahrein, jahraus genau die gleichen Geldsummen getauscht.

Im Folgenden werden wir nun die Rolle der Finanzmärkte im Wachstumsprozess besprechen. Dabei nehmen wir weiterhin an, dass es zu keiner Geldschöpfung kommt und die Geldmenge somit konstant bleibt. In einem späteren Kapitel werden wir auch diese Annahme fallen lassen.

Wir sind bereits kurz auf die Finanzmärkte zu sprechen gekommen. Wie wir sahen, werden auf diesen Märkten Zahlungsversprechen getauscht. Durch die Finanzmärkte kommt es zu einer Zusammenarbeit zwischen Sparern und jenen anderen Personen, denen sie ihre Ersparnisse anvertrauen und die ihnen ihrerseits bestimmte Zahlungen für die Zukunft versprechen. Wie jede Form der Zusammenarbeit ist auch diese für die unmittelbar Beteiligten nützlich (sonst würde sie wohl kaum immer wieder zustande kommen). Sie kann aber auch positive *gesamtwirtschaftliche* Auswirkungen haben. Die »finanzielle Arbeitsteilung« zwischen Sparer-Investoren, Mittelsmännern und Endbenutzern der Ersparnisse *kann* wachstumsfördernd wirken, wenn bestimmte Bedingungen erfüllt sind. Andernfalls *kann* sie auch zur Ressourcenverschwendung führen. Diese Zusammenhänge stehen im Mittelpunkt

52 Diese Annahmen spiegeln die Wirklichkeit zwar nur sehr unvollkommen wider, aber sie gehen auch nicht völlig an ihr vorbei. Die weitaus wichtigste Quelle der Unternehmensfinanzierung sind in der Tat die Erlöse, die durch den Verkauf der Produkte erzielt werden. In unterentwickelten Ländern ist dies häufig sogar die einzige Quelle. Bankkredite spielen gerade in entwickelten Ländern eine wichtige, aber auch nur ergänzende Rolle, während die Wertpapiermärkte in allen Ländern vor allem der Staatsfinanzierung dienen. Vgl. F. Allen und D. Gale, *Comparing Financial Systems* (Cambridge: MIT Press, 1999), S. 3.

der folgenden Überlegungen. Zwei grundsätzliche Bemerkungen wollen wir aber vorausschicken.

Lücken

Die *konkreten rechtlichen Formen*, unter denen die Zusammenarbeit zwischen Sparern und Ersparnisverwendern stattfindet, sind unendlich vielfältig. Viele Fachbücher über Finanzmärkte erschöpfen sich geradezu darin, diese Formen zu beschreiben und zu katalogisieren. In der Tat eröffnet sich hier ein weites Feld. Es ist sicherlich hilfreich, zu wissen, worin die grundlegenden Unterschiede zwischen Aktien (Eigenkapital), Anleihen (Fremdkapital), Optionen (Finanzderivate) und vielen anderen Finanzinstrumenten bestehen. Es ist gleichfalls nützlich, die verschiedenen Organisationsformen der Firmen auseinanderhalten zu können, etwas über Banken, Versicherungen, Investitionsfonds und andere Finanzintermediäre zu wissen, sowie die verschiedenen Segmente der Finanzmärkte – die Aktienmärkte, die sogenannten Geldmärkte, die Anleihemärkte, die Terminmärkte usw. – unterscheiden zu können.

Aber die Gefahr besteht, dass man sich in diesen Beschreibungen der Einzelheiten verliert und dann am Ende den Wald vor lauter Bäumen nicht mehr sieht. Leider ist das heute sehr häufig der Fall, auch bei den besseren Fachbüchern. Deren Autoren verwenden vergleichsweise wenig Energie auf die Besprechung der Bedingungen, unter denen die Finanzmärkte einen positiven Einfluss auf das Wirtschaftswachstum ausüben. Die dabei angeführten Argumente sind in der Regel recht oberflächlich. Vor allem aber wird dem negativen Einfluss staatlicher Eingriffe und staatlicher Institutionen – insbesondere auch der Zentralbanken – praktisch überhaupt keine Aufmerksamkeit geschenkt.[53] Wie wir noch sehen werden, erklärt sich diese eigentümliche Vagheit und Unvollständigkeit u. a. daraus, dass es scheinbar keine solide empirische Grundlage gibt, aus der sich allgemeine Aussagen über den Zusammenhang von Finanzmärkten und Wirtschaftswachstum ableiten lassen.

53 Vgl. beispielsweise die ansonsten guten Lehrbücher von F. S. Mishkin, *The Economics of Money, Banking, and Financial Markets* (10. Aufl., New York: Pearson, 2013); S. Valdez, *An Introduction to Global Financial Markets* (5. Aufl, New York: Palgrave Mcmillan, 2007); und H.-P. Spahn, *Geldpolitik – Finanzmärkte, neue Makroökonomie und zinspolitische Strategien* (2. Aufl., München: Vahlen, 2009).

Wir werden im Folgenden auf die Erörterung der einzelnen Finanzinstrumente und Finanzintermediäre weitestgehend verzichten, zumal diese Aufgabe in vielen Schriften bereits sehr gut gelöst worden ist. Vielmehr werden wir uns auf die eigentliche Kernfrage konzentrieren, die da lautet, ob und unter welchen Bedingungen die Zusammenarbeit zwischen Sparern und Ersparnisverwendern positive gesamtwirtschaftliche Auswirkungen hat.[54] Um diese Frage zu beantworten, müssen wir allerdings noch eine zweite, etwas längere Bemerkung vorwegschicken.

Geldhorte und die finanzielle Arbeitsteilung

Einer der wichtigsten Mängel der heutigen Literatur über die Rolle der Finanzmärkte ist in einer recht plausiblen Annahme verwurzelt, die sich scheinbar von selbst versteht und daher in der Regel auch nur stillschweigend getroffen wird. Dieser Annahme zufolge kann eine Zusammenarbeit zwischen Sparern und Ersparnisverwendern *nur* durch bewusste Tauschakte zustande kommen. Mit anderen Worten gibt es ohne Finanzmärkte (nicht unbedingt im engeren Sinne von Finanzintermediären und Wertpapierbörsen, aber doch im allgemeinen Sinne eines Tausches von Zahlungsversprechen) überhaupt keine Möglichkeit, die Ersparnisse einer Person A zu nutzen, um die Projekte einer anderen Person B zu finanzieren.

Die Folgen dieser Annahme sind sehr weitreichend. Insbesondere liegt auf der Hand, dass Sparen in der Form von Geldhorten dann als eine sterile Form des Sparens erscheinen müsste. Der hortende Sparer stellt sozusagen sein Schäfchen ins Trockene, aber dieses Tierchen nützt nur ihm allein. Dabei gebraucht er es vielleicht noch nicht einmal selber, um Jungtiere heranzuzüchten oder um Milch und Wolle zu gewinnen. Massives Horten ist für andere Menschen zwar nicht unbedingt schädlich, aber es ist jedenfalls auch nicht gut für sie. Daraus könnte man den weiteren Schluss ableiten, dass Sparen aus gesamtwirtschaftlicher Sicht nicht in allen Fällen begrüßenswert ist, sondern nur dann, wenn die gesparten Summen auch anderen zur Verfügung gestellt werden.

54 Mit anderen Worten verfolgen wir hier einen funktionalen Erklärungsansatz. Vgl. R. Levine, »Financial Development and Economic Growth: Views and Agenda« *Journal of Economic Literature*, Bd. 35, Nr. 2 (Juni 1997), S. 689.

In diesem Licht besehen wären Finanzmärkte eine geradezu unentbehrliche Einrichtung. Denn sie sind es ja gerade, die Sparer und Ersparnisverwender zusammenbringen. Mehr noch: *Nur sie* bringen sie zusammen. Ohne Finanzmärkte blieben in der Tat nur drei Alternativen zur Verwendung eines Geldeinkommens: Kauf von Konsumgütern, Investition im eigenen Betrieb und Horten. Aber nicht jeder ist zum Unternehmer gemacht. Für die allermeisten Menschen würde die Alternative folglich lauten: Konsum oder Horten. Ohne Finanzmärkte müsste die Realwirtschaft auf niedrigem Niveau dahindümpeln. Nur unternehmerisch gesinnte Leute könnten ihre Ersparnisse investiv verwenden. Die Ersparnisse der großen Masse der Bevölkerung wären zur Unfruchtbarkeit verdammt. Nur aus ihren Konsumausgaben könnten andere Menschen irgendeinen direkten Nutzen ziehen.

Diese Sicht der Dinge liegt fast allen heutigen Schriften über Finanzmärkte zugrunde. Gerade auch die Fachleute sind überzeugt, dass Finanzmärkte geradezu unentbehrlich sind und dass ohne sie die gesamtwirtschaftliche Produktion sehr viel geringer wäre. Der einzige Wermutstropfen liege in ihrer konjunkturellen Anfälligkeit. Es komme hier sehr häufig zu einer fieberhaften Blasenwirtschaft und zu konjunkturellen Einbrüchen. Aber diesen Auswüchsen müsse eben durch staatliche Regulierungen ein Riegel vorgeschoben werden, und im Übrigen müsse man sie mit Geld- und Fiskalpolitik bekämpfen.

Der Grundirrtum dieser Auffassung liegt in ihrem Ausgangspunkt, nämlich in der besagten Annahme, dass es ohne Finanzmärkte keine Zusammenarbeit zwischen Sparern und Ersparnisverwendern gibt und geben kann. Diese Annahme hat eine gewisse Berechtigung im Falle einer Naturalwirtschaft – d. h. in Fällen wie dem oben genannten Schaf-Beispiel. Aber sie ist völlig unzutreffend im Fall der Geldwirtschaft. Das Horten von Geld hat ganz andere gesellschaftliche Auswirkungen als das Horten irgendwelcher nichtmonetären Güter.

Das liegt daran, dass Geldhorten tendenziell zu einem sinkenden Preisniveau führt. Es wirkt preisdeflationär. Wer mehr Geld horten will, muss entweder sein Einkommen erhöhen oder seine Ausgaben verringern. In beiden Fällen führt sein Handeln zu sinkenden Preisen. Betrachten wir den Fall verringerter Ausgaben. Die betreffende Person gibt an irgendeiner Stelle weniger Geld aus als zuvor. Die Nachfrage nach den jeweiligen Gütern fällt also bei dem Preisniveau, das sich ohne das Horten eingestellt hätte, hinter das Angebot zurück. Somit ergibt sich ein Druck auf die Preise dieser Güter. Die Einkommen der Verkäufer werden ihrerseits sinken, und somit sinken auch *ihre* weiteren Geldausgaben usw.

Wir haben bereits dargelegt, dass man von dieser Tatsache nicht zu der Schlussfolgerung springen sollte, dass nun die Produktion in mehr oder weniger großem Umfang lahmgelegt wird. Geldhorten führt zu einer *allgemeinen* Preisdeflation. Nicht nur die Produktpreise sinken, sondern auch die Preise der Produktionsfaktoren, d. h. die Kosten. Wenn die Kosten im gleichen Umfang wie die Produktpreise sinken, so bleibt der reale Produktionsumfang völlig unberührt. Natürlich kommt es praktisch nie zu einem völlig gleichmäßigen Absinken der Preise. In vielen Fällen sinken die Produktpreise stärker als die Kosten, und dann wird die Produktion der betreffenden Güter in der Tat zurückgefahren. Aber ebenso kommt es vor, dass die Kosten in einer Preisdeflation stärker als die Produktpreise sinken. Die Produktion *dieser* Güter wird dann eben erweitert. Insgesamt gesehen lässt sich somit sagen, dass eine Preisdeflation in keinem systematischen Zusammenhang mit dem realen Produktionsumfang steht.

Der springende Punkt ist vielmehr der folgende: Die durch das Horten hervorgerufene Preisdeflation erhöht die Kaufkraft des Geldes. Genauer gesagt *erhöht sie die Kaufkraft all derjenigen Geldeinheiten, die nicht gehortet, sondern weiterhin verausgabt werden.* Der Sparer, der sein Geld hortet, stärkt somit die Kaufkraft aller anderen Marktteilnehmer. *Er* verzichtet auf den Kauf von Konsumgütern, Produktionsfaktoren und Finanzprodukten. Aber *andere Personen* können nun mehr von diesen Gütern erwerben, obwohl ihre eigenen Einkommen nicht gestiegen sind. Um eine Analogie aus der Politik zu bemühen: Wer sich bei einer Wahl enthält, verhindert keineswegs, dass irgendein Kandidat gewählt wird. Seine Enthaltung vergrößert lediglich das relative Gewicht aller anderen Stimmen.[55]

Geldhorten führt dazu, dass die produzierten Güter von anderen Menschen gekauft werden als von denen, die sie ohne das Horten gekauft hätten. Das

55 Analogien zwischen marktwirtschaftlichen und demokratischen Prozessen haben eine lange Tradition in der ökonomischen Analyse. Vgl. F. Fetter, *Principles of Economics* (New York: The Century Co., 1905), S. 395; L. v. Mises, *Die Bürokratie* (Sankt Augustin: Academia, 1997), Kap. 1.

bedeutet aber nichts anderes, als dass Geldhorten *aus gesamtwirtschaftlicher Sicht genau die gleiche Funktion hat wie die Finanzmärkte*. Finanzmärkte bringen Sparer und Ersparnisverwender zusammen. Wenn der Herr Schmidt dem Herrn Müller 100.000 Euro leiht, dann kann Müller für diesen Betrag entsprechend mehr Konsumgüter kaufen oder Wertpapiere oder irgendwelche anderen Güter. Genau das Gleiche geschieht letztlich aber auch unter dem Einfluss des Hortens von Geld. Wenn Schmidt 100.000 Euro weniger ausgibt, als er es sonst getan hätte, und diesen Betrag in seiner persönlichen Kasse belässt, so sinken die Preise der verschiedenen Güter, die er sonst gekauft hätte. Dadurch können nun andere Leute – u. a. vielleicht auch Müller – mehr Konsumgüter, Produktionsfaktoren und Wertpapiere kaufen.

Die eigentlichen Unterschiede zwischen Sparen per Geldhorten und Sparen per Finanzmarkt liegen in ganz anderen Umständen begründet. Insbesondere kommen hier die zwei folgenden, zusammenhängenden Tatsachen in Betracht.

Erstens können die Ersparnisverwender – d. h. die unmittelbaren Nutznießer der Sparleistung – durch die Finanzmärkte genau ausgewählt werden. Wenn Schmidt hortet, hat er keinen Einfluss darauf, *welche Personen* aus seiner Sparleistung einen unmittelbaren Nutzen ziehen.[56] Das hängt davon ab, in welchem Umfang sich welche Preise nun verringern werden und wie groß die Nachfrage nach den betreffenden Gütern dann ist. Dabei kommen die Werturteile aller möglichen Leute ins Spiel, auf die Schmidt nicht den geringsten Einfluss hat. Die letztlichen Nutznießer seiner Sparleistung liegen somit im Dunkeln. Dieses unbestimmte Ergebnis kann er vermeiden, indem er sein gespartes Geld dieser oder jener konkreten Person anvertraut. Aber dann hortet er eben nicht, sondern kauft ein Zahlungsversprechen. Das Finanzgeschäft konzentriert somit die Nutzwirkung des Sparens in wenigen Händen. Anders gesagt: Durch Horten wird die Sparleistung vergemeinschaftet, durch die Finanzmärkte wird sie privatisiert.

---

56 Das trifft allerdings auch dann zu, wenn die Sparverwendung an Finanzintermediäre weitergeleitet wird. Auch in diesem Fall hat der ursprüngliche Sparer in der Regel keinen Einfluss auf die letztliche Verwendung seines Geldes. Nur der Mittelsmann wählt die unmittelbaren Nutznießer aus.

Zweitens kann der Sparer gewöhnlich eine Entlohnung für seine Sparleistung erwarten. Wenn er hortet, behält er bestenfalls den ursprünglichen Betrag – *bestenfalls*, denn auch hier bestehen gewisse Verlustrisiken durch Naturkatastrophen, Diebstahl und Raub bzw. durch Steuern und Konfiskation. Wenn er dagegen seine Ersparnisse weiterreicht, werden ihm die Empfänger üblicherweise gewisse Zahlungen über die ursprüngliche Summe hinaus in Aussicht stellen. Ein Kreditnehmer verspricht in der Regel die Rückerstattung des geliehenen Betrages zuzüglich einer Zins genannten Entlohnung. Eine Firma, die Aktien ausgibt, wirbt mit ihren guten Geschäftsaussichten, sodass die Käufer auf zukünftige Dividenden hoffen können oder auch auf einen zukünftig höheren Verkaufspreis der Aktien.

Diese Unterschiede sind wichtig, und wir werden sie noch gebührend hervorheben. Aber auch sie führen nicht an der Tatsache vorbei, dass Sparen per Geldhorten die gleiche gesamtwirtschaftliche Funktion erfüllt wie Sparen per Finanzmarkt. In beiden Fällen kommt es zur Zusammenarbeit von Sparern und Ersparnisverwendern. In dieser Hinsicht besteht zwischen ihnen kein Unterschied.[57] Im Falle des Geldhortens ist diese Zusammenarbeit allerdings

57 Fritz Machlups Untersuchung der Finanzmärkte ist von Grund auf verfehlt, weil der Autor diesen zentralen Punkt nicht gebührend gewürdigt hat. Vor allem in der zweiten Auflage seines einflussreichen Werkes ist das überdeutlich. Machlup schrieb hier sehr richtig: »The reduction of consumption by the saver leads, when it is not accompanied by corresponding investment, and when factor prices are rigid, to a curtailment of production and to unemployment.« (*The Stock Market, Credit, and Capital Formation*, S. 26 f.) Aber dann setzt er fort, als ob er lediglich die logische Folge aus der soeben gemachten Feststellung ziehen würde: »A process of capital formation is set in motion *only if* the income which is not consumed is used for production.« (S. 27; unsere Hervorhebung) Diese Argumentation setzt voraus, dass die starren Faktorpreise bzw. die Produktionskosten eine vom menschlichen Willen unabhängige Gegebenheit sind. Machlup verkennt völlig, *dass gerade das Horten die Faktorpreise aus ihrer Erstarrung herauszwingt*. Gerade in einer Rezession (wie in den 1930er-Jahren und wie auch heute wieder) kann vermehrtes Geldhorten die dringend erforderliche Kostensenkung erzwingen und somit den Gesundungsprozess beschleunigen. Vgl. Strigl, »Währungspolitik in der Krise«, *Mitteilungen des Verbandes österreichischer Banken und Bankiers*, Bd. XIII, Nr. 11/12 (1931), S. 299–305; Rothbard, *Man, Economy, and State*, a. a. O., S. 863–866; ders., *America's Great Depression* (4. Aufl., New York: Richardson & Snyder, 1983), S. 22–24; P. Bagus, *Deflation - Is it Really Harmful?* (Diss. Universidad Rey Juan Carlos, 2008), S. 63–92. Geldhorten spielt eine sehr viel größere Rolle für die Koordination der Marktteilnehmer als es selbst in der klassischen Ökonomie und auch in den Arbeiten von Böhm-Bawerk, Mises, Rothbard und den neueren »Österreichern« zum Ausdruck kommt. Erst in jüngerer Zeit gab es erste Anfänge zur Erforschung dieser Rolle. Vgl. J. G. Hülsmann, »The Demand for Money and the Time Structure of Production«, Hülsmann and Kinsella (eds), *Property, Freedom, and Society: Festschrift for Hans-Hermann Hoppe* (Auburn, Ala.: Mises Institute, 2009); D. Mahoney, »Free Banking and the Structure of Production: A Contrast of Competing Banking Systems,« *Libertarian Papers* 3, 14 (2011). Philipp Bagus zufolge hat auch J. R. Rallo diesen Gedanken in den Mittelpunkt seiner Kritik der keynesianischen Lehre gestellt. Vgl. Rallo, *Los errores de la vieja economía* (Madrid: Union Editorial, 2012).

wahllos, und die Nutzwirkung der Ersparnisse wird auf so zahlreiche Personen verteilt, dass sie sich im Einzelfall kaum bemerkbar macht. Dagegen kommt jene Zusammenarbeit im Fall der Finanzinvestition selektiv zustande. Die Verwendung der Ersparnisse wird somit auf wenige Nutznießer konzentriert und bringt dort deutlich erkennbare Früchte hervor.

Es kann auch mehr oder weniger bedeutsame mengenmäßige Unterschiede geben. Es ist möglich, dass die absichtsvolle Zusammenarbeit per Finanzmarkt zu besseren Ergebnissen als das Horten führt. Unter bestimmten Bedingungen ist dies sogar wahrscheinlich. Das ist nicht zuletzt die Hoffnung all derer, die auf den Finanzmärkten tätig sind, und mit dieser Hoffnung werben sie auch um Kunden. Aber Möglichkeit bedeutet eben nicht Notwendigkeit. Es ist nämlich ebenfalls möglich, dass die Finanzmärkte *schlechtere* Ergebnisse als das Horten zeitigen; und unter den heutigen Bedingungen könnte das durchaus der Fall sein. Wir werden nachfolgend sehen, woran das liegt.

Finanzmärkte und Wachstum

Der Zusammenhang zwischen Finanzwirtschaft und Realwirtschaft ist seit Ende der 1960er-Jahre vor allem mit statistischen und ökonometrischen Methoden untersucht worden. Diese Forschungen wurden in den letzten zwanzig Jahren durch die Fortschritte der Informationstechnologie sehr erleichtert. Wir werden unsere grundsätzlichen Vorbehalte zu dieser Literatur noch deutlich machen. Dennoch sollen die folgenden Überlegungen mit einer kurzen Besprechung der Ergebnisse dieser Arbeiten beginnen, und zwar nicht, weil wir hier irgendwelche Antworten zu hoffen finden, sondern vielmehr einen Ausgangspunkt für die gedankliche Durchdringung der betreffenden Fragen.

In seiner mittlerweile klassischen Studie über *Financial Structure and Development* (1969) hatte Raymond Goldsmith vor mehr als vierzig Jahren drei große Fragen aufgeworfen, auf die er anhand des statistischen Materials zu antworten versuchte: (1) Welchen Einfluss hat das Wirtschaftswachstum auf die Struktur der Finanzmärkte? (2) Welchen Einfluss hat die Gesamtentwicklung der Finanzmärkte auf das Wirtschaftswachstum? (3) Welchen Einfluss hat die Finanzstruktur auf das Wirtschaftswachstum? Diese Fragen standen auch danach im Mittelpunkt der statistischen und ökonometrischen Forschung.

Die neueren Arbeiten haben Goldsmiths Ergebnisse im Wesentlichen bestätigt, aber auch um einige Nuancen bereichert. Insbesondere ist es durch die erleichterte Verfügbarkeit großer Datenmengen möglich geworden, den besagten Zusammenhang nicht nur durch *nationale* Vergleiche zu studieren, sondern auch durch Vergleiche auf Industrieebene und sogar Firmenebene.[58] Zudem wurde es möglich, den gleichzeitigen Einfluss zusätzlicher Umstände zu berücksichtigen, die eine Rückwirkung auf das grundsätzliche Verhältnis von Finanzmärkten und Wirtschaftswachstum haben könnten. Dazu zählen beispielsweise die Stabilität der Rechtsordnung, der Umfang staatlicher Ausgaben, die Preisinflationsrate, Korruption und die Öffnung für den internationalen Handel. Der Einfluss dieser Faktoren macht sich u. a. darin bemerkbar, dass der Zusammenhang zwischen finanzieller Entwicklung und Wirtschaftswachstum »nichtlinear« ist. Er ist mal stärker, mal schwächer, abhängig von den genannten Umständen und von der Ausprägung dieser Umstände.[59]

Sehr gut lässt sich zeigen, dass ein beständiger Zusammenhang zwischen dem Umfang der Finanzmärkte und dem allgemeinen Wirtschaftswachstum besteht. Je größer das Wachstum und je entwickelter die Volkswirtschaft, desto größer sind auch die betreffenden Finanzmärkte. In den westlichen Volkswirtschaften sind die Finanzmärkte sogar noch um einiges schneller gewachsen als die restliche Wirtschaft. Die Struktur der Finanzmärkte (darunter wird vor allem das relative Gewicht der Bankenindustrie im Vergleich zu den Wertpapiermärkten verstanden) hängt allerdings nur schwach mit dem Wirtschaftswachstum zusammen. Wichtiger ist die jeweils herrschende Rechtsordnung.

58 Siehe beispielsweise A. Demirgüç-Kunt und R. Levine (Hg.), *Financial Structure and Economic Growth* (Cambridge, Mass.: MIT Press, 2001); C. Wendy und C. Mayer, »Finance, investment, and Growth« *Journal of Financial Economics*, Bd. 69 (2003), S. 191–226; E. Papaioannou, *Finance and Growth: A Macroeconomic Assessment of the Evidence from a European Angle* (Frankfurt a.M.: EZB working paper Nr. 787, 2007).

59 Siehe beispielsweise R. La Porta, F. Lopez de Silanes, A. Shleifer und R.W. Vishny, »Law and Finance« *Journal of Political Economy*, Bd. 106, Nr. 6 (1998); Shen, Chung-Hua und Chien-Chiang Lee, »Same Financial Development Yet Different Economic Growth: Why?« *Journal of Money, Credit and Banking*, Bd. 38, Nr. 7 (Oktober 2006), S. 1907–1944; C. J. Eggoh, »Financial Development and Growth: A Panel Smooth Regression Approach« *Journal of Economic Development*, Bd. 35, Nr. 1 (März 2010).

Wo es wenig Korruption gibt, wo das *Common Law* vorherrscht, wo es strikte Bestimmungen zur betrieblichen Rechnungslegung und strikten Aktionärsschutz gibt – in einem Wort: wo es objektiv vertrauensbildende Institutionen gibt –, dort ist der Zusammenhang zwischen Wirtschaftswachstum und Finanzwirtschaft besonders eng.

Die entscheidende Frage lautet natürlich: Bestehen hier auch irgendwelche ursächlichen Zusammenhänge, und welche? Auf diese Frage kann die statistische und ökonometrische Wirtschaftsforschung ihrem ganzen Wesen nach keine Antwort geben.[60] Bereits Carl Menger legte dies vor hundertdreißig Jahren dar, und nach ihm haben auch viele andere Ökonomen (insbesondere

60 Das *zeitgleiche oder zeitnahe Erscheinen* zweier Ereignisse A und B ist keineswegs bereits ein Beweis, dass zwischen ihnen ein ursächlicher Zusammenhang besteht. Auch wenn völlig gleichartige Ereignisse sehr häufig gemeinsam auftreten, ist dies noch kein solcher Beweis (wenn auch ein Anstoß für den menschlichen Geist, dieser Frage nunmehr auf den Grund zu gehen). Mehr noch, auch eine bestimmte regelmäßige *Aufeinanderfolge* von A und B ist noch kein Beweis, dass A die Ursache von B ist, auch wenn diese Aufeinanderfolge sehr häufig zu beobachten ist. (Ein Beispiel: Betriebliche Aufwendungen müssen i. d. R. erbracht werden, bevor irgendwelche Erträge erzielt werden. Aber diese Aufwendungen sind keine Ursache der tatsächlichen Erträge, sondern Folge der erwarteten Erträge.) In Naturwissenschaften wie der Physik kann ein ursächlicher Zusammenhang häufig dadurch bewiesen werden, dass man per Laborexperiment alle anderen Einflüsse ausschließt und somit den Zusammenhang von A und B isoliert beobachten kann. Genau diese Methode ist uns verwehrt, wenn wir menschliches Handeln untersuchen wollen. Das liegt erstens daran, dass geradezu diktatorische Maßnahmen erforderlich wären, um eine ganze Marktwirtschaft in ein Laborexperiment zu zwingen. Zweitens würden solche Maßnahmen die Ergebnisse verfälschen. Menschliches Verhalten ist nicht unabhängig von den äußeren Umständen. Menschen im Labor verhalten sich anders als außerhalb. Drittens gibt es im menschlichen Wahlverhalten schlichtweg keine Konstanz. Der gleiche Mensch, der sich zweimal unter sonst völlig gleichen Umständen zu entscheiden hat, kann zwei verschiedene Entscheidungen treffen. Selbst wenn wir ihn hundertmal ertappen, wie er sich unter den Umständen A für das Verhalten B entscheidet, folgt daraus noch nicht, dass A die Ursache von B ist. Der handelnde Mensch trägt die unmittelbare Ursache seiner Entscheidungen in sich selber. Er ist frei – natürlich nicht vollkommen frei, aber *auch* frei –, seine Wahl nach eigenem Ermessen bzw. nach persönlichen Werturteilen zu treffen. Die rein beobachtungsgestützten Methoden der Naturwissenschaften versagen bei der Aufgabe, hier Ursache und Wirkung zu unterscheiden.

Solche grundsätzlichen Erwägungen reichen natürlich keineswegs aus, um neugierige Geister von ökonometrischer Kausalforschung abzuhalten. Das gilt insbesondere für diejenigen, die dafür bezahlt werden. Die wichtigsten Auftraggeber solcher Forschungen sind der Staat und die großen Finanzintermediäre. In beiden Fällen führt die ökonometriegestützte Entscheidungsfindung regelmäßig zu katastrophalen Ergebnissen, wobei die Rechnung letztlich immer von den gewöhnlichen Bürgern beglichen wird – durch höhere Steuern oder Wertpapierverluste. Nassim Taleb hat kurzfristig erfolgreiche Vermögensverwalter, die sich auf ökonometrische Modelle stützen, sehr treffend »wandelnde Zeitbomben« genannt, vgl. sein Werk *Fooled by Randomness* (2. Aufl., New York: Random Hause, 2005). Ähnlich ist die Sichtweise der traditionellen Wertpapieranalyse, vgl. B. Graham und D. L. Dodd, *Security Analysis* (New York: McGraw-Hill, 1951), S. 71–76. Zur politischen Bedeutung der irrigen Methodologie ökonometrischer Kausalforschung siehe H.-H. Hoppe, *Sozialismus oder Kapitalismus* (Berlin: Schernhammer, 2005), Kap. 8.

aus den Reihen der Wiener Schule) auf diesen Umstand hingewiesen und ihn erklärt.[61]

Diejenigen Ökonometriker, die sich dennoch zur Frage des Kausalzusammenhanges äußern, sind sich uneins. Die meisten von ihnen neigen der Auffassung zu, dass die Entwicklung der Finanzmärkte eine Ursache des Wirtschaftswachstums ist.[62] Doch es gibt auch andere Stimmen, die zwar den grundsätzlichen Zusammenhang dieser beiden Variablen anerkennen, jedoch ohne einen kausalen Zusammenhang zu sehen.[63]

Grundsätzlich ist denkbar, dass die Finanzmärkte zumindest teilweise in einem parasitären Verhältnis zur Realwirtschaft stehen. Einerseits fördern sie das Wirtschaftswachstum, doch andererseits saugen sie die Wirtschaft auch aus. Mit anderen Worten könnte es zwei gegenläufige Kausalketten geben. Größere Finanzmärkte könnten das Wachstum durch bestimmte Mechanismen stärken. Gleichzeitig aber könnte eine stärkere Wirtschaft auch in der Lage sein, einen größeren und gierigeren Finanzparasiten zu nähren. Diese beiden Wirkungen könnten sich gegenseitig ausgleichen, und in der statistischen Gesamtsicht wäre der Zusammenhang zwischen Finanzmärkten und Wirtschaftswachstum entsprechend schwach ausgeprägt.

Wir wollen diesen Hypothesen im Folgenden mit den Mitteln der vielbelächelten reinen Theorie nachgehen. Dabei werden wir alle besonderen Umstände, die hier und dort zum Tragen kommen, bewusst ausklammern und uns auf zwei allgemeine Fragen konzentrieren. (1) Wie und warum kann der Tausch von Zahlungsversprechen das Wirtschaftswachstum fördern? (2) Welchen Einfluss hat darauf die Geldschöpfung?

---

61 Vgl. C. Menger, *Untersuchungen zur Methode der Sozialwissenschaften und der politischen Oekonomie insbesondere* (Leizpig: Duncker & Humblot, 1883); F. A. Hayek, *The Counter-Revolution of Science* (Glencoe, Ill.: Free Press, 1952); L. v. Mises, *Theory and History*; H.-H. Hoppe, *Kritik der kausalwissenschaftlichen Sozialforschung* (Opaden: Westdeutscher Verlag, 1983); ders., *Economic Science and the Austrian* Method (Auburn, Ala.: Mises Institute, 1995).

62 Vgl. beispielsweise R. Levine, »Finance and Growth: Theory, Evidence, and Mechanisms« Ph. Aghion und S. Durlauf (Hg.), *The Handbook of Economic Growth* (Amsterdam: North-Holland, 2005); W. C. Dudley und R. G. Hubbard, *How Capital Markets Enhance Economic Performance and Facilitate Job Creation* (New York: Goldman Sachs Global Market Institute, 2004).

63 Vgl. z. B. G. Favara, »An Empirical Reassessment of the Relationship between Finance and Growth« (Universität Lausanne, Arbeitspapier, Mai 2009).

Wir beginnen mit einer recht banalen, aber dennoch entscheidenden Feststellung, die man in den meisten Fachbüchern leider vergeblich sucht. Finanzmärkte erzeugen keine Realgüter. Der Kauf und Verkauf von Zahlungsversprechen schafft weder Konsumgüter noch Kapitalgüter herbei, weder menschliche Arbeitskraft noch menschliche Kenntnisse oder geschäftliche Beziehungen, weder Rohstoffe noch Land. Finanzmärkte erzeugen keines dieser Güter. Sie dienen einzig und allein dazu, ihre *Verwendung* von den einen auf die anderen zu übertragen.

Die Sparer-Investoren kaufen Zahlungsversprechen von jenen Unternehmen und von jenen privaten und öffentlichen Haushalten, die ihre Ersparnisse nun verwenden dürfen. Letztere können also mehr Geld ausgeben, als es ihnen sonst möglich gewesen wäre, und sie werden dieses Geld anders ausgeben, als es von den Sparern selber andernfalls ausgegeben worden wäre. Das bedeutet wiederum, dass die vorhandenen Ressourcen anders verwendet werden. Ohne den Finanzmarkt hätten *andere* Haushalte die verfügbaren Konsumgüter gekauft, hätten *andere* Unternehmer die vorhandenen Produktionsfaktoren gekauft bzw. gemietet, und es wären mithin *andere* Konsumgüter gefertigt worden. Der Finanzmarkt führt somit zu einer Umstellung der Besitzverhältnisse und zu einer Umstellung der Produktion.

Es handelt sich hierbei zweifellos um einen sehr bedeutenden wirtschaftlichen Vorgang. Aber welche Folgen hat er aus *gesamt*wirtschaftlicher Sicht? Der Finanzmarkt schafft Vorteile für bestimmte *Einzelwirtschaften*. Es gibt immer irgendwelche Firmen A, die durch die Emission von Aktien oder durch Kredite ihre Geschäfte erweitern können. Bevorteilt sind auch die Haushalte X, die in den Genuss von Immobilien- und Konsumentenkredite gelangen und daher nun mehr Geld für Wohnungen und Konsum ausgeben können. Aber diese Vorteile gehen mit entsprechenden Nachteilen für andere Einzelwirtschaften einher. Nachteile entstehen für die Firmen B, die sich nur aus ihren Umsätzen finanzieren und aus bestimmten Gründen keinen Zugang zum Finanzmarkt haben oder die Finanzmärkte nicht zu nutzen wünschen. Diese Firmen können nun dem Wettbewerb der Firmen A nicht mehr standhalten. Benachteiligt sind auch die Haushalte Y, die sich nicht so stark verschulden können oder wollen und daher beim Wettbewerb um die schönste Altstadtwohnung hinter den Haushalten X den Kürzeren ziehen.

Kurzfristig gesehen bringt der Kauf und Verkauf von Zahlungsversprechen somit keine gesamtwirtschaftliche Verbesserung der Lage. Der Finanzmarkt ändert lediglich die Besitzverhältnisse und die Produktionsstruktur, aber dadurch schafft er sowohl Gewinner als auch Verlierer. Die entscheidende Frage lautet, ob er auch *gesamtwirtschaftliche* Vorteile bietet. Gibt es eine mittel- oder langfristige Tendenz in diese Richtung?

Auch diese Frage wollen wir zunächst im Lichte einer einfachen Überlegung beantworten. Gesamtwirtschaftliche Vorteile könnte der Finanzmarkt dann bieten, wenn er einen positiven Einfluss auf die oben genannten grundsätzlichen Ursachen des Pro-Kopf-Wachstums hätte. Führt der Kauf und Verkauf von Zahlungsversprechen zu verbesserter Wirtschaftskultur? Führt er zu verbesserter Technologie? Führt er zu verbesserter Unternehmensführung oder höherem Sparvolumen? Die beiden erstgenannten Ursachen scheinen in keinem irgendwie gearteten Verhältnis mit den Finanzmärkten zu stehen, deshalb wollen wir sie hier vernachlässigen. Verbleiben also die Unternehmensführung und das Sparvolumen. Die Finanzmärkte könnten das Wirtschaftswachstum fördern, wenn sie entweder eine Erhöhung der gesamtwirtschaftlichen Sparquote begünstigen oder wenn sie zu einer besseren unternehmerischen Verwendung der Ersparnisse führen würden. In der Tat lassen sich überzeugende Gründe anführen, aus denen Finanzmärkte tendenziell genau diese Folgen hervorbringen.

Eine Wirtschaft mit Finanzmärkten hat tendenziell eine höhere Sparquote als eine ansonsten gleichgestaltete Wirtschaft ohne Finanzmärkte. Zum einen bieten solche Märkte eine zusätzliche Verwendungsmöglichkeit von Geldeinkommen. Zumindest einige Leute, die ihr Geld sonst für Konsumgüter ausgegeben hätten – statt es zu horten oder außerhalb der Finanzmärkte zu investieren –, werden sich nun fürs Sparen entscheiden. Zum anderen bieten Finanzgeschäfte die Aussicht auf eine Entlohnung des Sparens schon bei relativ kleinen Beträgen. Wer hortet, behält sein Geld (bestenfalls), aber er verdient auch keinen Pfennig zusätzlich. Wer Immobilien erwirbt, muss gewisse Mindestbeträge einsetzen und Zeit (oder Geld) zur Verwaltung aufbringen. Gleiches gilt in noch stärkerem Maße für jene, die in ihre eigene Firma investieren. Sie müssen die Berufung zum Unternehmer verspüren und die Bereitschaft zeigen, praktisch Tag und Nacht auch für die Firma zu leben. All dies gilt nicht – oder doch nur sehr eingeschränkt – für finanzielle Investitionen.

Auch kleinste Ersparnisse können hier ertragbringend eingesetzt werden und verlangen im Prinzip keine weitere Tätigkeit, sofern man sie nur den richtigen Personen anvertraut hat. Mit anderen Worten bieten die Finanzmärkte einen materiellen Anreiz zum Sparen auch für jene Personen, die keine besondere unternehmerische Ader haben.

Der letztgenannte Umstand ist von der allergrößten volkswirtschaftlichen Bedeutung. Durch ihn kommt es zu einer Ausweitung der finanziellen Arbeitsteilung. *Ohne Finanzmärkte sparen im Wesentlichen nur Unternehmer planmäßig zum unmittelbaren Nutzen anderer Menschen.* Unternehmer verzichten auf den eigenen Gegenwartskonsum und kaufen Produktionsfaktoren, mit denen sie Produkte herstellen, die zunächst einmal nur anderen Leuten dienen.[64] Mittelbar – nämlich wenn sie Güter hergestellt haben, für die jene anderen Leute dann ausreichend hohe Preise bezahlen – verdienen sie durch den Einsatz ihrer Ersparnisse ein Geldeinkommen. Alle anderen Leute sparen im Wesentlichen nur für ihren Eigenbedarf (auch wenn das Geldhorten für den Eigenbedarf mittelbar auch anderen Menschen zugutekommt). Das bedeutet jedoch, dass das Sparvolumen in einer solchen Wirtschaft mehr oder weniger eng begrenzt ist. Ganz anders stehen die Dinge wie gesagt dort, wo es Finanzmärkte gibt. *Hier haben grundsätzlich alle Marktteilnehmer die Möglichkeit, entlohnt zu werden, indem sie für andere Menschen sparen.* Sie gliedern sich somit nicht nur in ihrem Tagesberuf in die industrielle Arbeitsteilung ein, sondern machen gleichzeitig auch bei der finanziellen Arbeitsteilung mit. Einige Menschen, denen es nicht schwerfällt, auf Gegenwartskonsum zu verzichten, können zu wahrhaften Sparspezialisten werden. Viele andere nehmen vielleicht nur in geringem Umfang an dieser Sparproduktion teil, aber viel Kleinvieh macht auch viel Mist. Selbst wenn uns die statistische Grundlage fehlt, um diese Ausweitung des Sparens zu beziffern, steht völlig außer Frage, dass die gesamtwirtschaftliche Sparleistung durch die Verfügbarkeit von Finanzmärkten gewaltig vergrößert wird. Allein aus diesem Grund steht fest, dass Finanzmärkte das Wirtschaftswachstum tendenziell begünstigen.

Auch der zweite oben genannte Faktor kann grundsätzlich diese Folge zeitigen. Finanzmärkte können ohne Zweifel zu einer besseren unternehmerischen Verwendung der Ersparnisse führen, und in einer freien Marktwirtschaft wäre das

64 Vgl. Mises, *Die Gemeinwirtschaft*, S. 11–16.

auch zumindest tendenziell der Fall. Das liegt insbesondere an der Rolle der Finanz*intermediäre*, die über Größen-, Informations- und Erfahrungsvorteile verfügen. Banken, Versicherungen, Investmentfonds bzw. Trusts und andere Mittelsmänner sind Spezialisten der sicheren und ertragreichen Anlage von Ersparnissen. Bei ungehindertem und unverfälschtem Wettbewerb würden sie die verfügbaren Ersparnisse dort anlegen, wo sie für alle Beteiligten – insbesondere für Sparer und die unmittelbaren Sparverwender – die befriedigendsten Ergebnisse bringen würden.[65] Sie würden somit eine entscheidende Rolle spielen, um die Verschwendung knapper Ersparnisse einzudämmen.

In der heutigen Welt kann von einer vollen Entfaltung dieser Tendenz allerdings keine Rede sein. Die bestmögliche Verwendung der vorhandenen Ersparnisse wird durch massive staatliche Eingriffe systematisch verhindert. Diese Eingriffe sind insbesondere im Laufe der letzten drei Jahre geradezu bedrückend geworden und werden im Schrifttum unter dem Schlagwort der »finanziellen Repression« behandelt. Wir werden auf dieses wichtige Thema später zurückkommen. Jedenfalls erhalten wir in diesem Lichte eine Ahnung, warum der Zusammenhang zwischen Wirtschaftswachstum und Finanzmärkten statistisch gesehen nicht stärker ausgeprägt ist.

Fassen wir die bisherige Erörterung zusammen. Finanzmärkte fördern das Wirtschaftswachstum vor allem deshalb, weil sie die Anreize zum Sparen verstärken. Sie könnten auch zu einer besseren unternehmerischen Verwendung der Ersparnisse führen, aber in der Praxis ist das mitunter nur eingeschränkt der Fall.

Fast alle Finanzmarkttheoretiker bemühen sich heute geradezu peinlich, den ersten Faktor (höheres Sparvolumen) möglichst nicht zu erwähnen oder ziehen ihn gar nicht erst in Betracht.[66] Sie konzentrieren sich mehr oder weniger

65 Die Kriterien für eine erfolgreiche Anlage hängen letztlich von den Werturteilen der Sparer ab. Dabei kann der rein monetäre Ertrag im Vordergrund stehen, aber sehr häufig kommen auch andere Erwägungen moralischer, kultureller und gesellschaftlicher Art in Betracht. Auch hier ist es die *Aufgabe der Intermediäre, Sparer und Sparverwender mit übereinstimmender Wertordnung zusammenzuführen*, und genau diese Rolle würden sie in einer wettbewerblichen Ordnung auch tendenziell erfüllen.

66 In einem weitverbreiteten Lehrbuch taucht das Wort »Sparen« nur im Zusammenhang mit »Sparkassen« auf. Vgl. F. Allen und D. Gale, *Comparing Financial Systems*, a. a. O.; ähnlich F. Mishkin, *The Economics of Money, Banking, and Financial Markets*, a. a. O. und viele andere Standardwerke.

ausschließlich auf den zweiten Faktor (bessere Verwendung der Ersparnisse). Der heute vorherrschenden Auffassung zufolge fördern Finanzmärkte das Wirtschaftswachstum insbesondere dadurch, dass sie zu einer Verringerung der Informations- und Tauschkosten führen. Dabei wird insbesondere hervorgehoben, dass sie fünf wichtige Funktionen erfüllen.[67] (1) Sie erleichtern die Risikoverteilung auf viele Schultern, (2) führen Ressourcen ihren wichtigsten Verwendungen zu, (3) erleichtern die Organisation und Führung von Aktiengesellschaften, (4) mobilisieren bzw. konzentrieren Ersparnisse und (5) erleichtern den Gütertausch.

Es würde uns zu weit führen, diese Liste in allen Einzelheiten zu besprechen. Wir wollen lediglich zwei Tatsachen unterstreichen.

Erstens besteht kein Widerspruch zwischen der vorstehenden Aufgliederung und unserer obigen Erörterung. Ganz im Gegenteil sind die soeben genannten fünf Funktionen genau in dem Maße wachstumsfördernd, in dem sie entweder zu einer höheren Sparquote oder zu einer besseren Verwendung der verfügbaren Ersparnisse führen.

Zweitens wird die zentrale Bedeutung der Sparquote völlig verkannt. Die Mobilisierung bzw. Konzentration *vorhandener* Ersparnisse ist eben nicht das Gleiche wie deren *Vermehrung*.[68] Diese Vernachlässigung ist nicht zuletzt eine Folge der herrschenden makroökonomischen Lehre, die weitgehend von keynesianischen Grundüberzeugungen bestimmt ist.[69] In ihrem Licht besehen sind Ersparnisse geradezu ein Ding des Teufels. Wenn Finanzmärkte tatsächlich zu vermehrtem Sparen führten, so könnte dies aus keynesianischer Sicht nur dann irgendwie

67 Vgl. R. Levine, »Financial Development and Economic Growth: Views and Agenda« *Journal of Economic Literature*, Bd. 35, Nr. 2 (Juni 1997), insb. S. 691–701. Die Betonung der Informations- und Tauschkosten, die sich bei Levine und vielen anderen Autoren findet, greift zu kurz. Dieser Ansatz kann erklären, warum die Finanz*intermediation* Vorteile gegenüber der direkten Zusammenarbeit von Sparern und Ersparnisverwendern bietet. Aber das ist noch keine Erklärung der gesamtwirtschaftlichen Vor- oder Nachteile der Finanzmärkte *an sich*.

68 Der soeben zitierte Levine kommt in seinem ansonsten recht ausführlichen Artikel nur an einer Stelle auf die Sparquote zu sprechen, und auch nur, um zu betonen, dass es nicht sicher sei, wie sie sich unter dem Einfluss höherer Erträge und größerer Liquidität der Finanzanlagen verändere. Vgl. ebd., S. 694.

69 Sehr einflussreich ist weiterhin J. G. Gurley und E. S. Shaw, *Money in a Theory of Finance* (Washington, D.C.: Brookings Institution, 1960).

vorteilhaft sein, wenn es in Form *finanzieller* Investitionen erfolgte und *gleichzeitig mit verringertem Sparen in Form von Geldhorten* einherginge. Genau das ist heute die Grundannahme vieler Theoretiker. In ihren Augen sind Finanzmärkte nicht zuletzt deshalb wachstumsförderlich, weil sie die brachliegenden Geldhorte mobilisieren und dadurch zu einer Erhöhung der gesamtwirtschaftlichen Geldausgaben führen.[70] Wie irrig diese Auffassung ist, wurde bereits dargelegt.

***

Unsere Untersuchung des grundsätzlichen ursächlichen Zusammenhangs zwischen Finanzmärkten und Wirtschaftswachstum ist aber noch nicht erledigt. Wir müssen noch einen weiteren grundlegenden Umstand würdigen, der häufig übersehen wird und auch in der einschlägigen Literatur geradezu sträflich vernachlässigt wurde.

Die vorstehenden Überlegungen behandelten die Finanzmärkte von einem mikroökonomischen, genauer gesagt von einem sektoralen Standpunkt. Wir haben hervorgehoben, dass Finanzmärkte die Anreize zum Sparen verstärken und auch zu einer besseren Verwendung der Ersparnisse führen können. Wie gesehen wird dadurch das Wirtschaftswachstum gefördert. Aber aus gesamtwirtschaftlicher Sicht stellt sich die Frage der alternativen Ressourcenverwendung. Es ist schön und gut, dass Finanzmärkte das Wirtschaftswachstum stärken; aber wie stark wäre das Wachstum ausgefallen, wenn man die Ressourcen noch anders genutzt hätte? Noch grundsätzlicher stellt sich die Frage nach dem Wachstum selbst: Angenommen, die Finanzmärkte würden in der Tat das Wirtschaftswachstum maximieren, warum sollte uns das kümmern? Warum wäre es nicht besser, die Ressourcen anders zu verwenden, sodass zwar vielleicht weniger Wachstum, aber doch mehr Zufriedenheit die Folge wäre?[71]

70 Shaw und McKinnon argumentierten in ihren einflussreichen Arbeiten, dass die Entwicklung von (zuvor politisch gehemmten) Finanzmärkten nur möglich ist, wenn die Geldnachfrage steigt. Sie gehen aber davon aus, dass die betreffenden Summen nach der Liberalisierung gerade nicht gehortet, sondern auf Sichtkonten gehalten werden, sodass sie den Banken zur Verfügung stehen. Vgl. Shaw, Edward S., *Financial Deepening in Economic Development* (Oxford: Oxford University Press, 1973); R. I. McKinnon, *Money and Capital in Economic Development* (Washington, D. C.: Brookings Institution, 1973).

71 Die Vernachlässigung dieser Fragen geht zumindest bis auf die Literatur der Zwischenkriegszeit zurück. In den wichtigsten Übersichtsarbeiten jener Jahre sind sie jedenfalls nicht berücksichtigt. Vgl. Ch. Rist, *Histoire des doctrines relatives au crédit et à la monnaie de John Law à nos jours* (Paris: Dalloz, 2002 [1938]); V. Wagner, *Geschichte der Kredittheorien* (Wien: Springer, 1937).

Um eine Analogie zu bemühen: Wenn wir jeden Arbeitsplatz in der Autoindustrie mit einer Million Euro subventionieren, werden zumindest auf mittlere Sicht sehr viel mehr und wahrscheinlich auch bessere Autos produziert. Aber die Subventionen führen der Autoindustrie Ressourcen zu, die nun an anderer Stelle fehlen. Das Gemeinwohl wird auf diese Weise nicht gefördert. Ihr Mehrverbrauch geht zwangsläufig zulasten anderer Sektoren, und dort könnten die betreffenden Arbeitskräfte, Rohstoffe usw. noch dringender gebraucht werden.

Auch im Fall der Finanzmärkte kann nicht ausgeschlossen werden, dass sie mehr Güter verbrauchen, als sie erzeugen. Wie lässt sich nun aber ermessen, ob das tatsächlich der Fall ist?

In einer freien Marktwirtschaft wird dieses Problem durch Wettbewerb auf der Grundlage des Privateigentums gelöst. Wettbewerb findet nicht nur auf mikroökonomischer Ebene zwischen den Produzenten gleichartiger Güter statt, sondern letztlich handelt es sich um einen Prozess, der die Gesamtwirtschaft umfasst.[72] Alle Produzenten befinden sich im Wettbewerb um die Gunst der Verbraucher. Der Brillenfabrikant A wetteifert nicht nur mit dem Brillenfabrikanten B, sondern letztlich auch mit dem Hosenhersteller C und der Reiseagentur D. Alle Produzenten befinden sich zudem in einem Wettbewerb um die Produktionsmittel. Benzin, Elektrizität, Verkaufsflächen, Arbeit usw. werden letztlich von allen benötigt. Der Wettbewerb führt die verfügbaren Mittel denjenigen zu, die die höchsten Preise entrichten. Hosen werden in dieser Qualität und jener Menge gefertigt, weil der Fabrikant glaubt, dass seine Kunden ihm die Kosten decken und auch noch einen Gewinn bezahlen werden. Mit dieser Hoffnung tritt er auf und überbietet verschiedene Mitkonkurrenten auf dem Tuchmarkt, dem Arbeitsmarkt usw.

Dieser wettbewerbliche Prozess bestimmt nicht nur das Einkommen und Vermögen aller Marktteilnehmer, sondern auch den Umfang der Aktivitäten jeder einzelnen Firma, genau wie den Umfang jedes einzelnen Wirtschaftszweiges. Die Proportionen, die sich dabei ergeben, können wir die natürliche Struktur oder natürliche Ordnung einer freien Wirtschaft nennen. Sie ist nicht starr,

72 Vgl. Mises, *Die Bürokratie*, Kap. 1; P. Salin, *La concurrence* (Paris: Presses Universitaires de France, 1991).

sondern veränderlich, da die Werturteile der Menschen – und somit auch die Einkommen und Vermögen – sich ständig ändern. Adam Smith sprach von einem »natürlichen Gleichgewicht der Industrien« bzw. von einer »natürlichen Arbeitsteilung und Aufteilung der Arbeitskräfte«, die sich unter der »natürlichen Freiheit« einstellen würde.[73]

Dieses Gleichgewicht kann nun aber insbesondere durch staatliche Eingriffe gestört und auch zerstört werden. Das gilt sowohl für staatliche Gängelungen als auch für staatliche Subventionen.

Die staatliche Gängelung eines Wirtschaftszweiges A durch Verbote und Gebote erstickt dessen Entwicklung. Gewinne und Einkommen sinken hier, also wandern die Unternehmer und Angestellten in andere, weniger reglementierte Bereiche B ab. Die vorhandenen Ressourcen werden also nunmehr verstärkt in B verwendet. Das ist sicherlich vorteilhaft für die Konsumenten der B-Produkte, und es ist vorteilhaft für die Besitzer jener spezifischen Produktionsfaktoren, die nur (oder vor allem) in der B-Industrie verwendet werden. Aber aus gesamtwirtschaftlicher Sicht hat sich die Lage nicht verbessert, sondern verschlechtert. Denn hätte man den Produzenten die freie Wahl gelassen, so hätten sie mehr A-Produkte und weniger B-Produkte hergestellt, weil ihre Mitmenschen bereit sind, für die Ersteren noch mehr Geld auszugeben als für die Letzteren. Die Statistik mag immer noch wirtschaftliches Wachstum ausweisen. Doch diese Zahl führt in die Irre. Denn zum einen ist die Wachstumsrate nun womöglich geringer als jene, die sich bei freier Wirtschaft eingestellt hätte. Zum anderen – und das ist der entscheidende Punkt – wird *dieses* Wachstum von den Menschen weniger geschätzt als jenes andere, das durch den staatlichen Eingriff unterbunden wurde.[74]

Ganz ähnlich – wenn auch unter umgekehrten Vorzeichen – liegt der Fall der staatlichen Subventionen. Sie führen zur Aufblähung bzw. zum krankhaften, krebsartigen Wachstum des bevorzugten Wirtschaftszweiges A. Hier werden nun künstlich hohe Gewinne und künstlich hohe Einkommen verdient, und

---

73 Vgl. Smith, *The Wealth of Nations* (New York: Random House, 1994 [1776]), S. 501, 539. Die Ausführungen im fünften Kapitel des vierten Buches seines großen Werkes sind weiterhin von direktem Belang für das hier behandelte Problem.

74 Vgl. M. N. Rothbard, »Toward a Reconstruction of Welfare and Utility Economics« in M. Sennholz (Hg.), *On Freedom and Free Enterprise* (Princeton: Van Nostrand, 1956), S. 224–262.

daher wandern Unternehmer und Angestellte aus anderen Bereichen B zu. Die vorhandenen Ressourcen werden also nunmehr verstärkt in A verwendet. Das ist wiederum vorteilhaft für die Benutzer der A-Produkte, und es ist vorteilhaft für die Besitzer jener spezifischen Produktionsfaktoren, die nur (oder vor allem) in der A-Industrie verwendet werden. Aber genau wie im obigen Fall der Gängelung hat sich die Lage aus gesamtwirtschaftlicher Sicht nicht verbessert, sondern verschlechtert. Denn die Subventionen bedeuten eine erzwungene Übertragung der Ressourcen. Bei freier Wahl wären weniger A-Produkte und mehr B-Produkte hergestellt worden.

Sowohl Reglementierungen *als auch* Subventionierung sind in besonderem Maße auf den Finanzmärkten anzutreffen.

Kaum ein Wirtschaftszweig – mit Ausnahme des sogenannten Gesundheitssektors – ist so sehr mit Vorschriften übersät. Auf kaum einem Feld stehen größere Heere von Beamten, um den privaten Marktteilnehmern auf die Finger zu schauen. Freie Märkte sind die Finanzmärkte nicht, und sie waren es auch in der Vergangenheit nur selten. Aus diesem Umstand erklärt es sich, dass die Ökonomen ihre Aufmerksamkeit recht einseitig auf die Gängelung der Finanzmärkte gerichtet haben. Die logische Folge war ein ebenso einseitiger Blick auf die gesamtwirtschaftlichen Vorteile der Finanzmarktliberalisierung. In den 1980er- und 1990er-Jahren führte dies zu einer weitgehenden Liberalisierung der internationalen Kapitalströme. Die daraus entstandene Bewegungsfreiheit wurde von vielen professionellen Marktteilnehmern dazu genutzt, die nationalen Reglementierungen zu umgehen und z. T. völlig außer Kraft zu setzen.[75] Um dieser Entwicklung entgegenzuwirken, haben die nationalen Behörden seitdem versucht, sich zu koordinieren. Ziel war es, den Märkten ein Korsett international gültiger Regeln aufzuerlegen und diese Regeln mit Hilfe internationaler bzw. supranationaler Aufsichtsbehörden durchzusetzen.

In diesem Getümmel wurde fast völlig übersehen, dass die Finanzmärkte *gleichzeitig* auch sehr großzügig subventioniert werden, wenn auch nicht im-

75 Die Bewegungsfreiheit der Finanzintermediäre wurde auch durch die ständige Preisinflation und die technologischen Fortschritte bei der Informationsverarbeitung begünstigt. Vgl. E. J. Kane, »Accelerating Inflation, Technological Innovation, and the Decreasing Effectiveness of Banking Regulation« *Journal of Finance*, Bd. 36 (Mai 1981).

mer in voller Absicht. Sie hängen am Tropf des staatlichen Währungssystems und sind (neben dem Staat) die wichtigsten Nutznießer der prinzipiell unbegrenzten Geldschöpfung durch die Zentralbanken. Auch die Ökonomen der Wiener Schule haben dieser Tatsache lange Zeit nicht genügend Aufmerksamkeit geschenkt. Denn viele Jahre lang hat die Gängelung dominiert, und die natürlichen Folgen der Subventionierung der Finanzmärkte traten somit kaum in Erscheinung. Vor allem ihre längerfristigen strukturellen und kulturellen Folgen können aber nur hervortreten, wenn für die Marktteilnehmer längere Zeit eine *gewisse Bewegungsfreiheit bei gleichzeitiger Subventionierung* besteht. In den vergangenen hundert Jahren war dies nur zweimal der Fall: das erste Mal in den 1920er-Jahren und dann wieder etwa seit Mitte der 1980er-Jahre (siehe Tabelle).

	Subventionierung der Finanzmärkte durch das Währungssystem	**Effektive Reglementierung der Finanzmärkte**
Klassischer Goldstandard, 1871–1914	schwach	sehr schwach
Kriegswirtschaft, 1914–1918	sehr stark	sehr stark
Nationalistische Währungspolitik, 1918–1925	stark	schwach
Golddevisenstandard, 1925–1931	stark	sehr schwach
Nationalistische Währungspolitik, 1931–1946	schwach	sehr stark
System von Bretton Woods, 1946–1971	stark	stark
Nationale Währungspolitik, 1971–1979	sehr stark	stark
Koordinierte Währungspolitik ohne Goldanbindung, 1979–2010	sehr stark	schwach

Tab. 1: Phasen der Reglementierung und Subventionierung der Finanzmärkte

Wir haben das zweifelhafte Vergnügen, eine ganz außergewöhnliche Epoche der Wirtschaftsgeschichte zu durchleben. Noch nie ist es vorgekommen, dass fast dreißig Jahre lang die Finanzmärkte massiv subventioniert wurden und auf ihnen gleichzeitig durch die genannten Umstände eine recht große Bewegungsfreiheit bestand. Man muss kein Genie sein, um zu begreifen, dass das nicht gutgehen kann.

Die meisten Ökonomen wollen das aber nicht so sehen, denn nach ihren Begriffen machen die Zentralbanken nur ihre ganz normale Arbeit, wenn auch in den letzten Jahren unter erschwerten Bedingungen. Den Einfluss der Zentralbanken auf die Finanzmärkte sehen sie in einem durchweg rosigen Licht. Fast alle Lehrbücher über Finanzmärkte enthalten mehr oder weniger umfangreiche Kapitel über Zentralbanken und ihre Geldpolitik, aber dabei werden ausschließlich die *gewünschten* Einwirkungen der Geldpolitik erörtert. Die *nichtbeabsichtigten* Auswirkungen – insbesondere jene Auswirkungen, die aus der *bloßen Existenz* staatlicher Währungseinrichtungen entspringen – werden hier praktisch nie zur Sprache gebracht. Zwar ist die Theorie der unbeabsichtigten Folgen staatlicher Eingriffe schon seit dem 18. Jahrhundert ein fester Bestandteil der volkswirtschaftlichen Analyse, aber Schein-Geld und Zentralbanken scheinen heilige Kühe zu sein, die auf wundersame Weise keine solchen Folgen zeitigen. Den Zentralbanken wird mitunter vorgeworfen, sie hätten zu spät oder nicht stark genug in die Märkte eingegriffen. Aber niemand außerhalb der Reihen der Wiener Schule will sehen, dass ihre bloße Existenz bereits eine Einladung zu verantwortungslosem Handeln (*moral hazard*) darstellt.[76]

Die Vertreter der Wiener Schule haben in der Tat schon seit Langem gerochen, dass hier etwas ganz im Argen liegt. Ihnen ist eine kritische Sicht auf das Zentralbankwesen und überhaupt auf das künstliche Schein-Geld, wie Roland Baader es so treffend nannte, in die Wiege gelegt. Aber auch sie haben das Ausmaß des Schadens unterschätzt. Vor allem haben sie zu einseitig versucht, diesen Schaden gemäß der traditionellen Mises'schen Lehre in der intertemporalen Fehlallokation der Ressourcen zu sehen. Es gibt andere Folgen, die vielleicht noch schwerer wiegen. Wir werden diese Zusammenhänge im zweiten Teil eingehend besprechen.

***

Fassen wir unsere Ergebnisse zusammen. Finanzmärkte fördern das Wirtschaftswachstum tendenziell vor allem deshalb, weil sie die Anreize zum Sparen verstärken. Sie führen tendenziell auch zu einer besseren unternehmerischen Verwendung der Ersparnisse. Doch diese günstigen Wirkungen können

76 Vgl. Hülsmann, »The Political Economy of Moral Hazard« *Politická ekonomie* (Februar 2006); ders., *Ethik der Geldproduktion*, S. 168–170, 195–200.

durch staatliche Eingriffe teilweise neutralisiert oder sogar gänzlich zunichte gemacht werden. Dazu zählt einerseits die massive politische Einflussnahme auf die Verwendung der von den Finanzintermediären verwalteten Ersparnisse, andererseits die Subventionierung der Finanzmärkte aus der Notenpresse.

Im Ergebnis absorbieren die Finanzmärkte heute sehr viel mehr Ersparnisse, als es bei freiem Wettbewerb der Fall wäre. In den Statistiken können wir natürlich nur sehen, wie die Ersparnisse *tatsächlich* verwendet werden, nicht wie sie unter anderen Umständen *verwendet worden wären*. Unsere beistehende Tabelle zeigt die Proportionen der Gegenwart. In den USA und in Japan haben die Bürger weit mehr als die Hälfte ihrer Ersparnisse verwendet, um Zahlungsversprechen zu kaufen. In Frankreich wird dagegen nur etwa ein Drittel der Ersparnisse in die Finanzmärkte investiert, während zwei Drittel in anderen Anlagen, darunter vor allem Land und Immobilien, verwendet werden. Die deutschen Bürger haben ihre Ersparnisse ziemlich gleichmäßig auf Finanzprodukte und nichtfinanzielle Anlagen verteilt, und ähnlich stehen die Dinge auch im Vereinigten Königreich (hier nicht abgebildet).

	USA (I/2011)		Frankreich (2010)		Japan (2010)		Deutschland (2010)	
	M $	%	M €	%	B ¥	%	M €	%
alle Aktiva	71.932	100	11.336	100	2.686	100	10.086	100
nichtfinanzielle Aktiva	23.415	32	7.464	66	1.132	42	5.653	56
finanzielle Aktiva	48.487	68	3.994	34	1.554	58	4.433	44
finanzielle Verpflichtungen	13.874	19	1.232	11	377	14	1.531	15

Tab. 2: Aktiva und Schulden von privaten Haushalten im internationalen Vergleich *(Quellen: Statistisches Bundesamt, Federal Reserve, BEA, INSEE, Cabinet Office; eigene Berechnungen. Angaben in Mrd. US-Dollar, Mrd. Euro und Billionen Yen.)*

Selbst in den Ländern, in denen offensichtlich die größten Vorbehalte gegenüber finanziellen Investitionen bestehen (oder es vielleicht auch einfach nur die reizvollsten Alternativen gibt), werden immerhin noch etwa ein Drittel aller Ersparnisse den Finanzmärkten zugeführt. Diese Ersparnisse werden aus den genannten Gründen allerdings schlechter verwendet, als es in einer freien Wirtschaft geschähe. Es könnte daher durchaus sein, dass die heutigen Finanzmärkte mehr Ressourcen verbrauchen, als sie erzeugen. Sie könnten durchaus in einem parasitären Verhältnis zur restlichen Wirtschaft stehen. Doch das wäre wie gesagt keine Folge der Finanzmärkte an und für sich. Es wäre eine Folge des zügellosen Interventionismus, der sich auf den Finanzmärkten auslebt wie in kaum einem anderen Bereich gesellschaftlichen Lebens.

Grenzen der Finanzmärkte in einer freien Wirtschaft

Im vorigen Kapitel haben wir die natürlichen Grenzen erörtert, die einer auf vermehrtem Sparen gegründeten Kapitalakkumulation gesetzt sind. Dabei haben wir hervorgehoben, dass Investitionen in die gewerbliche Güterproduktion bei steigendem Sparvolumen in einen immer schärferen Wettbewerb mit anderen Sparverwendungen treten, da nämlich vermehrtes Sparen zu einer verminderten Kapitalrendite führt. Ähnlich enge Grenzen sind in einer freien Wirtschaft der Entwicklung der Finanzmärkte gesetzt.

Zahlungsversprechen an und für sich sind natürlich kostenlos. Versprechen kann man sehr viele zukünftige Taten, auch solche, die man hinterher nicht vollzieht, und auch solche, von denen von vornherein feststeht, dass sie nicht vollzogen werden können. Anders sieht es schon bei schriftlichen und notariell beglaubigten Zahlungsversprechen aus, insbesondere bei Wertpapieren. Sie können nur unter erheblichen Kosten emittiert werden, und daher werden solche Versprechen auch i. d. R. nur dann gegeben, wenn sie sich für den Versprechenden lohnen. Und sie werden nur dann gekauft, wenn berechtigte Aussicht besteht, dass sie auch gehalten werden.

Vermehrte Zahlungsversprechen können objektiv gesehen nur dann gehalten werden, wenn auch die zugrunde liegenden Einkommen bzw. Vermögen wachsen. Banken und Versicherungen erteilen Kredite nur dann, wenn berechtigte Aussicht besteht, dass die verliehenen Summen entweder aus dem Einkommen oder dem Vermögen des Kreditnehmers zurückerstattet werden können. Ebenso steht es bei Eigenkapital, das von den Partnern einer Handelsgesellschaft bzw. von den Aktionären einer Kapitalgesellschaft beigesteuert wird. Auch diese Summen werden nur deshalb bezahlt, weil in den Augen der Kapitalgeber berechtigte Aussicht besteht, dass sie zu entsprechenden Umsätzen bzw. Gewinnen führen werden.

Wie gesehen treten die Investitionen in die Güterproduktion bei wachsendem Sparvolumen in immer schärferen Wettbewerb mit den nichtgewerblichen Sparverwendungen. Daraus folgt, dass auch die Finanzmärkte von dieser Begrenzung betroffen sind. Bei steigender Sparquote werden immer kleinere Anteile der zusätzlichen Ersparnisse zur Unternehmensfinanzierung verwendet, da die Rate des Kapitalertrags immer weiter abnimmt. Für die Firmen wird es aus dem gleichen Grund immer leichter, sich über den Finanzmarkt zu finanzieren. Die Finanzierungskosten tendieren gegen null, auch wenn eine völlige Kostenlosigkeit nicht erreicht werden kann, da in diesem Falle ein wichtiger Anreiz zur finanziellen Arbeitsteilung wegfallen würde.[77]

Dieses tendenzielle Fallen der Rate des Kapitalertrags wird allenfalls durch die Nachfrage nach Verbraucherkrediten gebremst. Die Zinssätze, die für solche Kredite versprochen werden, hängen nicht von den Erträgen der Güterproduktion ab, sondern einzig und allein von der Zeitpräferenz der betreffenden Verbraucher.[78] Diese kann aber durchaus steigen, wenn das Sparvolumen zunimmt.

Bei wachsender Sparquote werden somit immer größere Anteile der zusätzlichen Ersparnisse zur Konsumfinanzierung verwendet. Des Weiteren kommt es verstärkt zur Finanzierung solcher Projekte, die nicht – oder nicht in erster Linie – einen Erwerbszweck verfolgen. Beispielsweise ist es denkbar, dass die Mitgliedschaft in Umweltschutzvereinen, die weitläufigen Landbesitz verwalten, durch Anteilsscheine bzw. Eigenkapital erworben und veräußert werden.

Mit einem Wort wird das Wachstum der Finanzmärkte unter wettbewerblichen Bedingungen nur durch das Wachstum des Sparvolumens, nicht aber

77 Vgl. Frédéric Bastiat, »Gratuité du crédit« *Œuvres complètes* (Paris: Guillaumin, 1863), Bd. V, S. 94–335.

78 Vgl. M. N. Rothbard, *Man, Economy, and State*, a. a. O., S. 323, 364.

durch das Wachstum der Güterproduktion begrenzt.[79] Aber sie wachsen *weniger stark* als das Sparvolumen. Das liegt insbesondere in drei Umständen begründet.

Erstens erfolgt ein großer Teil der Eigenkapitalfinanzierung aus den Einkommen der betreffenden Firmen, sodass die Finanzmärkte gar nicht erst ins Spiel kommen. Erfolgreiche Firmen in einer wachsenden Industrie sparen und reinvestieren in der Regel den größten Teil ihrer Umsätze. Sie können dadurch ihre Investitionen ausweiten, ohne auch nur eine Aktie zu emittieren und ohne Kredite aufzunehmen.

Zweitens wird zumindest ein Teil der zusätzlichen Ersparnisse gehortet. Der *Anteil* des Hortens am gesamten Sparvolumen wächst sogar bei steigendem Sparvolumen, da die Kapitalrendite dann tendenziell sinkt. Diese vergrößerten Geldhorte gehen aus gesamtwirtschaftlicher Sicht zwar nicht verloren, aber sie werden jedenfalls auch nicht über die Finanzmärkte vermittelt.

Drittens wirkt der Handel mit Zahlungsversprechen preisdeflationär, und dadurch sinken sowohl die Geldeinkommen, als auch der Geldwert des nichtfinanziellen Vermögens. Halten wir uns diesen Punkt etwas näher vor Augen.

Jedes zusätzliche Güterangebot drückt tendenziell das Preisniveau. Wenn bei gleichbleibender Geldmenge und gleichbleibender Geldnachfrage mehr Birnen als im Vorjahr auf den Markt kommen, sinken die Birnenpreise. Wenn zudem noch die Gesamtausgaben, die für Birnen gemacht werden, steigen, so muss dies zwangsläufig verringerte Ausgaben an anderer Stelle zur Folge haben. Auch dort fallen somit die Preise infolge verminderter Nachfrage usw. Genauso verhält es sich mit Zahlungsversprechen.[80] Bereits die Emission von Aktien und Anleihen bedeutet in der Regel den erstmaligen *Verkauf* dieser

79 Gleiches gilt nicht für den *absoluten Umfang* der Zahlungsversprechen. Ein- und dieselbe Wohnung kann beispielsweise eine ganze Kette von Zahlungsversprechen absichern. Es kann die Grundlage eines Kredites sein, den die Familie Müller von der Bank X erhält. Letztere könnte sich durch eine Anleihe bei der Versicherung Y refinanzieren. Dann bildet der geschätzte Geldwert der Wohnung die Grundlage für einen doppelt so hohen Geldwert in Form von Wertpapieren.

80 Im Folgenden werden wir uns zur Vereinfachung auf den Fall der Wertpapiere beschränken.

Wertpapiere auf dem Primärmarkt.[81] Sie werden gegen Geld getauscht. Die Beträge, die dabei verwendet werden, fallen an anderer Stelle als Nachfrage aus. Entweder kommt es zu verringerten Ausgaben für Konsumgüter oder für Produktionsgüter. In beiden Fällen kommt es zu fallenden Preisen. Genau die gleiche Folge ergibt sich durch den nachfolgenden Handel der betreffenden Wertpapiere auf dem Sekundärmarkt.

Diese preisdeflationäre Wirkung der Finanzmärkte wird durch den Abrechnungsverkehr bzw. das Kompensationssystem sehr stark gemildert.[82] Ein zusätzlicher Umsatz von einer Milliarde Euro auf dem Aktienmarkt bedeutet keineswegs, dass genau dieser Betrag nun bar aufgebracht werden muss und daher an anderer Stelle ausfällt. Wenn beispielsweise Käufer und Verkäufer Kunden der gleichen Bank sind, reicht eine Gutschrift auf dem Konto des Verkäufers und ein entsprechendes Soll auf dem des Käufers, ohne dass auch nur ein Euro die Hände wechselt. Aber auch in solchen Fällen kommt es zumindest *tendenziell* zu einem preisdeflationären Druck, da die betreffenden Beträge in der Regel für einige Tage blockiert werden, um die Zahlungsabwicklung zu garantieren. Außerdem steigt die Kassenhaltung der Clearingstellen. Sie müssen sich vor unvorhergesehenen Zahlungsausfällen schützen, und der mögliche Umfang solcher Ausfälle steigt bei wachsendem Zahlungsverkehr.

Der daraus entspringende Druck auf das Preisniveau bedeutet aber nichts anderes, als dass bei wachsenden Umsätzen auf den Finanzmärkten sowohl die Geldeinkommen als auch die Geldwerte aller nichtfinanziellen Vermögensbestandteile sinken. Mit anderen Worten schrumpft die Grundlage der Finanzmärkte selbst. Nur durch Geldeinkommen bzw. durch den Geldwert des nichtfinanziellen Vermögens werden Zahlungsversprechen schließlich begründet. Das durch vermehrtes Sparen hervorgerufene Wachstum der Finanzmärkte in einer freien Wirtschaft ist somit selbstbegrenzend; es ist degressiv. Je weiter die Finanzmärkte hinaufwollen, desto größer wird auch der Widerstand, der sich ihnen entgegenstellt.

81 Es gibt Ausnahmen. Beispielsweise kann die Umwandlung einer Personalgesellschaft in eine Aktiengesellschaft dadurch erfolgen, dass die Aktien den Gesellschaftern der vormaligen Personalgesellschaft *zugeteilt* (und nicht an sie *verkauft*) werden. Der Handel mit den Aktien beginnt erst danach.

82 Vgl. Mises, *Theorie des Geldes und der Umlaufsmittel* (2. Aufl., 1924), S. 307–310; Machlup, *Börsenkredit, Industriekredit und Kapitalbildung*, Kap. V.

Fassen wir die vorstehenden Überlegungen zusammen. Finanzmärkte können sich in freier Wirtschaft letztlich nur dadurch entwickeln, dass das Sparvolumen wächst. Aber ihr Wachstum ist aus drei Gründen tendenziell geringer als das des Sparvolumens. Erstens wird nicht das gesamte Eigenkapital durch die Finanzmärkte vermittelt. Zweitens erfolgt ein Teil der gesamtwirtschaftlichen Finanzierungsleistung über das Geldhorten. Drittens wirkt der Handel mit Zahlungsversprechen tendenziell deflationär, sodass sich die Grundlage der Zahlungsversprechen vermindert.

Diese Aussagen gelten wie gesagt nur für eine hypothetische *freie* Wirtschaft, in der die Finanzmärkte weder reglementiert noch subventioniert werden. Bekanntermaßen treffen genau diese Voraussetzungen in der Wirklichkeit nicht zu. In unserer realen Welt werden die Finanzmärkte massiv reglementiert *und* subventioniert. Die Folgen, die sich aus der Subventionierung ergeben, werden uns insbesondere im zweiten Teil dieser Arbeit noch beschäftigen. An dieser Stelle wollen wir nur bemerken, *dass die Reglementierung der Wirtschaft tendenziell das Wachstum der Finanzmärkte begünstigt*; und zwar deshalb, weil viele staatliche Regeln besonders kostengünstig mit finanziellen Umgehungsstrategien neutralisiert werden können.[83] Diese Umgehungsstrategien werden im Fachjargon *regulatory arbitrage* genannt.[84] Sie zählen zu den unbeabsichtigten Folgen staatlicher Eingriffe in die Finanzmärkte und haben u. a. auch bei der Entstehung der gegenwärtigen Finanzkrise eine bedeutende Rolle gespielt.[85]

83 Die Märkte für Optionen, Futures und andere Finanzderivate sind davon besonders betroffen. Vor einiger Zeit schrieb Merton H. Miller, ein Träger des von der schwedischen Zentralbank verliehenen Alfred-Nobel-Erinnerungspreises: »Die wichtigsten Impulse für erfolgreiche Finanzinnovationen in den letzten zwanzig Jahren entsprangen – wie ich leider zugeben muss – staatlichen Regulierungen und Steuern.« (»Financial Innovation: The Last Twenty Years and the Next« *Journal of Financial and Quantitative Analysis*, Bd. 21, Nr. 4 (1986), S. 460) Die Lage hat sich seitdem eher noch verschärft.

84 Es gibt ein dialektisches Katz-und-Maus-Verhältnis zwischen der staatlichen Reglementierung und den Umgehungsstrategien der Privatwirtschaft. Vgl. E. J. Kane, »Good Intentions and Unintended Evil: The Case Against Selective Credit Allocation« *Journal of Money, Credit and Banking*, Bd. 9 (Februar 1977).

85 Das betrifft insbesondere die Umgehung der Baseler Abkommen über Eigenkapitalquoten der Geschäftsbanken. Diese wurden durch Verbriefung (*securitization*) und strukturierte Zahlungsversprechen (*structured finance*) massiv umgangen. Vgl. J. Jablecki und M. Machaj, »The Regulated Meltdown of 2008« *Critical Review*, Bd. 21, Nr. 2–3 (2009); J. Friedman und W. Kraus, *Engineering the Financial Crisis* (Philadelphia: University of Pennsylvania Press, 2011). Wir werden auf dieses Thema später zurückkommen.

Kapitel III
Schreckgespenst Deflation

Wir haben nun bereits ein wenig Klarheit über die grundsätzliche volkswirtschaftliche Bedeutung des Sparens gewonnen. Dabei sind wir mehrfach auf die Tatsache zu sprechen gekommen, dass ein wachsendes Sparvolumen tendenziell zu sinkenden Güterpreisen führt, wenn von Seiten der Geldmenge kein Ausgleich geschaffen wird.[86]

Wie wir sahen, sind sinkende Geldpreise keineswegs unvereinbar mit Wachstum. Aus der Sicht der klassischen Ökonomie hängt der Umfang der Güterproduktion sogar ausschließlich von *nichtmonetären* Faktoren ab – von Arbeitsfleiß, unternehmerischem Geschick, Erfindungsgabe, Sozialkompetenz und natürlich von sparsamer Lebensweise. Dagegen sieht sie in monetären Faktoren wie der Geldmenge, dem Preisniveau, dem Niveau der gesamtwirtschaftlichen Ausgaben usw. *keine* Ursachen des Wohlstands der Nationen.

Im Folgenden wollen wir die Einwände prüfen, die typischerweise gegen diese Sicht der Dinge vorgebracht werden. Dabei geht es in der einen oder anderen Form letztlich immer um die gleiche grundsätzliche Frage: Sind höhere Geldausgaben dem Wirtschaftswachstum tendenziell förderlich?[87] Die inflationistisch gesinnten Ökonomen bejahen diese Frage. Wir wollen uns daher mit ihren wichtigsten Argumenten auseinandersetzen. Den Anfang macht das Argument der Deflationsbekämpfung. Im nächsten Kapitel werden wir uns der Theorie der expansiven Geldpolitik und der Theorie der Geldwertstabilisierung zuwenden.

---

86 Bislang haben wir unterstellt, dass die Geldmenge konstant ist. In diesem Fall ist in der Tat kein anderes Ergebnis denkbar: Die Geldpreise (fast) aller Güter werden fallen, wenn die Konsumausgaben abnehmen und die Ersparnisse wachsen.

87 Wenn dies so wäre, bestünde übrigens nicht unbedingt ein Widerspruch zu unseren Ausführungen in den vorigen Kapiteln. Man kann sehr wohl der Auffassung sein, dass die Wirtschaft prinzipiell auch ohne Geldschöpfung wachsen kann, aber dennoch meinen, dass sich das Pro-Kopf-Wachstum durch vermehrte Geldausgaben *noch weiter* erhöhen lässt.

Deflationsphobie

Der keynesianischen Doktrin zufolge ist das Preisniveau bzw. das Niveau der Geldausgaben für die wirtschaftliche Entwicklung von ganz entscheidender Bedeutung. Die Wirtschaft könne überhaupt nur dann funktionieren, wenn die Geldausgaben – und insbesondere die Ausgaben für Konsumgüter, von denen ja die Ausgaben für Produktionsgüter mehr oder weniger direkt abhängen – hoch genug seien, um die Preise zumindest auf dem Niveau der Vorperiode zu halten.

Keynes veranschaulichte seine Meinung mit einer Bananen-Fabel. Wir versetzen uns daher mit ihm in das imaginäre Land Eden, dessen einziges Produkt Bananen sind. Hier wird alles verzehrt, was die Natur an Bananen hergibt. Das Land ist im wirtschaftlichen Gleichgewicht. Eines Tages fegt nun allerdings eine Sparkampagne über das Land, und die Bürger lassen sich überzeugen. Sie geben weniger Geld für Bananen aus, und infolgedessen sinkt der Bananenpreis, denn die Verkäufer wollen nicht auf ihrer verderblichen Ware sitzen bleiben und verramschen den gesamten Bestand zu Ausverkaufspreisen. Das scheint zunächst einmal sehr verbraucherfreundlich zu sein. Aber leider hört die Geschichte hier nicht auf. Keynes erläutert die weiteren Folgen:

> *Da die Löhne unverändert geblieben sind, sind nur die Bananenpreise, aber nicht die Produktionskosten gesunken. Die Unternehmer werden daher außerordentliche Verluste erleiden. Das Sparen hat somit den Reichtum des Landes kein bisschen vermehrt. Es ist lediglich Vermögen aus den Taschen der Unternehmer in die Taschen der Allgemeinheit geflossen.*[88]

Die Betriebe müssten somit Arbeiter entlassen, und Eden habe am Ende nicht mehr, sondern weniger Bananen. Der Auslöser dieser betrüblichen Entwicklung müsse nicht unbedingt eine Sparkampagne sein, aber der grundsätzliche Mechanismus sei immer der gleiche. Wann immer und wo auch immer die Geldausgaben nachhaltig absinken, sei es vielen Unternehmen unmöglich, ihre geplanten Produktmengen zu den geplanten Preisen abzusetzen. Vielmehr müssten sie die Preise senken und würden mithin einen Teil ihres Um-

88 J. M. Keynes, *A Treatise on Money* (Bd. I, New York: Harcourt, Brace & Co., 1930), Kap. 12.

satzes einbüßen. Die Produktion wäre dadurch in entsprechend vielen Fällen unrentabel und könnte nicht im bisherigen Umfang fortgeführt werden.

Um wieder in die schwarzen Zahlen zu kommen, könnte man eine marktwirtschaftliche Lösung in Betracht ziehen: die Lösung des Gesundschrumpfens. Die betreffenden Unternehmen würden die Produktion zurückfahren, um die Kosten zu senken. Wenn alles gut ginge, sänken die Kosten wieder unter den Umsatz – eine Rückkehr der Gewinne! Aber selbst diese Lösung funktioniere nicht immer. Sie komme nur dann in Betracht, wenn das betreffende Unternehmen im Vergleich zur Gesamtwirtschaft relativ klein sei. Sonst bestünde nämlich die Gefahr, eine Deflationsspirale in Gang zu setzen.

Wenn sich etwa *alle* Unternehmen gesundschrumpfen wolten, so würden infolge dieser Kostensenkungsprogramme die Geldeinkommen der Angestellten und Lieferanten schrumpfen, und somit müssten auch diese Marktteilnehmer ihre Ausgaben einschränken, wodurch wiederum noch andere Unternehmen einen Umsatzrückgang erlitten. Auch sie würden also eine Schrumpfkur versuchen, wodurch dann noch weitere Einkommen sinken würden usw. usw.

Die Gefahr einer Deflationsspirale werde noch dadurch verstärkt, dass selbst diejenigen Marktteilnehmer, die anfänglich noch keinen Einkommens- bzw. Umsatzrückgang zu erleiden haben, ihre Kaufentscheidungen hinausschieben würden, weil sie darauf hofften, dass die Preise noch weiter fielen.

Daher sehen die Keynesianer hier ein zentrales Aufgabenfeld für den Staat. Er soll verhindern, dass das Niveau der Geldausgaben (die »gesamtwirtschaftliche Nachfrage«) nachhaltig sinkt. Dazu dient insbesondere die Geldpolitik der Zentralbanken, die die Wirtschaft mit günstigen Krediten versorgen. Dazu dienen aber auch die Staatsausgaben, die in Krisenzeiten an die Stelle der Privatausgaben treten sollen. Der Kampf gegen die Deflation ist somit das erste Banner der keynesianischen Wirtschaftspolitik.

Das zweite Banner ist die Begünstigung des Wirtschaftswachstums durch ständiges Ausweiten der Geldausgaben. Der Grundgedanke ist der gleiche wie im Fall der Deflationsbekämpfung. Wenn die Produktion ausgeweitet wird, ohne dass auch gleichzeitig die Geldausgaben steigen, so kann die größere Gütermenge nur zu geringeren Stückpreisen abgesetzt werden. Es käme also zu einer Deflation. Aber dann bestünde die Gefahr, dass die Umsätze trotz des größeren Produktionsumfangs nicht wachsen. Den höheren Kosten stünden keine höheren Erlöse gegenüber, und die Rentabilität der Unternehmen würde somit sinken bzw. ganz verschwinden. Wiederum müsste die Produktion zurückgefahren werden, mit entsprechend verringerten Einkommen für Angestellte und Lieferanten, und wiederum drohte die Gefahr einer Deflationsspirale. Also empfehlen die Keynesianer, dass der Staat auch hier vorbeugend eingreifen soll, indem er sicherstellt, dass die Geldausgaben stets zumindest im gleichen Maße wachsen wie die Produktion; damit bliebe das Preisniveau stabil.

In der wirtschaftspolitischen Praxis sei das Ideal einer vollkommenen Stabilisierung natürlich nicht zu erreichen. Es müssten also Abweichungen hingenommen werden, wobei man allerdings zur Sicherheit auch hier versuchen sollte, deflationäre Abweichung soweit wie möglich zu vermeiden. Allenfalls seien daher inflationäre Abweichungen hinzunehmen. Diese verringerten zwar die Kaufkraft des Geldes, aber aus gesamtwirtschaftlicher Sicht seien sie im Großen und Ganzen unschädlich.

Dies ist in grober Skizze das keynesianische Bild der Wirtschaft. Ihm entspringt die geldpolitische Praxis in Europa und den USA. Das Problem dabei ist nur, dass dieses Bild grundlegend falsch und die von ihm inspirierte Praxis der gesamtwirtschaftlichen Entwicklung zutiefst abträglich ist.[89]

Produktionskosten fallen nicht vom Himmel

Der Grundirrtum besteht darin, den gesamtwirtschaftlichen Geldausgaben bzw. dem Preisniveau überhaupt irgendeine entscheidende Rolle in der Wirtschaftsentwicklung beizumessen. Eine Marktwirtschaft kann letztlich bei jedem Preisniveau und bei jedem Niveau der Geldausgaben funktionieren und

89 Die folgenden Ausführungen erweitern unsere Darstellung in J. G. Hülsmann, *Ethik der Geldproduktion*, a. a. O., insb. Kap. 4; auch ders., *Deflation and Liberty* (Auburn, Ala.: Mises Institute, 2008). Vgl. ebenfalls die Sonderausgabe »Deflation and Monetary Policy« des *Quarterly Journal of Austrian Economics*, Bd. 6, Nr. 4 (2003); Salerno, Joseph T., *Money, Sound and Unsound* (Auburn, Ala.: Mises Institute, 2010), Kap. 10 und 26; Bagus, *Deflation – Is it Really Harmful?* (Diss. Universidad Rey Juan Carlos, 2008).

gedeihen. Der Produktionsumfang hängt stets einzig und allein davon ab, ob die geplanten Produktionsvorhaben rentabel sind, ob mithin die Verkaufserlöse höher als die Kosten sind. Aber ein solcher Überschuss der Erlöse über die Kosten lässt sich bei jedem Niveau der Geldzahlungen erwirtschaften.

Wie im ersten Kapitel bereits ausgeführt wurde, können sinkende Produktpreise durchaus mit steigenden Erlösen einhergehen, wenn nämlich die abgesetzten Mengen entsprechend erhöht werden; und die Mengen können erhöht werden, wenn genügend zusätzliche Ersparnisse vorhanden sind, um die Produktion kapitalintensiver zu gestalten. Historische Beispiele bieten die Textilindustrie und der Schiffbau im 19. Jahrhundert, sowie die Informationstechnologie in unseren Tagen. Aber selbst wenn die Gelderlöse der Unternehmen nicht steigen, sondern sinken, kann die Wirtschaft wachsen, wenn nur die Kosten noch stärker fallen als die Erlöse. Das wiederum ist möglich, weil die Kosten keine naturgegebene bzw. produktionstechnische Konstante sind, sondern sich letztlich einzig und allein von den erwarteten Erlösen ableiten.

In seiner Bananen-Parabel geht Keynes stillschweigend davon aus, dass die Kosten der Bananenindustrie vom Himmel fallen und unabänderlich sind. Aber im Land Eden ist das ja gerade nicht der Fall. Hier sind Bananen das einzige Gut, das überhaupt produziert wird. Wenn die Umsätze der Bananenindustrie fallen, werden die kostenrelevanten Verträge neu ausgehandelt und zu niedrigeren Preisen abgeschlossen. Zulieferer und Arbeitnehmer werden sich schon aus Eigeninteresse an den Verhandlungstisch setzen, denn im Land Eden gibt es wie gesagt keine andere Industrie, in der die Umsätze nicht gefallen sind und wo sie somit mehr verdienen könnten. Somit passt sich also das Kostenniveau früher oder später an die niedrigeren Umsätze an, und die Bananenproduktion kann im Prinzip ungeschmälert fortgeführt werden.

Es kann aber auch noch viel besser kommen. Stellen wir uns vor, dass die gesparten Summen investiert werden, um völlig neuartige Maschinen für die Bananenernte herzustellen. Dann entsteht in der Maschinenindustrie eine neue Nachfrage nach Arbeit und anderen Produktionsfakten. Diejenigen, die in der Bananenindustrie ihren Job verlieren, können nun in der Maschinenindustrie anfangen. Anschließend können die Maschinen bei der Bananenernte verwendet werden. Auf den Plantagen werden dann mehr Bananen als je zuvor geerntet, und zwar von weniger Leuten als zuvor.

Diese elementaren Zusammenhänge zwischen Erlösen und Kosten wurden bereits vor mehr als hundert Jahren vom österreichischen Ökonomen Eugen von Böhm-Bawerk analysiert.[90] In der Eden-Legende geraten sie völlig aus dem Blick. Keynes war ein großer Spekulant auf den Finanzmärkten, aber in der Kapitaltheorie war er leider nicht sehr bewandert. Die von seiner Lehre geprägten Lehrbücher gehen von der Annahme aus, dass die Kosten vom Himmel fallen. In diesem Licht besehen erscheint jedwede Umsatzeinbuße natürlich als eine schreckliche Strafe der Götter, vor der uns nur die Demiurgen in den Regierungen und Zentralbanken schützen können.

Perioden mit dauerhaft sinkendem Preisniveau sind nicht von vornherein schädlich. Ebenso muss auch die Gefahr der Deflationsspiralen ins rechte Licht gerückt werden. Sicherlich werden einige Kaufentscheidungen zurückgestellt, wenn das Preisniveau der Tendenz nach fällt. Es stimmt auch, dass ein solcher Kaufaufschub die Deflationstendenz noch weiter verstärkt. Es stimmt jedoch nicht, dass schneeballartig immer weitere Kaufentscheidungen zurückgestellt werden, bis schließlich die gesamte Wirtschaft stillsteht.

Dem stehen zwei große Kräfte entgegen. Zum einen muss der Mensch bereits hier und jetzt konsumieren, um überhaupt jenen freudigen Tag in der Zukunft zu erleben, an dem die Preise noch weiter gefallen sein werden. Ein Mindestmaß an Geldausgaben gibt es also auch in der allerstärksten Deflation. Zum anderen sind nur sehr wenige Leute bereit, alle Kaufentscheidungen zurückzustellen, nur weil sich dadurch noch der eine oder andere Taler sparen lässt. Die meisten unserer Mitbürger würden auch in den Jahren 2013 und 2014 eine Urlaubsreise genießen wollen, selbst wenn sie fest davon überzeugt wären, dass die Reisekosten in 2015 und 2016 noch niedriger sein werden. Der Aufschub von Kaufentscheidungen führt somit keinesfalls von ganz allein in eine Deflationsspirale.[91]

90 Vgl. E. Böhm-Bawerk, *Kapital und Kapitalzins* (4. Aufl., Jena: Fischer, 1921), insb. den zweiten Band, drittes Buch, Teil B.

91 Wie Charles Carroll vor mehr als hundertfünfzig Jahren darlegte, kann es insbesondere dann zu einer Deflationsspirale kommen, wenn *geldschöpfende Banken* insolvent werden. Dann sinkt nämlich die Geldmenge, und somit sinken über kurz oder lang auch die Geldeinkommen *anderer*

Ungeliebte Rosskuren

Wie kommt es dann, dass ein Absinken des Preisniveaus so gefürchtet wird? Das liegt daran, dass es *im Rahmen einer Schuldenwirtschaft* zu starken Umwälzungen der Eigentumsverhältnisse führt. Durch hohe Schulden – und *nur* durch hohe Schulden – werden fallende Preise zu einer gesellschaftlichen und politischen Zerreißprobe.

Um diesen Zusammenhang zu verdeutlichen, betrachten wir zunächst die Lage von Unternehmern, die ausschließlich mit Eigenkapital arbeiten. Solche Unternehmer haben von einer Preisdeflation mittel- und langfristig nichts zu befürchten. Ihre Verkaufserlöse werden fallen, aber ihre Kosten werden schließlich ebenfalls fallen.

Ein Beispiel: Vor der Preisdeflation erzielt die Firma Schmitt jahrein, jahraus Erlöse von 120 Millionen Euro bei einem Aufwand von 100 Millionen Euro. Sie erzielt also einen jährlichen Nettoüberschuss von 20 Millionen Euro bzw. eine Kapitalrendite von 20 Prozent. Nehmen wir nun an, dass ihre Erlöse infolge allgemeinen Geldhortens überraschend auf 60 Millionen Euro sinken. Dann hat die Firma erst einmal einen saftigen Verlust kassiert. Sie hat 100 Millionen investiert, doch statt der erhofften 120 Millionen hat sie nur 60 Millionen eingenommen. Dieser Verlust führt allerdings nicht zur Insolvenz, da die Firma ja annahmegemäß nur mit Eigenkapital arbeitet und somit niemandem irgendwelche Zahlungen schuldet.

Banken, sodass auch diese in Zahlungsschwierigkeiten geraten können. Vgl. Carroll, Charles H., *Organization of Debt into Currency* (Princeton: Van Nostrand, 1964), S. 100, 107 et passim. Diese Einsicht verbreitete sich allerdings erst vor achtzig Jahren durch Carrolls berühmten Landsmann Irving Fisher, der nach schmerzhaften Fehlinvestitionen ebenfalls begann, diese Zusammenhänge durchzudenken. Vgl. I. Fisher, »The Debt-Deflation Theory of Great Depressions« *Econometrica*, Bd. 1, Nr. 4 (1933); siehe auch M. Allais, *La crise mondiale d'aujourd'hui* (Paris : Clément Juglar, 1999). Mit anderen Worten sind Deflationsspiralen ein spezifisches Problem von Geldsystemen, in denen die Geldmenge von der finanziellen Gesundheit der Geldschöpfer abhängt. In wettbewerblichen Geldordnungen spielt dieses Problem jedoch so gut wie keine Rolle. Es ist ein typisches Problem interventionistischer Geldsysteme, in denen die bankmäßige Geldschöpfung politisch gefördert wird. Vgl. Mises, *Nationalökonomie*, S. 401–404; Hülsmann, *Ethik der Geldproduktion*, Kap. 14; J. T. Salerno, »Ludwig von Mises as Currency School Free Banker« in Hülsmann (Hg.), *Theory of Money and Fiduciary Media* (Auburn, Ala.: Mises Institute, 2012), Kap. 5.

Es ist jedoch klar, dass die Eigentümer der Firma künftig nicht mehr so weiterwirtschaften können wie in der abgelaufenen Periode. Sie können nicht immer wieder 100 Millionen ausgeben und nur 60 Millionen einnehmen. Es ist jetzt vielmehr notwendig, alle Arbeitsverträge und Lieferantenverträge neu auszuhandeln. Ziel muss es sein, die Kosten unter 60 Millionen Euro zu senken. Wenn eine Wiederherstellung der früheren Ertragslage angestrebt wird, müssen die Kosten auf 50 Millionen gedrückt werden. Genau das wird bei in dem hier angenommenen Fall eines *allgemeinen* Umsatzrückgangs auch möglich sein, wie wir weiter oben bereits ausführten. Denn wenn die Einnahmen *überall* sinken, stehen die Angestellten und Lieferanten vor der Alternative, entweder eine Verringerung ihrer Bezahlung hinzunehmen oder überhaupt kein Geldeinkommen mehr zu erzielen. Sie werden also in der Regel in die Neuverhandlung einwilligen, um bei verringertem Geldeinkommen ihre Tätigkeit weiterzuführen.

Wenn es dazu kommt, wird die Firma künftig genauso rentabel sein wie zuvor (20 Prozent). Ihr Nettoüberschuss wird zwar von 20 auf 10 Millionen fallen, aber diese 10 Millionen werden im Großen und Ganzen die gleiche Kaufkraft haben wie zuvor die 20 Millionen. Denn da *alle* Preise fallen, steigt die Kaufkraft des Geldes. Aus dem gleichen Grunde stehen auch die Angestellten und Lieferanten im Wesentlichen genauso gut da wie zuvor. Verluste ergeben sich allenfalls dadurch, dass die Neuverhandlung der Verträge eine gewisse Zeit in Anspruch nimmt. Um mittelfristige Verluste, die sich aus einem ungünstigen Ausgang der Verhandlungen ergeben können, zu vermeiden, werden die Unternehmer in der Regel die Produktion eine Weile stilllegen, auch wenn sie dadurch kurzfristig weitere Verluste hinnehmen müssen. Nachdem aber alle Verträge angepasst sind, kann die Güterproduktion ungeschmälert fortgesetzt werden.

Ganz anders stehen die Dinge im Fall von verschuldeten Unternehmern, verschuldeten Privathaushalten und verschuldeten Staaten. Zwar können auch sie früher oder später ihre Verträge nachverhandeln und somit die Kosten den gefallenen Einnahmen anpassen. Aber im Unterschied zu unverschuldeten Haushalten und Unternehmern, deren Lage wir soeben besprochen haben, müssen sie *weiterhin Kredite bedienen, die sie in der Vergangenheit bei höherem Preisniveau aufgenommen haben.* Dieser Kreditdienst wird aber auf dem niedrigeren Preisniveau in der Regel unmöglich sein.

Veranschaulichen wir diesen Zusammenhang wiederum mit der oben genannten Firma Schmitt. Nehmen wir in einem ersten Schritt an, dass diese Firma zu einer relativ kleinen Gruppe hochverschuldeter Marktteilnehmer zählt. Später werden wir dann sehen, welche Besonderheiten sich ergeben, wenn mehr oder minder alle Marktteilnehmer hohe Schulden haben.

Wie im obigen Fall der schuldenfreien Wirtschaft erzielt Schmitt zunächst Erlöse von 120 Millionen Euro bei einem Aufwand von 100 Millionen Euro. Der Nettoüberschuss beträgt also weiterhin 20 Millionen und die Kapitalrendite 20 Prozent. Wir wollen des Weiteren annehmen, dass dieser gesamte Nettoüberschuss zur Bedienung eines Kredits von 200 Millionen Euro bei 10 Prozent Zinsen und Tilgung verwendet wird. Nun kommt es wieder zu einer starken Deflation. Die Erlöse sinken – ganz wie im obigen Szenario – infolge allgemeinen Geldhortens überraschend auf 60 Millionen. Wiederum gelingt es Schmitt jedoch, den Umfang ihrer Arbeits- und Lieferverträge auf 50 Millionen Euro zu verringern, und zwar wiederum nicht zuletzt, weil alle anderen Firmen in einer ähnlichen Lage sind und es daher für die Zulieferer und Angestellten keine bessere Alternative gibt. Schmitt ist somit genauso rentabel wie zuvor (20 Prozent). Und dennoch hat sich im Vergleich zum obigen Szenario einer schuldenfreien Wirtschaft etwas Entscheidendes geändert. Der verringerte Nettoüberschuss von 10 Millionen Euro reicht nämlich nicht mehr für den vertraglich vereinbarten Schuldendienst von 20 Millionen. Mit anderen Worten ist die Firma nun insolvent.

Können diese Schwierigkeiten durch noch energischeres Nachverhandeln überwunden werden? Wenn Schmitt seine Arbeits- und Lieferverträge auf ein Gesamtvolumen von 40 Millionen Euro herunterhandeln könnte, wäre die drohende Insolvenz in der Tat vermieden. Der Nettoüberschuss betrüge dann weiterhin 20 Millionen Euro, und somit könnte der Schuldendienst vertragsgemäß geleistet werden. Aber eine solche Lösung ist hier in der Regel nicht möglich. Denn wir haben unterstellt, dass *nicht alle, sondern nur einige* Marktteilnehmer hoch verschuldet sind, während die meisten anderen Firmen und Haushalte geringe oder gar keine Schulden haben. Die wenig verschuldeten Firmen stehen daher unter keinem Zwang, ihr Kostenniveau so weit herunterzuschrauben wie Schmitt. Zwar sind auch sie gezwungen, ihre kostenrelevanten Verträge nachzuverhandeln, aber sie können höhere Abschlüsse anbieten als Schmitt. Das bedeutet, dass sich zumindest einige Lieferanten und Angestellte – aber vielleicht auch alle – von Schmitt verabschieden werden, um von nun an mit den besserzahlenden Firmen zusammenzuarbeiten.

Schmitt kommt also durch eine Nachverhandlung seiner Lieferanten- und Arbeitsverträge nicht aus der Zwickmühle heraus. Um die drohende Insolvenz abzuwenden, könnte er allenfalls noch versuchen, auch seine Kreditverträge nachzuverhandeln. Doch das ist von vornherein noch schwieriger als das Nachverhandeln der anderen Verträge. Geld ist weniger spezifisch als die Produktionsfaktoren, die Schmitt kauft und die mehr oder weniger direkt auf seine Bedürfnisse zugeschnitten sind. Außerdem – und das ist der entscheidende Punkt – sind nur die Lieferanten und Angestellten an *weiteren* Verträgen für die nächste Zukunft interessiert. Sie sind daher vergleichsweise leicht zu überzeugen, kurzfristige Opfer hinzunehmen, um die langfristige Zusammenarbeit mit Schmitt nicht zu gefährden. Aber Kapitalgeber haben häufig überhaupt keine anderen Ersparnisse, die sie noch bei Schmitt investieren könnten. Sie wollen vor allem die einmal ersparte Substanz bewahren. Somit stehen sie mit Schmitt in einem bloßen Verteilungskampf, bei dem es ihnen nicht in erster Linie um die fortgesetzte Existenz der Firma geht.

Da die Gläubiger im Recht sind, sitzen sie in diesem Moment am längeren Hebel und bestimmen nun das weitere Schicksal des insolventen Unternehmens. Sie können auf einer Liquidierung der Firma bestehen. Schmitt verliert dann seine Eigentümerstellung, und die Firma wird entweder als Ganzes oder Stück für Stück meistbietend verkauft. Die Gläubiger können sich natürlich auch auf eine Nachverhandlung des Kreditvertrages mit Schmitt einlassen. Dazu hätten sie vor allem dann Anlass, wenn sie durch die Liquidierung auch kein besseres Ergebnis erhoffen könnten.

Die plötzliche Gläubigermacht im Moment der Insolvenz ist der eigentliche Grund, aus dem Preisdeflationen so gefürchtet sind. Sie entthront die vermeintlichen Eigentümer und ihre Führungskräfte; sie demütigt alle jene Großen, die ihr privates oder öffentliches Reich auf einem Berg von Schulden gegründet haben; und sie übergibt das Schicksal der Schuldenkönige in die Hand der letztlichen Geldgeber.[92]

92 Natürlich sind von diesem Prozess nicht nur rückhaltlose Schuldner betroffen, sondern auch viele andere, die nach den üblichen Maßstäben »normal« verschuldet sind. Vgl. bereits Carroll, *Organization of Debt into Currency*, a. a. O., S. 95 f.

Das ist auch der Grund, warum preisdeflationäre Entwicklungen immer auf den entschiedenen Widerstand einer spontanen Koalition mächtiger Schuldner treffen. Parteiführer und Vorstandsvorsitzende, die sich sonst über kaum eine Frage einig sind und zuweilen kaum ein Wort wechseln, werden durch die Gefahr der Deflation, die sie alle gemeinsam von ihren schuldenfinanzierten Sockeln herunterzuholen droht, wie auf wundersame Weise befriedet und geeint.

Nicht anders stehen die Dinge, wenn nicht nur wenige, sondern fast *alle* Marktteilnehmer hoch verschuldet sind, während nur wenige Leute geringe oder keine Schulden haben. Wenn alle Unternehmen so verschuldet wären wie die Firma Schmitt, würde jede von ihnen versuchen, die Kosten auf ein ausreichend niedrigeres Niveau zu drücken, also beispielsweise auf 40 Millionen Euro. Dann gäbe es für die Lieferanten und Angestellten praktisch keine Ausweichmöglichkeit, und somit stünden die Aussichten auf einen Erfolg der Nachverhandlungen eigentlich nicht schlecht. Aber dennoch gibt es einen großen Unterschied zu dem ersten Szenario. Dort wurden die Lieferanten- und Arbeitsverträge auf insgesamt 50 Millionen Euro verringert. Die Folge war, dass die *Real*einkommen trotz der geringeren *Geld*einkommen im Großen und Ganzen auf dem gleichen Niveau wie zuvor verblieben. Aber nun schicken sich die Unternehmer an, ihre Gesamtausgaben auf 40 Millionen Euro zu senken. Das bedeutet nichts anderes als eine massive Umverteilung der Realeinkommen. Die Folge wäre, dass die Arbeitsteilung einbrechen würde, denn zumindest einige Angestellte würden bei dem neuen geringeren Realeinkommen nicht mehr an einer Fortführung ihrer Tätigkeit interessiert sein. Außerdem würde diese Umverteilung notwendigerweise zu Zahlungsschwierigkeiten der kooperationswilligen, aber verschuldeten Lieferanten und Angestellten führen, und somit letztlich wieder zur Umverteilung von Realvermögen.

Es bleibt also beim obigen Ergebnis. Deflation in einer Schuldenwirtschaft führt zu massenhaften Insolvenzen und somit auch zu einer massenhaften Verschiebung der wirtschaftlichen Machtverhältnisse. Aus einzelwirtschaftlicher Sicht ist dies zweifellos ein schmerzhafter Vorgang, insbesondere für diejenigen, die zuvor die kreditfinanzierte Kontrolle über die Produktionsstätten und nichtgewerblichen Immobilien innehatten. Aber aus gesamtwirtschaftlicher Sicht stellt sich die Lage sehr viel weniger dramatisch dar. Sie bietet sogar einige bedeutende Vorteile.

Die verschuldeten Unternehmer verlieren ihre Betriebe und sind somit nicht mehr ihre eigenen Herren. Sie treten zurück in die Reihen der Angestellten. Aber die Insolvenz bedeutet keineswegs, dass die Produktion nun nicht mehr fortgeführt wird. Der Betrieb verschwindet nicht durch den Konkurs des bisherigen Eigentümers. Vielmehr wird er nun von den bisherigen Gläubigern übernommen. Diese neuen Eigentümer können entweder das Betriebsvermögen veräußern (wodurch dann andere Produktionsvorhaben ermöglicht werden würden), oder sie können den Betrieb in Eigenregie weiterführen. In jedem Fall aber verschwinden die Schulden des Betriebs. Denn durch den Konkurs geht das Betriebsvermögen an die Gläubiger über, und der Kredit verwandelt sich im gleichen Atemzug in Eigenkapital. Die gesamtwirtschaftlichen Folgen einer Deflation in der Schuldenwirtschaft können somit in vier Punkten zusammengefasst werden.

Erstens erfolgt eine Umverteilung von Betriebsvermögen und anderem Eigentum, weg von den vormaligen Schuldnern und hin zu den vormaligen Gläubigern. Insbesondere auch die Schuldenkönige werden entthront und müssen sich in die Reihen der Angestellten eingliedern.[93] Andere Menschen entscheiden von nun an über die Verwendung der vorhandenen Güter.[94]

---

93 Auch viele vermeintlich moderate Schuldner werden von deflationären Konkurswellen erfasst. Was eine »gesunde« im Vergleich zu einer »übermäßigen« Verschuldung ist, lässt sich eben nicht aus einer einzelwirtschaftlichen Sicht definieren, sondern letztlich nur im gesamtwirtschaftlichen Zusammenhang. Daher sind auch die Ergebnisse der empirischen Studien zu den Folgen von Bankenkrisen u. Ä. mit Vorsicht zu genießen. Die einschlägigen Arbeiten gehen davon aus, dass Bankenkrisen entweder zu einem neuen Gleichgewicht führen, in dem nur die ungesunden Banken vom Markt verdrängt worden sind (*separating equilibrium*), oder zu einem neuen Gleichgewicht, in dem gesunde und ungesunde Banken überleben (*pooling equilibrium*). Vgl. etwa R. S. Kroszner und W. R. Melick, »Lessons from the U.S. Experience with Deposit Insurance« in A. Demirguc-Kunt, E. J. Kane and L. Laeven (Hg.), *Deposit Insurance Around The World* (Cambridge, Mass.: MIT Press, 2008). Aber aus gesamtwirtschaftlicher Sicht ist diese Unterscheidung fragwürdig. Es könnte durchaus sein, dass grundsätzlich alle Krisen zu einem *separating equilibrium* führen.

94 Diese »Zirkulation der Eliten« ist eine der wichtigsten gesellschaftlichen Funktionen der Preisdeflation, völlig unabhängig von ihrer unmittelbaren Ursache. Gerade eine Deflation, die aus einer schrumpfenden Geldmenge resultiert (im Fall von Bankenkrisen), spielt diese Rolle. Allein schon die effektive Gefahr, dass eine künstlich aufgeblähte Geldmenge wieder in sich zusammenfallen könnte, sorgt dafür, dass die Schuldenwirtschaft von vornherein nicht überdehnt wird. Vgl. Hülsmann, *Deflation and Liberty* (Auburn, Ala.: Mises Institute, 2008). Zum Begriff der Zirkulation der Eliten vgl. V. Pareto, *Manuel d'économie politique* (4. Aufl., Genf: Droz, 1966), Kap. II, §§ 103–107.

Zweitens kommt es infolge des konkursbedingten Eigentumsübergangs kurzfristig zu einer Einschränkung der Produktion.

Drittens wird die Produktionskapazität und mithin das mittel- und langfristige Wachstumspotenzial der Wirtschaft nicht eingeschränkt.

Viertens verschwinden die Schulden. Die Deflation wirkt mit anderen Worten wie ein reinigendes Gewitter. Die von ihr betroffenen Betriebe werden schuldenfrei und somit bestens gewappnet für die Zukunft – auch für die nächste Deflation! Mit einem Wort führt die Deflation die übermäßige Schuldenwirtschaft auf ein normales Maß zurück. In diesem Bild finden wir auch die ursprüngliche Wortbedeutung von »Inflation« und »Deflation«. In der Inflation wird die Geld- und Kreditmenge künstlich aufgeblasen, in der Deflation geht dieser Blase dann die Luft aus.

Von Brüning zu Hitler?

Wir haben soeben die wichtigsten *theoretischen* Argumente für die Deflationsbekämpfung besprochen. Aber es gibt auch Argumente, die die *historischen Erfahrungen* im Zusammenhang mit der deflationären Konsolidierung der öffentlichen Finanzen betreffen. Dazu zählt in Deutschland vor allem der Verweis auf die vermeintlich erfolglose Deflationspolitik der Regierung von Reichskanzler Brüning. Der Zentrumspolitiker Heinrich Brüning regierte von März 1930 bis Mai 1932, mit Duldung der SPD, aufgrund des Notverordnungsparagraphen 48 der Weimarer Verfassung. Brüning kürzte die Arbeitslosenunterstützung, die Beamtengehälter, die Invaliden- und Kriegsversehrtenrenten, förderte die Absenkung von Löhnen und Gehältern und erhob auch neue Steuern.[95]

Einer weitverbreiteten Auffassung zufolge hat diese Politik katastrophale Folgen gezeitigt. Insbesondere habe sie zu einem Anwachsen der Massenarbeitslosigkeit auf sechs Millionen Menschen im Februar 1932 geführt. Eine Haushaltssanierung inmitten einer Rezession könne einfach nicht funktionieren.

95 Vgl. die sehr aufschlussreiche Darstellung der Ereignisse aus Brünings eigener Sicht in seinen *Memoiren 1918–1934* (Stuttgart: Deutsche Verlags-Anstalt, 1970).

Sie führe zwangsläufig in die Depression und leiste dadurch auch der politischen Radikalisierung Vorschub. Typisch ist folgende Aussage, die wir aus einem deutschen Lehrbuch der Volkswirtschaftslehre zitieren: »In Deutschland hat Reichskanzler Brüning mit einer solchen Politik Anfang der 30er-Jahre des letzten Jahrhunderts den Zusammenbruch der ‚Weimarer Republik' herbeigeführt und damit den Nationalsozialisten den Weg bereitet.«[96] Von der Brüning'schen Deflationspolitik führt also ein mehr oder weniger direkter Weg zu Hitler.

Damit wäre das Kapitel Deflation dann auch schon abgeschlossen, zumindest in Deutschland. Sobald sich eine Regierung untersteht, auf ähnlichen Pfaden zu wandeln, wird ihr die Brüning-Marke ans Revers geheftet. So geschehen vor zehn Jahren im Fall der Regierung Schröder.[97] So auch wieder heute. Ein bekannter deutscher Volkswirt – übrigens der Autor des bereits zitierten Lehrbuchs – hat vor Kurzem den Deflationsalarm geschlagen: »Die Politik, die derzeit in Spanien, Portugal und Griechenland betrieben wird, ist die Politik des Kanzlers Brüning.«[98] In der anglophonen Presse wurden diese Worte zustimmend ergänzt: Genau das führte zu Hitler.[99]

Es kann nicht überraschen, dass diese Argumentation nach dem Zweiten Weltkrieg vorherrschend war. Sie entwächst voll und ganz jener inflationistischen Wirtschaftsauffassung, derzufolge Inflation im schlimmsten Fall als kleines Übel erscheint, während Deflation immer und überall schädlich und gefährlich ist.[100]

Bei nüchternem Blick erscheint diese Auffassung der Dinge jedoch gekünstelt und durchaus falsch. Selbst wenn es richtig wäre, dass Brünings Poli-

96 Peter Bofinger, *Grundzüge der Volkswirtschaftslehre* (München, 2003), S. 27.

97 »Lafontaine vergleicht Schröder mit Reichskanzler Brüning« (FAZ, 18. November 2002)

98 »Wirtschaftsweiser vergleicht Euro-Sparpolitik mit Weimarer Republik« *Freie Presse* (30. Sept. 2012). Der Artikel bezieht sich auf die Buchvorstellung von P. Bofinger, *Zurück zur D-Mark? Deutschland braucht den Euro* (München: Droemer-Knaur, 2012).

99 Vgl. Joe Weisenthal, »Finally, a German economist who's getting history right« *Business Insider* (30. September 2012).

100 Vgl. Melchior Palyi, *The Twilight of Gold* (Chicago: Regnery, 1972), S. 262. Eine eingehende Erörterung der Brüning'schen Deflationspolitik findet sich in Philipp Bagus, *Deflation – Is it Really Harmful?* (Diss. Universidad Rey Juan Carlos, 2008), S. 217–263.

tik in ursächlichem Zusammenhang mit Hitlers Machtergreifung steht, so kann aus den besonderen historischen Umständen der frühen 1930er-Jahre in Deutschland keineswegs der *allgemeine* Schluss gezogen werden, dass Deflationspolitik in die Barbarei führt. Außer Brüning folgten unter anderem auch Dollfuß und Schuschnigg (in Österreich) und Laval (in Frankreich) einer an heutigen keynesianischen Maßstäben gemessenen »Deflationspolitik«. Auch diese Regierungschefs sanierten ihre öffentlichen Haushalte und bremsten die öffentliche und private Schuldenwirtschaft – um den Preis einer kurzfristigen Erhöhung der Arbeitslosigkeit. Dollfuß und Schuschnigg regierten autoritär (Ständestaat), aber es gab freie Wahlen, und die Österreicher haben nie einen Tyrannen an die Macht gewählt. Hitler musste schon höchstpersönlich einmarschieren und das Land annektieren. In Frankreich wurde die Regierung Laval abgewählt und es folgte eine kurzlebige Volksfrontregierung unter dem Sozialisten Léon Blum. Darüber bestürzen sich die heutigen Wirtschaftshistoriker nicht. Und genau wie in diesen Fällen ist auch bei den zahlreichen vorherigen Deflationsfällen des 19. und des frühen 20. Jahrhunderts niemals ein Mann vom Schlage Hitlers an die Schalthebel der Macht gespült worden.

Das ganze Argument der Deflationsgegner läuft also darauf hinaus, dass die bloße Möglichkeit eines solchen Falles reichen sollte, eine Deflation unter allen Umständen zu vermeiden. Dabei wird übersehen, dass Leute wie Hitler keine Deflation brauchen, um an die Macht zu gelangen. Robespierre begann seine Schlächtereien unter einer galoppierenden *Inflation*. Es wird weiter übersehen, dass auch der bloße Kampf gegen Deflation auf einen abschüssigen Weg in die Knechtschaft führen kann. Wir selber sind heute gerade dabei, unsere Parlamente zu entmachten und alle demokratischen Institutionen zu unterhöhlen, nur um eine deflationäre Verschärfung der jetzigen Finanzkrise zu vermeiden.

Aber ganz abgesehen von dieser sehr grundsätzlichen Erwägung ist es weiterhin keineswegs klar und eindeutig, dass Brüning seinerzeit tatsächlich den Nationalsozialisten den Weg geebnet hat. Der Historiker Henning Köhler weist darauf hin, dass Brüning durch politische Ränkespiele um den Reichspräsidenten Hindenburg zu Fall gebracht wurde. Hätte Hindenburg ihn weiter gestützt, so hätte er durchaus die Weltwirtschaftskrise durchstehen können. Die deutsche Wirtschaft befand sich im zweiten Halbjahr 1932 bereits wieder in einem leichten Aufschwung, und die nächsten Reichstagswahlen standen erst 1934 an.[101]

Brünings Politik wurde zudem durch Entwicklungen erschwert, die ihm nicht zuzurechnen sind. Dazu zählt insbesondere der – von den USA ausgehende – Protektionismus, der die Weltwirtschaft ab Juni 1930 (*Smoot-Hawley-Tariff Act*) lähmte und ein Jahr später folgerichtig zum Zusammenbruch des internationalen Finanzsystems führte. Am 13. Juli 1931 wurde die Darmstädter und Nationalbank, seinerzeit die zweitgrößte Geschäftsbank Deutschlands, zahlungsunfähig. Daraufhin mussten alle deutschen Großbanken für mehrere Tage schließen und die Wirtschaft brach ein. Ende September stellte schließlich auch die Bank von England – Zentrum der internationalen Finanzwirtschaft – ihre Goldzahlungen ein, gefolgt von vielen anderen Zentralbanken.[102]

Die Zerrüttung des internationalen Handels und des internationalen Währungs- und Finanzsystems führte damals in allen Ländern zu einem starken Anstieg der Arbeitslosigkeit, insbesondere auch dort, wo keine »Deflationspolitik« betrieben wurde. Ganz im Gegenteil muss hervorgehoben werden, dass sich Deutschland – nach anfänglich dramatischem Wirtschaftseinbruch – relativ schnell und relativ gut von diesem Schock erholte. In der Tat war Brünings Politik trotz dieses schwierigen Umfelds immerhin so erfolgreich, dass der Wähleranteil der Nationalsozialisten bei den Reichstagswahlen vom November 1932 sank (von 37 auf 33 Prozent). Die nationalsozialistische Welle war gebrochen. Hitler wähnte sich bereits am Ende. Hindenburg – nicht Brüning – hat ihn dann gerettet.

Es ist lehrreich, die Entwicklung Deutschlands in jenen Jahren mit den Ereignissen in Frankreich zu vergleichen. Dort wurden einschneidende Maßnahmen zum Ausgleich des Staatshaushalts erst fünf Jahre später ergriffen. Als Pierre

101 Henning Köhler, *Deutschland auf dem Weg zu sich selbst* (Stuttgart: Hohenheim-Verlag, 2002), S. 260. Vgl. auch Gérard Bökenkamp, »Heinrich Brüning, der Geschmähte: Der Mythos vom Nationalsozialistischen Wirtschaftswunder«, *erstaunlicherweise frei online* (23. Mai 2012).

102 Außerdem waren Brünings Handlungsmöglichkeiten durch die diplomatische Lage und durch verschiedene internationale Verträge stark eingeschränkt. Vgl. Palyi, *The Twilight of Gold*, S. 262–264; Knut Borchardt, »Zwangslagen und Handlungsspielräume in der großen Weltwirtschaftskrise der frühen dreißiger Jahre: Zur Revision des überlieferten Geschichtsbildes« *Jahrbuch der Bayerischen Akademie der Wissenschaften* (1979).

Laval im Juni 1935 zum Regierungschef ernannt wurde, hatte er im Gegensatz zu Brüning nur ein Jahr bis zu den nächsten Wahlen. Dennoch zögerte er nicht, die aus seiner Sicht richtige »deflationäre« Politik zu verfolgen. Er nahm das Risiko in Kauf, dass er die mittel- und langfristigen Früchte nicht würde ernten können, sondern infolge der kurzfristigen Folgen (Wirtschaftseinbruch, steigende Arbeitslosigkeit) nicht wiedergewählt werden würde. Und genau das geschah dann auch. Bei den Wahlen vom Mai 1936 verlor Laval seine Mehrheit, und es gelangte die von der linken Volksfront (*Front populaire*) gestützte Regierung von Léon Blum an die Macht. Diese setzte das seinerzeit übliche Programm der Linken in die Tat um: 40-Stunden-Woche, Streikrecht, kollektive Tarifabschlüsse, gesetzlicher Anspruch auf zwei Wochen bezahlten Urlaub, gesetzlich verordnete Lohnerhöhungen, Abwertung des Franc, sowie eine Reihe von Verstaatlichungen, insbesondere der Banque de France und einiger Rüstungsbetriebe. Seinerzeit wurde auch die staatliche Eisenbahngesellschaft SNCF gegründet und die besondere Sozialversicherung für die Zeitarbeiter im Schauspielgewerbe (*intermittents du spectacle*) geschaffen. Beide Schöpfungen schlagen auch heute noch jedes Jahr Milliardenlöcher in die öffentlichen Haushalte.

Es kam, wie es kommen musste. Blums Maßnahmen verursachten Inflation und einen gewaltigen Kostenschub für die Unternehmen, somit stagnierende Produktion und steigende Arbeitslosigkeit. Bereits im Juni 1937 demissionierte Blum, nachdem er das Land vor die Wand gefahren hatte. Es folgten ein paar Monate unter der Regierung von Camille Chautemps. Dieser verlangte – genau wie Hitler in Deutschland – ein Ermächtigungsgesetz. Er trat zurück, als das Parlament seine Forderung ablehnte. Darauf bildete sich eine weitere Regierung unter Léon Blum, die aber schon ein paar Wochen später die Wahlen gegen eine Mitte-Rechts-Koalition verlor. Die neue Regierung unter Édouard Daladier (ab April 1938) nahm die schädlichsten sozialistischen Maßnahmen wieder zurück, verfolgte aber ansonsten eine gemäßigt inflationäre Politik des »Durchwurstelns«.

Frankreich fiel in jenen Jahren gegenüber Deutschland wirtschaftlich stark zurück. Das ist nicht zuletzt eine ganz wesentliche Ursache der seinerzeitigen katastrophalen Außen- und Verteidigungspolitik der Franzosen. In Deutschland zog Hitler den allergrößten Nutzen aus der Brüning'schen Flurbereinigung, die die öffentlichen Haushalte einigermaßen saniert und die deutschen

Firmen mittelfristig gestärkt hatte.[103] Hitlers eigene Wirtschaftspolitik war natürlich ein Amoklauf, genau wie die von Blum in Frankreich. Aber zum einen konnte er dank Brüning von einer größeren Substanz zehren, zum anderen machte er sich Hoffnung, durch spätere Eroberungen im Osten letztlich doch noch auf seine Kosten zu kommen. In dieser Lage hätte Frankreich gegensteuern, hätte es aufrüsten müssen. Aber nun fehlten die Mittel. Hitler annektierte Österreich und Böhmen, doch Daladier suchte ihn zu beschwichtigen und unterzeichnete das Münchner Abkommen. Zwanzig Monate später wurde Frankreich von den deutschen Panzern überrollt. Der Rest ist bekannt.

Die Lehren dieser Erfahrung liegen wiederum auf der Hand. Deflationspolitik ist Wachstumspolitik unter Inkaufnahme schmerzhafter kurzfristiger Opfer. Die Geschichte lehrt uns nichts anderes als die Theorie. Hitler ist nicht durch die Brüning'sche Deflationspolitik an die Macht gekommen. Aber er konnte lange Jahre seinen mörderischen Leidenschaften nachgehen, weil demokratische Nachbarländer es versäumt hatten, ihre Wirtschaft rechtzeitig mit deflationärer Politik zu sanieren.

103 Vgl. Palyi, *The Twilight of Gold*, S. 34.

Kapitel IV
Geldillusionen

Staatliche Eingriffe in die Geldproduktion werden heute vor allem mit dem Argument der Deflationsbekämpfung gerechtfertigt. Aber es gibt noch jede Menge anderer Argumente, die zu diesem Zweck ebenfalls ins Feld geführt werden. Stets soll begründet werden, warum die staatliche Geldpolitik bessere Ergebnisse zeitigt, als man sie bei freier Geldproduktion erwarten könnte. An dieser Stelle ist es uns unmöglich, alle diese Argumente zu erörtern.[104] Aber einige wichtige wollen wir in aller Kürze besprechen.

Im Großen und Ganzen können heute drei geldpolitische Denkschulen unterschieden werden. Den *Keynesianern* zufolge kann und soll die Geldpolitik die Geldmenge stärker ausdehnen, als es auf dem freien Markt geschähe, weil diese »expansive Geldpolitik« positive Auswirkungen auf die Beschäftigung und die Produktion habe. Dagegen meinen die *Monetaristen*, dass diese positiven Folgen nur kurzfristiger Art seien. Langfristig gesehen sei eine expansive Geldpolitik mehr oder weniger steril. Sie empfehlen vielmehr eine Stabilisierung der Kaufkraft des Geldes bzw. des Preisniveaus. Damit würden die besten Voraussetzungen für langfristiges Wachstum gelegt.

Die Ökonomen der *Wiener Schule* können sich weder den Keynesianern, noch den Monetaristen anschließen. Für sie lautet die relevante Frage überhaupt nicht, welche Ziele sich die staatlichen Währungsbehörden setzen sollten, sondern unter welchen Bedingungen die Geldproduktion stattfinden sollte. Sie empfehlen eine wettbewerbliche Geldproduktion, weil durch den Marktprozess tendenziell die qualitativ besten Geldarten zur Geltung kommen.[105] Durch staatliche Eingriffe wird dieser Prozess umgekehrt, es kommt zum Sie-

104 Ausführlicher in Mises, *Nationalökonomie*, a. a. O., sechster Teil, Kap. 5; ders., *Human Action*, Kap. XXXI; Rothbard, *Man, Economy, and State*, a. a. O., Kap. 11 und Kap. 12, Abschn. 11. Siehe auch Hülsmann, *Ethik der Geldproduktion*, a .a. O., Kap. 4.

105 Vgl. insb. R. v. Strigl, *Gibt es eine Sicherung gegen Inflation?* (Wien: Vernay, 1932); F. A. Hayek, *Free Choice in Currency* (London: Institute of Economic Affairs, 1976); H. Sennholz, *Money and Freedom* (Spring Mills, Penn.: Libertarian Press, 1985); J. G. Hülsmann, *Ethik der Geldproduktion*, a. a. O.; Ph. Bagus, »The Quality of Money« *Quarterly Journal of Austrian Economics*, Bd. 12, Nr. 4 (2009).

geszug des schlechten Geldes, das das gute Geld aus dem Markt verdrängt (Gresham'sches Gesetz). Außerdem zeitigt der Interventionismus zahlreiche andere negative Begleiterscheinungen, und zwar ganz unabhängig davon, ob nun eine expansive oder eine stabilisierende Geldpolitik verfolgt wird. Diese »österreichische« Argumentation werden wir im zweiten Teil dieses Buches eingehend darlegen.

Nachfolgend wollen wir zunächst die wichtigsten keynesianischen und anschließend die monetaristischen Argumente zur Geldpolitik besprechen.[106] Ein wichtiges Element der keynesianischen Waffenkammer haben wir bereits gebührend gewürdigt, nämlich die vermeintlich zentrale Rolle der Konsumausgaben als »Motor der Wirtschaft«. In den vorigen Kapiteln sahen wir, wie die Wirtschaft wächst, wenn die Konsumausgaben sinken und mehr gespart wird. Nun wollen wir uns einigen anderen grundlegenden Argumenten zuwenden.

Die Mär von den brachliegenden Ressourcen

Der Kern- und Angelpunkt der keynesianischen Theorie ist die Idee, dass bestimmte Ressourcen, die bei freiem Markt einfach brachliegen würden, durch expansive Wirtschaftspolitik nutzbar gemacht werden könnten und sollten.

Rein technisch gesehen könnten die brachliegenden Ressourcen jederzeit produktiv verwendet werden. Doch Angebot und Nachfrage seien bei freiem Markt einfach zu schwach ausgeprägt. Diese Güter werden also nicht getauscht, sie stehen außerhalb der Arbeitsteilung, und somit erreicht die Produktion nicht das Niveau, das sie eigentlich erreichen könnte – und das sie auch erreichen *würde*, wenn Angebot und Nachfrage wachsen würden. Dieses Problem sei zu Krisenzeiten besonders stark ausgeprägt, und es betreffe vor allem den Arbeitsmarkt. Die bei den herrschenden Marktpreisen brachliegende Arbeitskraft nennt Keynes »unfreiwillige Arbeitslosigkeit«.[107]

106 Renaud Fillieule hat dieses Thema vor Kurzem von einem allgemeinen Standpunkt aus beleuchtet. Vgl. R. Fillieule, »The Monetary Theory of Current Textbooks in Light of The Theory of Money and Credit« in Hülsmann (Hg.), *Theory of Money and Fiduciary Media* (Auburn, Ala.: Mises Institute, 2012), S. 247–271.

107 Vgl. J. M. Keynes, *General Theory of Employment, Interest, and Money* (London: Macmillan, 1936), S. 15.

Nun könne diese brachliegende Arbeitskraft durch eine expansive Wirtschaftspolitik in die Arbeitsteilung eingegliedert werden. Durch eine Ausweitung der Geldmenge sei es möglich, die Zinsen zu verringern, und daher würden die privaten und öffentlichen Investitionen zunehmen. Infolge dieser zusätzlichen Geldausgaben wächst nach Keynes sowohl die Nachfrage nach brachliegender Arbeit als auch das Angebot von Arbeitskraft. Somit erreicht der Arbeitsmarkt ein neues Gleichgewicht bei höherer Beschäftigung und ungefähr gleichgebliebenen Lohnsätzen. Dieses Gleichgewicht, das durch die expansive Geldpolitik erreicht werden kann, nennt Keynes »Vollbeschäftigungsgleichgewicht«.[108]

Der zentrale Schwachpunkt dieser Argumentation betrifft das Arbeits*angebot*. Es ist nachvollziehbar, warum die Nachfrage nach Arbeit infolge der Geldmengenexpansion wächst; schließlich steigen dann tendenziell alle Preise und insbesondere auch die Produktpreise, und somit können die Firmen mehr Arbeit nachfragen. Aber warum sollte auch das *Angebot* von Arbeitskraft zunehmen? Warum sollte ein Arbeitnehmer bei gegebenem Stundenlohn mehr Arbeitsstunden anbieten, wenn gleichzeitig die Güterpreise steigen? Sein realer Stundenlohn sinkt, und dennoch steigt seine Arbeitswilligkeit?

Wir können es den Keynes-Fans überlassen, in diese dunkle Gedankenwelt die nötige Klarheit und Ordnung zu bringen. Wir stellen fest, dass sich das Arbeitsangebot bei steigender Geldmenge tendenziell verringert, weil dann nämlich die Kaufkraft jeder Geldeinheit tendenziell sinkt.[109] Arbeitnehmer haben sicherlich keine vollkommene Voraussicht der künftigen Preisentwicklung, aber anders als Keynes und seine Jünger es unterstellen, interessieren sie sich sehr wohl in allererster Linie für die realen Löhne, die man ihnen anbietet. Ihnen ist nicht am Sammeln von Geldscheinen gelegen, sondern an den Gütern, die sie im Tausch für ihr Geldeinkommen erwerben können.

Arbeitnehmer unterliegen von Zeit zu Zeit einer Geldillusion – sie unterschätzen die Preiserhöhungen, die in nächster Zeit auf sie zukommen. In diesem Fall entstehen aus einer expansiven Geldpolitik in der Tat positive Beschäf-

108 Vgl. ebd., S. 15 f.

109 Mit anderen Worten wird die gleiche Arbeitsmenge dann nur noch bei höherer Entlohnung angeboten. Zur Theorie des Arbeitsangebots siehe Mises, *Nationalökonomie*, a. a. O., vierter Teil, Kap. 8; ders., *Human Action*, a. a. O., Kap. XXI; Rothbard, *Man, Economy, and State*, a. a. O., Kap. 9, Abschn. 2. E., S. 514 ff.

tigungseffekte. Aber Arbeitnehmer sind auch nicht dauerhaft in einer Geldillusion befangen. Insbesondere dann, wenn die expansive Geldpolitik an der Tagesordnung steht und wenn somit abzusehen ist, dass die Preise steigen werden, ist es sehr schwer, eine Geldillusion zu erzeugen. Ganz im Gegenteil kann es dann dazu kommen, dass die Arbeitnehmer beginnen, ihr Arbeitsangebot übertrieben stark zu verringern. Eine expansive Geldpolitik, die solche Überreaktionen hervorruft, verstärkt die Arbeitslosigkeit und schwächt das Wachstum.

Mit anderen Worten ist es wohl möglich (man kann es nicht ausschließen), dass eine expansive Geldpolitik hier und dort günstige Folgen für den Arbeitsmarkt zeitigt. Aber das lässt sich nicht verallgemeinern, denn dieser ursächliche Zusammenhang besteht nicht dauerhaft, sondern immer nur fallweise. Manchmal *steigt* die Arbeitslosigkeit *wegen* der expansiven Geldpolitik.[110] In der Vergangenheit gab es immer wieder Stagflation – hohe Arbeitslosigkeit inmitten expansiver Geldpolitik und steigender Verbraucherpreise. Auch heute beobachten wir genau eine solche Stagflation wieder in den USA und auch in einigen europäischen Ländern, in denen eine expansive Geldpolitik in massivem Umfang betrieben wird.

Billige Kredite

Die wichtigste Variante des soeben besprochenen Irrtums ist die Theorie vom billigen Kredit per Notenpresse. Auf dem freien Kreditmarkt herrschen Angebot und Nachfrage. Letztlich entscheiden hier die persönlichen Werturteile der Sparer und der Sparverwender über den Umfang der Kredite und die Kreditkonditionen. Da die Ersparnisse begrenzt sind und auch außerhalb des Kreditmarktes verwendet werden ist es unmöglich, alle Kreditbegehren zu erfüllen. Nur die Kreditanträge, die den Sparern (bzw. ihren Agenten, den

110 In den einschlägigen statistischen bzw. ökonometrischen Studien ist diese Tatsache als der »nichtlineare Zusammenhang zwischen Preisinflation und Wachstum« bekannt. Jenseits bestimmter Preisinflationsschwellen, die im niedrigen zweistelligen Prozentbereich liegen, ist dieser Zusammenhang den meisten Studien zufolge negativ. Vgl. H. Yilmazkuday, »Inflation Thresholds and Growth« *International Economic Journal*, Bd. 27, Nr. 1 (2013); J. C. Eggoh und K. Muhammad, »On the Non-Linear Relationship between Inflation and Economic Growth« (Universität Angers, Arbeitspapier, November 2012).

Finanzintermediären) am wichtigsten erscheinen, werden angenommen; alle anderen Anträge werden abgelehnt.[111]

Dieser Auswahlprozess ist für die abgelehnten Marktteilnehmer sicherlich schmerzhaft. Sie werden daher mit Interesse lauschen, wenn man ihnen erklärt, dass die Kreditknappheit verringert werden kann, indem man einfach mehr Geld produziert und dieses Geld dann verleiht. Durch das gestiegene Angebot steigt der Umfang der Kredite, und die Konditionen – insbesondere der Zinssatz – werden tendenziell erleichtert. Die Notenpresse ermöglicht somit nicht nur die Herstellung billigen Geldes, sondern auch die vermehrte Finanzierung der Wirtschaft mit billigem Kredit. Haushalte können ihre Konsumausgaben erhöhen, Firmen können mehr investieren, und auch die Staaten können mehr Geld ausgeben.

Diese Sicht der Dinge ist zum Teil berechtigt, wie wir insbesondere noch im zweiten Teil unseres Buches erläutern werden. Infolge einer vermehrten Geldproduktion kommt es tatsächlich zu einem stärkeren Wachstum des Kreditmarktes, und in vielen Fällen sinken die Kreditzinsen tatsächlich unter das Niveau, das sie auf dem freien Markt erreicht hätten. Aber die Bedeutung dieser Entwicklung ist ganz anders als die, die ihr von den Befürwortern des billigen Kredites angedichtet wird.

Das künstliche Wachstum der Kreditmärkte bedeutet keineswegs, dass nun *insgesamt* größere Sparmittel zur Verfügung stehen. Unter dem Einfluss der Notenpresse wächst der Kreditmarkt zwar zulasten des Hortens, aber gleichzeitig entstehen auch Anreize zu vermehrtem Konsum. Wenn das gesamtwirtschaftliche Sparvolumen sinkt, sinkt tendenziell auch der Gesamtumfang der realen Investitionen.

Doch selbst wenn die Sparquote unberührt bleibt, ergibt sich insgesamt keine Verbesserung der Lage. Zwar werden den Kreditnehmern per Notenpresse durchaus handfeste Vorteile verschafft. Es gibt immer irgendwelche Firmen A, die aufgrund der Geldschöpfung größere Kredite erhalten und ihre Geschäfte

111 Die Kriterien für das, was an einem Kreditantrag »wichtig« erscheint, hängen letztlich von den persönlichen Werturteilen des betreffenden Sparers ab. Die vom Kreditnehmer in Aussicht gestellte Entlohnung ist sicherlich ein wichtiges Kriterium, aber keineswegs das einzige.

erweitern können. Bevorteilt sind auch die Haushalte X, die nun mehr Geld für Wohnungen und Konsum ausgeben können. Aber wie gesehen sind diese Vorteile *einzelwirtschaftlicher* Art. Ohne den Einsatz der Notenpresse wäre ein Teil der Ersparnisse gehortet worden. Die daraus entspringenden Preissenkungen wären vielen Investoren und Konsumenten zugutegekommen, ohne dass diese sich hätten verschulden müssen. Die billigen Kredite aus der Notenpresse konzentrieren diese Vorteile auf die Kreditnehmer. Aus gesamtwirtschaftlicher Sicht ist dies aber zunächst einmal irrelevant. Zumindest *kurzfristig* gesehen ändert die Geldschöpfung lediglich die Produktionsstruktur und schafft dadurch sowohl Gewinner als auch Verlierer. Die entscheidende Frage ist somit, ob sie *mittel- oder langfristig* auch gesamtwirtschaftliche Vorteile bietet. Gibt es eine Tendenz in diese Richtung?

Wie wir bereits sahen, ist diese Frage zu verneinen. Denn die (kostenlose) Schöpfung zusätzlichen Geldes aus dem Nichts verfälscht den Wettbewerb zwischen kreditfinanzierten und eigenkapitalfinanzierten Produktionsvorhaben. Geldschöpfung macht es möglich, auch solche Projekte zu finanzieren, die eigentlich einen geringeren Ertrag abwerfen als die Projekte, in denen die vorhandenen Ressourcen sonst (d. h. ohne die Geldschöpfung) verwendet worden wären. *Wenn diejenigen Produktionsvorhaben, die einer Kreditfinanzierung per Geldschöpfung bedürfen, tatsächlich höhere Erträge erwirtschafteten als die konkurrierenden Produktionsvorhaben, so wäre eine Finanzierung per Geldschöpfung völlig überflüssig.* Die betreffenden Unternehmer wären dann nämlich in der Lage, höhere Zinsen als ihre Konkurrenten zu bezahlen, und somit würden die vorhandenen Kredite *ihnen* – und nicht den Konkurrenten – erteilt werden.

Es folgt also, dass die Kreditvergabe per Geldschöpfung mittel- und langfristig eine relative Verringerung der gesamtwirtschaftlichen Produktion nach sich zieht. Tendenziell führt sie zu einer schlechteren Verwendung – mit anderen Worten: zur Verschwendung – der vorhandenen Ressourcen.

Auch eine weitere, noch grundsätzlichere Überlegung führt zu diesem Ergebnis. Wie wir bereits dargelegt haben, wird das Wirtschaftswachstum durch vermehrtes Sparen begünstigt, weil es infolge des Sparens zu einer veränderten Gewichtung der gesamtwirtschaftlichen Zahlungsströme kommt. Genau diese Folge bleibt aus – oder tritt nur geschwächt auf – wenn zusätzliche Kredite nicht aus vermehrtem Sparen, sondern aus größerer Geldschöpfung »finanziert« werden. Vermehrte Geldproduktion führt zwar tendenziell immer zu höheren *Gesamtausgaben*, aber nicht unbedingt zu einem *relativen* Wachstum der Investitionen im Vergleich zu den Konsumausgaben. In der Regel ist genau das Gegenteil der Fall.[112] Unter dem Einfluss der Geldschöpfung steigen sowohl die Investitionen als auch die Ausgaben der Verbraucher, aber Letztere wachsen stärker als die Investitionen. Arbeit und Rohstoffe werden verstärkt in den »konsumnahen« Industrien verwendet, und somit wird die gesamtwirtschaftliche Produktionsstruktur »primitiver«. Handwerkliche Herstellungsformen gewinnen an Bedeutung bei vermindertem Einsatz von technischen Hilfsmitteln. Der Einsatz von Arbeit und Rohstoffen erfolgt zunehmend konsumnah.[113] Die gesamtwirtschaftliche Produktion sinkt und die Bevölkerung verarmt.[114]

Die »keynesianische« Sichtweise stellt die Sachlage somit geradezu auf den Kopf. Der *Umfang* der Geldmenge ist an und für sich ohne Bedeutung für den Umfang der gesamtwirtschaftlichen Produktion. Die *künstliche Erhöhung* der Geldmenge zur Erteilung billiger Kredite zieht mittel- und langfristig eine relative Verringerung der gesamtwirtschaftlichen Produktion nach sich. Tendenziell führt sie zur Verschwendung knapper Ressourcen und mithin zur Verarmung der Menschen.

Noch entschiedener muss man der Vorstellung widersprechen, dass eine künstliche Erleichterung der Kreditkonditionen die gesamtwirtschaftliche Lage bessert. Ganz im Gegenteil *führt insbesondere die künstliche Absenkung*

---

112 Vgl. J. T. Salerno, »A Reformulation of Austrian Business Cycle Theory in Light of the Financial Crisis« *Quarterly Journal of Austrian Economics*, Bd. 15, Nr. 1 (2012).

113 Uns ist bewusst, dass es viele Menschen gibt, die eine solche »Rückentwicklung« der Produktionsweise durchaus begrüßen würden. Solche romantischen Menschen hat es immer gegeben, und wir verstehen sie sehr gut. Daher dürfen wir auch zwei besondere Irrtümer nicht verschweigen, die dieser romantischen Wirtschaftsauffassung innewohnen. Zum einen wird hier leicht das Ideal einer *natürlichen* Wirtschaft mit dem Ideal der *vergangenen* Wirtschaft verwechselt. Zum anderen täuscht man sich leicht bei der Wahl der Mittel. Die künstliche Aufblähung der Geldmenge ist jedenfalls kein Weg zu einer natürlichen Wirtschaftsordnung.

114 Wir weisen abermals darauf hin, dass diese Zusammenhänge nicht unbedingt absolut, sondern vor allem relativ gelten. Die unproduktive Kreditvergabe, die durch die Geldschöpfung gefördert wird, muss nicht unbedingt zu einem Rückgang der Produktion und somit zu einer absoluten Verarmung führen. In jedem Fall aber sinkt die Produktion tendenziell unter jenes Niveau, das ohne die Geldschöpfung erreicht worden wäre.

der Zinssätze zur Kapitalverschwendung und somit letztlich zur (relativen) Verarmung der Bevölkerung. Vor hundert Jahren wies Ludwig von Mises diese Tatsache erstmals nach.[115] Er betonte, dass verbilligte Kredite keineswegs nur zu einer bloßen Umstrukturierung der Wirtschaft führen, durch die einige Marktteilnehmer bevorteilt und andere benachteiligt werden. Vielmehr erzeugt diese Umstrukturierung ein *intertemporales Ungleichgewicht.* Die künstlich niedrigen Zinsen führen zu einem Widerspruch zwischen dem realwirtschaftlichen Finanzierungsbedarf und der gesamtwirtschaftlichen Produktionsleistung.

Die niedrigen Zinssätze begünstigen nämlich Investitionen in Firmen der *konsumfernen* Wirtschaftszweige. Es entstehen somit längere Produktionsumwege, d. h. es dauert länger, bis die konsumfernen Zwischenprodukte durch Weiterverarbeitung zu Konsumgütern heranreifen. Dieser längere Produktionsumweg verlangt aber größere Ersparnisse, um den Konsum der dabei beteiligten Beschäftigten zu finanzieren. Er verlangt größere *reale* Ersparnisse, ein bloßes Aufblähen der Geldmenge reicht nicht.[116] Da genau diese Ersparnisse aber fehlen, ist es physisch unmöglich, all die Produktionsvorhaben *zu vollenden*, die unter dem Einfluss der Notenpresse *begonnen* wurden.[117] Aus einzelwirtschaftlicher Sicht bedeutet das, dass es über kurz oder lang zu massiven Verlusten bzw. Insolvenzen kommen wird. In dieser Anpassungskrise werden die dann noch vorhandenen Ressourcen neuen Verwendungen zugeführt.

115 Vgl. Mises, *Theorie des Geldes und der Umlaufsmittel* (1. Aufl., München: Duncker & Humblot, 1912), S. 428–432. Vgl. auch ders., *Nationalökonomie*, a. a. O., vierter Teil, Kap. 7; ders., *Human Action*, a. a. O., Kap. XX; Rothbard, *Man, Economy, and State*, a. a. O., Kap. 12, Abschn. 11; ders., *America's Great Depression* (4. Aufl., New York: Richardson & Snyder, 1983); J. Huerta de Soto, *Geld, Bankkredit und Konjunkturzyklen* (Stuttgart: Lucius & Lucius, 2011), Kap. 4 bis 6; R. Garrison, *Time and Money* (London: Routledge, 2001), Kap. 1 bis 4.

116 Vgl. R. v. Strigl, *Kapital und Produktion* (München: Philosophia, 1982 [1934]); E. Braun, »The Subsistence Fund in Ludwig von Mises's Explanation of the Business Cycle« in Hülsmann (Hg.), *Theory of Money and Fiduciary Media* (Auburn, Ala.: Mises Institute, 2012), S. 247–271.

117 In Mises' Worten: »Trotzdem eine Vermehrung der Zwischenprodukte nicht eingetreten und die Möglichkeit, die Produktionsperiode zu verlängern, nicht gegeben ist, gelangt auf dem Darlehensmarkte ein Zinsfuß zur Geltung, welcher einer verlängerten Produktionsperiode entspricht; damit wird die Verlängerung der Produktionsperiode, obwohl volkswirtschaftlich unzulässig und undurchführbar, privatwirtschaftlich zunächst rentabel.« (*Theorie des Geldes und der Umlaufsmittel*, 1. Aufl., 1912, S. 430)

Die Absenkung der Zinssätze per Notenpresse führt somit letztlich zu einer außergewöhnlichen Verschwendung von Arbeit, Rohstoffen und Ersparnissen.[118] Es werden Produktionsanlagen aufgebaut, Menschen ausgebildet und Materialien verwendet, ohne dass dieser Aufwand den erwünschten Erfolg bringen könnte.

Doping für den Export

Rein technisch gesehen ist es einer heutigen Zentralbank jederzeit möglich, den Wechselkurs ihres Geldes zu drücken. Der Wechselkurs ist das Tauschverhältnis zweier Geldarten. Er ergibt sich also aus Angebot und Nachfrage der beiden Geldarten. Wenn die amerikanische Zentralbank die Dollarmenge, die zum Tausch gegen Euros angeboten wird, erhöht, so sinkt tendenziell der in Euros gemessene Preis des Dollars. Weniger Euros werden pro Dollar getauscht bzw. mehr Dollars werden pro Euro getauscht.

In der künstlichen Absenkung des Wechselkurses durch die Geldpolitik erblicken nicht wenige Leute einen leichten Weg zum Wohlstand. Sie überlegen wie folgt: Ein niedriger Wechselkurs macht die Produkte des betreffenden Währungsgebietes für die Einwohner der anderen Währungsgebiete kostengünstiger. Somit kommt es zu verstärkten Exporten, und die exportierenden Firmen verwandeln sich dadurch in einen Motor des Wirtschaftswachstums. Denn wenn ihre Umsätze steigen, können sie auch selber mehr Leute einstellen sowie mehr Rohstoffe, Werkzeuge und Zwischenprodukte kaufen. Somit setzt sich ein sich selbst verstärkender Wachstumsprozess in Gang. Statt durch lange Arbeitsstunden und Sparsamkeit den steinigen Weg zum Wohlstand zu erklimmen, erfolgt hier der Quantensprung per Notenpresse.

Der grundlegende Fehler dieser Argumentation ist seit fast vierhundert Jahren bekannt und wurde später von Adam Smith glänzend dargelegt. Er besteht in der unzulässigen Verallgemeinerung der Lage der Exportwirtschaft.[119] Eine

118 Diese Verschwendung ist *außergewöhnlich*, da sie über das übliche Maß der Verschwendung hinausgeht. In jeder Wirtschaft gibt es Fehlentscheidungen, aber durch die Politik des billigen Kredites kommt es zu gehäuften Fehlentscheidungen.

119 Das ist der *grundlegende* Fehler. Daneben gibt es noch eine Reihe zweitrangiger Fehler. Dazu zählt u. a. der irrige Glaube, man könne eine solche Politik einseitig betreiben, ohne dass von der

künstliche Absenkung des Wechselkurses per Notenpresse führt in der Tat zu tendenziell höheren Umsätzen und Gewinnen der exportierenden Firmen. Diese können dann tatsächlich ihre Aktivitäten erweitern, und das zieht auch steigende Umsätze bzw. Einkommen ihrer Lieferanten nach sich. Nur kann man diese besondere Lage nicht verallgemeinern. Denn die Exportwirtschaft wächst allein dadurch, dass sie infolge der Geldmengeninflation höhere Preise für Arbeit, Rohstoffe, Werkzeuge usw. bezahlen und somit ihre Wettbewerber überbieten kann. Aus dem gleichen Grunde, aus dem *ihre* Produktion wächst, schrumpft also die Produktion jener *anderen Firmen*, die nicht in der Lage sind, genauso hohe Löhne und Preise zu entrichten. Diese Firmen werden auch noch dadurch behindert, dass infolge des gefallenen Wechselkurses die Preise der ausländischen Lieferungen steigen. Die künstliche Verringerung des Wechselkurses bessert also keineswegs die *gesamtwirtschaftliche* Lage. Sie erzeugt lediglich eine *Umstrukturierung* zugunsten der Exportwirtschaft und zulasten anderer Wirtschaftszweige.

Hinzu kommt, dass die Vorteile der Exportwirtschaft in der Regel nur vorübergehender Natur sind. Sie bestehen nur so lange, wie die zusätzliche Geldmenge sich noch nicht in der ganzen Wirtschaft ausgebreitet hat.[120] Sobald dies nämlich geschieht, steigen auch die Einkommen jener anderen Firmen, die durch die Geldmengenausweitung zunächst benachteiligt wurden. Nun können diese Firmen auf den Faktormärkten wieder konkurrieren. Sie bieten ihrerseits höhere Löhne und Preise, und somit kommt es zur Abwanderung der Produktionsfaktoren aus der Exportwirtschaft.

Um die Vorteile der Exportwirtschaft zu verstetigen, ist es daher erforderlich, die Notenpresse immer wieder aufs Neue in Gang zu setzen, um den Wechselkurs der heimischen Währung ein ums andere Mal zu senken. Das bedeutet aber nichts anderes, als dass das Wohl und Wehe der Exportwirtschaft nun ganz wesentlich von Gunstbezeugungen der Politik abhängig wird. Die Exportwirtschaft muss versuchen, eine Lobby aufzubauen und zu unterhalten,

---

Gegenseite ähnliche Maßnahmen ergriffen würden.

120 Vgl. Mises, *Theorie des Geldes und der Umlaufsmittel* (2. Aufl., Leizpig: Duncker & Humblot, 1924), S. 151–153, 197–199, 233–235, 296–301; J. T. Salerno, *Money, Sound and Unsound* (Auburn, Ala.: Mises Institute, 2010), Kap. 5 und Kap. 2, S. 87–110; D. Howden, »Expansionist Monetary Policies and the Trade Balance« in Hülsmann (Hg.), *Theory of Money and Fiduciary Media* (Auburn, Ala.: Mises Institute, 2012), S. 177–191.

um die maßgeblichen politischen Stellen ständig bei der Stange zu halten. So kommt es zu Vetternwirtschaft und Korruption.[121]

Aber ganz abgesehen von diesen sehr nachteiligen politischen Begleiterscheinungen zieht ein ständig fallender Wechselkurs geradezu katastrophale gesamtwirtschaftliche Folgen nach sich. Denn für Sparer entstehen nun starke Anreize, jegliche Investitionen in der betreffenden Währungszone zu vermeiden und ihre Ersparnisse stattdessen in einer der Währungszonen mit steigendem Wechselkurs anzulegen. Das betrifft alle Spar- und Investitionsformen (Güterproduktion, Finanzprodukte, Immobilien und Bargeld), und es betrifft Inländer *und* Ausländer. Wenn beispielsweise der Wechselkurs des Euros im Vergleich zum Dollar ständig fiele, so hätten die Bewohner der Eurozone dringenden Anlass, ihre Ersparnisse möglichst in amerikanischen Aktien, Anleihen und Immobilien bzw. in Dollarnoten anzulegen.[122] Aber für Amerikaner gälte nichts anderes. Auch sie hätten dann guten Grund, Investitionen in der Eurozone zu vermeiden und möglichst alle Ersparnisse in der Dollarzone zu belassen.

Mit einem Wort führt der Versuch, die einzelwirtschaftlichen und vorübergehenden Vorteile der Exportwirtschaft zu verstetigen, auf direktem Wege zur Verarmung der Gesamtwirtschaft. Die geldpolitische Manipulierung des Wechselkurses verschafft keine *gesamtwirtschaftlichen* Vorteile. Sie bereichert einen Teil der heimischen Bevölkerung zulasten aller anderen Teile und zerrüttet dabei das Gefüge der internationalen Arbeitsteilung.

Das gilt übrigens auch, wenn eine solche Manipulierung als Vergeltung erfolgt. Würde die EZB auf eine eventuelle Abwertung des Dollars mit einer Abwertung des Euros antworten, so würde dadurch die EU-Wirtschaft weder gestärkt noch geschützt. Auch bei uns gäbe es dann lediglich ein paar politische Gewinner und noch mehr Leute, die sowohl unter der amerikanischen,

121 Sie kann auch zu einer Verkürzung der zeitlichen Investitionshorizonte führen, wenn es starke politische Widerstände gegen die Förderung der Exportwirtschaft gibt. Dann müssen sich die betreffenden Firmen darauf einrichten, dass ihnen die einmal gewährten Vorteile von heute auf morgen auch wieder entzogen werden, und somit können sie nur auf kurze und mittlere Sicht planen und investieren.

122 Wenn diese Kapitalflucht durch eine staatliche Devisenbewirtschaftung unterdrückt wird, so wird das Sparen überhaupt entmutigt.

als auch der europäischen Umverteilungspolitik litten. »Währungskriege« führen die Staaten nicht gegeneinander, sondern gegen ihre jeweilige Bevölkerung.

Geldpolitische Spinnereien

Die in den vorigen Abschnitten besprochenen Argumente sind zum Teil schon Hunderte Male widerlegt worden, und diese Übung wird auch in der Zukunft unentbehrlich sein. Die Wahrheit tritt eben am deutlichsten bei der Erörterung ihres Gegenteils hervor. Daher ist es auch ein guter Brauch der universitären Lehre, die einschlägigen Sophismen gerade in den ersten Studienjahren zu behandeln (was allerdings nur gelingen kann, wenn der Lehrende nicht selbst in diesen Sophismen befangen ist).

Anders steht es mit den etwas verrückteren Auswüchsen des Inflationismus vom Schlage der Freiwirtschaftslehre, des Sozialkredites u. Ä.[123] Darüber wird in den Universitäten gewöhnlich kein Wort verloren, was aus pädagogischen Gründen eigentlich bedauerlich ist, weil gerade in diesen Lehren die Irrtümer des Inflationismus besonders deutlich hervortreten. Man muss fast vermuten: *Gerade weil* die Grundsätze des Inflationismus in diesen Theorien auf die Spitze getrieben werden, werden sie von den Professoren, die selber diese Grundsätze bejahen, nur mit der Kneifzange angefasst. Ein schwarzes Schaf der Familie wird eben nur ungern zum sonntäglichen Mittagstisch gebeten.

Wir wollen jedenfalls über diese Spinnereien nicht ganz stillschweigend hinweggehen, zumal sie in den letzten Jahren auch von vermeintlich zurechnungsfähigen Gelehrten vertreten wurden. Ein gutes Beispiel bietet die Wiederbelebung der Schwundgeldidee durch Gregory Mankiw und Willem Buiter.[124] Diese beiden Herren zählen zu den einflussreichsten Ökonomen der Gegenwart. Mankiw ist Professor an der Harvard-Universität und Autor eines

123 Vgl. G. North, *Salvation through Inflation: The Economics of Social Credit* (Tyler, Texas: Institute for Christian Economics, 1993); L. Spadaro, *Salvation through Credit Reform: An Examination of the Doctrines of Proudhon, Solvay, and C.H. Douglas* (Diss. Columbia University, 1955).

124 Vgl. G. Mankiw, »It May Be Time for the Fed to Go Negative« *New York Times* (18. April 2009); W. Buiter, »Is this the Right Time for the Fed to Go Negative?« *Wall Street Journal* (10. September 2010).

weitverbreiteten makroökonomischen Lehrbuchs, Buiter ist Professor an der London School of Economics und schreibt eine Kolumne für den *Economist*. Beide sind – natürlich – vom allgemein vorherrschenden Keynesianismus geprägt und daher empfänglich für verrückte Ideen zur Belebung der Inflation.

Bereits Keynes hatte im 23. Kapitel seiner *Allgemeinen Theorie* eine Lanze für all jene geldpolitischen Spinner gebrochen, die durch das Aufkommen und die Vorherrschaft der klassischen Ökonomie in Vergessenheit geraten waren. Er pries sie als »unorthodoxe« Denker. Zu diesen zählte er auch Sylvio Gesell, einen deutsch-argentinischen Kaufmann und Schriftsteller des 19. Jahrhunderts, der der alten Idee des Schwundgeldes zu neuem Ruhm verhalf. Ausgangspunkt seiner Überlegungen ist – genau wie bei den Merkantilisten und wie später bei Keynes – die feste Überzeugung, dass das Wirtschaftswachstum durch verstärkte Geldausgaben begünstigt werden kann. Leider sitzen die Leute aber immer noch zu sehr auf ihren Talerchen. Wie kann man also Anreize zur Verausgabung dieser Geldhorte schaffen? Indem man den nominalen Wert des Geldes nach einem vorhersehbaren Kalender verringert. Zum Beispiel könnte man Banknoten datieren, sodass sie nach dem Verfallsdatum einen Teil ihres nominalen Wertes verlören. Oder man könnte die Teuerungsrate durch vermehrte Geldproduktion so sehr nach oben treiben, dass die Leute das Geld lieber jetzt ausgeben, als darauf zu warten, dass die Kaufkraft im Portemonnaie hinwegschmilzt.

Es bedarf keiner langen Ausführungen, dass Schwundgeld eine Rutschbahn zur Zerrüttung der Währung ist. Vielleicht wird es demnächst tatsächlich zur Umsetzung irgendwelcher Schwundgeldpläne kommen. Sicher ist, dass dadurch das Wirtschaftswachstum nicht belebt wird. Denn dazu bedarf es *realer* Mittel – Arbeit, Rohstoffe, Zwischenprodukte –, mit denen sparsam zu wirtschaften ist.

Noch ein Wort zur Rhetorik der keynesianischen Ökonomen. Die Wörter »orthodox« und »unorthodox« werden von ihnen in ganz besonderer Weise verstanden. Für Keynes war das Wort »orthodox« eine Kurzform für praktisch alles, was ihm als irgendwie schlecht galt – Alter, Dogmatismus, Religion, Mittelalter, Irrationalität, Naturrecht, Laissez-faire usw. Dagegen war ihm der Ausdruck »unorthodox« ein Banner, unter dem er erstrebenswerte Dinge wie Jugend, Pragmatismus, Moderne, Agnostizismus, Rationalismus, regulierte

Wirtschaft usw. zusammenfasste. Diesem Sprachgebrauch der 1920er-Jahre ist das verknöcherte Denken seiner Nachfolger im Großen und Ganzen treu geblieben. Wenn daher in unseren Tagen eine unorthodoxe Geldpolitik angekündigt wird, so ist dies nicht ohne Weiteres so zu verstehen, als würden hier völlig neue Wege des Denkens und Handelns ausgelotet. Vielmehr ist in der Regel ein »weiter so, nur noch viel mehr« gemeint.

Die orthodoxe Geldpolitik bildete sich im Gefolge des *Peel's Act* aus dem Jahre 1844 heraus. Sie stand ursprünglich ganz unter dem Einfluss der klassischen Ökonomie mit ihren großen Stärken und ihren Schwächen. Vor allem David Ricardo und John Wheatley hatten mit großem Nachdruck unterstrichen, dass Veränderungen der Geldmenge keine gesamtwirtschaftlichen Vor- oder Nachteile bieten. Sie beeinflussen lediglich die *Verteilung der Einkommen und Vermögen.* Ein immaterielles Zwangsgeld bietet die Möglichkeit zur unbegrenzten Erhöhung der Geldmenge, aber daraus entstehen keine irgendwie gearteten gesamtwirtschaftlichen Vorteile. Es besteht lediglich die Gefahr, dass auf diese Weise ein Teil der Bevölkerung zugunsten eines anderen Teiles ausgeraubt wird. Insbesondere besteht die Gefahr, dass immaterielles Zwangsgeld zur schrankenlosen Staatsfinanzierung missbraucht und der Staat auf diese Weise tyrannisch wird. Daher traten Ricardo und seine geistigen Erben für eine Warenwährung – den Goldstandard – ein, und sie taten alles, um die Produktion immateriellen Geldes so weit wie möglich zu begrenzen. *Peel's Act* verlieh der Bank von England ein Notenmonopol, um auf diese Weise die Notenausgabe aller anderen Banken zu unterbinden. Gleichzeitig wurde die ungedeckte Notenemission der Bank von England auf einem niedrigen Niveau eingefroren.

In den Folgejahren, als der Einfluss des ricardianischen Denkens zurückwich, blieb der Grundgedanke der Beschränkung der Zentralbankaktivität aus allgemeinen politischen Erwägungen erhalten. Selbst nach dem Zweiten Weltkrieg, als der Keynesianismus seinen Siegeszug antrat, änderte sich daran nichts. Auch in unseren Tagen finden wir noch zahlreiche Beschränkungen dieser Art. Sie betreffen insbesondere die Art, Güte und Laufzeit der Wertpapiere, die Zentralbanken erwerben dürfen; die Art, Güte und Laufzeit der Wertpapiere, die sie als Pfand annehmen dürfen; die Art und Anzahl der Marktteilnehmer, mit denen sie Geschäftsbeziehungen aufnehmen dürfen (z. B. kein direkter Ankauf von Staatspapieren); die Zielsetzung ihrer Tätigkeit (im Eurosystem:

Preisniveaustabilität); sowie die Verpflichtung auf eine bankmäßige (ertragsorientierte bzw. kostenpflichtige) Kreditvergabe.

Diese Beschränkungen waren natürlich viel zu vage, um eine expansive Geldpolitik à la Keynes zu unterbinden. Aber sie waren stark genug, um einen totalitären Durchmarsch der Zentralbanken zu verhindern. Das könnte sich in unseren Tagen im Zeichen der »unorthodoxen« Geldpolitik ändern. Ein Anfang wurde gemacht durch die Nullzinspolitik und den direkten Ankauf von Staatspapieren; es folgten die fiktive Bewertung von zum Pfand akzeptierten Staatsanleihen (und die Billigung der gleichen Praxis der Geschäftsbanken). Am Ende dieses Weges steht die völlige Aufgabe des Prinzips der bankmäßigen Geldproduktion. Die Zentralbanken geben dann jeden neuen Euro oder Dollar direkt und kostenlos an die betreffenden Finanzministerien weiter. Zur Staatsverschuldung besteht dann kein Anlass mehr; wenn überhaupt, wird es sie nur noch in sehr begrenztem Umfang zur Bereicherung einer Gruppe ausgewählter »Gläubiger« geben. Ohne Zweifel wäre dies ein unorthodoxer Weg – zur Tyrannei. Eine Lösung gesamtwirtschaftlicher Probleme wäre es wie gesagt nicht.

Geldwertstabilisierung

Im Vergleich zu den keynesianischen Lehren – und insbesondere zu ihren Auswüchsen – erscheint der Monetarismus geradezu als der Inbegriff der Mäßigung und des gesunden Menschenverstands. Das ist ein ganz wesentlicher Grund für seine weite Verbreitung. Wenn man heute einen durchschnittlichen Ökonomen fragt, was denn das Ziel einer guten Geldpolitik sein sollte, so wird man in der Regel zu hören bekommen, dass es gelte, das Preisniveau zu stabilisieren. Anders gesagt: Gute Geldpolitik bedeute eine Politik der Stabilisierung der Kaufkraft des Geldes. Eine Hauptaufgabe der Zentralbanken bestünde daher darin, »Inflation« (dauerhafte Erhöhung des Preisniveaus) und vor allem »Deflation« (dauerhafte Senkung des Preisniveaus) zu verhindern.[125]

125 Es überrascht nicht, dass diese »Feld,Wald und Wiesen«Theorie auch durch die Zentralbanken nach Kräften verbreitet wird. Die EZB bietet auf ihrem Internetplatz Videos für den Schul- und Hochschulunterricht an, in denen sie ihre Interventionen als einen heroischen Kampf gegen zwei hässliche Vettern – das »Inflations-Ungeheuer« und das »Deflations-Ungeheuer« – darstellt.

Der Monetarismus geht auf den amerikanischen Ökonomen Irving Fisher (1867–1947) zurück und wurde später von Milton Friedman, Karl Brunner, Allen Meltzer, David Laidler und anderen fortentwickelt. Bis zum heutigen Tage präsentieren sich die Monetaristen selber gern als wirtschaftspolitische Antipoden der Keynesianer. Während die Keynesianer dem Markt misstrauen und stattdessen auf staatliches Handeln setzen, sehen sich die Monetaristen als Verfechter der Marktwirtschaft. Doch gerade im Bereich der Währungspolitik trifft dies nicht zu. Hier vertreten die Monetaristen – um einen passenden Ausdruck des kürzlich verschiedenen Roland Baader zu verwenden – einen ausgesprochenen »Geldsozialismus«, wenn auch mit anderen Argumenten als die Keynesianer.

Nach ihrem Dafürhalten hat das ideale Geld eine stabile Kaufkraft. Damit die Kaufkraft stabil bleibt, muss allerdings die Geldmenge immer in genau dem Maße wachsen, in dem auch die Geldnachfrage wächst, und Letztere steigt insbesondere bei wachsender Realwirtschaft. Daher die Faustformel, dass das Wachstum der Geldmenge dem erwarteten Wachstum der Realwirtschaft – bzw. dem sogenannten Produktivitätsfortschritt – entsprechen sollte.

Nun sind natürliche Geldarten wie Silber und Gold ganz offensichtlich weit von diesem Ideal entfernt, denn ihre Produktion hängt nur sehr lose mit dem Wirtschaftswachstum zusammen. Es ist möglich, dass auch in Zeiten schrumpfender Wirtschaft die Goldproduktion fortgesetzt wird, und es ist keinesfalls wahrscheinlich, dass die Goldproduktion immer dem Produktivitätsfortschritt entspricht. Vielmehr besteht in einer wachsenden Wirtschaft mit Goldwährung eine ständige Tendenz zum Sinken der Güterpreise. Die wachsende Gütermenge wird im Tausch gegen eine Geldmenge umgesetzt, die nicht bzw. nicht im gleichen Maße wächst. Das ist nur möglich bei ständig sinkenden Geldpreisen pro Gütereinheit.

Die Goldwährung fällt also durch den monetaristischen Test. Dagegen lässt sich das Ziel des stabilen Preisniveaus mit einer immateriellen Währung verwirklichen, insbesondere wenn diese Währung nicht einfach verschenkt oder verkauft, sondern wenn sie durch Zentralbanken *verliehen* wird. Dann ist es nämlich möglich, durch Erleichterung der Kreditbedingungen die Geldmenge zu erhöhen, wenn die Wirtschaft wächst; und bei sinkender Geldnachfrage kann die Geldmenge prinzipiell ebenso leicht wieder verringert werden, um ein Steigen der Güterpreise zu verhindern.

Bevor wir uns daran machen, die Zweckmäßigkeit der Geldwertstabilisierung zu erörtern, wollen wir zunächst einmal betonen, dass der Monetarismus immer graue Theorie geblieben ist. In der Praxis haben die Zentralbanken keineswegs ein Geld stabiler Kaufkraft geschaffen, sondern ein Geld, das ständig an Kaufkraft verliert. Das gilt insbesondere auch für die sogenannten Hartwährungsländer. Ein Geld, dessen Kaufkraft jahraus, jahrein auch nur um zwei Prozent nachlässt, hat nach zwanzig Jahren die Hälfte seiner Kaufkraft eingebüßt. Entsprechend stärker ist die kumulierte Wirkung in den Weichwährungsländern.[126]

Hat aber der Monetarismus trotz dieser praktischen Erfahrungen nicht wenigstens eine gewisse *theoretische* Berechtigung? Die drei klassischen Argumente für die Preisniveaustabilisierung sind (1) der Kampf gegen die Deflation, (2) die Verteilungsgerechtigkeit zwischen Schuldnern und Gläubigern und (3) die sich aus der Preisniveaustabilisierung ergebende Stabilisierung der Wirtschaft insgesamt. Das Argument der Deflationsbekämpfung wurde bereits erörtert, also wenden wir uns nachfolgend zunächst den beiden anderen Argumenten zu.

Irving Fisher hob seinerzeit immer wieder hervor, dass Änderungen des Preisniveaus zu einer unberechtigten Bereicherung führten. Ein steigendes Preisniveau bereichere die Schuldner auf Kosten der Gläubiger, ein fallendes Preisniveau die Gläubiger zulasten der Schuldner. Ludwig von Mises hat diese Argumentation bereits in den 1920er-Jahren gründlich widerlegt. Er wies

126 Die amerikanischen Ökonomen Lawrence White, William Lastrapes und George Selgin haben vor Kurzem eine Bestandsaufnahme der US-amerikanischen Währungspolitik vorgenommen. Sie kamen zu folgenden Ergebnissen: »(1) Die Gesamtgeschichte der Fed (1914 bis heute) weist eher mehr als weniger Symptome monetärer und makroökonomischer Instabilität auf als die Jahrzehnte vor der Errichtung der Fed. (2) Obwohl die Fed seit dem Zweiten Weltkrieg ohne Zweifel erfolgreicher agierte als zuvor, waren auch diese Ergebnisse nicht besser als die Ergebnisse des National Banking System, ihrer fehlerhaften Vorgängerinstitution vor dem Ersten Weltkrieg. (3) Alternative Geldordnungen könnten durchaus bessere Ergebnisse erzielen als die Fed in ihrer augenblicklichen Verfassung. Wir schließen daraus, dass die systematische Erforschung von alternativen Geldordnungen heute weiterhin genauso dringend notwendig ist wie bereits vor hundert Jahren.« L. White, W. Lastrapes und G. Selgin, »Has the Fed Been a Failure?« (*Cato Institute Working Paper No. 2*, 9. Nov. 2010).

darauf hin, dass die Bereicherung der einen oder anderen Partei keinesfalls eine *notwendige* Folge eines fallenden bzw. steigenden Preisniveaus ist. Solche Veränderungen können nämlich durchaus antizipiert und vertraglich entsprechend berücksichtigt werden. Außerdem unterstrich Mises, *dass die Stabilisierungspolitik selber eine Verteilungswirkung nach sich zieht.* Jede Ausweitung der Geldmenge begünstigt frühe Verwender des neuen Geldes zulasten der späteren Verwender. Mit anderen Worten führt die Betätigung der Notenpresse zur Bekämpfung der (durchaus vermeidbaren) Umverteilung zwischen Gläubigern und Schuldnern *zwangsläufig* zu einer ungerechtfertigten Bereicherung der frühen Verwender zulasten der späteren Verwender des neuen Geldes. Selbst wenn nämlich diese Wirkung der Notenpresse antizipiert wird, können sich die Spätverwender des neuen Geldes davor nicht durch irgendwelche vertraglichen Vereinbarungen schützen.

Zentralbanken operieren nicht verteilungsneutral. Selbst bei stabilem Preisniveau wird durch die Notenpresse eine massive Umverteilung hervorgerufen. Diese Tatsache ist heute offensichtlich und hat in der Bevölkerung bereits zu breiter Entrüstung über die Politik der Zentralbanken geführt. Daher kann es nicht wundern, dass die Monetaristen die Verteilungsproblematik nicht allzu sehr in den Vordergrund stellen. Sie konzentrieren sich auf die anderen Argumente für die Preisniveaustabilisierung.

Dem dritten klassischen Argument zufolge begünstigt die Preisniveaustabilisierung eine Stabilisierung der Wirtschaft insgesamt. Dieses Argument spielte gegen Ende des 19. Jahrhunderts und bis in die Zeit nach dem Zweiten Weltkrieg eine wichtige Rolle. Von Anfang an waren es nicht so sehr theoretische Erwägungen, die ihm seinen Platz verschafften, sondern die Beobachtung, dass das Wechselspiel von Hausse und Baisse mit entsprechenden Änderungen des Preisniveaus einherging.[127] Aus genau dem gleichen Grund ist dieses Argument im Verlauf des 20. Jahrhunderts immer mehr in den Hintergrund gerückt. Man kam nämlich nicht an der Tatsache vorbei, dass einige der fie-

127 Sehr einflussreich waren seinerzeit die wirtschaftsstatistischen Arbeiten von Juglar und Fisher. Vgl. I. Fisher, *The Purchasing Power of Money: Its Determination and Relation to Credit, Interest, and Crises* (New York: Augustus M. Kelley, 1963 [1911]); C. Juglar, *Des crises commerciales et de leur retour périodique en France, en Angleterre et aux Etats-Unis* (Paris: Guillaumin, 1862). In theoretischer Hinsicht stand für Juglar fest, dass der Konjunkturwechsel durch den elastischen Bankkredit verursacht werde.

berhaftesten Haussen sich in Zeiten relativer Preisstabilität abspielten, zumindest was die Verbraucherpreise anbelangt. Das betraf insbesondere die Hausse der 1920er-Jahre, und es betraf auch die großen Haussen der letzten zwanzig Jahre, zunächst auf den Aktienmärkten (zweite Hälfte der 1990er-Jahre) und dann auf den Immobilienmärkten der angelsächsischen Länder (bis 2007).[128]

In der heutigen Praxis der Zentralbanken stehen daher andere Erwägungen im Vordergrund. Professor Mishkin, ein Vorstandsmitglied der amerikanischen Zentralbank, führt insbesondere die fünf folgenden Argumente ins Feld, um eine niedrige (aber positive) Preisinflationsrate zu rechtfertigen.[129] Erstens erzeuge eine veränderliche Preisinflationsrate Unsicherheit, da die in Preisen enthaltene Information schwerer zu interpretieren sei. Zweitens gehen hohe Inflationsraten empirisch gesehen mit niedrigem Wirtschaftswachstum einher. Besonders klar sei das im Fall von Hyperinflationen. Drittens führten starke Preisinflationen zu Verteilungskonflikten. Viertens sei die Festlegung auf ein Preisinflationsziel für ein größeres Publikum leicht zu verstehen, und der Erfolg dieser Politik sei auch leicht nachzuvollziehen. Fünftens schließlich erleichtere die Festlegung auf ein Preisinflationsziel es der Zentralbank, politische Begehrlichkeiten abzuwehren, da sie darauf hinweisen könne, dass ein kurzfristiges Abweichen von der Stabilitätspolitik zu langfristigen Wachstumseinbußen führt (*time-inconsistency problem*).

Von Seiten der Europäischen Zentralbank werden noch vier andere Argumente hinzugefügt.[130] Erstens würde sich eine niedrige Preisinflationsrate in

---

128 Daher gab es schon seit den 1930er-Jahren immer wieder Vorschläge, die relevante Preisniveaustabilität nicht verengt als Stabilität der *Verbraucherpreise* zu interpretieren, sondern im Sinne einer weiteren Definition, die auch die Preise der Vermögensgüter (Immobilien und Wertpapiere) einschließt. Vgl. aus neuerer Zeit den Aufsatz von A. A. Alchian und B. Klein, »On a Correct Measure of Inflation« *Journal of Money, Credit and Banking*, Bd. 5, Nr. 1, Teil 1 (1973). Es ist allerdings sehr schwierig, übermäßige Steigerungen der Preise von Vermögensgütern von normalen Steigerungen zu unterscheiden. Daher verfolgen die Zentralbanken weiterhin das Ziel der Verbraucherpreisstabilisierung, auch wenn die Preise der Vermögensgüter »beobachtet« werden. Vgl. Europäische Zentralbank, »Asset Price Bubbles and Monetary Policy« *ECB Monthly Bulletin* (April 2005), S. 47–60; O. Issing, »Asset Prices and Monetary Policy« *Cato Journal*, Bd. 29, Nr. 1 (Winter 2009); D. L. Kohn, »Monetary Policy and Asset Prices Revisited« *Cato Journal*, Bd. 29, Nr. 1 (Winter 2009). Zum gesamten Themenkreis siehe auch W. R. White, *Is Price Stability Enough?* (Basel: BIS Working Paper Nr. 205, 2006).

129 Vgl. F. S. Mishkin, *The Economics of Money, Banking, and Financial Markets* (10. Aufl., New York: Pearson, 2013), S. 434f.

130 Vgl. http://www.ecb.europa.eu/mopo/intro/benefits/html/index.en.html.

niedrigen Zinsen niederschlagen, da die sogenannte Inflationsprämie (die Entschädigung, die die Gläubiger für den Kaufkraftverlust des Geldes verlangen) dann entsprechend gering sei. Zweitens müssten die Investoren nicht so viele knappe Ressourcen darauf verwenden, um sich durch Sicherungsgeschäfte (*hedging*) gegen Inflation oder Deflation zu schützen. Drittens würden inflationäre und deflationäre Marktverzerrungen eingegrenzt, und viertens würden stabile Verbraucherpreise auch die Stabilität der Finanzmärkte begünstigen.

Wir können es uns sparen, die Berechtigung dieser Erwägungen im Einzelnen zu prüfen. Denn uns interessiert nur eine einzige Frage: Welche Vorteile bietet der staatliche Interventionismus gegenüber dem freien Markt? Welche Vorteile ergeben sich aus den währungspolitischen Eingriffen einer modernen Zentralbank gegenüber der spontanen Funktionsweise einer natürlichen Geldordnung? Auf diese Frage geben die soeben vorgestellten Argumente keine Antwort. Keine einzige der Erwägungen, die scheinbar die Politik der großen Zentralbanken leiten, könnte als Grund angeführt werden, um den freien Währungsmarkt zu unterdrücken.

Wir wollen zunächst hervorheben, dass die meisten der genannten Erwägungen überhaupt keine Argumente für eine *stabile* Preisinflationsrate und auch keine Argumente für eine niedrige (aber positive) Preisinflationsrate sind. Sie laufen vielmehr darauf hinaus, eine *vorhersehbare* Preisinflationsrate zu empfehlen.[131] Nun liegt aber auf der Hand, dass die natürlichen Geldarten Silber und Gold in dieser Hinsicht unerreichbare Vorteile gegenüber den heutigen Währungen genießen. Die Ausbringungsmenge einer Silber- oder Goldmine kann auf einige Jahre im Voraus recht zutreffend geschätzt werden. Dagegen ist die Menge des immateriellen Zentralbankgeldes grundsätzlich unvorhersehbar.

Aber auch an den anderen Kriterien gemessen stehen die natürlichen Geldarten besser da als ihre modernen Nachfolger. Bei Letzteren besteht grundsätzlich immer das Risiko einer Hyperinflation, während diese Gefahr im Fall

131 Dieses Kriterium wurde übrigens vor etwa fünfzig Jahren von James Buchanan als das entscheidende Kriterium einer guten Geldverfassung hervorgehoben. Vgl. J. M. Buchanan, »Predictability: the Criterion of Monetary Constitutions« in L. B. Yeager (Hg.), *In Search of A Monetary Constitution* (Cambridge, Mass.: Harvard University Press, 1962), S. 182–218.

der natürlichen Geldarten praktisch gleich null ist. Die Umverteilung ist bei diesen ebenfalls schwächer als bei jenen. Die Funktionsweise einer natürlichen Währungsordnung ist sehr viel leichter zu verstehen als die der heutigen Zentralbanken. Politische Begehrlichkeiten und Marktverzerrungen gibt es hier von vornherein nicht, da niemand die Möglichkeit hat, die Geldmenge nach Belieben zu erweitern. Die Inflationsprämie ist in natürlichen Geldordnungen gleich null bzw. sogar negativ, da hier preisdeflationäre Tendenzen vorherrschen. Schließlich und endlich wären auch die Finanzmärkte in einer natürlichen Geldordnung um einiges kleiner und sehr viel stabiler als sie es heute sind.

Man kann es daher drehen und wenden, wie man will, aber die künstliche Stabilisierung der Güterpreise per Notenpresse bietet keine erkennbaren Vorteile gegenüber einer natürlichen Geldordnung. Wohlgemerkt bietet sie *einzelwirtschaftliche* Vorteile. Zu den Nutznießern der staatlichen Stabilisierungspolitik gehören vor allem die Finanzwirtschaft und der Staat. Wie wir noch im Einzelnen sehen werden, wird *ihre* Finanzierung erleichtert – im Falle des Staates insbesondere auch dann, wenn seine umfangreichen Tätigkeiten keine demokratische Unterstützung finden. Aber diese einzelwirtschaftlichen Vorteile sind nicht repräsentativ für die Gesamtwirtschaft. Die vermehrten *realen* Ressourcen, die etwa der Staat aufgrund der erleichterten Refinanzierung beanspruchen kann – die Leute, die er als Beamte und öffentliche Angestellte beschäftigen kann, die Gebäude, die er mietet oder bauen lässt, die Rohstoffe, Zwischenprodukte und Anlagen, die er verwendet –, all dies bleibt der übrigen Wirtschaft nun vorenthalten.

Es handelt sich daher *bestenfalls* um ein Nullsummenspiel. Realistisch gesehen müssen wir eher annehmen, dass die Gesamtsumme negativ ist. Das liegt zum einen daran, dass staatliche Ausgaben ihrem ganzen Wesen nach konsumtiv sind. Zum anderen liegt es daran, dass sich aus der Verstaatlichung der Geldordnung verschiedene äußerst schädliche Nebenwirkungen ergeben, wie wir im zweiten Teil dieses Buches noch sehen werden.

Die vorstehenden Erwägungen haben deutlich gemacht, warum kein Anlass zu der Vermutung besteht, dass das Wirtschaftswachstum durch staatliche Geldpolitik gefördert werden könnte. Insbesondere haben wir gesehen, dass die Notenpresse kein billiger Ersatz für Sparen ist. Sie kann wohl einzelwirtschaftliche Vorteile gewähren, aber aus gesamtwirtschaftlicher Sicht leistet sie nichts, zumindest nichts Positives.

Kapitel V
Vom rechten Gebrauch der Statistik

Wir haben gesehen, dass es keinen billigen Ersatz für echtes Sparen gibt. Insbesondere ist es nicht möglich, die gleiche Wirkung einfach dadurch zu erzielen, dass man die Geldmenge aufbläht. Längere »Wertschöpfungsketten« und größere Arbeitsteilung sind nur durch zeitweiligen Konsumverzicht möglich. Diese Gedanken sind für die meisten Menschen einleuchtend, und einige werden sie sogar für recht banal halten – diese Letzteren sind zu klassischen Ökonomen geboren!

Abschließend wollen wir auf einige Fragen eingehen, die wahrscheinlich jenen in den Sinn kommen, die bereits eine ökonomische Ausbildung haben oder die zumindest regelmäßig die Wirtschafts- und Finanzpresse verfolgen. Diese Leute werden darauf hinweisen, dass eine nach klassischen Begriffen »künstliche« Ausweitung der Geldmenge in der Praxis sehr häufig höhere Wachstumsraten nach sich gezogen hat, und zwar gemessen am Bruttoinlandsprodukt (BIP), der üblichen Messlatte für das Wirtschaftswachstum. Ist dies nicht ein schlagender Beweis gegen die ausschließliche Gültigkeit der klassischen Ökonomie? Muss den keynesianischen und monetaristischen Lehren nicht zumindest ein Teil der Wahrheit zugestanden werden, vielleicht auch der größte Teil?

Wir wollen nun in der Tat nicht behaupten, dass an der zweihundert Jahre alten klassischen Ökonomie nichts zu bemängeln sei. Aber mit ihrer Erklärung der Ursachen des gesamtwirtschaftlichen Wohlstands hat sie genau ins Schwarze getroffen. Auch das vorhandene Zahlenmaterial – einschließlich des BIP und anderer Elemente der volkswirtschaftlichen Gesamtrechnung – bestätigt die klassische Lehre voll und ganz.

Im Folgenden soll dies ein wenig näher ausgeführt werden. Wir beginnen mit drei kurzen Bemerkungen zur empirischen Beweisführung in der Ökonomie.

Tatsachenbeobachtung und Erkenntnis von Ursachen

Erstens ist die bloße Aufeinanderfolge zweier Tatsachen (z. B. erst Geldmengenerhöhung und dann Wirtschaftswachstum) keineswegs bereits ein Beweis für einen *ursächlichen* Zusammenhang. Ein klassischer Ökonom würde in dem oben unterstellten Fall argumentieren, dass das Wachstum geringer ausgefallen ist, als es ausgefallen wäre, wenn es keine künstliche Geldmengenerhöhung gegeben hätte. Die beobachtete Tatsache befindet sich somit in keinem Widerspruch zu dem von ihm behaupteten Kausalzusammenhang.[132]

Zweitens ist die Qualität wirtschaftlicher Daten keineswegs vergleichbar mit der Qualität von Daten, die in Laborexperimenten erzeugt werden. Um hier nur ein Beispiel unter vielen zu nennen, wird der Geldwert staatlicher Leistungen nach ihren Produktionskosten geschätzt.[133] Wenn also der Staat etwa zur Landesverteidigung 50 Mrd. Euro ausgibt – für Sold, Kriegsmaterial usw. –, schlägt sich das im BIP in gleicher Höhe nieder. Das ist natürlich eine Annahme, die mit an Sicherheit grenzender Wahrscheinlichkeit falsch ist. Der Geldwert staatlicher Leistungen liegt in der Regel weit *unter* ihren Produktionskosten, denn staatliche Produktionsvorgänge sind in der Regel unrentabel. (Wenn solche Leistungen auch rentabel produziert werden könnten, bestünde im Großen und Ganzen kein Anlass, den Staat damit zu betrauen.)

Noch schwerer wiegt drittens, dass wir Ökonomen noch nicht einmal über verlässliche Schätzungen zur Datenqualität verfügen. Während ein Physiker

132 Die von Ludwig von Mises inspirierten Ökonomen gehen sogar noch einen Schritt weiter und behaupten, dass sozialwissenschaftliche Kausalzusammenhänge überhaupt nicht aus der Beobachtung von irgendwelchen den menschlichen Sinnen zugänglichen Daten entnommen werden können. Vielmehr entstammen unsere Kenntnisse über Ursache und Wirkung im menschlichen Handeln einzig und allein einer (handlungs)logischen Analyse. Vgl. Mises, *Nationalökonomie*, Kap. 2; ders., *Human Action*, Kap. 2; ders., *Theory and History* (New Haven: Yale University Press, 1957); ders., *The Ultimate Foundation of Economic Science* (Princeton: Van Nostrand, 1962); H.-H. Hoppe, *Kritik der kausalwissenschaftlichen Sozialforschung* (Opladen: Westdeutscher Verlag, 1983); ders., *Economic Science and the Austrian Method* (Auburn, Ala./ Mises Institute, 1995); J. G. Hülsmann, »Fact and Counterfactuals in Economic Law« *Journal of Libertarian Studies*, Bd. 17, Nr. 1 (2003), S. 57–102.

133 Weiter unten werden wir noch auf den weitaus problematischsten Fall zu sprechen kommen: die Berechnung der Preisinflationsrate.

die Genauigkeit seiner Messung innerhalb bestimmter Fehlergrenzen angeben kann, fehlt dem Ökonomen jegliche *wissenschaftliche Kenntnis von den Fehlergrenzen* volkswirtschaftlicher Daten. Das betrifft nicht zuletzt auch die Messung des BIP und des daraus errechneten Wirtschaftswachstums. Oskar Morgenstern – ein Wegbereiter der empirischen Wirtschaftsforschung – vermutete in den 1950er-Jahren, dass die Fehlergröße hier im Bereich von zehn Prozent liegen könnte. Andere und womöglich bessere Schätzungen gibt es nicht.

Wissenschaftlich geschulte Leser werden daraus den richtigen Schluss ziehen, dass die gängige Praxis, die Wachstumsrate mit einer Nachkommastelle anzugeben, geradezu absurd ist. Unsere Statistiker rechtfertigen diese Praxis mit der Annahme, dass sich die Fehlerarten und die Fehlergewichtung bei der statistischen Erhebung von einer Periode zur nächsten nicht ändern. Dann wäre zwar das errechnete Preisniveau in jedem Jahr fehlerhaft, aber die jeweilige Abweichung vom tatsächlichen Wert würde stets gleich bleiben. Die *Rate der Veränderung* des Preisniveaus (und somit des realen Wachstums) könnte dann mit sehr viel größerer Genauigkeit angegeben werden als das Preisniveau selbst.

Diese Argumentation wäre berechtigt, wenn ihre Voraussetzung zutreffen würde. Aber niemand weiß, ob es stimmt, dass sich die Fehlerarten und die Fehlergewichtung bei der statistischen Erhebung von einer Periode zur nächsten nicht ändern. Das ist letztlich ein Glaubenssatz, und an diesem dünnen Faden hängt somit die scheinbare Präzision der errechneten Preisinflationsraten und Wachstumsraten.[134]

Wir wollen diese Erwägungen nun aber vernachlässigen und uns auf die Hauptsache konzentrieren. Was genau sagt das BIP eigentlich aus? Welche Umstände führen zu einer Erhöhung des BIP? Liegt darin eine Bestätigung der keynesianischen Lehre?

---

134 Zu dem gesamten Themenkreis siehe nach wie vor Oskar Morgenstern, *Über die Genauigkeit wirtschaftlicher Beobachtungen* (2. Aufl., Wien: Physica, 1965). Der Autor weist auch darauf hin, dass absichtliche Falschangaben (Lügen) im Bereich der Wirtschaftsstatistik weit verbreitet und häufig auch politisch motiviert sind.

Nominale und reale Messlatten

Das BIP misst den gesamten Geldwert aller Güter, die von den Bewohnern eines Landes innerhalb eines Kalenderjahres erzeugt wurden. Bei dieser Berechnung werden allerdings nur sogenannte *Endprodukte* berücksichtigt, also solche, die von den Bewohnern nicht mehr weiterverarbeitet werden. Dies betrifft vor allem Konsumgüter, Maschinen und Anlagen, sowie Exporte, und es betrifft auch alle staatlichen Leistungen an die Bürger.

Die Geldwerte der Endprodukte werden insbesondere aus den Geldausgaben der Käufer abgelesen. Wo dies nicht möglich ist, werden sie geschätzt, wie etwa im oben genannten Fall staatlicher Leistungen nach den Produktionskosten. Wenn daher (wie in Deutschland im Jahr 2010) der gesamte Geldwert der erzeugten Endprodukte um 3,6 Prozent zunimmt, dann bedeutet das eine 3,6-prozentige Steigerung des BIP.

Es ist nun ohne Weiteres ersichtlich, dass die BIP-Ziffer an und für sich völlig irrelevant ist. Nichts ist leichter, als das BIP zu steigern: Man muss einfach nur die Geldmenge genügend erhöhen, dann wird auch mehr Geld für Endprodukte ausgegeben, und das BIP steigt. In Simbabwe ist das BIP vor einigen Jahren geradezu explosionsartig gestiegen, denn das Land litt unter einer Hyperinflation.

Ökonomen unterschieden daher sehr streng zwischen dem *nominalen* Wirtschaftswachstum (errechnet als jährliche Veränderungsrate des BIP) und dem *realen* Wachstum, welches sich aus der Differenz zwischen dem nominalen Wachstum und der Preissteigerungsrate errechnet. Wenn die Verbraucherpreise beispielsweise (wie in Deutschland im Jahr 2010) um 1,1 Prozent steigen, so bedeutet eine 3,6-prozentige Vermehrung der Geldausgaben für Endprodukte ein reales Wachstum der Menge an verkauften Endprodukten von 2,5 Prozent. Das reale Wachstum der deutschen Wirtschaft im Jahr 2010 kann daher mit 2,5 Prozent beziffert werden.[135]

135 In der Regel wird das nominale BIP nicht anhand der Teuerungsrate der bloßen *Verbraucher*preise korrigiert, sondern mit einer weiter gefassten Teuerungsrate, dem sogenannten »Deflator«. Wir können diesen Unterschied hier vernachlässigen.

Aber selbst aus dieser Zahl lässt sich nicht ohne Weiteres eine Verbesserung der Gesamtlage ablesen. Das Wachstum der Messgröße kann auch lediglich ein kurzfristiges Strohfeuer widerspiegeln.

Strohfeuer statt Wachstum

Das liegt daran, dass bei der Berechnung der Veränderungen des realen BIP eben nur die Produktion von *Endprodukten* zugrunde gelegt wird, während man die Produktion von halbfertigen »Zwischengütern« bzw. »Vorleistungen« ganz bewusst ausklammert. *Auf lange Sicht* ist das unproblematisch, denn die beiden Bereiche entwickeln sich gewöhnlich Hand in Hand. Je mehr Rohstoffe verwendet, je mehr halbfertige Güter hergestellt werden, desto mehr Endprodukte können schließlich mit Hilfe dieser Vorleistungen produziert werden. Umgekehrt führt eine verminderte Gewinnung von Rohstoffen und die Erzeugung von Zwischenprodukten dazu, dass weniger Güter für den Endverbrauch auf den Markt kommen. Die Veränderungen des realen BIP sind somit auf lange Sicht ein mehr oder weniger gutes Abbild des Wirtschaftswachstums.[136]

Aber kurz- und mittelfristig gilt das nicht unbedingt. Auf kurze Sicht können die errechneten Veränderungen des realen BIP die tatsächlichen Verhältnisse geradezu auf den Kopf stellen. Das gilt insbesondere für den Fall des Kapitalkonsums. Wenn nicht genügend Ressourcen – also insbesondere Arbeit, Rohstoffe und Kapitalgüter – für die Kapitalbildung verwendet werden, dann wird die Anzahl bzw. Qualität der Kapitalgüter früher oder später sinken, und somit schrumpft auch die Produktion der Konsumgüter. Aber kurz- und mittelfristig kann die Konsumgüterproduktion auch erst einmal steigen, und zwar gerade weil die Kapitaldecke schrumpft. Denn jene Ressourcen, die nicht mehr bei der Kapitalbildung eingesetzt werden, stehen nunmehr für eine vermehrte Konsumgüterproduktion zur Verfügung. Es kommt dann zu einem Strohfeuer, das sich in einem kurzfristigen Wachstum des nominalen BIP niederschlägt, ohne dass die Preise im gleichen Maße steigen. Mehr Arbeit, Rohstoffe und Kapitalgüter werden zur Herstellung von Nahrung, Wohnhäusern, Kleidung, Ferienreisen usw. verwendet, und daher steigt das reale BIP.

136 Das gilt allerdings nur unter der Voraussetzung, dass man über verlässliches Zahlenmaterial verfügt. In der Praxis ist dies wie bereits gesagt nur bedingt der Fall.

Andererseits wird die Erhaltung bzw. Erneuerung der Kapitalgüter vernachlässigt, aber zunächst einmal lässt sich ja auch noch eine Weile mit den alten Anlagen und Werkzeugen arbeiten. Erst in dem Maße, in dem das alte Kapital verschleißt, sinkt auch das reale BIP.

Soll man das kurzfristige Strohfeuer, das durch den Kapitalkonsum möglich wird, »Wachstum« nennen? Das zumindest legt die Veränderung des realen BIP nahe. Aber die meisten Menschen werden es in dieser Frage wahrscheinlich eher mit Ludwig von Mises halten, der hier ein illusorisches Wachstum sah und gleich auch eine schöne Parabel zur Verdeutlichung dieser Illusion mitlieferte. Es sei natürlich möglich und manchmal sogar geboten, meinte Mises, zum Beheizen eines Wohnzimmers das Sofa und die Stühle zu verbrennen, aber niemand würde das mit einer Verbesserung der Heiztechnik verwechseln.[137] Genauso steht es auch aus gesamtwirtschaftlicher Sicht im Fall des Kapitalkonsums. Die Gesamtlage bessert sich nicht, wenn der Zukunftskonsum auf dem Altar der Gegenwart geopfert wird. Aus dem Wachstum des realen BIP kann daher nicht ohne Weiteres geschlossen werden, dass sich die Lage gebessert hat.

Zu den wichtigsten Ursachen des Kapitalkonsums gehört die staatliche Politik der Konsumförderung. Auch die Politik der Zentralbanken wirkt in die gleiche Richtung. Künstlich niedrige Zinsen ermöglichen die Erhaltung von Unternehmen, die sich nicht aus dem Erlös ihrer Produkte finanzieren können (die also Kapitalkonsum betreiben), und natürlich finanzieren sie auch die größte aller Kapitalvernichtungsmaschinen, genannt Wohlfahrtsstaat.

»Bruttoinvestitionen« und Gesamtinvestitionen

Um die grundlegenden Ursachen unseres Wohlstands zu beziffern, müssen wir uns den Investitionsausgaben zuwenden. Jeder Produktionsvorgang beruht auf der Verwendung von Arbeit, Zwischenprodukten (einschließlich Land und Rohstoffen) und festem Kapital bzw. Anlagegütern (Anlagen, Maschinen,

137 »Es ist mitunter zweckmäßig, mit den Möbeln einzuheizen. Doch wenn man es tut, soll man es in Erkenntnis aller Folgen tun.« Mises, *Nationalökonomie* (Genf: Editions Union, 1940), S. 599. Vgl. Auch Mises, *Human Action* (Auburn, Ala.: Mises Institute, 1949), S. 650.

Werkzeuge usw.). Im BIP finden allerdings nur die Ausgaben für Immobilien und Anlagegüter einen Niederschlag, zudem noch unter dem irreführenden Namen »Bruttoinvestitionen« bzw. »Bruttokapitalbildung«.[138] Dagegen bleiben die von den Firmen getätigten Käufe von Arbeitsleistungen, Rohstoffen und Zwischenprodukte unberücksichtigt. Aber ohne die Entlohnung von Angestellten und ohne den Kauf von Rohmaterialien und halbfertigen Produkten gibt es praktisch keine Produktion. Die von den Firmen getätigten Ausgaben für diese Produktionsfaktoren sind somit ebenfalls zu den Investitionsausgaben zu zählen.[139] Sie unterscheiden sich von den Ausgaben für Immobilien und Anlagegüter hauptsächlich durch den zeitlichen Anlagehorizont. Arbeitsleistungen werden in der Regel auf monatlicher Basis gekauft, während Maschinen u. Ä. typischerweise viele Jahre verwendet werden können. Aber in beiden Fällen handelt es sich um Ausgaben zum Erwerb von wirtschaftlichen Gütern, ohne die die Produktion nicht stattfinden könnte. Es handelt sich um Investitionen *im weiteren Sinne* des Wortes, während Ausgaben für Immobilien und Anlagegüter als Investitionen *im engeren Sinne* angesehen werden können.

---

138 Genauer gesagt enthält der Posten »Bruttokapitalbildung« drei Elemente: (1) die Ausgaben für Immobilien und fixe Kapitalgüter wie Anlagen, Maschinen usw.; (2) Veränderungen der Vorräte an Zwischen- und Endprodukten; und (3) Veränderungen der Vorräte an Wertgegenständen. Normalerweise sind (2) und (3) vernachlässigbare Größen, sodass die Bruttokapitalbildung praktisch identisch ist mit den Ausgaben für Immobilien und fixe Kapitalgüter.

139 Solches Summieren wird von den meisten heutigen Ökonomen abgelehnt. Sie meinen, dass auf diese Weise verschiedene Elemente der »Wertschöpfungskette« doppelt gezählt würden. Dieser Einwand wäre berechtigt, wenn sich das nominale BIP als Messgröße der realen Güterproduktion interpretieren ließe. Aber diese Voraussetzung trifft wie bereits gesehen nicht zu. Weder das nominale BIP noch irgendeine andere der oben genannten monetären Stromgrößen misst die Güterproduktion. Die einzig zulässige Interpretation dieser Zahlen besteht darin, sie als das anzuerkennen, was sie sind, nämlich rein monetäre Stromgrößen. Aus ihnen lassen sich – wie oben geschehen – einige quantitative *Relationen* ableiten. Insbesondere können wir diesen Zahlen entnehmen, welcher Anteil des gesamtwirtschaftlichen Geldeinkommens zu Konsumzwecken und welcher Anteil zu Investitionszwecken verwendet wird. Die irrige Interpretation des nominalen BIP als Ausdruck der gesamtwirtschaftlichen »Wertschöpfung« entspringt der unzulässigen Verallgemeinerung des betriebswirtschaftlichen Rechnungswesens – ein klassischer Trugschluss der Verallgemeinerung. Eine einzelne Firma oder auch eine einzelne Branche kann ihren Umsatz ohne großen Fehler als Messgröße ihrer Güterproduktion ansehen. Mit gleichem Recht kann sie ihre Kosten als Maßzahl der von ihr verbrauchten Güter verstehen. Aber dieses Vorgehen lässt sich nicht verallgemeinern, wie bereits Ludwig von Mises vor mehr als fünfzig Jahren betonte. Eine weiterführende Erörterung dieser Zusammenhänge findet sich in George Reisman, *Capitalism* (Ottawa, Il.: Jameson Books, 1996), Kap. 15; ders., »The Value of ‚Final Products' Counts Only Itself« *American Journal of Economics and Sociology*, Bd. 63, Nr. 3 (Juli 2004), S. 609–625.

Es liegt auf der Hand, dass der Umfang der gesamten Investitionen im weiteren Sinne ein Vielfaches der Investitionen im engeren Sinne ist. Leider liegen für Deutschland keine neueren Daten als für das Jahr 2007 vor. Damals betrug das deutsche BIP jedenfalls 2.432 Mrd. Euro und die sogenannten Bruttoinvestitionen 446 Mrd. Euro. Hingegen betrugen die Ausgaben für Zwischenprodukte 2.318 Mrd. Euro und das Arbeitnehmerentgelt 1.180 Mrd. Euro.

Jahr	BIP (Ausgaben zum Erwerb von Endprodukten, abzgl. Ausgaben für Importe)			Ausgaben zum Erwerb von Zwischenprodukten	Ausgaben zum Erwerb der gesamten Produktion	Entlohnung von Beschäftigten	Gesamtinvestitionen
	Konsumausgaben	Bruttokapitalbildung	Gesamt				
	(I)	(II)	(III)	(IV)	(V)	(VI)	(VII)
2005	1 713	378	2 242	2 023	4 265	1 131	3 532
2006	1 752	410	2 327	2 170	4 497	1 149	3 729
2007	1 779	446	2 432	2 318	4 750	1 180	3 944

Tab. 3: Gesamtwirtschaftliche Zahlungsströme in Deutschland. *(Quellen: Europäische Kommission; eigene Berechnungen; Angaben in Mrd. Euro)*

Die Gesamtinvestitionen im weiteren Sinne betrugen also 3.944 Mrd. Euro (446+2.318+1.180) im Jahr 2007. Das sind 62 Prozent mehr als das BIP und 122 Prozent mehr als die Konsumausgaben im gleichen Jahr. Diese Zahlen sind durchaus repräsentativ für die Struktur der deutschen Wirtschaft im letzten Jahrzehnt. (In der beistehenden Tabelle werden auch die Zahlen für die Jahre 2005 und 2006 angegeben.)

Ganz ähnlich liegen die Dinge auch in allen anderen hochentwickelten Ländern wie etwa dem Vereinigten Königreich, Frankreich, Japan und den USA;

nachfolgend die amerikanischen Daten aus den Jahren 2007 bis 2009. Man beachte insbesondere, dass in diesem Zeitraum die Gesamtinvestitionen im weiteren Sinne um etwa 10 Prozent einbrachen, während das BIP nahezu unverändert blieb. Die Entwicklung der Gesamtinvestitionen in weiterem Sinne spiegelt mithin sehr gut den Wirtschaftseinbruch vom Ende des Jahres 2008 wider, der sich insbesondere in den Zahlen von 2009 niedergeschlagen hat. Der Einbruch der gesamten Investitionsausgaben (mehr als 2 Billionen Dollar) ist dabei sehr viel größer als der bloße Einbruch der privaten Ausgaben für Immobilien und fixe Kapitalgüter (etwa 500 Mrd. Dollar).

Jahr	BIP (Ausgaben zum Erwerb von Endprodukten, abzgl. Ausgaben für Imorte)			Ausgaben zum Erwerb von Zwischenprodukten	Ausgaben zum Erwerb der gesamten Produktion	Entlohnung von Beschäftigten	Gesamtinvestitionen
	Konsumausgaben	Private Bruttokapitalbildung	Gesamt				
2007	9 772	2 295	14 062	11 735	25 796	7 863	21 893
2008	10 036	2 096	14 369	12 197	26 566	8 068	22 361
2009	9 866	1 589	14 119	10 685	24 804	7 820	20 094

Tab. 4: Gesamtwirtschaftliche Zahlungsströme in den USA *(Quellen: Bureau of Economic Analysis; eigene Berechnungen; Angaben in Mrd. Dollar)*

Diese Betrachtungen helfen uns, die enorme Bedeutung des Sparens zu veranschaulichen. Gespart wird derjenige Teil des Einkommens, der nicht verbraucht wird. Die gesamtwirtschaftliche Sparleistung ist also etwa der Teil des gesamtwirtschaftlichen Bruttoeinkommens, der nicht für Konsumgüter ausgegeben wird. Im Jahr 2007 betrug bei uns das gesamtwirtschaftliche Bruttoeinkommen etwa 5.930 Mrd. Euro, nämlich 2.432 aus dem Verkaufserlös von Endprodukten abzüglich der Ausgaben für Importe (BIP) plus 2.318 aus dem Verkaufserlös von Zwischenprodukten plus 1.180 aus dem Verkauf von Arbeitsleistungen. Von diesen 5.930 Mrd. Euro wurden wie gesagt 3.944 investiert, aber das heißt letztlich nichts anderes als dass die Gesamtsparquote 65,5 Prozent betrug!

Nachhaltiges Wachstum setzt voraus, dass die gesamtwirtschaftliche Sparquote auf hohem Niveau erhalten bleibt bzw. weiter erhöht wird. Das Wachstum ist gefährdet, wenn die Sparquote sinkt. Das Beispiel der USA zeigt, dass die Sparquote deutlich sinken kann, obwohl sich das BIP kaum verändert. Im Jahr 2009 sank das amerikanische BIP um bloße 1,3 Prozent auf 14.256 Mrd. Dollar, aber die Gesamtinvestitionen sanken um mehr als 10 Prozent auf 20.094 Mrd. Dollar. Die Gesamtsparquote verringerte sich somit um 3,8 Prozent auf 61,1 Prozent.

Schleichende Verarmung?

Adam Smith unterstrich am Ende des 18. Jahrhunderts, dass ein direkter Zusammenhang zwischen der Sparleistung und dem Umfang der gesellschaftlichen Arbeitsteilung besteht. Je größer die Ersparnisse einer Bevölkerung, desto größer sind die Summen, die investiert werden können. Umso großer sind folglich auch die Einkommen der Landbesitzer und der Beschäftigten. Umso größer sind daher ebenfalls die Arbeitsleistungen und die Rohstoffe, die auf dem Markt bereitgestellt werden.

Hundert Jahre nach Smith hat Eugen von Böhm-Bawerk dargelegt, dass die eigentliche Bedeutung einer wachsenden Sparleistung darin liegt, dass sie immer längere und komplexere Wertschöpfungsketten ermöglicht. Adam Smiths Theorie unterstellte sozusagen, dass bei steigendem Sparvolumen immer mehr Hofknechte, Schuster und Friseure beschäftigt werden können. Böhm-Bawerks Theorie erklärte, warum die Zahl der Hofknechte und Schuster schrumpfte und die neuen Arbeitsplätze in konsumfernen Industrien und Dienstleistungszweigen (Traktorfabrik, Stahlwerk, Buchhaltung, Marketing, Finanzierung) entstanden, wodurch letztlich auch die Arbeitsproduktivität der verbliebenen Hofknechte und Schuster in bis dato unvorstellbarem Maße wuchs.

Weiter oben haben wir bereits unterstrichen, dass die gesamtwirtschaftliche Sparleistung sehr viel größer ist als die Sparleistung aus dem Volkseinkommen der laufenden Periode. In Deutschland lag das Volkseinkommen im Jahr 2011 bei etwa 1.963 Mrd. Euro und die Sparleistung aus diesem Einkommen bei etwa 216 Mrd. Euro oder 11 Prozent. Aber diese Zahlen betreffen nur das

Sparen aus den *laufenden* Einkommen der *Haushalte*. Der weitaus größere Teil der Einkommen wird in den Unternehmen erwirtschaftet. Dort sind die Ersparnisse der Haushalte *aus früheren Zeiträumen* investiert und »reproduzieren« sich somit bei rentabler Investition zu immer neuen Umsätzen bzw. Einkommen, von denen der weitaus größte Teil in der Regel reinvestiert (mit anderen Worten: gespart) wird. Die Summe aller dieser Ersparnisse ist der gesamtwirtschaftliche monetäre Kapitalstock. Aus ihm werden alle Investitionen finanziert. Seine Erhaltung und Erweiterung ist somit von allergrößter Bedeutung für den gegenwärtigen und zukünftigen Lebensstandard der hiesigen Bevölkerung und ihrer Partner im Ausland. Vermindert sich der Kapitalstock, so kann eine Verarmung nur durch zeitgleiche Technologieschübe und andere glückliche Ereignisse verhindert werden.

In den letzten dreißig Jahren gab es in der Tat mehrere glückliche Entwicklungen, die die Arbeitsproduktivität ganz entscheidend beflügelt haben. Auf technologischem Gebiet sind hier insbesondere der Arbeitsplatzcomputer bzw. Kleincomputer, das Internet, die Nanotechnologie und die Biotechnologie zu nennen; auf wirtschaftlichem Gebiet der Zusammenbruch des Kommunismus und die Eingliederung der vormals kommunistischen Länder in die Weltwirtschaft. Diese Umstände haben die meisten westlichen Länder vor der Verarmung bewahrt, denn im gleichen Zeitraum hat der staatliche Interventionismus der Erhaltung des Kapitalstocks übel zugesetzt. Die Steuer- und Regulierungswut der Behörden in Berlin und Brüssel hat unternehmerischem Handeln immer engere Grenzen gezogen. Ähnlich schädliche Folgen entsprangen dem geldpolitischen Interventionismus der Zentralbanken. Wir werden diese Folgen im zweiten Teil dieses Buches noch gebührend würdigen, können aber an dieser Stelle bereits drei Ergebnisse vorwegnehmen: Erstens erzeugte die ständige Preisinflation niedrige und z. T. negative Realzinsen, wodurch die Sparanreize vermindert wurden. Zweitens wurden die verringerten Ersparnisse systematisch in die Finanzmärkte und von dort in die staatlichen Kassen umgeleitet, anstatt der Güterproduktion zu dienen. Drittens kam es zu mehreren Finanzblasen mit entsprechenden Kapitalverlusten. Als allgemeine Tendenz ergab sich somit eine Kapitalverschwendung und entsprechende Verarmung.

Dieser Trend wird nun durch die gesamtwirtschaftliche Vermögensbilanz scheinbar nicht bestätigt. Dort finden wir, dass zwischen den Jahren 1992 und 2009 die gesamtwirtschaftlichen Sachanlagen von 4,8 Billionen Euro auf knapp 8 Billionen Euro zugenommen haben. Aber diese Zahlen müssen in zweifacher Hinsicht relativiert werden. Zum einen betrifft ein Großteil dieser Sachanlagen Immobilienbesitz, der nicht zur Warenproduktion verwendet wird. Wenden wir unseren Blick also auf die Sachanlagen der sogenannten »nichtfinanziellen Kapitalgesellschaften« (NFK), so ergibt sich, dass deren Sachanlagen im genannten Zeitraum von 1,6 auf 2,6 Billionen Euro gestiegen sind. Zum anderen aber muss bedacht werden, dass diese Zahlen einen *nominalen* Zuwachs widerspiegeln. Ein treffender Vergleich erfordert die Berücksichtigung des Preisniveaus bzw. der Veränderung des Preisniveaus zwischen 1992 und 2009.

Wir sehen hier, dass die Preisinflationsrate von ganz zentraler Bedeutung in der empirischen Wirtschaftsanalyse ist. Übrigens spielt sie diese zentrale Rolle nicht nur im Zusammenhang mit der Schätzung der Kapitalakkumulation bzw. des Kapitalverbrauchs, sondern auch aus der praktischen Sicht von Anlegern bzw. Investoren, die ihr Vermögen vor Wertverlust bewahren wollen. Bekanntermaßen hängen auch zahlreiche staatliche Zuwendungen, Arbeitsverträge und Finanzmarktprodukte von der Preisinflationsrate ab. Daher wollen wir hier in aller Kürze etwas näher auf die Probleme zu sprechen kommen, die sich bei ihrer Berechnung stellen.

Wir beginnen mit der Feststellung, dass nach den offiziellen Angaben der Bundesbank das Preisniveau zwischen 1992 und 2009 um lediglich 36 Prozent gestiegen ist.[140] Wenn diese Zahlen zutreffen, so betrug der Kapitalstock der NFK im Jahr 2009 mehr als 1,9 Billionen Euro gemessen an der Kaufkraft aus dem Jahre 1992 – also ein Zuwachs von etwa 300 Mrd. Euro oder 18 Prozent. Dies würde bedeuten, dass der Kapitalstock trotz der oben genannten Tendenzen zur Verschwendung zugenommen hat. Mit anderen Worten war die Kapitalbildung im genannten Zeitraum dann zwar geringer als sie ohne die staatlichen Eingriffe gewesen wäre (eine *relative* Verringerung), aber die Sparleistung war immerhin noch ausreichend hoch, um in Verbindung mit dem technologischen Fortschritt zu einem *absoluten* Zuwachs der Kapitalbildung zu führen.

140 Im Basisjahr 2005 betrug der Preisindex 100. Im Januar 1992 lag der Preisindex bei 78,4, im Januar 2002 bei 95,4, im Januar 2009 bei 106,3 und im Januar 2012 bei 111,5.

Nun gibt es allerdings berechtigte Zweifel, ob die offiziellen Angaben zur Veränderung des Preisniveaus zutreffen. Der genannte 36-prozentige Preiszuwachs entspricht einer *durchschnittlichen jährlichen* Inflationsrate von etwa 1,8 Prozent, und dies in einem Zeitraum, in den auch der berühmt-berüchtigte Übergang von der D-Mark zum »Teuro« fiel.

Dem vor Kurzem verstorbenen Statistiker Hans Wolfgang Brachinger zufolge geht es hier aber durchaus mit rechten Dingen zu. Die Bürger *fühlten*, dass die Preissteigerung bei Einführung des Euro höher gewesen sei, als die offiziellen Angaben besagten. Aber diese wahrgenommene Preissteigerung sei eine optische Illusion. Die Bürger verallgemeinern die Preissteigerungen bestimmter Güter, die sie mehr oder weniger täglich kaufen. Dagegen schließe die Berechnung der offiziellen Inflationsrate aber auch langlebige und teure Güter wie Immobilien und Fahrzeuge ein, die nur selten gekauft werden. Deren Preise seien aber nur moderat gestiegen.[141]

Dieser Einwand ist sicherlich berechtigt, aber er reicht nicht sehr weit. Denn selbst unter gebührender Berücksichtigung langlebiger Güter wird die Preisinflationsrate auf solche Weise berechnet, dass die tatsächlichen Preissteigerungen systematisch unterschätzt werden. Das liegt insbesondere an der sogenannten geometrischen Gewichtung der einzelnen Güter des repräsentativen Warenkorbs, auf dessen Grundlage die Preisinflationsrate berechnet wird.

Idealerweise würde sich dieser Warenkorb überhaupt nicht ändern. Der Vergleich von Messgrößen verlangt, dass der Maßstab, der zur Messung verwendet wird, unveränderlich ist. Wenn es also darum geht, die Veränderungen des Geldwerts anhand der veränderten Güterpreise eines bestimmten Warenkorbs zu messen, so ist dies strenggenommen nur dann möglich, wenn (a) der Korb zu allen Messzeitpunkten die gleichen Waren enthält und (b) die Gewichtung der einzelnen Waren nicht verändert wird. In der Praxis ist das allerdings unmöglich. Zum einen kommen laufend neue Güter auf den Markt, und zum andern ändern sich auch die Geschmäcker, sodass die re-

141 Vgl. H. W. Brachinger, »Der Euro als Teuro? Die wahrgenommene Inflation in Deutschland« *Wirtschaft und Statistik*, Heft 9 (2005); ders., »A New Index of Perceived Inflation: Assumptions, Method and Application to Germany« *Journal of Economic Psychology*, Band 29, Nr. 4 (2008).

lative Bedeutung einiger Güter steigt und anderer Güter fällt. Es ist somit erforderlich, den Warenkorb von Zeit zu Zeit den neuen Gegebenheiten anzupassen. Das ist natürlich ein großes Problem für den Vergleich sehr langer Zeitreihen. Die Messlatte, an der die Preisveränderungen von 1953 auf 1954 gemessen wurden, hat herzlich wenig mit der Messlatte zu tun, die wir heute verwenden. Wie Ludwig von Mises bereits vor hundert Jahren darlegte, sollte man allein schon aus diesem Grund alle Vergleiche des Geldwerts über lange Zeiträume nur mit großer Vorsicht genießen. Immerhin aber können die Fehler minimiert werden, wenn man sich auf kurze Zeiträume beschränkt und dabei den Warenkorb möglichst wenig und möglichst behutsam verändert.

Genau das geschah auch bis zu den 1980er-Jahren. Aber dann kam es zunächst in den USA und später auch in Europa zur Einführung der geometrischen Gewichtung der Elemente des Warenkorbs. Von nun an wurde die Zusammensetzung des Korbs jährlich verändert, wobei man von dem Gedanken ausging, den Korb zu einem getreuen Abbild des aktuell herrschenden Verbrauchs zu machen. Jedes Jahr wird demzufolge eine große Zahl neuer Güter in den Korb eingebaut, und auch die Gewichtung der einzelnen Güterpreise wird den jeweiligen Gegebenheiten angepasst. Wenn 3 Prozent des Verbraucherbudgets zum Kauf von Orangen verwendet werden, dann soll auch der Orangenpreis zu 3 Prozent im Preisindex berücksichtigt werden.

Es ist offensichtlich, dass auf diese Weise der Vergleich der Messergebnisse verschiedener Jahre dramatisch erschwert wird. Zwar werden jedes Jahr irgendwelche Zahlen errechnet, aber diese Zahlen messen nicht genau den gleichen Gegenstand. Insbesondere führt die geometrische Gewichtung dazu, dass vor allem die relativ preisgünstigen Güter zur Berechnung herangezogen werden. Wenn der Orangenpreis nur um 5 Prozent zunimmt, während die Apfelpreise und Bananenpreise um jeweils 10 Prozent steigen, werden die Verbraucher verstärkt Orangen kaufen und sich bei den Äpfeln und Bananen etwas mehr zurückhalten. Somit werden nicht nur 3 Prozent des Budgets auf den Orangenkauf verwendet, sondern vielleicht 4 oder 5 Prozent. Bei geometrischer Gewichtung des Warenkorbs wiegt der relativ niedrige Orangenpreis dann schwerer als die relativ hohen Preise der anderen Früchte. Die mit wechselnder Messlatte berechnete Preisinflationsrate ist folglich niedriger als nach der stabileren, alten Messlatte.

Später wurde die Berechnung der Preisinflationsrate noch auf andere Weise auf künstlich niedrige Ergebnisse getrimmt. Um nur die wichtigste dieser neuen Methoden zu nennen: Seit Juli 2002 wird in den USA eine »hedonische Preisbereinigung« vorgenommen. Der Grundidee zufolge sollen die Qualitätsverbesserungen der verkauften Produkte bei der Berechnung des Preisniveaus berücksichtigt werden. Selbst wenn sich die Preise für einen Haushaltscomputer einfachster Bauart von einem Jahr aufs nächste nicht ändern, so ist doch die »einfachste Bauart« infolge des technischen Fortschritts in der Regel besser als die des Vorjahres. Daraus wird der Schluss gezogen, dass der Gerätepreis nicht stabil geblieben, sondern vielmehr gefallen ist. Aber um welchen genauen Betrag ist er denn gefallen? Im Gegensatz zu den tatsächlich bezahlten Marktpreisen kann man den fiktiven »hedonischen« Computerpreis schließlich nicht beobachten. Stattdessen wird nun das subjektive Ermessen der Behörden an die Stelle der objektiven Tatsachenerhebung gesetzt. Dadurch können künstlich niedrige Preisinflationsraten nach Belieben angeordnet werden.

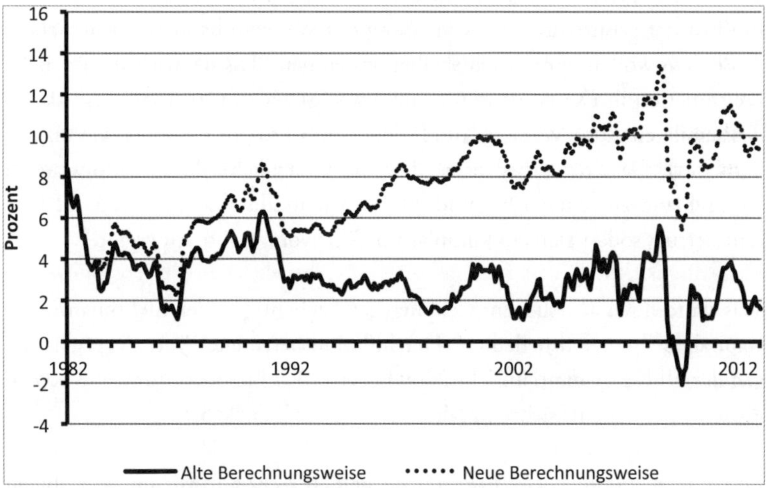

Abb. 4: US-amerikanischer Verbraucherpreisindex nach alter und neuer Methodologie *(Quelle: shadowstats.com)*

Dem amerikanischen Ökonom John Williams zufolge führt die Anwendung der neuen Methoden auf die US-amerikanischen Daten zu Ergebnissen, die jahrein, jahraus etwa 7 Prozentpunkte niedriger liegen als bei Anwendung der alten Methoden. Davon entfallen allein 3 Prozent auf die geometrische

Gewichtung des Warenkorbs und weitere 4 Prozent auf die anderen seit den 1980er-Jahren vorgenommenen Änderungen, einschließlich der hedonischen Preisbereinigung.

Bereits geringe Unterschiede der *jährlichen* Preisinflation kumulieren sich über Zeiträume von zwanzig bis dreißig Jahren zu gewaltigen Unterschieden. Bei einem jährlichen Preisverfall von nur 2 Prozent steigen die Güterpreise nach nur zwanzig Jahren um insgesamt 49 Prozent und nach dreißig Jahren um 81 Prozent. Bei einer jährlichen Preissteigerungsrate von 5 Prozent beträgt der kumulative Preisverfall nach zwanzig Jahren 165 Prozent und nach dreißig Jahren 332 Prozent.

Man wird uns also verzeihen, wenn wir aus reiner intellektueller Neugierde annehmen wollen, dass die Ergebnisse, zu denen John Williams für den Fall der USA gekommen ist, zumindest ungefähr auch auf deutsche Verhältnisse übertragen werden können. Dabei wollen wir vorsichtshalber nur den Einfluss der geometrischen Gewichtung des Warenkorbs in Betracht ziehen. Außerdem wollen wir vorsichtshalber annehmen, dass dadurch die jährliche Preisinflation in Deutschland nur um etwa 1,4 Prozent niedriger liegt als bei der stabileren alten Messlatte (und nicht um 3 Prozent niedriger wie im Fall der USA). Das würde bedeuten, dass die tatsächliche Preisinflationsrate in Deutschland zwischen 1992 und 2009 im Jahresdurchschnitt etwa 3,2 Prozent betrug, sodass sich ein kumulativer Wert von 70 Prozent ergibt.

Was würde dies für die Entwicklung der Sachanlagen der nichtfinanziellen Kapitalgesellschaften bedeuten? Der inflationsbereinigte Wert der Sachanlagen der NFK läge dann im Jahr 2009 bei etwa 1,5 Billionen Euro, also etwa 6 Prozent niedriger als siebzehn Jahre zuvor (siehe Tabelle 5).

Dieses rein hypothetische Ergebnis deckt sich recht gut mit unseren obigen Überlegungen. In diesem Licht besehen könnte in Deutschland eine schleichende Verarmung herrschen, die sich im Moment nur in einer Verringerung des Kapitalstocks niederschlägt und bislang glücklicherweise z. T. durch andere Faktoren kompensiert wurde.

Die Nützlichkeit des klassischen bzw. österreichischen Denkansatzes erweist sich somit nicht nur bei der Erklärung grundsätzlicher ursächlicher Zusammenhänge, sondern bei der empirischen Analyse konkreter Fälle. Wie gesehen unterscheidet sich dieser Denkansatz von der herrschenden keynesianischen Auffassung insbesondere dadurch, dass er die wachstumsfördernde Wirkung des *Sparens in allen seinen Formen* hervorhebt und der künstlichen Vermehrung der Geldmenge ebensolche Wirkungen aberkennt.

	Nominal				**Preisbereinigt nach Angaben der Bundesbank (Preise von 1992)**		**Preisbereinigt mit hypothetischer Veränderung des Preisindexes von 70 % seit 1992**	
	1992		**2009**		**2009**		**2009**	
	Gesamt	**NFK**	**Gesamt**	**NFK**	**Gesamt**	**NFK**	**Gesamt**	**NFK**
Sachanlagen (gesamt)	4 799	1 639	7 948	2 613	5 844	1 921	4 675	1 537
Ausrüstungen	774	609	1 086	933	799	686	635	548
Nichtwohnbauten	1 824	711	2 787	1 231	2 049	905	1 639	724

Tab. 5: Entwicklung des Geldwerts der Sachanlagen in Deutschland; eigene Berechnungen. *(Quelle: Deutsche Bundesbank, Zeitreihe UUFAQ1:D-GES, 13. April 2012; Angabe in Mrd. Euro)*

Aber die auf politischem Wege herbeigeführte Vermehrung der Geldmenge ist nicht nur ohne positiven Einfluss auf das Wirtschaftswachstum. Sie führt auch zu zahlreichen und schwerwiegenden nachteiligen Folgen. Der Untersuchung dieser Folgen wollen wir uns nun zuwenden.

Zweiter Teil:

Über Inflation

Kapitel VI
Inflation und Preisinflation

In den vorigen Kapiteln haben wir die eingangs formulierten Fragen beantwortet. Wie wir sahen, stimmt es *nicht*, dass die Wirtschaft nicht wachsen kann, wenn ihr Wachstum nicht von einem entsprechenden Wachstum der Geldmenge begleitet wird.

Es stimmt *nicht*, dass Preisdeflationen aus gesamtwirtschaftlicher Sicht schädlich sind und möglichst vermieden werden müssen.

Es stimmt *nicht*, dass das Wirtschaftswachstum durch Sparen gehemmt und durch Geldschöpfung gefördert wird.

Ganz im Gegenteil ist Sparen in allen seinen Formen eine unerlässliche Vorbedingung der Güterproduktion. Vermehrtes Sparen ist immer und überall wachstumsfördernd. Es fördert nicht nur den einzelwirtschaftlichen Vermögensaufbau, sondern erhöht auch den Umfang der realen Investitionen innerhalb der Gesamtwirtschaft.

Die Wirtschaftspolitik der letzten Jahrzehnte beruht bekanntermaßen auf einer gänzlich anderen Auffassung der Sachlage. Zwar gibt es gerade in den deutschsprachigen Ländern viele Kritiker der Idee, dass man ein Land – oder gar die ganze Welt – durch »expansive Geldpolitik« bereichern könnte. In unseren Breitengraden sind die meisten Menschen im Grunde genommen auch davon überzeugt, dass das Gebot der sparsamen Haushaltsführung nicht nur für private, sondern gerade auch für öffentliche Haushalte gilt. Aber gleichzeitig sind diese Menschen zumeist ebenfalls völlig davon überzeugt, dass vermehrtes Sparen durch vermehrte Geldschöpfung begleitet werden müsse, um ein Absinken des Preisniveaus zu vermeiden. Preisdeflation müsse unter allen Umständen bekämpft werden.

Wer A sagt, muss auch B sagen. Wer Preisdeflationen unterbinden will, der muss auch für staatliche Eingriffe in die Geldordnung eintreten.

Zwangsinflation

Ohne Eingriffe des Staates würden auf dem Markt nämlich natürliche Geldarten verwendet werden, insbesondere Silber- und Goldmünzen.

Wir haben diese entscheidende Tatsache bereits in einem anderen Werk auseinandergesetzt und können uns hier kurz fassen. Halten wir fest, dass unsere heutigen Währungssysteme dem Markt durch eine lange Serie staatlicher Eingriffe Zug um Zug aufgezwungen worden sind. Diese Eingriffe lassen sich bis ins 17. Jahrhundert zurückverfolgen, und sie erreichten im Jahr 1971 einen vorläufigen Höhepunkt.[142] Tatsache ist weiterhin, dass diese Systeme dem Markt selbst heute noch durch eine ganze Reihe besonderer gesetzlicher Bestimmungen aufgezwungen werden. Ohne Währungsmonopol, Annahmezwang, Zahlkraftgesetze usw. stünden die heutigen Euros und Dollars *im Wettbewerb* um die Gunst der Geldbenutzer. Vor allem stünden sie im Wettbewerb mit den natürlichen Geldarten, und im Vergleich zu Letzteren haben alle entmaterialisierten Geldarten einige entscheidende Nachteile. Immaterielles Geld hat nämlich seinem Wesen nach keinen »inneren Wert« – es hat keine andere Verwendung außer seiner Tauschmittelfunktion. Dadurch ist es für den Geldgebrauch aber *weniger* geeignet als die Warengeldarten. Letztere werden nicht nur als Tauschmittel begehrt, sondern ebenfalls als Schmuck und wegen ihrer seltenen physikalischen Eigenschaften auch zu zahlreichen industriellen Zwecken. Somit bieten sie unvergleichlich größere Garantien dafür, dass ihre Kaufkraft im Zeitverlauf erhalten bleibt. Wo immer und wann immer es daher zu freier Wahl zwischen Warengeld und immateriellem Geld kommt, endet der Wettbewerb früher oder später mit der alleinigen Verwendung von Warengeld und der Verdrängung der immateriellen Geldarten aus dem Währungsmarkt.

Das ist der Grund, aus dem immaterielles Geld noch niemals spontan in der Wirtschaft verwendet worden ist. Ohne die fortgesetzten währungspolitischen Eingriffe des Staates würde es auch heute in kürzester Zeit wahrscheinlich zu einer Rückkehr des effektiven Umlaufs von Silber- und Goldmünzen kom-

142 Vgl. Hülsmann, *Die Ethik der Geldproduktion*, a. a. O., Kap. 15–17. Siehe auch M. N. Rothbard, *Das Schein-Geld-System* (2. Aufl., Gräfelfing: Resch, 2005); Gregor Hochreiter, *Krankes Geld – kranke Welt* (Gräfelfing: Resch, 2010); Th. Polleit & M. v. Prollius, *Geldreform* (Grevenbroich: Lichtschlag, 2010), Kap. 6 u. 7.

men. Eine solche Entwicklung wäre aus Sicht der Keynesianer und Monetaristen natürlich katastrophal. Die natürlichen Geldarten können schließlich nicht beliebig vermehrt werden. Ihre Herstellung ist kostspielig und daher überhaupt nur innerhalb sehr eng gesteckter Grenzen möglich. Bei einer aus Silbermünzen bestehenden Währung könnte die »gesamtwirtschaftliche Nachfrage« – der Gesamtumfang der Geldausgaben – nicht beliebig vergrößert werden. Nicht nur wäre es dann unmöglich, eine »expansive Geldpolitik« zu verfolgen. Es wäre ebenfalls unmöglich, das vergleichsweise bescheidene Ziel der Preisniveaustabilisierung zu verfolgen. Das Preisniveau würde vielmehr tendenziell sinken, wie es ja auch im 19. Jahrhundert in vielen westlichen Ländern der Fall war.

Keynesianer und Monetaristen begrüßen daher ohne Wenn und Aber den staatlichen Zwang, ohne den das heutige Währungssystem nicht bestehen könnte. Es wäre jedoch ein Irrtum, zu glauben, dass dieses System in erster Linie aus währungspolitischen Gründen geschaffen wurde. Entscheidend war vielmehr das materielle Eigeninteresse des Staates.[143] Die künstliche Aufblähung der Geldmenge wurde schon seit der Antike in erster Linie dazu verwendet, einen Teil der Staatsausgaben zu finanzieren. Nur die technische Form, in der dies geschah, änderte sich im Laufe der Zeit. Bis zum Ende des Mittelalters erfolgte die Geldmengeninflation bei uns in der Form von Münzverschlechterungen. Ab dem 17. Jahrhundert verfiel man auf die sehr viel ergiebigere Technik der Geldschöpfung durch die Banken. Den logischen Endpunkt dieser Entwicklung bildete die Einführung von Papiergeld bzw. elektronischem Giralgeld. Solches Geld kann praktisch kostenlos und daher ohne jedwede mengenmäßige Begrenzung erzeugt werden. Dadurch wird die Finanzierung der öffentlichen Haushalte erleichtert, entweder direkt durch die Notenpresse, oder indirekt durch die Erleichterung der Kreditgewährung.

Zur Aufbesserung der Staatsfinanzen wurde dem Markt das qualitativ schlechtere Geld in einem zum Teil langwierigen Prozess durch verschiedene Eingriffe aufgedrängt. Zu diesen Eingriffen zählten vor allem (1) Monopol der

143 Zu diesem entscheidenden Punkt vgl. M. N. Rothbard, *Das Schein-Geld-System*, a. a. O.; G. Selgin und L. White, »A Fiscal Theory of Government's Role in Money« *Economic Inquiry*, Bd. 37 (1999).

Münzproduktion; (2) Förderung geldschöpfender Banken; (3) Schaffung einer Monopolstellung für bestimmte, staatsnahe Banken; (4) Annahmezwang zugunsten der von den Monopolbanken emittierten Banknoten bzw. ihres Giralgeldes; und (5) staatlich geduldete Zahlungseinstellungen der Monopolbanken. Solche Eingriffe bedeuten, dass die sonst üblichen gesellschaftlichen Regeln – insbesondere die Eigentumsrechte – gebrochen werden, um den Währungsmarkt im Sinne der Obrigkeit zu manipulieren. Im Ergebnis verschwinden die Warengeldarten aus dem Tauschverkehr, und das eigentlich schlechtere Geld wird zum alleinigen Tauschmittel. Es kommt also zu einer Pervertierung des Marktgeschehens: Das schlechte Geld treibt das gute Geld aus dem Markt.[144]

Diese durch staatlichen Zwang ermöglichte zusätzliche Geldproduktion – die also über das hinausgeht, was bei freier Wirtschaft erzeugt würde – nennen wir Zwangsinflation.[145]

Dabei spielt die Münzproduktion in unseren Tagen eine vollkommen untergeordnete Rolle. Die mit Abstand wichtigste Form der Zwangsinflation ist heute die Geldschöpfung der Banken. Dabei müssen zwei Unterformen streng geschieden werden: (a) die Schöpfung von Grundgeld durch die *Zentralbanken* und (b) die Schöpfung von Umlaufsmitteln durch die *Geschäftsbanken*. Der entscheidende Unterschied besteht darin, dass die Geldschöpfung der Geschäftsbanken von deren finanzieller Gesundheit abhängt, d. h. insbesondere auch von der Qualität ihrer Anlagen.[146] Wenn sie den falschen Leuten Kredite erteilen, so können sie

144 Dieser Vorgang ist in der ökonomischen Literatur als das »Gresham'sche Gesetz« bekannt. Es handelt sich dabei *nicht* um eine allgemeine Gesetzmäßigkeit der Währungsmärkte, sondern um eine solche des staatlichen Interventionismus.

145 Vgl. Hülsmann, *Die Ethik der Geldproduktion*, a. a. O., S. 103–106, 123 f. Inflation in unserem Sinne kann grundsätzlich auch durch Privatbürger verursacht werden, vor allem durch betrügerische Aktivitäten. Der Ausdruck *Zwangs*inflation betrifft den (empirisch besonders wichtigen) Fall der Aufblähung der Geldmenge durch den Staat. Diese Terminologie knüpft an das ursprüngliche Verständnis an, demzufolge unter »Inflation« eine künstliche Erhöhung der Geldmenge verstanden wurde. Zur Geschichte des Inflationsbegriffs vgl. M. F. Bryan, »On the Origin and Evolution of the Word Inflation« *Federal Reserve Bank of Cleveland Economic Commentary* (15. Oktober 1997).

146 Ludwig von Mises war der Auffassung, dass die Geldschöpfung der Geschäftsbanken an und für sich unbegrenzt bzw. vollkommen elastisch sei. Sie werde nur durch zwei äußere Umstände im Zaum gehalten: durch Wettbewerb und durch gesetzliche Beschränkungen. Würden sich die Geschäftsbanken absprechen und griffe der Staat nicht ein, so könnte ihre Geldschöpfung ins Unendliche steigen. Vgl. Mises, *Theorie des Geldes und der Umlaufsmittel* (1. Aufl., Leipzig: Dun-

illiquide und insolvent werden. Sie müssen nämlich ihre finanziellen Verpflichtungen letztendlich mit Grundgeld bezahlen – d. h. mit einem Geld, das sie nicht selber produzieren. Dagegen können die heutigen Zentralbanken niemals illiquide oder insolvent werden, selbst wenn ihre Anlagen noch so schlecht sind. Das liegt daran, dass ihre eigenen Verbindlichkeiten nur dem Namen nach bestehen. Ein 10-Euro-Geldschein ist *juristisch* gesehen eine Verbindlichkeit des Eurosystems bzw. eine Forderung des Besitzers dieses Geldscheins an das Eurosystem. Aber es handelt sich hier um eine juristische Fiktion. *Tatsächlich* ist es unmöglich, diese Verbindlichkeit geltend zu machen. Welche Zahlung könnte man der EZB abverlangen, indem man ihr einen 10-Euro-Geldschein vorlegt?

Daraus folgt, dass die Geldschöpfung durch Geschäftsbanken prinzipiell begrenzt ist, während die Geldschöpfung durch die heutigen Zentralbanken prinzipiell unbegrenzt ist. Aus diesem Grund wollen wir uns nachfolgend *ausschließlich auf die Zentralbanken konzentrieren.* Zwar unterliegt die Geldschöpfung der Geschäftsbanken mehr oder weniger starken Schwankungen und übt dadurch einen wichtigen Einfluss auf die Gesamtwirtschaft aus. Aber zum einen ist dieser Einfluss in der Literatur bereits sehr ausführlich behandelt worden;[147] und zum anderen hängt auch die Geldschöpfung der Geschäftsbanken letztlich von der Grundgeldschöpfung durch die Zentralbanken ab. In Krisenzeiten *könnte* die gesamte Geldmenge zwar schrumpfen, da die Rentabilität der Kreditvergabe durch die Geschäftsbanken einbricht. Ohne Gegenreaktion der Zentralbanken ergäbe sich dann eine preisdeflationäre Tendenz. Aber die Zentralbanken bleiben in solchen Fällen gewöhnlich nicht untätig. Sie erhöhen die Grundgeldmenge, um eine Verringerung der Gesamtgeldmenge und somit eine Preisdeflation zu verhindern. Letztlich ist die Grundgeldmenge somit immer ausschlaggebend.

In unserem heutigen Währungssystem sind die Möglichkeiten einer Zwangsinflation buchstäblich unbegrenzt. Es gibt keine grundsätzlichen technologi-

---

cker & Humblot, 1912), S. 360. Nikolay Gertchev hat dargelegt, dass es unter einem System der Bankfreiheit mehr oder weniger automatisch zur Zusammenarbeit der Geschäftsbanken kommt. Es besteht daher kein Anlass zu der Vermutung, dass die Geldschöpfung der Geschäftsbanken durch wettbewerbliche Bedingungen eingeschränkt würde. Vgl. Gertchev, »The Inter-Bank Market in the Perspective of Fractional Reserve Banking« in J. G. Hülsmann (Hg.), *Theory of Money and Fiduciary Media* (Auburn, Ala.: Mises Institute, 2012), S. 209–228.

147 Vgl. insbesondere die glänzende und sehr ausführliche Abhandlung in J. Huerta de Soto, *Geld, Bankkredit und Konjunkturzyklen* (Stuttgart: Lucius & Lucius, 2011).

schen oder betriebswirtschaftlichen Grenzen der Erzeugung von Papiergeld bzw. von elektronischem Giralgeld durch die Zentralbanken. Nachfolgend wollen wir die wichtigsten wirtschaftlichen und gesellschaftlichen Folgen besprechen, die sich aus diesem Umstand ergeben.

Das Zeitalter der ständigen Preisinflation

Vor dem 20. Jahrhundert erreichte die Zwangsinflation – von wenigen Ausnahmen abgesehen – keinen sehr großen Umfang. Dementsprechend begrenzt waren auch ihre Folgen. Insbesondere kam es nicht jedes Jahr zu einer Preisinflation, d. h. zu einem Absinken des Geldwerts bzw. der Kaufkraft des Geldes. Der Wert des Geldes sinkt vor allem dann, wenn die Geldmenge *relativ* zur Gütermenge wächst. Das war im 19. Jahrhundert in vielen Ländern typischerweise nicht der Fall. Häufig verhielt es sich damals genau umgekehrt: Die Güterproduktion stieg relativ zur Geldproduktion. Somit fielen die Güterpreise, und der Geldwert wuchs an.

Diese Verhältnisse änderten sich etwa seit dem Ersten Weltkrieg. Seit jener Zeit wurde die Geldproduktion in den meisten Ländern dauerhaft so stark angehoben, dass sie die Güterproduktion und auch alle anderen Faktoren, die in Richtung fallender Güterpreise wirkten, überkompensierte. Es kam nun praktisch jedes Jahr zu Preisniveauerhöhungen. Jedes Jahr – mal mehr, mal weniger – stiegen die Güterpreise. Ein neues Zeitalter hatte begonnen: das Zeitalter der unablässigen Preisinflation.

Es versteht sich von selbst, dass diese Entwicklung im Wesentlichen den Entscheidungen der staatlichen Währungshüter zu verdanken ist. Die Geldscheine und die Kreditlinien bei den Zentralbanken fallen schließlich nicht vom Himmel. Eine ständige Erhöhung des Preisniveaus fällt immer und überall in den Verantwortungsbereich der Zentralbanken.

Natürlich gab es graduelle Unterschiede, zum Teil auch sehr große Unterschiede. In den sogenannten Hartwährungsländern wie Deutschland, den USA und der Schweiz war der Preisverfall kaum zu bemerken – es handelte sich hier um eine »schleichende Inflation«. Aber wenn man nach ein paar Jahrzehnten zurückblickt, ist der Wertverfall auch in diesen Ländern geradezu erschreckend. Wenn z. B. die Preise jedes Jahr auch nur um 2 Prozent steigen, liegt das Preisniveau nach 20 Jahren etwa 50 Prozent höher. Liegt der jährliche Preisanstieg bei 3 Prozent, so führt das nach 20 Jahren zu einem um 80 Prozent höheren Preisniveau. Die älteren Leser werden sich vielleicht noch an die geringen Preise erinnern, die sie 1950 oder 1970 für Brot, Milch und andere Lebensmittel bezahlt haben. Auch der Autor dieser Zeilen erinnert sich, dass die Lebensmittelpreise 1990 etwa bei der Hälfte ihrer gegenwärtigen Höhe lagen. Das ist die Folge der Geldproduktion durch die Zentralbanken.

Manchmal war der Wertverlust des Geldes nicht schleichend, sondern sprunghaft. Das war in Deutschland insbesondere im Hyperinflationsjahr 1923 der Fall. Damals hatte der Staat seine sehr umfangreichen Ausgaben (insbesondere zur Stützung der Bevölkerung des Ruhrgebiets im Generalstreik gegen die französischen und belgischen Besatzer) nicht durch Steuern und Neuverschuldung decken können, und er wollte keine Abstriche bei den Ausgaben hinnehmen. Die Reichsbank stellte die fehlenden Mittel per Notenpresse bereit. Die Folge war eine Explosion des Preisniveaus und die völlige Zerrüttung der Währung und der Wirtschaft.

Etwas anders lagen die Dinge in der nationalsozialistischen Regierungszeit. Die Nationalsozialisten hatten sich 1937–1945 der Notenpresse bedient, um ihre Kriegsausgaben zu finanzieren. Gleichzeitig hatten sie aber ein System von staatlich verordneten Höchstpreisen geschaffen, um zu verhindern, dass der Wertverlust der Mark offensichtlich werden würde. Das wiederum führte schnell zu einer blühenden Schattenwirtschaft, und der Staat sah sich daher veranlasst, Lebensmittel und andere Güter per Rationierungsverfahren den einzelnen Bürgern zuzuteilen.[148] Butter und Milch erhielt man per Lebensmittelkarte. Die nicht verwendbaren Geldscheine und Bankguthaben – der sogenannte »Geldüberhang« – wurden dennoch gehalten. Die Leute hofften, sie später wieder verwenden zu können, wenn nach dem Krieg die verordneten Preise wieder abgeschafft werden würden. Im Zuge der Währungsreform

148 Der ökonomisch geschulte Leser wird hier eine typische »Interventionsspirale« erkennen. Ein anfänglicher Staatseingriff (inflationäre Ausweitung der Geldmenge) führt zu ungewünschten Folgen, die dann mit weiteren Eingriffen bekämpft werden, woraus wiederum unerwünschte Konsequenzen entstehen usw. usf. Zur Theorie des Interventionismus und der Interventionsspiralen siehe weiterhin vor allem Mises, *Kritik des Interventionismus* (Darmstadt: Wissenschaftliche Buchgesellschaft, 1976 [1929]).

von 1948 wurde dieser Geldüberhang dann aber »abgeschöpft« – enteignet –, um zu verhindern, dass er bei freier Preisbildung die Preise stark nach oben trieb.[149]

Heute stehen wir in den größeren westlichen Ländern zum Glück noch nicht unmittelbar vor einer Wiederholung dieser Ereignisse. Wir haben im Moment eine schleichende Inflation, die sich in den nächsten Jahren auch gewiss verstärken wird, da die Zentralbanken zur Bekämpfung der Krise die Geldmengen kräftig erhöht haben. Unsere Zentralbanken und Regierungen haben es weiterhin in der Hand, eine Katastrophe wie 1923 oder 1948 zu verhindern. Aber selbst dann, wenn es nicht zu einer großen Währungskatastrophe kommt; selbst wenn die Preisinflation »schleichend« bleibt oder sogar ganz vermieden wird, zieht die Zwangsinflation einige sehr nachteilige Folgen mit sich, die wir in diesem Teil unseres Buches untersuchen wollen. Zur weiteren Einführung werfen wir jedoch zunächst noch einen kurzen Blick auf jenen Ökonomen der Wiener Schule, der zuerst die entscheidende Bedeutung der Zwangsinflation erkannt hatte.

149 Dabei wurden schätzungsweise zwischen 90 und 96 Prozent der in Bargeld und auf Bankkonten gehaltenen Ersparnisse enteignet. Vgl. Polleit & Prollius, *Geldreform*, S. 170 f.

Kapitel VII

Ludwig von Mises' Inflationskritik

Ausgehend von den Arbeiten der Currency-Schule hat Ludwig von Mises zu Anfang des 20. Jahrhunderts die Lehre von den Inflationsfolgen bzw. von der Geldpolitik in völlig neue Bahnen gelenkt. Wir wollen diese Entwicklung des Gedankengangs kurz nachzeichnen und anschließend den Mises'schen Denkansatz unter besonderer Berücksichtigung der Finanzmärkte fortentwickeln.

Die klassische Lehre von der Geldpolitik

Seit den Frühzeiten der politischen Ökonomie betrafen fast alle Überlegungen zu den schädlichen Folgen einer künstlichen Ausweitung der Geldmenge in erster Linie die sich daraus ergebenden Veränderungen der Verbraucherpreise. Azpilcueta in Spanien, Bodin in Frankreich und Davanzati in Italien haben in der zweiten Hälfte des 16. Jahrhundert den grundsätzlichen kausalen Zusammenhang zwischen Veränderungen der Geldmenge und Veränderungen des Preisniveaus hervorgehoben. Dabei wurde insbesondere betont, dass eine künstliche Ausweitung der Geldmenge tendenziell zu einem Steigen des Preisniveaus führt. Daraus wurden im Laufe der Zeit drei hauptsächliche Schlüsse gezogen.

Erstens wurden von Anfang an die *ungerechten Folgen* dieser Tendenz betont. Sie führe zu einer Bevorteilung der Schuldner, während die Gläubiger benachteiligt werden. Wenn die Preise steigen, hat das Geld, das ein Schuldner seinem Gläubiger zurückerstattet, eine geringere Kaufkraft als die gleiche Summe, die ihm zum früheren Zeitpunkt geliehen wurde. Die Gläubiger werden sozusagen zugunsten der Schuldner ausgeraubt.

Später kam man, zweitens, auf den Gedanken, dass diese ungerechte Wirkung keineswegs nur dann eintreten müsse, wenn die Geldmenge *künstlich* ausgeweitet wird. Auch eine *ganz normale* Vermehrung der Geldmenge, beispielsweise durch die Produktion von vollhaltigen Silber- und Goldmünzen, kann zu genau den gleichen Folgen führen. Mehr noch, diese Folgen können sogar selbst dann eintreten, wenn überhaupt kein Geld produziert wird, z. B. wenn die Umschlagshäufigkeit des Geldes steigt.

Daraus schloss man, drittens, dass nur durch politische Eingriffe ein Geld von konstanter Kaufkraft erzeugt werden kann. Bei natürlicher Geldproduktion würde das Geld nur ausnahmsweise seine Kaufkraft behalten. In der Regel würde sie entweder fallen oder steigen, meistens jedoch steigen. Das kann nur dadurch vermieden werden, dass man dem Markt ein Geld aufzwingt, dessen Menge möglichst leicht und schnell verändert werden kann, um das Preisniveau auf diese Weise immer wieder zu stabilisieren.

Diese Gedanken leiteten bereits die Überlegungen der klassischen Ökonomen, und sie sind bekanntermaßen nach wie vor aktuell. Nicht zuletzt bilden sie den Kern- und Angelpunkt der monetaristischen Lehre und der von ihr inspirierten Geldpolitik. Aus ihnen entspringt auch das Mandat der Europäischen Zentralbank, die die Verbraucherpreise der Eurozone innerhalb enger Bandbreiten stabilisieren soll.

Soweit wollten die klassischen Ökonomen seinerzeit nicht gehen. Die Währungsgeschichte bot ihnen viele warnende Beispiele für die Gefahren einer staatlichen Währungspolitik.[150] Sie befürchteten, dass die Einführung eines reinen Papiergeldes allen möglichen Missbräuchen Tür und Tor öffnen würde. Daher traten sie für Goldanbindung der Währung ein, voll wissend, dass sich dadurch das Ideal der Preisniveaustabilität nicht verwirklichen ließe.[151]

Heute sind wir um viele bittere Erfahrungen reicher, und alle diese Erfahrungen bestätigen die Vorbehalte von Adam Smith, David Ricardo und ihren Zeitgenossen.[152] Aber auch die grundsätzlichen theoretischen Einwände

150 Ein guter Überblick über diese frühen Erfahrungen findet sich in Richard Gaettens, *Inflationen: Das Drama der Geldentwertungen vom Altertum bis zur Gegenwart* (2. Aufl., München: Pflaum, 1955).

151 Vgl. insbesondere D. Ricardo, »Proposals for an Economical and Secure Currency« *Works and Correspondence* (Cambridge: Cambridge University Press, 1951–73), Bd. IV.

152 Bemerkenswerterweise sind die währungsgeschichtlichen Erfahrungen der letzten zwei Jahrhunderte – genau wie diejenigen früherer Zeiten – beinahe spurlos an der heute vorherrschenden, vermeintlich empirisch ausgerichteten Volkswirtschaftslehre vorbeigegangen. Das vielzi-

gegen eine staatliche Währungspolitik sind zahlreicher und sehr viel stärker geworden. Diese theoretische Arbeit geht nicht zuletzt auf Ludwig von Mises zurück, der in den 1920er-Jahren eine entscheidende Kehrtwende im geldpolitischen Denkansatz vollzog.

Ein ganz anderer Denkansatz

In der ersten Auflage seiner *Theorie des Geldes und der Umlaufsmittel* aus dem Jahre 1912 kreisten Mises' Gedanken – genau wie die seiner Vorgänger – noch ganz um das vermeintliche Ideal eines Geldes von stabiler Kaufkraft. Genau wie die klassischen Ökonomen lehnte er jedoch die Einführung eines reinen Zeichengeldes ab. Er pries die Goldwährung, und zwar genau wie Ricardo deshalb, weil sie die Möglichkeiten staatlicher Missbräuche weitestgehend einschränkt. Aber er brachte noch drei zusätzliche Erwägungen ins Spiel, die ebenfalls für die Goldwährung und gegen das Zeichengeld sprachen.[153] Zum einen wies er darauf hin, dass es praktisch unmöglich sei, Veränderungen des Geldwerts hinreichend genau zu bestimmen.[154] Zum anderen würde genau diese unvermeidliche Grauzone von mächtigen Lobby- und Interessengruppen ausgenutzt werden.

Vor allem jedoch unterstrich Mises, dass jedwede künstliche Geldvermehrung durch Zentral- und Geschäftsbanken einen Konjunkturzyklus in Gang setzt. Dies gelte insbesondere auch dann, wenn mit dieser Geldvermehrung eine Stabilisierung des Preisniveaus angestrebt wird. Die Verleihung zusätzlichen Geldes führe zu einer künstlichen Zinssenkung, und dadurch würden neue, »umwegige« Produktionsvorhaben *in Gang gesetzt*. Als Folge ergäbe sich, dass mit den vorhandenen Ressourcen nicht alle begonnenen Produktionsvorhaben auch *zu Ende geführt* werden könnten.[155]

---

tierte Werk von C. M. Reinhart und K. S. Rogoff, *This Time Is Different* (Princeton: Princeton University Press, 2009) ist eine löbliche Ausnahme. Hans-Hermann Hoppe hat dargelegt, dass das kein Zufall ist. Der sozialwissenschaftliche Positivismus erleichtere eine fast beliebige Hypothesenbildung. Vgl. Hoppe, *A Theory of Socialism and Capitalism* (Boston: Kluwer, 1989), Kap. 6.

153 Vgl. Mises, *Theorie des Geldes und der Umlaufsmittel* (1. Aufl., Leipzig: Duncker & Humblot, 1912), S. 287 f.

154 Der Erörterung dieses Punktes widmete er ein ganzes Kapitel seines Buches. Vgl. ebd. S. 214 ff.

155 Vgl. ebd., S. 428–431. Siehe auch unsere obigen Ausführungen in Kap. IV, »Billige Kredite»

In den folgenden Jahren erlebte Mises dann mit eigenen Augen die Kriegsinflation, die Hyperinflationen in Österreich (1922) und in Deutschland (1923), sowie die aus der Notenpresse finanzierten sozialistischen Experimente in Österreich und einigen anderen europäischen Ländern. Im Lichte dieser Erfahrungen machte er sich daran, die herkömmliche geldpolitische Argumentation nochmals gründlich zu überdenken.[156]

Bereits in der ersten Auflage von 1912 hatte er die seinerzeit noch allgemein gut bekannte Tatsache betont, dass jedwede künstliche Vergrößerung der Geldmenge zu einer Umverteilung der Einkommen und der Geldvermögen führen müsse. Die Erstempfänger des neuen Geldes können dieses Geld nämlich noch bei einem relativ niedrigen Preisniveau ausgeben, während die späteren Nutznießer – und insbesondere die letzten – eine Zeit lang bereits höhere Preise zu entrichten hätten, obwohl ihr eigenes Geldeinkommen noch nicht gestiegen sei. Diese Verteilungswirkungen der Geldproduktion sind heute unter dem Begriff »Cantillon-Effekte« bekannt, nach jenem Ökonomen, der sie im 18. Jahrhundert als Erster untersuchte.[157]

In der zweiten Auflage von 1924 fügte Mises nun drei entscheidende Überlegungen hinzu. Erstens hob er hervor, dass *gerade auch eine auf Geldwertstabilisierung angelegte Politik* zu einer solchen Umverteilung zwischen Erstempfängern und Spätempfängern des zusätzlichen Geldes führen müsse. Sie könne somit im besten Fall die ungerechte Umverteilung zwischen Gläubigern und Schuldnern verhindern; aber gerade indem sie dies mache, schaffe sie eine neue Umverteilung.[158] Zweitens betonte Mises, dass eine Umverteilung zwischen Gläubigern und Schuldnern auch ohne geldpolitische Interventionen verhindert werden

156 Vgl. Hülsmann (Hg.), *Theory of Money and Fiduciary Media* (Auburn, Ala.: Mises Institute, 2012), Kap. 1.

157 Vgl. Richard Cantillon, *Abhandlung über die Natur des Handels im allgemeinen* (Jena: Fischer, 1931).

158 Die diesbezüglichen Ausführungen unterbreitete er insbesondere im Zusammenhang mit seiner Erörterung des Fisher-Plans zur Stabilisierung der Kaufkraft des Geldes. Vgl. Mises, *Theorie des Geldes und der Umlaufsmittel* (2. Aufl., Leipzig: Duncker & Humblot, 1924), S. 411–417; ders., *Geldwertstabilisierung und Konjunkturpolitik* (Jena: Fischer, 1928), S. 23–30. Der Fisher-Plan verdankte seine Popularität dem Umstand, dass er einen Ausweg aus den preisdeflationären Tendenzen wies, die infolge der erneuten Einführung eines internationalen Goldstandards zu erwarten waren. Mises wies nach, dass der Plan bei *langfristigen* Kreditgeschäften wegen der mangelnden Vergleichbarkeit der Preise gänzlich undurchführbar, bei *kurzfristigen* dagegen überflüssig sei. Außerdem biete er keinerlei Schutz gegen den politischen Missbrauch der Geldschöpfung.

kann – und in der Praxis auch verhindert wird. Veränderungen des Geldwerts bzw. des Preisniveaus führen nicht an und für sich bereits zu einer Verteilungsungerechtigkeit. Dies gilt insbesondere für diejenigen Fälle, in denen solche Veränderungen abzusehen sind (relativ gleichmäßige Inflation oder relativ gleichmäßige Deflation), da sie von den Vertragspartnern berücksichtigt werden können.[159] Drittens sei ein stabiles Niveau der Geldpreise für praktische Entscheidungen ziemlich unerheblich. Ein Unternehmer kauft und verkauft nicht zum Preisniveau, sondern zu konkreten Einkaufs- und Verkaufspreisen. Ihn interessiert nicht so sehr die allgemeine Höhe der Preise, sondern das konkrete *Preisgefüge*. Aber dieses Gefüge wird durch den Marktprozess ständig verändert, und es verändert sich auch dann, wenn das Preisniveau gemäß dem offiziellen Warenkorb stabil bleibt. Daher kann man keineswegs behaupten, dass eine Geldart umso besser sei, je stabiler ihre Kaufkraft ist. Ein Geld von vollkommen stabiler Kaufkraft ist keineswegs ein besonders vollkommenes Geld.

Mit diesen Überlegungen revolutionierte Mises die ganze Art und Weise, über Inflation und Geldpolitik nachzudenken. Seiner zentralen Einsicht nach ist es sinnlos, durch staatliche Eingriffe ein Geld von vollkommen stabiler Kaufkraft anzustreben. Genauso sinnlos ist es folglich auch, dem Markt irgendwelche künstliche Geldarten aufzuzwingen. *Nur* zum Zweck der Geldwertstabilisierung haben Ricardo und viele andere Ökonomen die Einführung von Papiergeld schließlich überhaupt in Erwägung gezogen.

Sicherlich ist ein *relativ* stabiler Geldwert unerlässlich zum nutzbringenden Geldgebrauch. Aber der Geldwert wäre auch ohne besondere Eingriffe durch staatliche Zentralbanken und andere Währungsbehörden relativ stabil. Denn in einer halbwegs wettbewerblichen Geldordnung würden die Marktteilnehmer nur solche Geldarten benutzen, deren Wert voraussichtlich wenig fällt bzw. sogar steigt. Historisch gesehen war das der Fall. Im 19. Jahrhundert blieben die Preise gerade in den Ländern relativ stabil, in denen es besonders wenig staatliche Eingriffe gab. In diesen Ländern gab es sogar eine leichte Tendenz zu einem fallenden Preisniveau bzw. steigendem Geldwert.

Mises' Überlegungen entwickelten sich aber auch noch in eine andere Richtung. Während er in der ersten Auflage seiner *Theorie des Geldes und der Um-*

159 Vgl. ebd., S. 184.

laufsmittel die These vertrat, dass Preisinflationen genauso unerwünscht seien wie Preisdeflationen, kam er nun zu dem Schluss, dass eine inflationäre Entwicklung um einiges schädlicher sei als eine deflationäre. Denn eine Preisinflation führt zum Kapitalkonsum und somit letztlich zu einer relativen Verarmung der Gesellschaft. Insbesondere verringert sie die Anreize zum Sparen, sodass weniger Mittel für Investitionen zur Verfügung stehen.[160] Aber sie verzerrt auch die betriebliche Rechnungslegung, da nun Scheingewinne berechnet werden. Es werden dann zu hohe Gewinne ausgeschüttet und verbraucht, und auch aus diesem Grunde schrumpft somit die Kapitalbasis der Gesellschaft.[161]

In diesem Lichte besehen müssen Geldpolitik und Geldtheorie völlig neu ausgerichtet werden. Die Sorge um die Feinsteuerung des Geldwerts ist letztlich unberechtigt. Die eigentlich zentrale Frage lautet vielmehr, wie man preisinflationäre Fehlentwicklungen und politischen Missbrauch unterbinden kann. Im Jahr 1924 antwortet Mises, dass zu diesem Zweck der Wettbewerb das wirksamste Mittel ist. Er begrenzt die Missbräuche des Geldwesens durch Private und vor allem durch den Staat. In seinen Worten:

> *Böse Erfahrungen mit Banknoten, die wertlos geworden waren, weil sie nicht eingelöst wurden, haben zur Beschränkung des Notenausgaberechtes auf einige wenige privilegierte Anstalten geführt. Doch die Erfahrungen, die man mit der staatlichen Reglementierung des Notenbankwesens gemacht hat, sind unvergleichlich ungünstiger als es die waren, die man mit der Bankfreiheit gemacht hat. Was bedeuten alle Zusammenbrüche von Noten- und Girobanken, die die Geschichte kennt, wenn man sie dem Ausgang des deutschen Notenbankwesens gegenüberhält? Alles, was gegen das System der Bankfreiheit vorgebracht wurde, verblasst gegenüber dem, was heute gegen das System der staatlichen Regelung des Notenbankwesens einzuwenden ist. Die etatistischen Argumente, die seinerzeit gegen die Freiheit der Notenausgabe vorgebracht wurden, haben für uns alles Gewicht verloren; wie überall, so hat auch auf dem Gebiete des Bankwesens der Etatismus versagt.*[162]

160 Vgl. Mises, *Theorie des Geldes und der Umlaufsmittel* (2. Aufl., 1924), S. 204 f.

161 Vgl. ebd., S. 187–189. Er hatte diese Zusammenhänge bereits drei Jahre zuvor in einer anderen Schrift erörtert. Vgl. Mises, *Nation, Staat und Wirtschaft* (Vienna: Manz, 1919).

162 Ebd., S. 406.

In der Staatsfinanzierung per Notenpresse erkannte Mises nun einen klaren Akt der Tyrannei. Sie wird zum »wichtigsten psychologischen Hilfsmittel einer Wirtschaftspolitik, die ihre Folgen zu verschleiern sucht. Man kann sie in diesem Sinne als ein Werkzeug nicht volkstümlicher, das ist antidemokratischer Politik bezeichnen, da sie durch Irreführung der öffentlichen Meinung einem Regierungssystem, das bei offener Darlegung der Dinge keine Aussicht auf die Billigung durch das Volk hätte, den Fortbestand ermöglicht.«[163]

Die grundsätzliche Frage der Geldpolitik lautet demnach, ob der Staat überhaupt eine Rolle im Geldwesen spielen solle. Daraus leitet sich eine Reihe untergeordneter Fragen ab. Wie funktioniert eine rein privatwirtschaftliche Geldordnung? Welche Vor- und Nachteile hat sie gegenüber den verschiedenen Formen des geldpolitischen Interventionismus? Welches sind die wirtschaftlichen sozialen und kulturellen Folgen eines staatlichen Währungssystems? *Dies* sind die neuen Fragen, die Mises auf die Tagesordnung brachte.

Die Bedeutung dieser Wende im Denkansatz kann kaum genug unterstrichen werden. Mises und die von ihm inspirierten Ökonomen haben diesen Denkansatz allerdings vornehmlich auf die traditionellen Kerngebiete der Nationalökonomie angewendet. Sie haben die Auswirkungen der Zwangsinflation auf die Produktion, die Verteilung und den Konsum von Verbrauchsgütern studiert. Der Bereich der Finanzmärkte wurde von ihnen – wie von den meisten Ökonomen – weitgehend außer Acht gelassen. Wir wollen diese Lücke in den nächsten Kapiteln schließen.

163 Ebd., S. 208.

Kapitel VIII
Blasenwirtschaft

In unserem heutigen Zwangsgeldsystem erfahren die Finanz- und Immobilienmärkte (nachfolgend zusammenfassend Vermögensmärkte genannt) eine künstliche Aufblähung bzw. ein wucherndes Wachstum. Dies macht sich vor allem dadurch bemerkbar, dass die Vermögensmärkte stärker wachsen als die Faktor- und Konsumgütermärkte. Außerdem kommt es zu einer stärkeren Konzentration der Vermögensverteilung.

Das liegt erstens daran, dass die Geldschöpfung auf dem Kreditweg erfolgt; zweitens daran, dass die Geldschöpfung so weit getrieben wird, dass es zu einer ständigen schleichenden Preisinflation kommt; und drittens daran, dass die Geldschöpfung zum Vorteil bestimmter Gruppen betrieben wird, welche daher zu unverantwortlichem Handeln (*moral hazard*) verführt werden. Durch den letztgenannten Umstand kommt es außerdem zu einer Überdehnung des Gesamtsystems, das mit den vorhandenen Ressourcen nicht dauerhaft erhalten werden kann. Dieser Zusammenhang wird durch eine Politik der Preisniveaustabilisierung sogar noch verstärkt. Nachfolgend wollen wir diese Zusammenhänge im Einzelnen darlegen. Wir schließen mit einer Erörterung der Gewinner und Verlierer der wuchernden Vermögensmärkte.

Bankmäßige Geldschöpfung und die Vermögensmärkte

Unser staatliches Zwangsgeldsystem würde auch dann zu einem überproportionalen Wachstum der Finanz- und Immobilienmärkte führen, wenn es nicht zu ständigen Preiserhöhungen käme. Das liegt daran, dass das Geld dem Markt hier *als Kredit* zur Verfügung gestellt wird.

Das muss nicht unbedingt so sein, und historisch gesehen war es auch nicht immer so. Bis zur Mitte des 19. Jahrhunderts haben die »Zettelbanken« ihre Noten dem Landesherrn bzw. dem Staat z. T. auch kostenlos und permanent überlassen. Statt die Banknoten zu verleihen, haben sie sie sozusagen verschenkt.[164] Die Entwicklung in Richtung der heutigen Praxis der rein »bankmäßigen« Geldschöpfung begann dann im Vereinigten Königreich mit dem *Peel's Act* aus dem Jahre 1844. Sie hat sich schon seit langer Zeit überall in der westlichen Welt durchgesetzt. Neues Geld wird von den Zentralbanken heute nicht verschenkt, sondern grundsätzlich verliehen.[165]

Kredite werden in der Regel besichert. Immobilienkredite an Privathaushalte werden durch eine Hypothek auf die erworbenen Häuser und Grundstücke abgesichert. Auch die mittel- bis langfristige Unternehmensfinanzierung wird häufig durch die Immobilien der betreffenden Firmen besichert. Den gleichen Zweck erfüllen häufig auch Wertpapiere wie Staatsanleihen, Schatzbriefe, Aktien und Wechsel. Vor der gegenwärtigen Finanzkrise haben sich die Geschäftsbanken einander auch unbesichertes Geld geliehen – auf dem sogenannten Interbankenmarkt –, aber dieser Brauch ist zum Erliegen gekommen. Heute leihen sie einander zumeist nur dann noch, wenn Wertpapiere oder Gold zur Besicherung hinterlegt werden. Genauso wird auch bei Krediten von den Zentralbankkrediten an die Geschäftsbanken verfahren. Die technischen Einzelheiten sind zwar zum Teil recht verschieden, aber das Prinzip bleibt stets das Gleiche.

Immobilien eignen sich zur Kreditbesicherung vor allem dadurch, dass sie relativ wenig anfällig für wertmindernde Veränderungen sind. Sie können

164 Die gegenwärtige Finanzkrise hat zu einem Aufleben der Diskussion um das Für und Wider der Geldschöpfung per Schenkung geführt. In den USA wurde Ende 2012 der Vorschlag gemacht, dass das Finanzministerium einfach eine Platinmünze vom Nennwert einer Billion Dollar prägen sollte, die danach bei der Zentralbank zum entsprechenden Betrag eingelöst werden könnte. In Frankreich empfahl die Präsidentschaftskandidatin Marine Le Pen, die Banque de France wieder aus dem Eurosystem herauszulösen und vollkommen zu verstaatlichen, um sie in die Lage zu versetzen, die staatlichen Ausgaben direkt aus der Notenpresse zu finanzieren.

165 An dieser Stelle könnte man einwenden, dass das aus dem Nichts geschöpfte Geld zumindest teilweise verschenkt wird. Die zusätzlichen Kredite finden schließlich nur dadurch Abnehmer, dass sie zu besseren Bedingungen verliehen werden. Wenn die Zentralbanken Geld schöpfen und dieses neue Geld verleihen, unterbieten sie somit notwendigerweise die Kreditbedingungen – Zinssatz, Sicherheiten, Laufzeit usw. –, die ohne ihr Einwirken herrschen würden. Aber auch diese Geschenkkomponente ändert nichts am Grundsatz der bankmäßigen Geldschöpfung. Die Erstverwender der neuen Geldsummen müssen die entsprechenden Beträge früher oder später zurückerstatten, und sie müssen auf den geliehenen Betrag auch Zinsen entrichten. Anders gesagt handelt es sich also nicht um reine Geschenke, sondern um Kredite mit einer Geschenkkomponente.

auch nicht einfach entwendet und außer Landes verschleppt werden.[166] Das trifft auf Wertpapiere natürlich nicht zu. Aber auch sie eignen sich sehr gut zur Kreditbesicherung, weil sie nämlich auch bei sehr großen Summen relativ kostengünstig verwaltet und weiterverkauft werden können.

Die meisten anderen Vermögensgegenstände können keine vergleichbaren Vorteile aufweisen.[167] Das betrifft insbesondere auch die Posten des unternehmerischen Betriebsvermögens. Anlagen, Maschinen und Werkzeuge sind häufig nicht allgemein verwendbar, sondern auf eine bestimmte Produktgruppe zugeschnitten. Für solche Güter gibt es keinen nennenswerten Sekundärmarkt. Auch wenn ihre Anschaffung viele Millionen und vielleicht auch Milliarden gekostet haben mag, können sie mitunter auch im Neuzustand nur zum Schrottwert veräußert werden. Solche Güter sind für die Kreditbesicherung somit völlig ungeeignet.

Daraus ergibt sich nun folgende Lage: Die Geldproduktion per Kredit erhöht die Nachfrage nach Immobilien und Wertpapieren über das Niveau hinaus, das sich in einer natürlichen Geldordnung einstellen würde. Diese Güter werden nicht nur wegen ihrer unmittelbaren Dienste begehrt, sondern auch deshalb, weil sie den zusätzlichen Dienst der Kreditbesicherung in hervorragender Weise leisten. Sicherlich würde diese kredittechnische Nachfrage auch in einer natürlichen Geldordnung eine gewisse Rolle spielen, denn auch hier gäbe es Kredite, die zu besichern wären. Aber in einem Zwangsgeldsystem, in dem die Geldschöpfung per Kredit erfolgt, wird diese Nachfrage vervielfacht.

Als Folge ergibt sich, dass die Marktpreise von Immobilien und Wertpapieren in einem Zwangsgeldsystem mit bankmäßiger Geldschöpfung höher sind als in einem natürlichen Währungssystem. Immobilienpreise spiegeln nicht nur den persönlichen Nutzen der betreffenden Objekte für ihre Eigentümer wider; Wertpapierpreise ergeben sich nicht nur aus ihrem Risiko und erwarte-

166 Gerade diese Immobilität kann allerdings auch ein gewaltiger Nachteil sein. Wenn der Staat zu einer konfiskatorischen Besteuerung der Vermögen ansetzt, können Wertpapiere und andere mobile Vermögensgegenstände diesem Zugriff u. U. entzogen werden. Gleiches gilt nicht für Immobilien.

167 Auf den besonderen Fall der Edelmetalle – insbesondere Gold – werden wir später gesondert zu sprechen kommen.

ten Ertrag.[168] In beiden Fällen enthalten die Preise auch eine Prämie, die den Geldwert der Kreditbesicherung widerspiegelt. Entsprechend geringer ist auch die Vergütung einer Kapitalanlage in diesen Gütern. Durch den Kauf von Immobilien und Wertpapieren werden tendenziell geringere Erträge (Zinsen bzw. Dividenden) erzielt als durch den Kauf von industriellen Produktionsfaktoren.

Diese Zusammenhänge werden durch zwei Umstände noch weiter verstärkt.

Zum einen erhöht die kredittechnische Nachfrage auch die Marktgängigkeit bzw. Liquidität der betreffenden Vermögensgüter. Es wird ohne großen Aufwand möglich, für sie von heute auf morgen Käufer zu finden, die sie ohne nennenswerte Preisnachlässe abnehmen. Größere Liquidität bedeutet aber eine höhere Qualität der Vermögensgüter bzw. ein geringeres Risiko für den Investor. Daraus entspringt eine abermalige Verstärkung der Nachfrage.

Zum anderen bedeuten höhere Preise für Vermögensgüter eine größere *Verschuldungsfähigkeit* der Eigentümer dieser Güter. Wer wertsteigende Immobilien und Wertpapiere besitzt, der kann auch größere Kreditsummen besichern. Seine Zahlungsversprechen haben somit eine bessere Qualität als zuvor, und auch dies führt tendenziell zu einer erhöhten Nachfrage nach seinen Zahlungsversprechen.[169]

Die vorstehenden Überlegungen sind nicht lediglich eine Beschreibung der Nachfrageseite des Marktes, die noch durch eine Untersuchung der besonderen Einflusse, die die Angebotsseite betreffen, ergänzt werden müsste. Nur bei Gütern, die arbeitsteilig produziert werden, können die Bestimmungsgründe von Angebot und Nachfrage immer streng unterschieden werden. Insbeson-

168 Viele Ökonomen und Finanztheoretiker verstehen unter dem Risiko einer Anlage die statistische Wahrscheinlichkeit, dass der Ertrag von einem bestimmten als normal angesehenen Wert abweicht. Dieser Denkansatz leidet unter zahlreichen theoretischen und praktischen Schwierigkeiten; z. B. unter dem Problem, einen »normalen« Wert zu bestimmen. Wir wollen Risiko daher in einem weiteren Sinne verstehen, und zwar als die Wahrscheinlichkeit, dass in der Zukunft ein bestimmtes (aus Sicht der handelnden Person unerwünschtes) Ereignis eintritt. Diese Definition ist zwar recht vage, aber jedenfalls verständlich und nicht offensichtlich falsch. Ein zukünftiges Ereignis ist nur wahrscheinlich (und nicht bekannt), wenn die Kenntnis seiner Ursachen unvollkommen ist. Vgl. ausführlicher Mises, *Human Action*, a. a. O., Kap. VI.

169 Eine höhere Verschuldungsfähigkeit der Eigentümer von Vermögensgütern bedeutet zwar eine Verbesserung, aber keine *Vermehrung* des Angebots an Zahlungsversprechen.

dere sind in diesem Fall die Verkäufer in der Regel nicht selber am Gebrauch ihrer Produkte interessiert; sie möchten in erster Linie ein Geldeinkommen erzielen. Beispielsweise will ein Autofabrikant typischerweise *alle* seine Fahrzeuge verkaufen; er hat keinen Bedarf an einem persönlichen Fuhrpark von mehreren Millionen Limousinen. Anders liegen die Dinge bei Vermögensgütern. Hier kommen auf Angebots- und Nachfrageseite in der Regel letztlich die gleichen Ursachen ins Spiel. Wenn die Nachfrage nach solchen Gütern aus kredittechnischen Gründen steigt, so betrifft das nicht nur die interessierten Käufer, sondern auch die momentanen Eigentümer. Beide Gruppen schätzen das Gut dann mehr als zuvor. Der potenzielle Käufer ist bereit, einen höheren Preis zu bezahlen, aber der Verkäufer verlangt auch einen höheren Preis, und zwar aus genau den gleichen Gründen.[170]

Dieser Zusammenhang ist bei Wertpapieren besonders deutlich, weil Wertpapiere *reine* Vermögensgüter sind. Im Fall von Immobilien (anbaufähiges Land, Straßen, Brücken, Gebäude usw.) stehen die Dinge schon etwas anders, weil sie *auch* arbeitsteilig produziert werden. Hier gibt es eine jährliche Produktion, die den Bestand erhöht und dadurch die relative Knappheit dieser Güter verringert. Diese Produktion wird durch höhere Immobilienpreise natürlich angetrieben, und dies drückt auf die Preise. Im Fall der Immobilien fällt die oben erörterte Tendenz zur Preissteigerung somit geringer aus als im Fall der Wertpapiere.

Fassen wir zusammen. Geldproduktion per Kredit erhöht die Nachfrage nach Vermögensgütern, weil Letztere den Dienst der Kreditbesicherung in hervorragender Weise leisten. Die Marktpreise dieser Güter sind in einem Zwangsgeldsystem mit bankmäßiger Geldschöpfung höher als in einem natürlichen Währungssystem, und eine Kapitalanlage in diesen Gütern erwirtschaftet dementsprechend niedrigere Erträge. Diese Tendenzen werden im Fall von Immobilien durch eine vermehrte Produktion teilweise ausgeglichen.

Woher kommen nun die zusätzlichen Geldsummen, die auf den Vermögensmärkten getauscht werden? Wenn für Immobilien und Wertpapiere höhe-

170 Die Eigentümer üben sozusagen selber eine Nachfrage aus. In der (auf Philip Wicksteed zurückgehenden) Literatur wird dabei von einer Reservierungsnachfrage bzw. Besitznachfrage (*demand to hold*) der gegenwärtigen Eigentümer gesprochen (im Gegensatz zur »Marktnachfrage« seitens der potenziellen Käufer). Vgl. Rothbard, *Man, Economy, and State*, a .a. O., Kap. 2, Abschnitt 8.

re Preise bezahlt werden, muss das Geld schließlich irgendwo herkommen. Wenn die Geldmenge nicht steigt, so kann die besagte Prämie für Immobilien und Wertpapiere nur dadurch bezahlt werden, dass an anderer Stelle gewisse Einschränkungen vorgenommen werden. Also müssen entweder die Geldhorte schrumpfen oder die Konsumausgaben fallen, oder es muss der Kauf von industriellen Produktionsfaktoren zurückgehen; oder alles gleichzeitig. *Selbst wenn* die kredittechnische Prämie in voller Höhe durch schrumpfende Geldhorte finanziert wird, schrumpfen somit die Geldwerte der Konsumgüter und der Produktionsfaktoren relativ zu den Geldwerten der Vermögensgüter. In allen anderen Fällen ist diese Gewichtsverschiebung nur umso stärker.

Mit anderen Worten wird das Verhältnis zwischen Einkommen und Vermögen verschoben. Der Geldwert der Vermögensgüter steigt im Vergleich zu den Geldeinkommen. Das bedeutet insbesondere, dass länger gearbeitet werden muss, um Immobilien und Firmenanteile zu erwerben.

Dieser Zusammenhang besteht ganz unabhängig von der Frage, wie weit die Geldschöpfung getrieben wird. Wenn die Währungsbehörden das Preisniveau der *Konsumgüter* stabilisieren wollen, müssen sie bei zunehmender Ersparnisbildung die Geldmenge erhöhen, um ein Absinken der Konsumausgaben zu verhindern. Aber dann steigt der Geldwert der Vermögensgüter nur umso stärker. Auch wenn die Geldpolitiker ein weiter gefasstes Preisniveau (einschließlich der Preise von Vermögensgütern wie Immobilien und Wertpapieren) stabilisieren wollen, ändert sich nichts an dem soeben besprochenen Zusammenhang. Stets steigen die Preise der Vermögensgüter *relativ zu* den Konsumgüterpreisen und zu den Preisen der Produktionsfaktoren. Selbst wenn es somit eine Zentralbank geben sollte, die das Ziel stabiler Verbraucherpreise mit äußerster Entschlossenheit und großem Geschick verfolgt, so könnte auch sie nicht verhindern, dass es aus den genannten Gründen zu einem wuchernden *relativen Wachstum* der Immobilien- und Wertpapiermärkte käme.

In der Praxis gibt es solche Zentralbanken allerdings nicht. Im wirklichen Leben haben alle Zentralbanken die Geldmenge so stark aufgebläht, dass das Preisniveau ständig gestiegen ist. Sie beabsichtigen noch nicht einmal, das Preis*niveau* zu stabilisieren. Sie wollen lediglich *den Prozentsatz, um den sich das Preisniveau jahrein, jahraus erhöht*, stabilisieren. Damit ist der Werteverfall des Geldes vorprogrammiert.

Nun ist es richtig, dass das Preisniveau möglicherweise auch ohne Eingriffe des Staates bzw. der Zentralbanken ständig steigen könnte. Auch bei völlig freiem Währungsmarkt wäre es beispielsweise denkbar, dass die Ergiebigkeit der Silber- und Goldminen so stark ansteigt, dass ihre Geldproduktion alle anderen gegenläufigen Faktoren überkompensiert, sodass mehr oder weniger alle Preise ständig steigen. Das ist denkbar, wenn auch sehr unwahrscheinlich. Dennoch wollen wir zunächst genau diesen Fall unterstellen und erst anschließend zu der realistischeren Annahme übergehen, dass die Geldmengenerhöhung durch staatliche Eingriffe bzw. Eingriffe der Zentralbank zustande kommt. Auf diese Weise können wir die besonderen Wirkungen, die einer künstlichen Erhöhung der Geldmenge entspringen, besser ins Auge fassen.

Die Vermögensmärkte bei natürlicher Preisinflation

Eine ständige Preisinflation bewirkt ein wucherndes Wachstum der Vermögensmärkte, und zwar ganz unabhängig von der konkreten Ursache der Preisinflation.[171] Ständige Preisinflation führt insbesondere zu einer höheren Nachfrage nach Vermögensgütern, weil es dann *nicht ratsam ist, irgendwelche Ersparnisse in der Geldkasse zu behalten.* Wer hortet, verliert die Kaufkraft, die er sich in der Vergangenheit abgespart hat. Nun gibt es im Wesentlichen zwei Möglichkeiten, diesen Verlust zu vermeiden. *Entweder* spart man gar nicht, sondern gibt sein Geld lieber gleich für schöne Reisen, schnelle Autos, schöne Kleider und andere Konsumgüter aus. *Oder* man schlachtet das noch magere Sparschwein und kauft Güter mit eingebautem Inflationsschutz. Dazu zählen (a) solche Güter, deren Geldwert mit der Preisinflation steigt, und (b) Anlagen, deren Ertrag uns für die Preisinflation zumindest teilweise entschädigt. Man kauft also insbesondere Immobilien und Wertpapiere.

Heute ist genau dieses Verhalten vorherrschend. Unter dem Stichwort »Flucht in die Sachwerte« ist es wohlbekannt, auch wenn es sich nicht immer um eine panikartige Flucht handelt, sondern in der Regel um einen geordneten

171 Das wäre auch dann der Fall, wenn die Geldschöpfung nicht bankmäßig, sondern durch kostenlose Übertragungen bzw. Geschenke erfolgte. In der heutigen Lage wirken beide Mechanismen zusammen und verstärken sich gegenseitig.

Übergang. Es erscheint uns dermaßen selbstverständlich, dass es kaum der Rede wert ist. Sparschweine sind für kleine Kinder. Wer als Erwachsener im wahrsten Sinne des Wortes Geld spart, ist ein Einfaltspinsel, jedenfalls aber ökonomischer Banause, der nie auf einen grünen Zweig kommen wird. Der springende Punkt besteht allerdings darin, dass diese lieben Gewohnheiten eine mehr oder weniger direkte Folge der ständigen Preisinflation sind. Nur deshalb ist es ratsam, möglichst keine größeren Geldsummen bar zu halten. Wer sparen will, sollte besser investieren; er sollte Immobilien oder Wertpapiere kaufen. Bei schleichender Inflation kommt es somit vermehrt zur Anlage auf verzinsten Sparbüchern, in Lebensversicherungen u. Ä.[172] Die Nachfrage nach solchen Zahlungsversprechen steigt. Mit anderen Worten wird das *Sparangebot in der Kreditwirtschaft erweitert.*

Eine ebensolche Erweiterung ergibt sich auf der Nachfrageseite, wenn auch aus anderen Gründen. Wenn das Preisniveau ständig steigt, und wenn auch für die Zukunft immer weitere Steigerungen erwartet werden, so ergeben sich daraus starke Anreize zur Verschuldung. Der Grund liegt darin, dass die Verschuldung in einem preisinflationären Umfeld die Möglichkeit zur Erhöhung – und bisweilen zur Vervielfachung! – des Vermögens bietet. Ökonomen nennen dies den Hebeleffekt der Verschuldung. Diesen Effekt machen sich Firmen ebenso zunutze wie die privaten und öffentlichen Haushalte.

Firmen können in einem Umfeld schleichender Preisinflation erwarten, dass sie ihre Produkte künftig zu höheren Stückpreisen absetzen können, und zwar bei unveränderter oder sogar steigender Absatzmenge. Daraus entsteht ein geradezu unwiderstehlicher Anreiz zu Erweiterungsinvestitionen, die per Kredit finanziert werden. Solange die Kreditkosten niedriger sind als die Erträge dieser Investitionen, kann durch die Verschuldung eine höhere Vergütung des Eigenkapitals erzielt werden.

Da es sich hier um einen ganz zentralen Mechanismus handelt, wollen wir ihn mit einem Zahlenbeispiel veranschaulichen. Nehmen wir an, eine Firma kaufe jahrein, jahraus Produktionsfaktoren im Wert von 50 Millionen Euro,

172 Das gilt allerdings nur, solange die Preisinflation relativ schwach ausgeprägt ist. Bei starker Inflation werden die Sparer leicht entmutigt und entschließen sich dazu, ihr Einkommen und ihr Geldvermögen doch lieber gleich zu konsumieren. Das bedeutet dann eine Verringerung der Angebotsseite der Kreditwirtschaft.

mit deren Hilfe sie Produkte erzeugt, deren anschließender Verkauf zu einem erwarteten Umsatz von 52,5 Millionen Euro führt. Sie erzielt somit einen Bruttoertrag von 2,5 Millionen Euro, und die Bruttorendite ihrer Produktion beträgt 5 Prozent. Genauso hoch sind auch die Kosten auf dem Kreditmarkt. Für Zins und Tilgung müsste sie 5 Prozent der Kreditsumme begleichen. Also besteht für sie kein besonderer Anreiz zur Verschuldung.

Nun werden auf einmal große zusätzliche Geldmengen produziert (z. B. infolge der Entdeckung einer sehr ergiebigen Silbermine), und die Firma erwartet daher, künftig höhere Stückpreise für ihre Produkte zu erzielen. Sie erwägt eine Erweiterung ihrer Produktion. Demnächst sollen Produktionsfaktoren im Wert von 100 Millionen Euro gekauft werden und der Umsatz soll auf 110 Millionen Euro steigen. Das würde einen Bruttoertrag von 10 Millionen Euro bedeuten, und die Bruttorendite ihrer Produktion stiege somit auf 10 Prozent.

Sie kann die Investitionssumme von 100 Millionen Euro durch eine beliebige Mischung aus Eigenkapital und Krediten finanzieren. *Wenn sie sich nun weiterhin zu 5 Prozent verschulden kann*, so hat die jeweilige Mischung von Eigenkapital und Krediten großen Einfluss auf den Nettoertrag bzw. auf die Eigenkapitalrendite. Betrachten wir diesen Zusammenhang unter vier hypothetischen Finanzierungsszenarien, die wir in der nachfolgenden Tabelle zusammenfassen wollen.

Wenn die Finanzierung ausschließlich durch Eigenkapital erfolgt (Szenario I), so ist die Eigenkapitalrendite genauso hoch wie die Rendite, die durch die Produktion erzielt wird, nämlich 10 Prozent. Durch Kreditfinanzierung wird dieses Ergebnis verbessert, und zwar weil die Kreditkosten nun auf einmal niedriger sind als die Rendite, die durch die Produktion erzielt wird. Dabei fällt die Eigenkapitalrendite umso stärker aus, je höher der Verschuldungsgrad ist. Im Szenario II werden 60 Millionen Euro per Kredit finanziert und 40 Millionen durch Eigenkapital. Dadurch sinkt zwar der Nettoertrag auf 7 Millionen Euro (denn 3 Millionen mussten für Zins und Tilgung vom Bruttoertrag abgezogen werden), aber die Eigenkapital*rendite* steigt, denn jene 7 Millionen sind die Vergütung eines Eigenkapitals von nur noch 40 Millionen Euro. Im Szenario III ist der Verschuldungsgrad noch höher, und entsprechend steigt auch die Eigenkapitalrendite. Szenario IV schließlich zeigt den scheinbar extremen Fall, in dem lediglich 1 Million Euro Eigenkapital eingesetzt werden, während die restliche Investitionssumme von 99 Millionen Euro per Kredit finanziert wird. In diesem Fall sinkt der Nettoertrag der Firma auf etwas mehr als 5 Millionen Euro; aber diese Summe vergütet wie gesagt ein Eigenkapital von nur noch 1 Million. Mit anderen Worten beträgt die Eigenkapitalrendite in diesem Fall 500 Prozent!

	I	II	III	IV
Umsatz	110 M€	110 M€	110 M€	110 M€
Investitionen	100 M€	100 M€	100 M€	100 M€
Bruttoertrag vor Kreditdienst	10 M€	10 M€	10 M€	10 M€
Bruttoinvestitionsrendite	10 %	10 %	10 %	10 %
Eigenkapital	100 M€	40 M€	10 M€	1 M€
Kredite	0	60 M€	90 M€	99 M€
Kreditkosten (Zins und Tilgung)	5 %	5 %	5 %	5 %
Kreditdienst	0	3 M€	4,5 M €	5 M€
Nettoertrag nach Kreditdienst	10 M€	7 M€	5,5 M€	5 M€
Eigenkapitalrendite	10 %	17,5 %	55 %	500 %

Tab. 6: Hebeleffekt der Verschuldung auf die Eigenkapitalrendite

Solange die Kreditkosten niedriger sind als die Rendite, die durch die Produktion erzielt wird, führt ein wachsender Verschuldungsgrad zu wachsenden Eigenkapitalrenditen. Dieser Hebeleffekt ist aber nicht linear, sondern exponentiell. Eine gleichmäßige Erhöhung des Verschuldungsgrads führt zu immer stärkeren Erhöhungen der Eigenkapitalrendite.

Ähnlich stellt sich die Lage aus der Sicht der privaten und öffentlichen Haushalte dar. In einem preisinflationären Umfeld ist damit zu rechnen, dass die Einkommen (Private) bzw. Steuereinnahmen (Staat) früher oder später steigen werden. Wenn die Kreditkosten unverändert bleiben, so entsteht ein Anreiz zu größerer Verschuldung, weil die Kreditkosten relativ zum Einkommen sinken.

Dieser Zusammenhang wird für die Privathaushalte noch dadurch verstärkt, dass die Kredite in der Regel zum Erwerb von Vermögensgütern verwendet werden. Dann kann der betreffende Haushalt durch die Preisinflation gleich zweimal gewinnen. Zum einen sinken die Kreditkosten relativ zum Einkommen. Zum anderen steigt auch der Geldwert der erworbenen Immobilien bzw. Aktien mit der allgemeinen Preisinflation.

Die öffentlichen Haushalte (Gemeinden, Länder und Staat) sind ganz besondere Schuldner, die wir weiter unten noch näher betrachten werden. Jedenfalls bestehen aber auch für sie in einem preisinflationären Umfeld starke Anreize zur Verschuldung. Sie können davon ausgehen, dass insbesondere die Einnahmen aus Steuern, Abgaben und anderen Zwangsabgaben wachsen werden, da diese Zahlungen gewöhnlich auf die (infolge der Preisinflation) wachsenden Einkommen der Bürger berechnet werden bzw. auf die wachsenden Geldwerte der privaten Vermögen. Dieser Effekt kann bei progressiver Besteuerung sogar noch stärker ausfallen als bei den privaten Haushalten.

In einem nachhaltig preisinflationären Umfeld bestehen also in allen Bereichen starke Anreize zu höherer Verschuldung. Mit anderen Worten wächst das Angebot an Zahlungsversprechen bzw. die Nachfrage nach Krediten.

Insgesamt ergibt sich also folgende Sachlage. Eine schleichende Preisinflation, wie sie durch eine ständige, sei es natürliche, sei es künstliche Vermehrung der Geldmenge hervorgerufen wird, führt tendenziell zu einem *Wachstum der Kreditwirtschaft*. Denn einerseits erhöht sich die Nachfrage nach zinsbringenden Zahlungsversprechen (Angebot von Krediten), zum anderen steigt auch das Angebot an Zahlungsversprechen (Nachfrage nach Krediten). Auch die Immobilienmärkte wachsen bei schleichender Preisinflation. Zum einen wird ein Teil des vormals gehorteten Barvermögens nun zum Kauf von Immobilien verwendet; zum anderen kommt es verstärkt zu kreditfinanzierten Käufen durch Firmen und Haushalte, die sich den Hebeleffekt zunutze machen wollen.

Das Preisniveau der Vermögensgüter wird dabei tendenziell steigen. Im Fall der Immobilien liegt dies auf der Hand. Im Fall der Wertpapiere ist diese Tendenz weniger offensichtlich, aber letztlich ebenso eindeutig. Zwar kommt es hier zu einer gleichzeitigen Ausweitung von Angebot und Nachfrage, und aus diesen *unmittelbaren* Einflüssen ergibt sich keine eindeutige Richtung für die Entwicklung des Preisniveaus von Wertpapieren. Aber *mittelbar* überwiegt der Einfluss der größeren Nachfrage nach Zahlungsversprechen, und zwar aus drei Gründen.

Erstens verlangt das höhere Kreditvolumen auch umfangreichere Sicherheiten, und somit steigt die kredittechnische Nachfrage nach Immobilien und Wertpapieren. Zweitens steigt die Liquidität der Wertpapiere durch das allgemeine Wachstum der Kreditwirtschaft. Drittens steigt die *Verschuldungsfähigkeit* der Marktteilnehmer, weil insbesondere auch die Immobilienpreise anziehen.

Das preisinflationsbedingte Wachstum der Vermögensmärkte *kann* u. U. mit einem insgesamt höheren Sparvolumen einhergehen. Doch in aller Regel wird das gesamtwirtschaftliche Sparvolumen sinken, da nun auch die Anreize zum Kauf kurzlebiger Verbrauchsgüter steigen. Eine schleichende Preisinflation führt somit tendenziell zu einer verschlechterten gesamtwirtschaftlichen Finanzierungslage. Zwar wächst die Kreditwirtschaft, aber sie wächst auf Kosten der Geldhorte, und ein Teil der Geldhorte wird gar nicht mehr gespart.

Die vorstehenden Überlegungen betreffen schleichende Preisinflationen im Allgemeinen. Sie betreffen insbesondere auch Preisinflationen in natürlichen Geldordnungen, die durch eine sehr starke Produktion von Silber und Gold zustande kommen. Wir sagten bereits, dass solche Fälle sehr unwahrscheinlich sind. In der Wirtschaftsgeschichte haben sie sich nur selten ereignet. Aber wir müssen noch eine weitere Bemerkung hinzufügen: Dem Wachstum der Kreditwirtschaft und der Immobilienwirtschaft sind in einer natürlichen Geldordnung sehr enge Grenzen gezogen, selbst wenn es dort zu schleichender Preisinflation kommen sollte. Das liegt an sechs Gründen.

Erstens ist die natürliche Geldproduktion durch recht hohe Kosten beschränkt. Auch in den wenigen Fällen, wo es nachweislich zu schleichender Preisinflation infolge großer Silber- und Goldproduktion kam, hielt sich diese Preisinflation in sehr engen Grenzen.

Zweitens sind solche Ereignisse in einer natürlichen Geldordnung immer nur vorübergehender Natur. Für einige Zeit kann es zu steigendem Preisniveau kommen, aber dann folgen auch wieder viele andere Jahre, in denen die Geldpreise stagnieren oder fallen.

Drittens bedeutet ein höherer Verschuldungsgrad eine größere Anfälligkeit des Schuldners. Ein Unternehmer, der mit 10 Prozent Eigenkapital wirtschaftet, setzt sich einem sehr hohen Insolvenzrisiko aus. Denn das Eigenkapital ist der

Puffer, mit dem etwaige Verluste aufgefangen werden. Je kleiner dieser Schutzwall ist, desto größer ist die Gefahr, dass Fehlentscheidungen zum Untergang der Firma führen. Schon aus wohlverstandenem Eigeninteresse werden Unternehmer somit darauf verzichten, alle Möglichkeiten, die der Hebeleffekt im Prinzip bietet, auch wirklich auszunutzen. Rendite ist eben nicht alles.

Ganz ähnlich stellt sich die Lage auch aus der Sicht privater und öffentlicher Haushalte dar. Ein Angestellter, der sich hoch verschuldet, um ein Haus zu kaufen, spekuliert letztlich darauf, dass sein Einkommen künftig steigen wird, während die Kreditkosten fix bleiben. In einer natürlichen Währungsordnung mag das in manchen Fällen zutreffen, aber eben nicht in allen. Niemand kann sicher sein, dass der zukünftige Lauf der Dinge zu seinem Vorteil sein wird. Zudem ist der Hebeleffekt ein zweischneidiges Schwert, denn er kann sich auch umkehren: Wenn die Kreditkosten höher sind als die Erträge, die durch die Güterproduktion erwirtschaftet werden, dann werden u. U. nicht die Gewinne, sondern die Verluste vervielfacht. Aus diesen Gründen hält sich die Bereitschaft in Grenzen, den Hebeleffekt so weit wie möglich auszunutzen.

Viertens ist die Ausnutzung des Hebeleffekts selbstbremsend. Bei wachsender Kreditnachfrage steigen tendenziell die Zinsen, und somit wird der Hebeleffekt verringert und schließlich auch ganz zerstört.

Fünftens würden die Zinsen auch ohne ausgiebige Ausnutzung des Hebeleffektes steigen, und zwar einfach deshalb, weil das Preisniveau steigt und somit die realen Erträge, die von Gläubigern erzielt werden können, sinken. Um sich gegen diese Tendenz zu schützen, gibt es nur drei Möglichkeiten. Entweder geht der Sparer dazu über, seine Ersparnisse im eigenen Unternehmen zu investieren; oder er kauft langlebige Konsumgüter; oder er spart gar nicht mehr – bzw. nicht mehr so viel wie zuvor –, sondern tauscht sein Geld gegen kurzlebige Genussgüter. In allen drei Fällen verringert sich das Kreditangebot und die Zinsen steigen.

Sechstens entsteht bei ständig steigendem Preisniveau für alle Marktteilnehmer der Anreiz, sich nach alternativen Geldarten umzuschauen. Wenn es solche wertstabilen bzw. wertsteigenden Alternativen gibt, sinkt die Nachfrage nach dem schlechten Geld, und eventuell wird es sogar völlig aus dem Währungsmarkt gedrängt. Dann findet auch die übermäßige Schuldenwirtschaft ein Ende.

Die Vermögensmärkte bei absichtlicher Preisinflation

Die soeben erörterten Grenzen der Preisinflation bestehen nur in einem natürlichen Währungssystem. In einem modernen Zwangsgeldsystem mit entmaterialisiertem Grundgeld (*fiat money*) werden sie weitgehend außer Kraft gesetzt, und somit kommt es zu einem wuchernden, exponentiellen Wachstum der Vermögensmärkte.

Das liegt nicht an irgendwelchen zufälligen Umständen. Es liegt nicht an den persönlichen Eigenschaften der Menschen, die die Notenpresse bedienen und die Bücher führen, mit denen Giralgeld geschaffen wird. Es liegt nicht an dem institutionellen Umfeld, durch das die Handlungsfreiheit der Notenbankiers mehr oder weniger eingeschränkt wird. All diese Faktoren haben natürlich einen gewissen Einfluss, zumal in kurzer Sicht. Aber in langer Sicht gesehen können selbst günstigste Bedingungen an den grundsätzlichen Folgen eines entmaterialisierten Grundgeldes nichts ändern. Denn *ein Zwangsgeldsystem sprengt die Grenzen der Geldproduktion aufgrund seines Wesens* – aufgrund gerade jenes Unterschiedes, der zwischen einem weitgehend immateriellem Grundgeld und einem natürlichen Warengeld besteht. Dieses *kann nur* unter hohen Kosten und in kleinen Mengen produziert werden. Jenes *kann* ohne jegliche wirtschaftliche oder technische Begrenzung in beliebiger Menge und in beliebiger Zeit hergestellt werden. Die Zentralbanken der westlichen Welt haben diese Tatsache in den letzten Jahren nur allzu deutlich bewiesen.

Der wesentliche Zweck, dem ein Zwangsgeldsystem dient, ist die Vermehrung der Geldmenge. Genauer gesagt dient es dem Zweck, die Geldmenge über das Niveau hinaus zu erhöhen, das sie ohne staatliche Eingriffe erreicht hätte. Die letzten Ziele der Geldmengenerhöhung sind dabei zunächst einmal völlig irrelevant. Selbst wenn die expansionistische Geldpolitik ihre Versprechen halten könnte; selbst wenn die Geldmengenerhöhung das vermeintlich noble Ziel der Geldwertstabilisierung verfolgte; so wäre doch in jedem Fall erforderlich, die Geldmenge über das Maß hinaus zu erhöhen, das sich in einem natürlichen Währungsmarkt einstellen würde.

Die prinzipiell unbegrenzte *Möglichkeit* zur Aufblähung der Geldmenge und die *Ausnutzung dieser Möglichkeit* gehören zum Wesen des immateriellen Zwangsgeldes. Allein aus diesem Grund sind die oben erörterten Tendenzen hier von vornherein stärker ausgeprägt als in einer natürlichen Geldordnung.

Nun wäre es denkbar, dass die Inflation der Geldmenge keiner festen Regel folgt, sondern dass hier das reine Zufallsprinzip (*random walk*) herrscht. Heute wüchse die Geldmenge um 5 Prozent, morgen um 70 Prozent, übermorgen um 12 Prozent. Heute würde diese, morgen jene in erster Reihe stehen, wenn das neue Geld auf den Markt kommt, ohne dass sich vorab sagen ließe, wer die glücklichen Gewinner der Inflationslotterie sein werden. In diesem Falle würde das wuchernde Wachstum der Vermögensmärkte weiterhin auf vierfache Weise beschränkt sein. Erstens würde bei wachsender Verschuldung das Insolvenzrisiko steigen; zweitens würde eine wachsende Verschuldung zu höheren Zinsen führen, weil sich das Kreditangebot nicht unbedingt im Gleichschritt mit der Nachfrage entwickelt; drittens würden die Zinsen auch deshalb steigen, weil die Preisinflation zu einer Verringerung des Kreditangebotes führt; und viertens würde das Währungsgebiet durch den Währungswettbewerb schrumpfen.

Das Szenario einer rein zufälligen Geldproduktion ist allerdings eine reine Fiktion. In der wirklichen Wirtschaft wird die Inflation der Geldmenge planmäßig gesteuert. Es gibt konkrete Personen, die über diese Inflation entscheiden, und zuweilen gibt es auch mehr oder weniger feste Regeln der Entscheidungsfindung. Man kann sich über die Frage streiten, ob auch diese Tatsache zum Wesen des Zwangsgeldes gehört; und man wird sie wohl bejahen dürfen, zumal auch die historische Sachlage eindeutig ist. Noch nie ist es zur Einführung eines Zwangsgeldsystems gekommen, das nach dem Zufallsprinzip funktioniert. *Immer und überall werden bestimmte Personen und Gruppen systematisch begünstigt.* Welcher König, welcher Fürst, welche demokratische Regierung wollte sich auch der Mühe unterziehen – und den Gefahren aussetzen –, die mit der zwangsweisen Einführung und dem ebenso zwangsweisen Erhalt eines künstlichen Geldes verbunden sind?

Sobald aber feststeht, wer zu wessen Gunsten die Geldmenge inflationieren darf, ergeben sich zwei neue Folgen. Zum einen entsteht auf Seiten der Begünstigten nun der Anreiz zu verantwortungslosem Handeln (*moral hazard*). Zum anderen entsteht für alle anderen Marktteilnehmer der Anreiz, sich in den Kreis der Begünstigten einzureihen.

Im Folgenden wollen wir annehmen, dass nur die Urheber des Zwangsgeldsystems in den direkten Genuss der Geldschöpfung kommen. Stellen wir uns dabei den Diktator einer Bananenrepublik vor: Nur er selber bzw. seine Verwandten und Freunde werden direkt aus der Notenpresse finanziert, während alle anderen keinen Zugang zu diesem Manna haben. Später werden wir diese Annahme fallen lassen und uns den fortschrittlichen Bedingungen der westlichen Welt annähern.

Diejenigen, die wissen, dass die Geldmenge bei Bedarf zu ihren Gunsten aufgebläht wird, können ihre Risikovorsorge auf ein symbolisches Minimum begrenzen. Die beiden großen Sicherungsventile des Wirtschaftslebens sind Eigenkapital und Liquidität. Wer genügend Geld in der Kasse hat, kann auch unvorhergesehene Zahlungen vornehmen, ohne irgendwelche ertragreichen Anlagegüter unter Druck zu veräußern. Wer genügend Eigenkapital hat, kann eventuelle Verluste auffangen. Aber Risikovorsorge ist natürlich kostspielig. Geld, das in der Kasse liegt, erwirtschaftet keine Erträge. Eine hohe Eigenkapitalausstattung bedeutet den Verzicht auf die Hebelwirkung der Verschuldung. Diese entgangenen Erträge sind die Opportunitätskosten der Risikovorsorge.

Doch wer über die Notenpresse verfügt, braucht sich um die Risikovorsorge nicht zu sorgen. Seine Barkasse kann jederzeit und unbegrenzt aufgefüllt werden; und auch Verluste verlieren ihren Schrecken, denn die Gläubiger können jederzeit und unbegrenzt bedient werden. Also kann er sich nach Herzenslust verschulden, um seine Eigenkapitalrendite per Hebelwirkung zu vervielfachen.

Außerdem braucht er keine besondere Vorsicht bei der Kapitalanlage walten zu lassen. Die potenziell ertragreichsten Investitionen sind üblicherweise auch besonders risikoreich und somit kostspielig; daher halten Investoren sich hier normalerweise zurück. Aber für den Herrn der Notenpresse spielen Kosten keine Rolle. Denn nicht *er* trägt die eventuellen Verluste, sondern die gesamte Gemeinschaft der Geldbenutzer. Wenn die Geldmenge zu seinen Gunsten aufgebläht wird, fällt der Wert jeder einzelnen Geldeinheit. Bei risikoreichen Anlagen bleiben die eventuellen Gewinne also in seiner Tasche, während die eventuellen Verluste größtenteils von den anderen Marktteilnehmern getragen werden. Er braucht also Risiken nicht zu scheuen und wird besonders ertragreiche Anlagen bevorzugen.[173]

Dieses Verhalten ist aus seiner einzelwirtschaftlichen Sicht durchaus rational. Aber es liegt auf der Hand, dass nun ein gesamtwirtschaftliches Problem entsteht. Unser entfesselter Investor geht Risiken ein, die er wahrscheinlich nicht selber deckt. Er verursacht womöglich Kosten, die letztlich von den anderen Marktteilnehmern zu tragen sind. Aber diese Kosten bedeuten nichts anderes als eine Inanspruchnahme knapper Ressourcen. Wenn es zur Bedienung der Notenpresse kommt, wird nicht einfach nur Geld hin- und hergeschoben. Mit diesem Geld werden Rohstoffe, Arbeitsleistungen, Konsumgüter usw. gekauft, die notwendigerweise an anderer Stelle fehlen. Der genaue Ort, wo diese Verknappung auftauchen wird, kann allerdings unmöglich im Voraus bestimmt werden. Im Prinzip kann jeder Haushalt und jede Firma betroffen sein, auch wenn die jeweiligen Aktivitäten nur mit Eigenkapital und ohne Kredite finanziert werden. Gleiches gilt für den Zeitpunkt.[174] Aber jedenfalls entsteht durch das verantwortungslose Handeln des Herrn der Notenpresse ein Widerspruch zwischen der *geplanten* Ressourcenverwendung einerseits und den *tatsächlich verfügbaren* Ressourcen andererseits.[175]

---

173 Gleiches gilt für risikoreiche Handelsstrategien wie die Fristentransformation oder den sogenannten *carry trade* (Verschuldung in einer Währung, Anlage in einer anderen). Zum Einfluss währungspolitischer Eingriffe auf die Fristentransformation siehe Bagus, »Austrian Business Cycle Theory: Are 100 Percent Reserves Sufficient to Prevent a Business Cycle« *Libertarian Papers*, Bd. 2, Art. 2 (2010); Bagus und Howden, »The Term Structure of Savings, the Yield Curve, and Maturity Mismatching« *Quarterly Journal of Austrian Economics*, Bd. 13, Nr. 3 (2010).

174 Mit anderen Worten hat die Wahrscheinlichkeit dieses Ereignisses nichts mit den besonderen Umständen zu tun, die in den Aktivitäten des betreffenden Marktteilnehmers begründet liegen (*case probability*). Vielmehr definiert sich diese Wahrscheinlichkeit über das Wirtschaftssystem als Ganzes. Die einzelnen Marktteilnehmer können mit gleicher Wahrscheinlichkeit zum Opfer werden (*class probability*). Eine ausführlichere Erörterung dieser Unterscheidung findet sich in Mises, *Human Action* (Auburn, Ala.: Mises Institute, 1998 [1949]), Kap. VI.

175 Mathematisch gesprochen liegt hier ein nichtlinearer Prozess vor. Es ist möglich, dass lange Zeit alles gut geht und die eingegangenen Risiken nicht zu tatsächlichen Kosten führen. Aber der Krug geht so lange zum Brunnen, bis er bricht. Plötzlich tritt dann jene Überbeanspruchung der vorhandenen Ressourcen auf, die zuvor nur latent war.

Natürlich kommt es auch in einer wettbewerblichen Wirtschaftsordnung zu Fehlplanungen. Doch hier kommt es relativ schnell zur Fehlerkorrektur durch den Rückkopplungsmechanismus der individuellen Gewinne und Verluste. Genau dieser Vorgang wird durch die Notenpresse verzögert. Erst infolge einer gesamtwirtschaftlichen Krise kommt es zur Anpassung der Planungen an die wirklich vorhandenen Ressourcen. Mit anderen Worten erfolgt der Rückkopplungsprozess zwischen Planung und Wirklichkeit jetzt u.U. erst nachdem sich große Ungleichgewichte aufgestaut haben. Die Inflation der Geldmenge bzw. *die bloße Möglichkeit* einer prinzipiell unbegrenzten Inflation der Geldmenge setzt eine illusorische Ausdehnung der Aktivitäten in Gang, die schließlich in einer Krise berichtigt wird.[176]

Im Aufschwung kommt es dabei zu einem wuchernden Wachstum der Vermögensmärkte. Die meisten Schranken, die dieses Wachstum in einer natürlichen Geldordnung begrenzen, sind nun außer Kraft gesetzt. Die Geldmenge kann unbegrenzt vermehrt werden; es gibt kein Insolvenzrisiko für die Herren der Notenpresse; und Letztere müssen auch keine Erhöhung der Zinsen fürchten, denn alle benötigten Kredite können ihnen zur Not auch kostenlos und auf unbegrenzte Zeit erteilt werden. Deshalb kann das wuchernde Wachstum während des Aufschwungs sogar exponentiell sein.

Zwei Schranken bleiben allerdings noch, nämlich jene, die sich aus der Preisinflation ergibt, und jene, die aus der möglichen Verwendung alternativer Geldarten resultiert. Wie bereits erörtert führt die Preisinflation tendenziell zu einer Verringerung des Kreditangebotes. Daraus kann sich für die Herren der Notenpresse die Notwendigkeit ergeben, jene Mittel, die sie nun nicht mehr

176 Der traditionellen Mises'sche Krisentheorie zufolge werden Krisen durch intertemporale Ungleichgewichte in der Produktionsstruktur hervorgerufen. Die obigen Überlegungen führen jedoch zu dem Schluss, dass der währungspolitische Interventionismus noch auf anderen Wegen zu Krisen führt. Auch *ohne* intertemporale Brüche kann es zu gesamtwirtschaftlichen Ungleichgewichten kommen, die dann in Krisen bereinigt werden. Diese Überlegungen wurden von Ökonomen der Wiener Schule vor etwa fünfzehn Jahren erstmals angestellt. Vgl. J.G. Hülsmann, »Toward a General Theory of Error Cycles« *Quarterly Journal of Austrian Economics*, Bd. 1, Nr. 4 (1998), insb. S. 20; R. Garrison, *Time and Money* (London: Routledge, 2001), S. 112 ff. Neuerdings hat Robert C.B. Miller diesen Gedanken aufgegriffen und weiterentwickelt. Allerdings verengt er das Problem, da es nach seinem Dafürhalten nur dann auftritt, wenn auch die Zinsen künstlich gesenkt werden. Vgl. Miller, »Systematic Appraisal Optimism and Austrian Business Cycle Theory« *Quarterly Journal of Austrian Economics*, Bd. 15, Nr. 4 (2012). Ähnliche Überlegungen wurden auch von Tyler Cowen angestellt; vgl. sein Werk *Risk and Business Cycle Theory* (London: Routledge, 1997).

zu akzeptablen Preisen auf dem Kreditmarkt erhalten können, durch eine umso stärkere Geldproduktion auszugleichen. Das ist jedoch ein zweischneidiges Schwert. Denn die verstärkte Inflation der Geldmenge beschleunigt den Wertverfall des Geldes und führt somit zu einer abermaligen Verringerung des Kreditangebots.[177] So entsteht eine Inflationsspirale. Der Staat entschuldet sich zwar einerseits mit Hilfe der Notenpresse, doch andererseits schießen genau dadurch auch seine Ausgaben in die Höhe. Er muss also immer neue und immer höhere Kredite aufnehmen, die er dann wieder per Geldproduktion tilgt usw. usf. Schließlich steigen die Preise so schnell, dass das Geld unbrauchbar wird. Wenn die Preise sich beispielsweise von einem Tag auf den anderen – oder sogar vom Morgen bis zum Abend – verdoppeln, dann wird kaum noch jemand dieses Geld besitzen wollen. Dies kann im Extremfall dazu führen, dass die Währung von den Bürgern völlig abgelehnt wird – sie bricht zusammen und mit ihr die gesamte Arbeitsteilung.[178]

Langfristig gesehen führen alle Zwangsgeldsysteme in diesen Teufelskreis aus Inflation und Preisinflation.[179] Von dort geht es zu drei möglichen Endstationen. Die erste Endstation ist die Hyperinflation, gefolgt vom krisenhaften

---

177 Genau dieser Umstand bereitete den deutschen Geschäftsbanken in den Inflationsjahren 1914–1923 große Schwierigkeiten und führte zu einer Aushöhlung ihrer Eigenkapitalbasis. Vgl. Lothar Gall et al., *Die Deutsche Bank, 1870–1995* (München: Beck, 1995), S. 222 f. Zu wuchernden Kreditmärkten kommt es nur bei schleichender, nicht galoppierender Preisinflation.

178 Wie Peter Bernholz, emeritierter Professor für Nationalökonomie an der Universität Basel, in mehreren Publikationen akribisch dargelegt hat, sind alle Hyperinflationen der Geschichte auf diese Weise entstanden. Staatliche Überschuldung in einem Papiergeldsystem machte ein ums andere Mal den Rückgriff auf die Notenpresse unwiderstehlich, und daraus entwickelte sich eine letztlich fatale Inflationsspirale. Vgl. Bernholz, *Monetary Regimes and Inflation* (Cheltenham: Edward Elgar, 2003).

179 Das ist übrigens der Grund, aus dem der Vertrag von Maastricht strikte Grenzen für die staatliche Verschuldung der Euroländer vorschrieb: Neuverschuldung nicht über 3 Prozent, Verschuldungsquote nicht über 60 Prozent des Bruttoinlandsproduktes. Bekanntermaßen ist dieser Vertrag sein Papier nicht wert. Frankreich hat das 60-Prozent-Kriterium seit 2003 nicht mehr erfüllen können, Deutschland streng genommen schon seit 2002 nicht mehr. Zum Jahresende 2007 lag der *durchschnittliche* Anteil der Staatsverschuldung am Bruttoinlandsprodukt in der EU gerade noch bei 60 Prozent. In den 15 EU-Ländern, die den Euro als Währung übernommen haben, lag bereits Ende 2007 – also vor der Staatsschuldenkrise unserer Tage – der Anteil der Staatsverschuldung im Durchschnitt höher als bei den EU-Ländern, die den Euro nicht übernommen hatten. In der Eurozone lag die Staatsverschuldung durchschnittlich bei mehr als 66 Prozent vom Bruttoinlandsprodukt. Hochverschuldet waren bereits damals vor allem Belgien (83 Prozent), Griechenland (95 Prozent) und Italien (104 Prozent). Aber auch Deutschland (65 Prozent), Frankreich (64 Prozent), Portugal (64 Prozent) und Ungarn (66 Prozent) trieben den Schnitt im Vergleich zu den anderen EU-Ländern nach oben (alle Angaben nach Eurostat).

Zusammenbruch des Zwangsgeldsystems. Bereits während der Hyperinflation gehen die Bürger in der Regel dazu über, ausländische Geldarten und auch natürliche Geldarten wie Silber- und Goldmünzen zu verwenden; und dadurch wird der letztliche Zusammenbruch etwas abgefedert. Die zweite Endstation ist der Entschluss der Herren der Notenpresse, die Geldproduktion einzustellen oder auf ein Minimum zurückzufahren. In diesem Fall ist eine Anpassungskrise unvermeidlich, allerdings mit zwei Varianten. *Entweder* kann die Anpassung durch Marktkräfte vollzogen werden, d. h. durch eine Deflationsspirale, *oder* die Anpassung erfolgt am grünen Tisch durch eine sogenannte Währungsreform. Die dritte mögliche Endstation besteht darin, die Wirtschaft mit Höchst- und Mindestpreisen und anderen Vorschriften dermaßen zu überziehen, dass kein freies Handeln mehr möglich ist. Auch auf diese Weise können (wie im Fall der Währungsreform) die anstehenden Kosten zielgerecht auf bestimmte Gruppen verteilt werden. Im Unterschied zur Währungsreform kommt es hier allerdings zu einer *dauerhaften* Verstaatlichung der Wirtschaft.

Nun wird man vielleicht einwenden, dass die soeben vorgestellten Erwägungen recht wenig mit der heutigen Wirklichkeit zu tun haben. Wir haben von privilegierten »Herren der Notenpresse« gesprochen bzw. von Diktatoren einer Bananenrepublik. Wir sind sogar davon ausgegangen, dass sie die alleinigen Inflationsgewinner sind. Aber bei uns gibt es heute niemanden, der im Geldwesen nach Gutsherrenart schalten und walten könnte. In früheren Zeiten mag es sie in einigen deutschen Provinzen gegeben haben. Heute aber haben wir öffentliche Zentralbanken, die von gebildeten und wohlmeinenden Personen geführt werden. Sie agieren unabhängig vom Staat und versorgen auch keineswegs nur einen kleinen Kreis, sondern mehr oder minder alle Marktteilnehmer. Zudem sind sie an strikte Regeln gebunden. Sie handeln insbesondere unter der Vorgabe, die Preise zu stabilisieren. Das lässt nicht viel Platz für willkürliche Erhöhungen der Geldmenge.

Dieser Einwand ist zum Teil berechtigt. Die westlichen Zwangsgeldsysteme funktionieren in der Tat etwas anders als das eher primitive, hypothetische System, das wir bislang untersucht haben. Aber die Unterschiede sind letzten Endes graduell, und vor allem sind sie wenig schmeichelhaft für die heutige Wirklichkeit. Das bislang angenommene primitive System zeichnet sich dadurch aus, dass die Inflationsgewinne ausschließlich der kleinen Schicht der Urheber des Systems zugutekommen, während die große Mehrheit keine Aussicht hat, in diesen privilegierten Kreis einzudringen. Dagegen können in unserem heutigen Währungssystem praktisch alle Marktteilnehmer hoffen, sich zumindest kurzzeitig in die Reihen der Inflationsgewinner einzugliedern. Wie wir nachfolgend zeigen werden, verschärfen diese Umstände die nachteiligen Wirkungen des Zwangsgeldes.

Destabilisierende Stabilisierungspolitik

Die währungspolitische Kernaufgabe der heutigen Zentralbanken der westlichen Welt besteht in der Stabilisierung der Preisinflationsrate. Das Eurosystem hat überhaupt kein vorrangigeres Ziel. Seine Maßnahmen zielen vor allem darauf ab, eine jährliche Preisinflationsrate von etwa 2 Prozent zu verwirklichen. Alle anderen Ziele sind zweitrangig. Das US-amerikanische Zentralbanksystem verfolgt ein sogenanntes doppeltes Mandat: Stabilisierung der Preisinflationsrate und bei Bedarf expansive Geldpolitik zur Belebung des Arbeitsmarktes.

Von der Stabilisierungspolitik verspricht man sich günstige Wirkungen für das langfristige Wachstum. Aber die Wahrheit lautet anders. Die Stabilisierung der Preisinflationsrate ist nur eine vermeintliche Stabilisierung, die ganz an der sichtbaren Oberfläche der Wirtschaft verhaftet ist. Sie wirkt letztlich destabilisierend.

Wie gesagt geht es bei der Politik der Zentralbanken nicht darum, das Preis*niveau* zu stabilisieren. Sie soll nur den Prozentsatz, um den sich das Preisniveau jahrein, jahraus erhöht, stabilisieren. Damit ergeben sich die Anreize zur Verschuldung, die wir bereits hervorgehoben haben. Während aber in dem Zwangsgeldsystem einer Bananenrepublik nur der Diktator aus der Notenpresse finanziert wird, kann heute ein sehr viel größerer Kreis von Marktteilnehmern damit rechnen. Dazu zählen in erster Linie die Geschäftsbanken. Der wichtigste Grund liegt darin, dass die Stabilisierung der Preisinflationsrate nur unter Stabilisierung der *gesamten* Geldmenge erreicht werden kann. Der größte Teil der Geldmenge wird jedoch gewöhnlich gar nicht von den

Zentralbanken, sondern von den Geschäftsbanken produziert (siehe Tabelle 6).

Jahresende	Geldbasis	M1	M2	M3
2006	1 142	3 759	6 744	7 802
2007	1 473	3 901	7 437	8 692
2008	2 021	4 036	8 103	9 425
2009	1 852	4 556	8 275	9 385
2010	1 926	4 747	8 410	9 573
2011	2 733	4 792	8 592	9 479
2012 (Nov.)	3 035	5 118	8 991	9 787

Tab. 7: Geldmengenaggregate im Euroraum, 2006–2012 *(Quelle: EZB; Angabe in Mrd. Euro)*

Um die Preisinflationsrate zu stabilisieren, müssen die Zentralbanken einerseits dafür sorgen, dass die Geschäftsbanken *nicht zu viel* Giralgeld produzieren; das erfolgt gegebenenfalls durch eine Erschwerung der Refinanzierungsbedingungen (Zins, Laufzeit, Pfand) und auch durch die staatliche Finanzmarktregulierung. Andererseits müssen sie aber ebenso dafür sorgen, dass die Geschäftsbanken *nicht zu wenig* Giralgeld produzieren. Zu diesem Zweck können die Refinanzierungsbedingungen gelockert werden, aber das reicht nicht immer. Die Geschäftsbanken können überhaupt nur dann Giralgeld produzieren, wenn sie auch solvent und liquide sind. Was passiert jedoch, wenn dies nicht der Fall ist?

Es kommt darauf an, wie groß und wie vernetzt die betreffende Bank ist. Je kleiner sie ist und je beschränkter ihr Wirkungskreis, desto weniger Auswirkungen hat ihre finanzielle Gesundheit auf das Gesamtsystem. Zahlungsausfälle und auch Insolvenzen können daher bei kleinen Banken toleriert werden. Hier kann der übliche Marktprozess sein Werk tun. Aber die Lage sieht ganz anders aus bei großen Banken, die Geschäftsbeziehungen mit vielen anderen Marktteilnehmern unterhalten. Wenn es in dieser Gruppe zu Zahlungsausfällen kommt, bewirkt dies einerseits einen deutlichen Einbruch der Gesamtgeldmenge, und andererseits besteht die Gefahr, dass auch die Gläubiger in den Insolvenzstrudel gezogen werden. Zu den wichtigsten Gläubigern von Geschäftsbanken gehören andere Geschäftsbanken. Also kann die

Insolvenz eines größeren Instituts leicht die Insolvenz anderer Institute nach sich ziehen.

Ähnlich stehen die Dinge auch bei bloßen Liquiditätsproblemen. Wenn eine Bank größere Mengen Wertpapiere unter Druck veräußern muss, so drückt dies auf die Marktpreise und daher auch auf die Bilanzwerte der *anderen* Banken, die die gleiche Art von Wertpapieren halten. Ein anfängliches Liquiditätsproblem kann sich somit schnell zu einem Insolvenzproblem auswachsen, vor allem, wenn die Eigenkapitalausstattung der Banken gering ist.

Vor diesem Hintergrund erklärt sich, dass die Eingriffe der Zentralbanken u. a. darauf abzielen, Liquiditätsproblemen vorzubeugen und drohende Insolvenzen abzuwenden. Die Bereitstellung von Bargeld bereitet den Zentralbanken natürlich keine besonderen Schwierigkeiten, denn sie können Giralgeld schließlich zum Nulltarif produzieren. Etwas anders liegen die Dinge schon bei der drohenden Insolvenz einer größeren Geschäftsbank. Hier hilft zusätzliche Liquidität gar nichts, wenn diese Liquidität auf dem üblichen Kreditweg verabreicht wird. Es gibt eigentlich nur drei Maßnahmen, die bei Insolvenz helfen: erstens die Einbringung von Eigenkapital durch den Staat; zweitens die staatliche Erlaubnis zu fiktiver Buchführung; und drittens die Erzeugung künstlicher Märkte für die Aktivposten der betreffenden Bank. Alle drei Techniken kamen bei der Rettung der Banken in den Jahren 2008 und 2009 massiv zum Einsatz.[180]

Die ersten beiden fallen allerdings nicht in den Kompetenzbereich von Zentralbanken, also konzentrieren wir uns auf die dritte. Zentralbanken können die Insolvenz von Geschäftsbanken dadurch unterbinden, dass sie den Wertverfall der Aktiva, die von den betreffenden Instituten gehalten werden, verhindern. Diese Aktiva sind hauptsächlich festverzinsliche Wertpapiere, zum Teil auch Aktien. Zentralbanken müssen diese Aktiva also *entweder* zu künstlich hohen Preisen kaufen *oder* als Pfand zu künstlich hohen Werten annehmen *oder* zu einem künstlich hohen Tauschkurs gegen ihre eigenen Aktiva eintauschen. Genau das ist in den letzten Jahren massiv geschehen und geschieht immer noch.

180 Die Pläne dazu wurden einige Jahre zuvor ersonnen und veröffentlicht. Vgl. B. S. Bernanke und V. R. Reinhart, »Conducting Monetary Policy and Very Low Short-Term Interest Rates« *American Economic Review*, Bd. 94, Nr. 2 (2004), S. 85–90.

Viele Ökonomen – gerade im deutschsprachigen Raum – meinen, die Stabilisierung der Finanzmärkte gehöre nicht zu den Aufgaben der Zentralbanken. Sie irren sich. *Die Stabilisierung der Finanzmärkte ist eine mehr oder weniger direkte Folge der währungspolitischen Kernaufgabe der heutigen Zentralbanken*, nämlich der Stabilisierung der Preisinflationsrate. Um ihre Mission zu erfüllen, müssen die Zentralbanken unter allen Umständen vermeiden, dass die Geschäftsbanken zusammenbrechen; das aber können sie mitunter nur dadurch erreichen, dass sie einen Einbruch des Wertpapiermarktes verhindern. Dies betrifft insbesondere den Markt für festverzinsliche Wertpapiere und unter diesen vor allem die Wertpapiere der öffentlichen Hand. Die Preise dieser Wertpapiere stehen sozusagen unter behördlichem Schutz.

Banken haben somit Grund, ihr Geld in den Wertpapieren schlechter (aber wichtiger) Schuldner anzulegen, denn sie können davon ausgehen, dass die Preise dieser Wertpapiere durch die Notenpresse der Zentralbanken gestützt werden. In die gleiche Richtung wirken auch andere staatliche Eingriffe, insbesondere die Einlagenversicherung von Sichtguthaben. Die Kosten dieser Eingriffe werden – wie im obigen Falle der Bananenrepublik – auf die Allgemeinheit abgewälzt, nämlich auf die Gemeinschaft der Geldbenutzer. Jedes Mal, wenn die Zentralbanken zur Stützung dieser oder jener Bank, oder dieses oder jenes Wertpapiers die Geldschleuse öffnen, sinkt die relative Knappheit des Geldes. Die Nutznießer dieser Interventionen füllen sich die Kassen mit frischem Geld, aber die anderen Geldbesitzer werden letztlich um die Knappheit ihrer Güter beraubt.

In unserem heutigen Zwangsgeldsystem besteht somit für die größeren Geschäftsbanken ein massiver Anreiz zu unverantwortlichem Handeln. *Sie wissen*, dass die Zentralbanken die Preisinflationsrate stabilisieren wollen. *Sie wissen*, dass den Zentralbanken dazu unbegrenzte Mittel zur Verfügung stehen. *Sie wissen*, dass ihr eigenes Wohlergehen unerlässlich ist, damit die Zentralbanken ihr Ziel erreichen können. Also können sie ihre eigene (kostspielige) Risikovorsorge weitgehend zurückfahren und sich ganz im Gegenteil auf besonders risikoreiche (und daher lukrative) Geschäftsfelder stürzen. Sie können ihre Eigenkapitalausstattung und ihre Liquidität verringern, um per Hebeleffekt ihre Eigenkapitalrendite zu erhöhen. Genau das tun sie auch. In den USA finanzierten die Geschäftsbanken letztes Jahr weniger als 10 Prozent ihrer Sachinvestitionen mit Eigenkapital, d. h. sie operierten mit dem Hebelfaktor

11. In Japan betrug dieser Hebelfaktor 23, im Vereinigten Königreich 22, in Frankreich 24 und in Italien 19. Die deutschen Banken waren letztes Jahr einsame Spitzenreiter mit einem Hebelfaktor von 28. Mit anderen Worten waren nur 3,6 Prozent ihrer dinglichen Anlagen mit Eigenkapital finanziert; der Rest war geborgt.[181] Die Banken sind somit deutlich sichtbare Nutznießer der Stabilisierungspolitik. Sie können ihre Risikovorsorge einschränken, da ein Teil der Risiken durch die Zentralbanken sozialisiert wird. Diese Zusammenhänge lassen sich sehr gut graphisch darstellen.

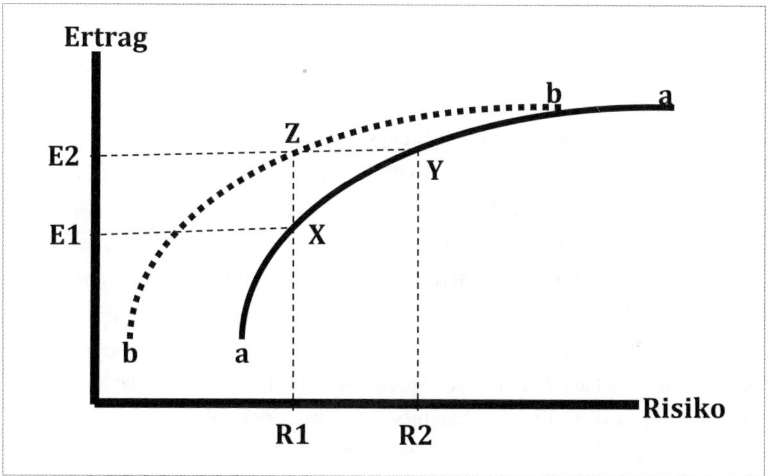

Abb. 5: Investitionsverhalten bei Stabilisierung der Preisinflationsrate

Unsere beistehende Abbildung 5 zeigt eine Markteffizienzkurve (a–a), die sich in einer natürlichen Geldordnung einstellen würde. Die Kurve veranschaulicht die Tatsache, dass wachsende Renditen bzw. Erträge nur durch Inkaufnahme immer höherer Risiken zu erzielen sind. Das Investitionsvorhaben Y verspricht eine höhere Rendite (E2) als das Vorhaben X (E1), ist aber auch mit größeren Risiken (R2 statt R1) verbunden. Wenn ein Investor relativ risikoscheu ist, wird er X vorziehen. Diese Wahl wird er sich in einem Zwangsgeldsystem aber noch einmal überlegen. Denn in diesem Fall trägt er nicht *alle* Risiken. Ein Teil der Risiken bzw. der Kosten wird zwangsweise sozialisiert. Das bedeutet aus seiner Sicht eine Verschiebung der Ef-

181 Vgl. Internationaler Währungsfonds, *Global Financial Stability Report* (April 2012), S. 7.

fizienzkurve von (a–a) nach (b–b). Das Projekt Y hat nun das gleiche Risikoniveau (R1) wie zuvor das Projekt X in einer natürlichen Geldordnung. Unser Investor kann also das relativ geringere Risiko (R1) mit dem relativ höheren Ertrag (E2) vereinbaren (Punkt Z). Er wird also das risikoreichere Investitionsvorhaben vorziehen. Aus *gesamtwirtschaftlicher* Sicht werden somit größere Risiken eingegangen (es werden mehr Ressourcen verbraucht), während aus *einzelwirtschaftlicher* Sicht ein besseres Ergebnis bei gleichem Risiko erzielt wird.[182]

Es ist offensichtlich, *dass die Finanzmärkte dadurch strukturell geschwächt werden.* Wo die Eigenkapitaldecke so dünn ist wie bei den meisten Geschäftsbanken und anderen Finanzmarktteilnehmern, zieht jeder größere Zahlungsausfall Dominoeffekte nach sich, die den Gesamtmarkt mit sich reißen können, wie wir es im Herbst 2008 auch beinahe erlebt hätten. Damals hat nur das massive Eingreifen der Zentralbanken die Implosion der Börsen gebremst und den Zerfall der Geschäftsbanken aufgehalten. Aber daraus folgt natürlich, dass genau dieses Fehlverhalten noch stärkere Ermutigung gefunden hat.

Auf gesamtwirtschaftlicher Ebene ergeben sich somit genau die gleichen Folgen wie im Fall des »primitiven« Diktators aus dem vorigen Abschnitt. Der hauptsächliche Unterschied zu jenem Fall liegt darin, dass der Abbau der individuellen Risikovorsorge nunmehr geradezu unter wettlaufartigen Bedingungen stattfindet. Der Diktator einer Bananenrepublik kann sich Zeit lassen, denn niemand kann ihm seine Vorteile nehmen. Dagegen stehen die heutigen Geschäftsbanken im Wettbewerb um Marktanteile und neue Aktionäre, also werden sie sich beeilen, den Hebeleffekt der Verschuldung schnellstmöglich und so weit wie möglich auszunutzen. Während in der Bananenrepublik in der Regel nur der Diktator (und sein Freundeskreis) hoch verschuldet ist, während die Untertanen zu relativ konservativem Finanzgebaren gezwungen sind, können in unserem fortschrittlichem System ganze Heerscharen an der Verschuldungsorgie teilnehmen.

182 Um Missverständnissen vorzubeugen, wollen wir an dieser Stelle ausdrücklich darauf hinweisen, dass wir mit diesen Feststellungen keine Vorwürfe an Bankiers, Fondsmanager und andere Finanzmarktakteure verbinden. Wie Charles Carroll bereits vor mehr als hundertfünfzig Jahren schrieb, betrifft das hier behandelte Problem die Wirtschaftsordnung als Ganzes, nicht die individuellen Marktteilnehmer. Vgl. Carroll, *Organization of Debt into Currency*, a. a. O., S. 77, 94, 105 et passim.

Denn die Geschäftsbanken sind in unseren heutigen Finanzsystemen lediglich die *ersten und unmittelbaren* Nutznießer der Notenpresse, weil sie nämlich von den Zentralbanken als Tauschpartner anerkannt werden.[183] Aber *mittelbar* genießen auch Versicherungen, Pensionsfonds und überhaupt alle Wertpapierbesitzer die einzelwirtschaftlichen Vorteile, die sich aus der Stabilisierung der wichtigsten Wertpapierpreise ergeben. *Mittelbar* kommen auch alle Bankkunden in den Genuss der Notenpresse. Dazu zählen insbesondere die Staaten bzw. öffentlichen Haushalte, aber auch die Firmen der Finanzwirtschaft, nichtfinanzielle Firmen und Haushalte. Wie gesehen bestehen bei ständiger Preisinflation für *jeden* Bürger starke wirtschaftliche Anreize, sich auf die Gewinnerseite der staatlichen geförderten Geldpolitik zu stellen. Die einfachste Art und Weise, dies zu tun, besteht in der Verschuldung. Zusätzliche Schulden erlauben uns, bereits jetzt Immobilien und Wertpapiere zu erwerben – Güter also, deren Preise aller Voraussicht nach infolge der unablässigen Geldproduktion früher oder später steigen werden. Die Folge ist eine Aufblähung der Vermögensmärkte, die nicht zuletzt auch aus der Verschuldung der Haushalte resultiert.

	USA (I/2011)		Frankreich (2010)		Japan (2010)		Deutschland (2010)	
	M$	%	M€	%	B¥	%	M€	%
BIP	14.592	100	1.946	100	478	100	2.397	100
Alle Aktiva	71.932	493	11.336	583	2.686	562	10.086	421
Nichtfinanzielle Aktiva	23.415	160	7.464	384	1.132	237	5.653	236
Finanzielle Aktiva	48.487	335	3.994	205	1.554	325	4.433	185
Finanzielle Verpflichtungen	13.874	95	1.232	63	377	79	1.531	64

Tab. 8: Aktiva und Schulden privater Haushalte relativ zum BIP *(Quellen: Statistisches Bundesamt, Federal Reserve, BEA, INSEE, Cabinet Office; eigene Berechnungen; Angaben in Mrd. US-Dollar, Mrd. Euro und Billionen Yen)*

183 In den USA ist das ein relativ kleiner Kreis von etwa 20–30 (z. T. ausländischen) Geschäftsbanken. Im Eurosystem ist der Kreis sehr viel größer und umfasst einige Tausend Geschäftsbanken aus dem gesamten Euroraum. Allerdings gibt es auch hier bestimmte Geschäfte, zu denen nur ein kleinerer Kreis von etwa 170 umsatzstarken Banken zugelassen wird.

Die beistehende Tabelle zeigt die heutige Lage in einigen ausgewählten Ländern. In den USA ist die private Verschuldung besonders stark (der Geldwert ihrer Schulden beträgt 95 Prozent des BIP), während sie in Deutschland und Frankreich etwas moderater ist (lediglich etwa zwei Drittel des BIP). Gut zu sehen ist auch, dass der Gesamtwert der Vermögen in allen vier Ländern ein Vielfaches des Geldwerts der jährlichen Produktion beträgt. Das liegt natürlich grundsätzlich daran, dass die Vermögen akkumuliert werden – in wohlhabenden Ländern ist es normal, dass ihr Wert den der jährlichen Produktion weit übersteigt. Aber auch der Einfluss der spekulativen Überbewertung von Vermögensgütern – die in verschiedenen Ländern verschiedene Ausprägungen annimmt – kommt hier zum Vorschein.[184]

Es ist heute üblich, dass junge Familien sich bis zum Äußersten verschulden, um möglichst früh möglichst große Häuser zu kaufen.[185] Leute mit einer unternehmerischen Ader kommen häufig auf die Idee, Mietwohnungen zu »sammeln«, die sie durch immer neue Kredite finanzieren, die jeweils mit dem betreffenden Objekt besichert werden. Selbst Haushalte mit sehr mäßigem Einkommen aus dem Hauptberuf können sich auf diese Weise einen kreditfinanzierten Immobilienpark zulegen. Dieses Verhalten ist aus einzelwirtschaftlicher Sicht vollkommen rational. In einem preisinflationären Umfeld ist es berechtigt, mit einer nachhaltigen Wertsteigerung der Immobilie zu rechnen. Der Schuldendienst steigt dagegen nicht, zumindest nicht bei fester Verzinsung. Also sind die möglichen Einnahmen nach oben hin offen, während die Kosten begrenzt sind. Die Gewinne sind privat, die Kosten zumindest teilweise sozialisiert.

Aus gesamtwirtschaftlicher Sicht ergibt sich somit eine wachsende finanzielle Fragilität, die weit über die Finanzwirtschaft hinausgreift. Eine Schuldenwirtschaft ist anfällig, da der Konkurs einzelner überschuldeter Marktteilnehmer

184 Besonders ausgeprägt ist die Aufblähung der Vermögensmärkte übrigens im Vereinigten Königreich (nicht abgebildet). Dort beträgt der Gesamtwert aller Aktiva 633 Prozent des Bruttoinlandsprodukts. Die Immobilienmärkte sind fast so aufgeblasen wie in Frankreich und die Finanzmärkte fast so sehr wie in Japan und den USA.

185 Es ist für einen Privathaushalt etwas schwieriger, in gleicher Weise auf steigende Wertpapierpreise zu spekulieren. Die Kreditgeber (i. d. R. Banken) möchten die von ihnen verliehenen Summen lieber mit Immobilien als mit Wertpapieren besichern. Aber zumindest diejenigen, die ihren Immobilienkredit weitgehend abbezahlt haben, können sich dann erneut verschulden – diesmal zum Erwerb von Wertpapieren oder Rohstoffen.

den Konkurs ihrer Gläubiger nach sich zieht, wenn auch diese überschuldet sind. Es kommt dann zu einer lawinenartigen Konkurswelle, die mehr oder minder alle Teile der Wirtschaft befällt.

Bei geringem Verschuldungsgrad bzw. hoher Eigenkapitalausstattung der Gesamtwirtschaft ziehen vereinzelte Konkurse keine weiten Wellen. Ihre negativen Auswirkungen bleiben in der Regel auf das unmittelbare Umfeld (Familie, Freunde, Arbeitgeber, Angestellte, Kunden, Lieferanten) des betreffenden Schuldners begrenzt. Das Eigenkapital dieses Umfelds wirkt fehlerabsorbierend. Es bricht die Konkurswelle bzw. verhindert, dass eine solche überhaupt entsteht. Anders in einer vollentwickelten Schuldenwirtschaft, wie sie durch ein Zwangsgeldsystem hervorgebracht wird. Hier können Konkurse sehr weite Wellen ziehen. Denn wenn die Gläubiger selber hoher Schulden haben, so übertragen und vervielfachen sie den ursprünglichen Konkurs ihrer eigenen Schuldner. Fehlendes Eigenkapital im Umfeld eines Konkurses begünstigt bzw. verstärkt Konkurswellen.

Die Konkurswellen sind natürlich umso höher und gehen umso weiter, je größer der betreffende Schuldner ist. Heute sind einige Banken und Versicherungen so groß, dass ihr eventueller Konkurs praktisch die weltweite Finanzwirtschaft mit sich in den Abgrund reißen würde. Gleiches gilt für die größten Industrieunternehmen. Auch ihr Konkurs würde den ihrer Gläubiger nach sich ziehen und sich von dort in umso stärkeren Wellen auf den Rest der Wirtschaft ausbreiten. Firmen, die groß genug sind, um eine solche Lawine loszutreten, werden im zeitgenössischen Jargon »systemrelevant« genannt. Man beachte jedoch, dass die systemrelevante Größe keine Naturkonstante ist. Vielmehr hängt sie insbesondere vom Verschuldungsgrad der Finanzwirtschaft insgesamt ab. Je stärker sich die Banken und Versicherungen verschulden, desto anfälliger werden sie für die Konkurse immer kleinerer Marktteilnehmer.

Dieser Zusammenhang besteht allgemein. Je größer der Verschuldungsgrad innerhalb einer Wirtschaftsordnung, desto anfälliger wird das Ganze für das Fehlverhalten immer kleinerer Teile. Wenn es möglich wäre, die Verschuldungsorgie unserer Tage bis auf ihre theoretische Spitze zu treiben, wenn es gelänge, jede einzelne Firma (nicht nur in der Finanzwirtschaft) und jeden einzelnen Haushalt (nicht nur die öffentlichen Haushalte) in ähnlichem Maße zu verschulden, wie wir es bislang nur aus dem Bereich der Banken und Versicherungen kennen, dann wäre auch die kleinste Firma und selbst der kleinste Haushalte systemrelevant. Der Konkurs eines Klempners oder eines Bäckerladens könnte dann zum Konkurs aller anderen Firmen und Haushalte führen.[186]

Einige geistreiche Theoretiker haben zur Veranschaulichung dieser Lage das Bild eines Schmetterlings bemüht, dessen sanfte Flügelschläge gewaltige Auswirkungen haben können. Man stelle sich vor: Der Anblick eines plötzlich auftauchenden Schmetterlings erweckt die Gottesliebe eines hochverschuldeten Klempners. Von einem Moment auf den anderen beschließt dieser, seine Arbeit liegen zu lassen und sein Leben als Mönch fortzuführen. Er macht Konkurs, seine Firma wird liquidiert, und er verliert auch sein Privatvermögen. Ihm selber bedeutet das nichts mehr. Aber seine Bank hat nun ein Problem. Sie hat zwar nach bestem Wissen und Gewissen vorgesorgt, hat Rückstellungen gebildet und Versicherungen abgeschlossen, um für alle möglichen Fälle von Zahlungsausfällen gewappnet zu sein. Aber diesen Fall hat sie nicht vorhergesehen. Der Schmetterling stand nicht auf ihrer Rechnung. Nun geht sie ihrerseits in Konkurs, die durch den Klempner losgetretene Lawine wird verstärkt, und in kurzer Zeit kommt es zum Konkurs aller anderen Marktteilnehmer.

Ein entscheidender Punkt muss immer wieder betont werden: *Es gibt keine natürliche Tendenz zur Schuldenwirtschaft.* Ganz im Gegenteil gibt es für alle Beteiligten normalerweise gute Gründe, Schulden soweit es geht zu vermeiden. Zu flächendeckender hoher Verschuldung kommt es aber durch die Stabilisierungspolitik der Zentralbanken, welche wiederum nur unter einem Zwangsgeldsystem möglich ist. Schmetterlinge haben gewöhnlich keine nennenswerten Auswirkungen auf das Wirtschaftsleben. Die Politik der Geldwertstabilisierung führt der Tendenz nach allerdings dahin, dass irgendwann einmal auch Schmetterlinge zu einer gesamtwirtschaftlichen Gefahrenquelle werden könnten.

* * *

186 Im Moment ist das noch nicht der Fall. Daher stehen Privatleute auch noch nicht unter dem Bestandsschutz der Zentralbanken. In den USA sorgte vor ein paar Jahren eine New Yorker Putzfrau für Schlagzeilen. Sie hatte im Laufe der Zeit Wohnungen und Häuser für mehr als eine Million Dollar erworben, natürlich kreditfinanziert. Der Einbruch des Immobilienmarktes in den Jahren 2007–2008 bereitete ihrem Treiben dann ein vorläufiges Ende, ohne dass es zum Eingriff der Notenbank kam.

Fassen wir die vorstehenden Überlegungen zusammen. Die von den modernen Zentralbanken betriebene Stabilisierungspolitik bedeutet mitnichten, dass auf diese Weise die Notenpresse in den Dienst des Gemeinwohls gestellt würde. So lautet vielleicht die *Absicht* der leitenden Beamten, aber die Wirklichkeit sieht anders aus. Die Stabilisierungspolitik hat geradewegs zur größten Schuldenorgie und zur größten Aufblähung der Wertpapier- und Immobilienmärkte aller Zeiten geführt; und das war kein zufälliges Missgeschick. Die Geldwertstabilisierung sozialisiert die kurzfristigen Inflationsgewinne. *Dadurch* unterscheidet sie sich von dem vermeintlich primitiven Gebrauch der Notenpresse in Bananenrepubliken. Aber diese Sozialisierung bedeutet, dass die Probleme, die in einer Bananenrepublik nur den Diktator und seinen Dunstkreis befallen würden, sich nun verallgemeinern.

Der Währungssozialismus unserer Tage ist den Ökonomen der Wiener Schule gut bekannt. Aber selbst sie haben ihn typischerweise nur in dem Umstand erblickt, dass eine zentrale staatliche Institution – die Zentralbank – mit der Produktion des allgemeinen Tauschmittels betraut ist, und dass diese Zentralplanwirtschaft somit unter den üblichen Problemen der Planwirtschaft leidet.[187] Doch wie gesehen zieht dieser Währungssozialismus sehr weite Kreise. Er gebiert aus seinem Schoße eine ganze Reihe sozialistischer Kinder. Insbesondere bringt er eine ganz besondere Art Sozialismus auf den Vermögensmärkten hervor.

Diese Art Sozialismus war den Theoretikern der 1920er- und 1930er-Jahre bekannt, doch danach ist er aus dem Rampenlicht verschwunden, weil er in der Praxis völlig irrelevant zu sein schien. Heute ist er jedoch allgegenwärtig, nur fährt er unter falscher Flagge. Man nennt ihn Raubtierkapitalismus, Turbokapitalismus und gibt ihm andere falsche Namen. Vor dem Zweiten Weltkrieg war er als »Marktsozialismus« bekannt. Einige sozialistische Theoretiker wollten damals die Vorzüge des Marktes mit denen des Sozialismus verbinden. Sie schlugen vor, den Leitern der sozialistischen Betriebe weitgehende Vollmachten einzuräumen, um die Vorteile einer dezentralen Entscheidungsfindung auszuschöpfen. Diese Idee erwies sich schnell als eine Totgeburt. Die wirre Vorstellung, dass irgendwelche noch so gebilde-

187 Vgl. insbesondere J. Huerta de Soto, *Geld, Bankkredit und Konjunkturzyklen* (Stuttgart: Lucius & Lucius, 2011), Kap. 8, Abschn. 3; R. Bader, *Geldsozialismus* (Gräfelfing: Resch, 2010).

te, intelligente und wohlwollende Leute »Markt spielen« könnten, war ein gefundenes Fressen für die Kritiker. Ludwig von Mises schrieb bereits im Jahre 1922:

> *Das Problem liegt nämlich gar nicht so sehr in der Frage der Teilnahme des Leiters am Gewinn als in seiner Teilnahme an Verlusten, die durch seine Geschäftsführung entstehen. [...] Ist er nun auf der einen Seite am Gewinn materiell interessiert, am Verlust aber kaum beteiligt, so fördert man seinen Leichtsinn. Das ist eine Erfahrung, die nicht bloß die gemeinwirtschaftlichen Betriebe, sondern auch die privaten Unternehmungen überall machen mussten, wo sie mittellose Angestellte in leitenden Posten mit Tantiemenberechtigung bedacht haben.*[188]

Achtzehn Jahre später wurde er noch ein wenig deutlicher:

> *Wenn die sozialistische Gemeinwirtschaft die Verfügung über die Kapitalverwendung in die Hand von Quasispekulanten legen würde, würde sie diese zu unverantwortlichen Herren der Wirtschaft machen. Niemand, der ernst genommen werden will, könnte einen so absurden Vorschlag machen oder vertreten. Eine Gemeinwirtschaft, die die Verfügung über die Kapitalverwendung in dieser Weise regeln wollte, wäre nicht mehr sozialistisch und planwirtschaftlich; sie wäre auch nicht kapitalistisch. Sie wäre chaotisch.*[189]

Mittlerweile ist das Chaos angekommen. Im Namen der Geldwertstabilisierung wurde einer beispiellosen Aufblähung der Immobilien- und vor allem der Wertpapiermärkte Vorschub geleistet. Dort herrschen die von Mises angekündigten unverantwortlichen Herren der Wirtschaft. Ihr Feldherrenhügel ist ein riesiger Haufen Schulden, der von den Zentralbanken in immer weitere Höhen gepumpt wird.

---

188 Mises, *Gemeinwirtschaft*, a. a. O., S. 194. Unternehmertum bedeutet Handeln unter Unsicherheit. Diese grundlegende Tatsache ist der akademischen Wirtschaftswissenschaft jahrzehntelang aus dem Blick geraten und wurde erst in neuerer Zeit wieder thematisiert. Vgl. P. Klein, Peter, »Risk, Uncertainty, and Economic Organization« in J. G. Hülsmann und S. Kinsella (Hg.), *Property, Freedom, and Society* (Auburn, Ala.: Mises Institute, 2009), S. 325–337.

189 Mises, *Nationalökonomie*, a. a. O., S. 640.

Nur eines hat Mises nicht richtig vorhergesehen: dass genau dieses absurde System heute für den Inbegriff des Kapitalismus gehalten und von vielen Ökonomen sogar verteidigt wird.

Gewinner und Verlierer

Aus der Tatsache, dass die Finanzmärkte wachsen, wird häufig der Schluss gezogen, dass die Güterproduktion darunter zwangsläufig leiden müsse. Das ist allerdings ein Trugschluss. Die Ersparnisse, die in Wertpapiere investiert werden, können mittelbar durchaus ihren Weg in die Güterproduktion finden, wenn nämlich Aktien, Unternehmensanleihen und ähnliche Finanzprodukte gekauft werden. Ähnliches gilt für jene Ersparnisse, die in Immobilien investiert werden, denn sie beflügeln die Produktion von neuen Gebäuden und die Bebauung vormals brachliegenden Landes. Der *Umfang* der Güterproduktion wird somit nicht unbedingt beeinflusst, wohl aber die *Zusammensetzung* der Gesamtproduktion.

Anders liegen die Dinge bereits, wenn das wuchernde Wachstum der Vermögensmärkte aus einer schleichenden Preisinflation resultiert. In diesem Umfeld kommt es nämlich tendenziell zu einer Verringerung der *Gesamt*ersparnisse. Zwar wachsen die Finanz- und Immobilienmärkte, aber sie wachsen im Wesentlichen zulasten der Geldhorte. Somit ändert sich die Gewichtung der verschiedenen Sparformen, aber das gesamte Sparvolumen nimmt tendenziell ab, weil ein Teil der Geldhorte nicht investiert wird, sondern nun zum Kauf kurzlebiger Konsumgüter verwendet wird.

Diese Tendenz kann abermals verschärft werden, wenn große Teile der auf den Finanzmärkten platzierten Ersparnisse in den Verbrauch gelenkt werden, also beispielsweise in Verbraucherkredite oder in Kredite an den Staat. Dann wird auch der Umfang der Investitionen in die Güterproduktion verringert, und somit kommt es über kurz oder lang zu einer tendenziellen Verarmung.

Aber selbst wenn es nicht zu einer gesamtwirtschaftlichen Verarmung kommen sollte, erzeugt ein Zwangsgeldsystem doch eine relative Verarmung für *einige* Marktteilnehmer und gleichzeitig eine relative Bereicherung *anderer*.

Die aus der Geldproduktion entspringenden Verteilungswirkungen werden von den meisten heutigen Wirtschaftswissenschaftlern nicht thematisiert. Eine Ausnahme bilden wiederum die Ökonomen der Wiener Schule, die mit einiger Hartnäckigkeit auf die Existenz der Cantillon-Effekte hinweisen: Jede Geldproduktion schafft Gewinner und Verlierer. Die *Gewinner* sind diejenigen, die das neue Geld zuerst ausgeben können, denn zu diesem Zeitpunkt sind die Geldpreise der anderen Güter noch relativ niedrig. Durch diese Ausgaben steigen Zug um Zug die Preise und Einkommen, und das neue Geld verbreitet sich somit in der Wirtschaft. Die *Verlierer* dieses Prozesses sind diejenigen, die erst spät – oder gar zuletzt – in den Genuss eines höheren Geldeinkommens gelangen. Sie müssen nämlich aus ihrem früheren, niedrigeren Einkommen bereits die höheren Preise bezahlen, die durch die erhöhten Geldausgaben der frühen Benutzer des neuen Geldes zustande kommen.

Solche Verteilungswirkungen gibt es in jeder Geldordnung. Aber in einer natürlichen Geldordnung ist ihr Umfang dadurch eng begrenzt, dass die Geldproduktion sehr kostspielig ist. Ganz anders in unserem heutigen Zwangsgeldsystem. Hier wird die Geldproduktion weit über das Niveau hinausgetrieben, das sie bei freiem Markte erreichen würde. Sie erzeugt dadurch eine Umverteilung der Einkommen und Geldvermögen, die weit über das hinausgeht, was bei freiem Markte zu erwarten wäre.

Strenggenommen ist diese Verteilungswirkung sogar unabhängig von den Veränderungen des Preisniveaus. Beispielsweise hat die EZB im Jahr 2011 die Grundgeldmenge von etwa 1,9 auf etwa 2,7 Billionen Euro erhöht, ohne dass es in jenem Jahr (oder im darauffolgenden Jahr) zu einer starken Erhöhung des Preisniveaus kam. Dennoch bedeutete diese Geldmengenerhöhung eine massive Umverteilung, da einigen Marktteilnehmern große Mengen eines vormals knapperen Gutes zugespielt wurden. Man denke zum Vergleich an einen Croupier im Kasino, der einem der am Tisch sitzenden Pokerspieler gleich eingangs ein paar zusätzliche Asse zuschiebt. Das Spiel ist zwar noch nicht gespielt, aber er hat bereits die Oberhand. Genauso verhält es sich hier. Das zusätzliche Geld ist zwar noch nicht ausgegeben und die Preise somit noch nicht gestiegen, aber einige Marktteilnehmer haben ihre relative Position enorm verbessert.

Die Umverteilung durch die Notenpresse hat in den letzten Jahrzehnten geradezu obszöne Dimensionen angenommen. Das ist wahrscheinlich auch der eigentliche Grund dafür, dass Berufsökonomen sich so ungern zu diesem Thema äußern. Viele von ihnen haben sich in die Theorien verliebt, die sie ihren Studenten vorsetzen müssen und die die möglichen Wirkungen der Notenpresse im rosigsten Licht erscheinen lassen. Da stößt es unangenehm auf, wenn man an die Schattenseiten denkt. Die meisten Berufsökonomen meinen, die gesamtwirtschaftlichen Vorteile der Notenpresse würden die einzelwirtschaftlichen Nachteile überwiegen. Das ist gewiss ein beruhigender Gedanke, aber wir können ihn nicht teilen. Wie wir bereits darlegten, sind die gesamtwirtschaftlichen Vorteile weitgehend imaginärer Art, während die gesamtwirtschaftlichen Nachteile ziemlich deutlich auf der Hand liegen. Aber selbst davon abgesehen wäre es auch moralisch unannehmbar, die einzelnen Familien und Individuen auf dem Altar der gesamtwirtschaftlichen Vorteile zu opfern. Das ist die Moral des Bienenhaufens, nicht die einer freien Gesellschaft.

Es gibt aber auch Ökonomen, die ganz anders reagieren, wenn man sie mit der skandalösen Tatsache der Umverteilung durch die Notenpresse konfrontiert. Sie gehen zum Angriff über und verneinen die Tatsache. Dabei wird insbesondere wie folgt argumentiert: Es spiele keinen Unterschied, wer das neue Geld zuerst erhält, da der Empfänger nicht reicher sei als zuvor. Schließlich würde das neue Geld nicht verschenkt, sondern verliehen. Das Bruttovermögen des Empfängers stiege somit zwar, aber im gleichen Maße stiegen nun auch seine Schulden. Wenn beispielsweise Herr Müller einen Kredit von einer Million Euro aufnimmt, um ein Haus zu kaufen, so steigt sein *Netto*vermögen durch den Kauf in der Tat nicht um einen Cent. Zwar ist sein *Brutto*vermögen nun größer, und zwar um die besagte Million, aber seine Schulden steigen um genau den gleichen Betrag.

So weit, so gut. Aber daraus folgt keineswegs, dass es keinen Unterschied macht, ob nun Müller per Geldschöpfung zu dem Haus kommt. Der winzig kleine Unterschied besteht darin, dass *Müller* nun in dem schönen Haus wohnt, das ohne die Geldschöpfung zu einem geringeren Preis an jemand anderen verkauft worden wäre. *Er* kann dort nun mit seiner Familie leben. *Er* empfängt dort seine Gäste. Noch größer ist der praktische Unterschied, wenn wir an die Unternehmensfinanzierung denken. Auch hier führt die Geldschöpfung zwar nicht unbedingt zu einer Veränderung der jeweiligen Nettovermögen, aber sie beeinflusst die Art der Produkte, die nun auf den Markt kommen. Kredite an einen Fabrikanten von Herrenschuhen erlauben *ihm* die Verwirklichung seiner Projekte. Durch den Kredit kann er höhere Löhne und höhere Lederpreise bezahlen als die Fabrikanten von Handtaschen. Die Herrenschuhproduktion wird erweitert, während die Handtaschenfertigung stagniert oder schrumpft. Die Versorgung der Schuhträger wird verbessert, die der Handtaschenträgerinnen verschlechtert sich.

Die Cantillon-Effekte der Geldproduktion führen zu einer Umverteilung der realen *Einkommen*. Durch den Kreditmarkt wird diese Umverteilung aber gehebelt, und dadurch erreicht die Umverteilung der *Vermögen* ein Vielfaches der Einkommensunterschiede. Wir wollen zunächst diesen Hebeleffekt mit einer Bierdeckelrechnung veranschaulichen und anschließend den Einfluss der Zwangsinflation untersuchen.

Wie viele Euros mehr kann eine Person A im Vergleich zu einer Person B am Kreditmarkt aufnehmen, wenn A einen Euro mehr verdient als B? Gehen wir zur Vereinfachung davon aus, dass A und B sich beide zu festem Zinssatz verschulden, und dass in beiden Fällen die weitverbreitete Drittelregel angewendet wird, d. h. der maximale Schuldendienst, zu dem sie sich verpflichten dürfen, wird auf ein Drittel ihres jeweiligen Nettoeinkommens begrenzt.[190] Wenn also A monatlich 1 Euro mehr verdient als B, dann ist der monatliche Schuldendienst, zu dem er sich verpflichten darf, um 33 Cents höher als im Fall von B. Der maximale *jährliche* Schuldendienst ist dann aber um 4 Euro höher (12 mal 33 Cents). Welcher Kreditsumme entspricht dieser Betrag? Das kommt auf die Rate an, zu der A den Kredit verzinst und tilgt. Angenommen, diese Rate läge bei 10 Prozent. Dann würde der eine Euro Unterschied beim Einkommen eine unterschiedliche Kreditfähigkeit von etwa 40 Euro bedeuten (4 Euro geteilt durch 10 Prozent). Läge jene Rate bei 5 Prozent, so könnte A etwa 80 Euro mehr ausleihen als B, bei 2 Prozent wären es etwa 200 Euro und bei 1 Prozent wären es sogar etwa 400 Euro.

Übertragen wir diese Rechnung auf einen hypothetischen Vergleich dreier repräsentativer Personen: Ein Arbeiter verdiene ein monatliches Nettoeinkommen von 1.800 Euro, ein Angestellter 3.600 Euro und ein hoher Beamter

190 Wenn A also beispielsweise ein jährliches Nettoeinkommen von 36.000 Euro hat, dann ist der maximale jährliche Schuldendienst, zu dem er sich verpflichten darf, auf 12.000 Euro begrenzt.

7.200 Euro. Wenn die Kreditkosten für alle drei bei 10 Prozent lägen, dann könnte der Arbeiter einen Kredit von etwa 86.400 Euro bedienen, der Angestellte einen Kredit von etwa 144.000 Euro, und der Beamte einen Kredit von etwa 288.000 Euro. Nehmen wir nun an, dass die Kreditkosten auf 5 Prozent sinken. Dann stiege die Kreditsumme für den Arbeiter auf 144.000, Euro für den Angestellten auf 288.000 Euro und für den Beamten auf 576.000 Euro. Fielen die Kreditkosten noch weiter, auf 2 Prozent, so stiege die Kreditsumme für den Arbeiter auf 360.000 Euro, für den Angestellten auf 720.000 Euro und für den Beamten auf 1.440.000 Euro .

Die *relativen Unterschiede* zwischen den Kreditsummen entsprechen jeweils genau den Proportionen, die zwischen den zugrunde liegenden Einkommen bestehen. Der Beamte verdient doppelt so viel wie der Angestellte, also sind auch die Kreditsummen, die er bedienen kann, immer doppelt so hoch wie die des Angestellten. Aber die *absoluten Unterschiede* vervielfältigen sich. Bei 10-prozentigen Kreditkosten kann der Beamte 200.000 Euro mehr ausleihen (und folglich auch ausgeben) als der Arbeiter. Bei 2-prozentigen Kreditkosten beträgt der Unterschied mehr als 1.000.000 Euro.

Aber selbst die Proportionen werden – anders als wir es oben unterstellt haben – in der Praxis nicht gewahrt bleiben. Denn zum einen ist es für Haushalte mit niedrigeren Einkommen schwerer als für einkommensstarke Haushalte, ihren Verbrauch einzuschränken, und zum anderen werden die Kreditkonditionen für einkommensstärkere Haushalte in der Regel günstiger sein als für einkommensschwächere.

Wir sehen also erstens, dass der Kreditmarkt die Vermögensunterschiede zu einem Vielfachen der Einkommensunterschiede hebelt; zweitens, dass dieser Hebelfaktor mit den Einkommensunterschieden wächst; und drittens, dass der Hebelfaktor durch Zinssenkungen seinerseits gehebelt wird.

Diese Lage besteht grundsätzlich in jeder denkbaren Geldordnung. Aber in einer natürlichen Geldordnung gibt es keine besonderen Anreize zur Kreditaufnahme. Denn hier wäre damit zu rechnen, dass die Preise tendenziell fallen und es (wenn überhaupt) nur vorübergehend zu Preisniveauerhöhungen kommt. Unter solchen Umständen werden Kredite nach Möglichkeit vermieden. Um beispielsweise den Häuserkauf zu finanzieren, wird zuerst gespart und anschließend gekauft. Ganz anders in einem Zwangsgeldsystem, in welchem die Zentralbanken die Preisinflationsrate auf niedrigem Niveau stabilisieren. Hier entstehen geradezu unwiderstehliche Anreize zur Schuldenwirtschaft, und dies hat wie gesehen bedeutende Auswirkungen auf die Vermögensverteilung.

Dieser Zusammenhang wird noch dadurch verstärkt, dass die Aufblähung der Geldmenge auf dem Umweg über die Cantillon-Effekte zu einer Umverteilung der Einkommen führt. Zu den hauptsächlichen Nutznießern dieser Umverteilung gehören die Unternehmer und Angestellten der Finanzwirtschaft. Wenn beispielsweise eine Geschäftsbank der Eurozone von der Zentralbank 50 Mrd. Euro zu 1 Prozent geliehen bekommt und den gleichen Betrag zu 6 Prozent in Staatspapieren der Eurozone anlegen kann, so *braucht* sie den heutigen Regeln entsprechend keinen einzigen Cent Eigenkapital beizusteuern, und sie *wird* auch keinen Cent beisteuern, da staatliche Wertpapiere unter dem Naturschutz der Zentralbanken stehen. Sie gewinnt an der Operation also etwa 2,5 Mrd. Euro. Dabei entstehen ihr keine nennenswerte Risiken bzw. Kosten. Sie erzielt ihr Ergebnis hauptsächlich dadurch, dass die Zentralbank ihr die 50 Mrd. günstig überlässt und gleichzeitig dafür sorgt, dass die Preise der Staatspapiere nicht allzu stark einbrechen.[191]

Die vorstehenden Überlegungen lassen sich anhand der einschlägigen Statistiken sehr schön veranschaulichen. Die letzten dreißig Jahre boten vor allem in den USA ein ideales Umfeld für die volle Entfaltung der soeben besprochenen Mechanismen. Dort herrschten niedrige, aber beständige Preisinflation, permanente Umverteilung der Einkommen durch die Notenpresse, eine relativ große Bewegungsfreiheit auf den Finanzmärkten, und ständig sinkende Zinsen. Insbesondere die Zinssätze auf 30-jährige Immobilienkredite befanden sich in einem jahrzehntelangen Sinkflug (siehe Abbildung 6).

Die logische Folge waren wachsende Einkommens- und Vermögensunterschiede innerhalb der Bevölkerung. Seit Mitte der 1970er-Jahre deuten die einschlägigen

191 So erklärt sich übrigens ein guter Teil – wenn nicht sogar der Löwenanteil – jener sagenhaften Bonuszahlungen, die in der Finanzwirtschaft häufig gezahlt wurden und z. T. weiterhin gezahlt werden. Das berühmteste Beispiel sind die Tantiemen der Firma Goldman Sachs. Im Jahr 2010 betrug der durchschnittliche Jahresendbonus dort 430.000 US-Dollar. Ein Jahr zuvor waren es fast 500.000 US-Dollar. Das sind wie gesagt die *durchschnittlichen* Beträge bezogen auf alle Angestellten von der Putzfrau bis zum Spitzenmanager. Vgl. J. Treanor, »Goldman Sachs bankers to receive $15.3bn in pay and bonuses« *The Guardian* (19. Januar 2011).

Indikatoren auf eine immer ungleichmäßigere Verteilung hin. Der Gini-Koeffizient der Einkommensverteilung wuchs ohne Unterlass (siehe Abbildung 7). Mit anderen Worten: Die Armen wurden relativ ärmer, und die Reichen relativ reicher.

Abb. 6: Zinsentwicklung 30-jähriger festverzinslicher Immobilienkredite in den USA *(Quelle: Federal Reserve Bank of St. Louis; Serie MORTGAGE30US)*

Diese Entwicklung führte wahrscheinlich deshalb nicht zu starken sozialen Konflikten, weil insbesondere ab Mitte der 1980er-Jahre verschiedene andere Einflüsse (Informationstechnologie, Zusammenbruch des Sowjetsozialismus usw.) zu einem Wachstumsschub führten. Die Armen wurden infolge der Geldinflation zwar ärmer, aber nur *relativ* zu den höheren Einkommensgruppen. *Absolut* gesehen ging es ihnen besser als zuvor.

Eine ähnliche Entwicklung gab es bereits in den 1920er-Jahren – auch damals herrschten in den USA die oben dargestellten Bedingungen, die ein ideales Umfeld für das Entstehen einer Blasenwirtschaft bilden. Auch damals war die Einkommensverteilung entsprechend ungleichmäßig. Die Krise der 1930er-Jahre brachte dann eine scharfe Umkehrung dieses Trends. Fast alle Länder unterwarfen die nationalen und internationalen Kapitalflüsse nun einer strengen staatlichen Reglementierung. Gleichzeitig wurden stark progressive Steuersätze eingeführt, mit Spitzensteuersätzen über 70 und z. T. über 90 Prozent.

Die bekannten Folgen waren ein Einbruch der internationalen Arbeitsteilung und verringerte Arbeitsproduktivität, die durch die Kriegsjahre nochmals verstärkt wurde. Eine Erholung erfolgte erst in der Nachkriegszeit, diesmal bei gleichmäßigerer Einkommensverteilung.[192]

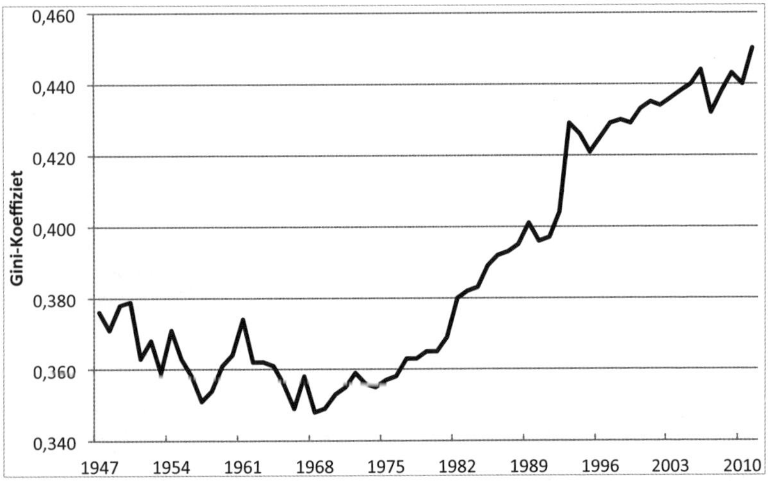

Abb. 7: Gini-Koeffizient der Einkommensverteilung US-amerikanischer Familien *(Quelle: Federal Reserve Bank of St. Louis; Serie GINIALLRF)*

Ein anderer wichtiger Verteilungsindikator ist das Verhältnis zwischen dem Median-Einkommen und dem durchschnittlichen Einkommen, bzw. zwischen dem Median-Vermögen und dem durchschnittlichen Vermögen. Das Median-Einkommen ist das Einkommen derjenigen Haushalte, die weniger reich sind als die 50 Prozent reichsten Haushalte, aber gleichzeitig reicher als die 50 Prozent ärmsten Haushalte. Das Durchschnittseinkommen ist dagegen der arithmetische Durchschnitt aller Einkommen. Wenn der Durchschnitt höher als der Median ist, so bedeutet dies, dass der Abstand der 50 Prozent einkommensstärksten Haushalte zum Median-Haushalt größer ist als der Abstand der 50 Prozent einkommensschwächsten Haushalte zum Median. Die

192 Vgl. T. Piketty und E. Saez, »Income Inequality in the United States, 1913–1998« *Quarterly Journal of Economics*, Bd. 118, Nr. 1 (2003), S. 1–39; dies. »The Evolution of Top Incomes: A Historical and International Perspective« *American Economic Review*, Bd. 96, Nr. 2 (2006), S. 200–205. Die Autoren vernachlässigen in ihren Überlegungen den Einfluss des Währungssystems.

Reicheren sind gewissermaßen überproportional reich, und die Ärmeren überproportional arm.

Im Jahr 1983 betrug das Median-Einkommen amerikanischer Haushalte 43.500 US-Dollar und das Durchschnittseinkommen 52.900. Das Verhältnis zwischen den beiden Ziffern betrug also 1,22. Zwölf Jahre später, im Jahr 1995, betrug das Median-Einkommen 48.300 US-Dollar und das Durchschnittseinkommen 61.100. Das Verhältnis zwischen den beiden Ziffern wuchs auf 1,27. Weitere zwölf Jahre später, im Jahr 2007 betrug das Median-Einkommen 50.200 US-Dollar und das Durchschnittseinkommen 67.600. Das Verhältnis zwischen den beiden Ziffern wuchs somit auf 1,35.[193] Der Trend ist also eindeutig: In den USA gab es in den vergangenen dreißig Jahren eine Tendenz zur zunehmenden Konzentration der Einkommen bei den einkommensstärksten Haushalten.

Noch ausgeprägter als bei den *Einkommen* ist dieser Trend bei den *Vermögen*. Hier stieg das Verhältnis von Durchschnitt zum Median von 4,0 im Jahre 1989 auf 4,6 im Jahre 2007. In den darauffolgenden drei Jahren stieg dieses Verhältnis geradezu explosionsartig auf 6,5 (Jahr 2010).[194] Gerade jene Jahre, in denen die Finanzkrise mittels der Notenpresse bekämpft wurde, waren außerordentlich günstige Jahre für die Konzentration amerikanischen Vermögens.[195]

193 Vgl. E. N. Wolff, *Recent Trends in Household Wealth in the United States: Rising Debt and the Middle-Class Squeeze—an Update to 2007* (Annandale-on-Hudson: Levy Institute Working Paper Nr. 589, 2010), S. 43, Anhang B.

194 Vgl. L. Levine, »An Analysis of the Distribution of Wealth Across Households, 1989–2010« *CRS Report to Congress* (Washington, D.C.: Congressional Research Service, 2012), S. 3, Tabelle I.

195 Gleiches gilt natürlich für die anderen Länder, in denen diese Politik verfolgt wurde. Ein Beispiel unter vielen: Die Rettung der Firma Resona Holdings durch die japanische Regierung im Jahr 2003 führte zu signifikanten und positiven Vermögenseffekten zugunsten großer Banken. Vgl. A. Pop und D. Pop, »Requiem for market discipline and the specter of TBTF in Japanese banking« *Quarterly Review of Economics and Finance*, Bd. 49, Nr. 2 (2009), S. 1429–1459.

Kapitel IX
Verstaatlichung der Vermögen

Soeben haben wir gesehen, dass ein Zwangsgeldsystem seinem ganzen Wesen nach darauf hinausläuft, die Finanzmärkte künstlich aufzublähen. Es erhöht sowohl das Kreditangebot als auch die Kreditnachfrage und die Verschuldungsfähigkeit der Bürger. Allein schon aus diesem Grund ist davon auszugehen, dass das Zwangsgeldsystem zu einer systematischen Verschwendung der verfügbaren Ersparnisse führt. Es befreit die Kreditwirtschaft von den natürlichen Fesseln, die ihr durch den Wettbewerb mit den anderen Sparformen auferlegt werden. Ihr werden größere Sparmengen zugeführt, und diese Ersparnisse werden anders verwendet, als sie normalerweise – unter wettbewerblichen Bedingungen – verwendet worden wären; aber das heißt nichts anderes, als dass ihre Verwendung sich vom Standpunkt der Sparer verschlechtert.

Wir wollen nun einen näheren Blick auf den weitaus größten Nutznießer dieser erzwungenen Umwidmung der Sparverwendungen werfen: den Staat. Denn der Staat zieht besonderen Nutzen aus der Rolle, die die Finanzmärkte in einem Zwangsgeldsystem spielen. Die öffentlichen Haushalte sind mit weitem Abstand die größten Kunden auf diesen Märkten. Zudem sind sie selber Eigentümer zahlreicher Banken, Versicherungen und Investitionsfonds; und auch die private Finanzwirtschaft untersteht ihrer Aufsicht und ihren Weisungen. Daher genießt der Staat nicht nur erleichterte Kreditbedingungen, sondern es fällt ihm nun auch besonders leicht, sich das Vermögen seiner Bürger dienlich zu machen. Durch Steuern und Inflation bemächtigt er sich großer Teile der *Einkommen* seiner Bürger. Durch die Finanzmärkte verschafft er sich Zugang zu ihren *Vermögen*, und Letzteres ist in den wohlhabenderen Ländern typischerweise fünf- bis sechsmal so groß wie die Einkommen.

Dieses Thema wollen wir aus theoretischem und geschichtlichem Blickwinkel etwas näher erörtern. Wir beginnen mit der Feststellung, dass in allen Ländern der Staat der mit großem Abstand größte Kunde der Finanzmärkte ist. Zwar kann man bei Staat & Co nicht Aktionär werden, aber man darf ihm Geld leihen, und zwar viel Geld.

Schuldenkönige

Die Staatsverschuldung im engeren Sinne (ohne Gemeinde- und Länderschulden) bemisst sich heute in Billionen Euro bzw. Dollar – das sind Zahlen mit zwölf Nullen. So betrug etwa die Gesamtverschuldung der amerikanischen Bundesregierung 15,9 Billionen Dollar (Stand vom Juli 2012). Bei einem Bruttosozialprodukt der USA im Jahr 2011 von 15,1 Billionen Dollar ergibt sich daraus eine ungefähre Verschuldungsquote von 105 Prozent. In Deutschland betrug die Gesamtverschuldung der öffentlichen Haushalte zum Jahresende 2011 auf den Kreditmärkten 2,1 Billionen Euro. Bei einem BIP von 2.571 Mrd. Euro bedeutet dies eine Verschuldungsquote von 81 Prozent.

In Frankreich betrugen zum Jahresende 2011 das BIP 1.997 Mrd. Euro, die staatliche Gesamtverschuldung 1,7 Billionen Euro und die Verschuldungsquote somit 86 Prozent. Zur besseren Veranschaulichung bietet es sich an, diese Last auf die einzelnen Haushalte umzurechnen. Auf jeden französischen Haushalt entfiele dann eine anteilsmäßige Last von etwa 76.000 Euro. Bei durchschnittlich zwei Kindern pro Familie bedeutet dies wiederum, dass jedes Kind bei uns sein Leben mit etwa 39.000 Euro Schulden beginnt. Willkommen im Schuldenstaat!

Dabei ist zu unterstreichen, dass diese Zahlen *nicht* die Verpflichtungen beinhalten, die die öffentlichen Haushalte aufgrund der Sozialversicherungssysteme eingegangen sind, d. h. insbesondere die Rentenansprüche und die Ansprüche aus der staatlichen Krankenversicherung. Sie beinhalten auch nicht die Verpflichtungen aus den Besoldungsansprüchen der (unkündbaren) Beamten; ebenso wenig die Kredite für staatliche und halbstaatliche Betriebe; und auch nicht die zahlreichen Verpflichtungen, die der Staat in Form von Kreditbürgschaften u. Ä. eingegangen ist, wie zum Beispiel im Rahmen des im Herbst 2008 von der deutschen Bundesregierung verabschiedeten »Rettungspaketes« von 500 Mrd. Euro, das der Stabilisierung der Finanzmärkte dienen sollte.

Worin sind die Ursachen dieser Schuldenorgie zu suchen? Es ist nicht schwer zu verstehen, warum eine Regierung den Wunsch haben könnte, sich zu verschulden. Die Verschuldung ist eine relativ unkomplizierte Methode, um an mehr Geld heranzukommen und somit die laufenden Ausgaben zu erhöhen – was sich wiederum in Stimmen bei der nächsten Wahl niederschlagen könnte. Der Wunsch, immer mehr Geld auszugeben, ist bei Regierungen recht stark verankert, da sie nicht selber (bzw. nur zum kleinsten Teil) die notwendigen Mittel aufbringen müssen. Zur *Rückzahlung* der öffentlichen Schulden – wenn es dazu kommt – müssen auch die Regierungsmitglieder (*qua* Bürger) ihren Beitrag leisten. Aber *ausgeben* dürfen sie das Geld erst einmal ganz allein.

Der Reiz der Verschuldung erhellt sich vor allem dann, wenn wir sie mit ihrer natürlichen Alternative vergleichen – der Besteuerung. Eine Erhöhung der Steuern und Abgaben bietet bekanntermaßen keine sehr guten Aussichten, sich beim Wahlvolk beliebt zu machen. Denn hier wird deutlich, dass die staatlichen Ausgaben nicht nur Gewinner schaffen, sondern auch Verlierer. Den einen wird das Geld aus der Tasche gepresst, die anderen füllen sich den Beutel.

Ganz anders bei der Finanzierung über den Kreditweg. Hier wird niemandem sein Geld abgenötigt, denn beim Kredit kommen Gläubiger und Schuldner nun einmal freiwillig zusammen und ziehen gegenseitigen Nutzen aus ihrem Geschäft. Es scheint daher zunächst einmal keine Verlierer zu geben, sondern nur Gewinner. Auch eine Rückzahlung der Kredite muss das schöne Bild nicht gleich stören, solange man die alten Kredite nämlich überwälzen, d. h. ihre Rückzahlung durch die Aufnahme neuer Kredite finanzieren kann. Erst wenn man dieses Spielchen aufgibt und anfängt, die öffentlichen Schulden tatsächlich abzubauen, kommt es wieder zu einer Konfrontation von Gewinnern und Verlierern. Denn die Mittel zum Schuldenabbau müssen letztlich wieder aus dem Steueraufkommen abgezweigt werden. Das erklärt, warum Regierungen unter normalen Umständen so gut wie kein Eigeninteresse daran haben, die öffentlichen Schulden jemals zurückzuzahlen.

Warum aber finden sie immer wieder Gläubiger, die ihnen die vorhandenen Kreditlinien verlängern bzw. sogar immer größeren Kredit erteilen? Warum finden Regierungen solche Gläubiger selbst trotz der Tatsache, dass ihr Finanzgebaren in der Regel sehr mangelhaft ist? Warum legen die Gläubiger ihrerseits sehr viel großzügigere Maßstäbe an als jene, die bei dem Kreditgeschäft mit Privatleuten zum Tragen kommen?

Die Antwort ist offensichtlich: Der Staat ist kein gewöhnlicher Schuldner, denn er verfügt über zwei besondere Mittel zur Rückzahlung seiner Schulden.

Erstens kann er die nötigen Mittel zur Not per Zwangsgewalt eintreiben. Das ist der Grund, warum die Verschuldungsquote eines Staates nicht im Verhältnis zu seinem gegenwärtigen Vermögen bzw. dem gegenwärtigen Steueraufkommen berechnet wird, sondern im Verhältnis zum Bruttoinlandsprodukt, d. h. zum Einkommen der gesamten Nation. Der Staat kann eben grundsätzlich *alle* Vermögen und Einkommen seiner Bürger konfiszieren – ein Umstand, der Mark Twain zu der Bemerkung veranlasste, dass nichts und niemand sicher wären, solange das Parlament tagte.

Jahr	Deutschland		Frankreich		USA	
	Kreditmarktschulden der öffentlichen Haushalte	M1	Öffentliche Schulden	M1	Bundesschuld	M1
1970	63	55			389	206
1980	237	128	92	123	930	386
1990	536	282	364	256	3 233	795
2000	1 198	575	826	352	5 674	1 122
2010	2 028	1 041	1 653	597	13 561	1 709

Tab. 9: Geldmenge und öffentliche Verschuldung *(Quellen: Statistisches Bundesamt, Deutsche Bundesbank, INSEE, Banque de France, Bureau of the Public Debt, Federal Reserve Bank of Saint Louis; Angaben für Deutschland und Frankreich in Mrd. Euro; Angaben für die Vereinigten Staaten in Mrd. US-Dollar)*

Zweitens kann der Staat seine Schulden »monetisieren« – er kann beispielsweise einfach mehr Papiergeld drucken bzw. drucken lassen und damit seine Schulden begleichen. Das ist der wichtigste Grund, aus dem die Staatsverschuldung scheinbar grenzenlos wachsen kann. Die Gläubiger können davon ausgehen, dass der Staat (anders als private Schuldner) auch dann in der Lage ist, seine Verbindlichkeiten zu honorieren, wenn sie sein Einkommen und sein Vermögen weit überschreiten. Daher wachsen die öffentlichen Anleihen sogar noch stärker, als es dem Wachstum der Geldmenge entspricht (vgl. die beistehende Tabelle 9).

In den meisten zivilisierten Ländern ist eine *direkte* Monetisierung der Staatsausgaben gesetzlich verboten, denn es würde einem totalitären Staat Tür und Tor öffnen. Aber auf *indirekte* Weise findet sie dennoch statt. In den USA funktioniert das so: Der Staat verkauft seine Staatsanleihen und Schatzbriefe an die Geschäftsbanken, und Letztere verkaufen diese Wertpapiere dann an die Zentralbank. Die Leiter der Währungspolitik können die Monetisierung erleichtern, indem sie größere Mengen abnehmen, und vor allem auch, indem sie höhere Preise für die staatlichen Wertpapiere entrichten, sodass die Verzinsung sinkt. Genau das war auch die allgemeine Tendenz der letzten dreißig Jahre. Die Zinsen, die die US-amerikanische Bundesregierung zu entrichten hatten, sind seit 1981 mit kurzen Unterbrechungen ständig gefallen, nicht zuletzt dank der tatkräftigen Unterstützung durch das *Federal Reserve System* (siehe die nachstehende Abbildung).

Abb. 8: Zinsentwicklung 10-jähriger Schatzbriefe in den USA *(Quelle: Federal Reserve Bank of St. Louis; Serie DGS10)*

In der Eurozone erfolgt die indirekte Monetisierung zumeist etwas anders. Hier werden die staatlichen Wertpapiere vom Zentralbankensystem als Pfand für Kreditgeschäfte akzeptiert. Die Monetisierung kann auch in diesem Fall durch die Abnahme größerer Mengen und durch die Veranschlagung hoher Pfandwerte (geringe oder überhaupt keine Abschläge) erleichtert werden. Darüber hinaus wenden die Zentralbanken der Eurozone gegebenenfalls auch die

»amerikanische« Technik des definitiven Kaufs von staatlichen Wertpapieren an.

Die direkte Monetisierung der Staatsausgaben ist wie gesagt verpönt und gesetzlich nicht vorgesehen. Aber diese Bestimmungen betreffen nur den gewöhnlichen Gang der Dinge. In finanziellen Ausnahmesituationen greifen die Staaten zu jedem Mittel, um ihre Schulden zu begleichen, weil sie nur dadurch immer weitere Kredite aufnehmen können. Dann bleibt als letzter Rat die Notenpresse, und die vormaligen gesetzlichen Verbote werden eben geändert oder abgeschafft. Im Euroraum war die Tendenz zur Umgehung und Abschaffung der gesetzlichen Hürden, die der Monetisierung der Staatsausgaben im Wege standen, in den letzten drei Jahren klar zu beobachten.[196]

* * *

Im Hinblick auf den Nutzen der Staatsverschuldung ist vor allem hervorzuheben, dass sie keineswegs der heutigen Generation *insgesamt* irgendwelche Vorteile verschafft. Häufig wird behauptet, die Staatsverschuldung bereichere uns zulasten unserer Kinder und Kindeskinder. Aber das trifft so nicht zu. Es ist uns physisch nicht möglich, zukünftige Ressourcen in die Gegenwart zu verfrachten. Wir können daher bei unseren Nachkommen keine Anleihe auf zukünftiges Einkommen und zukünftiges Vermögen machen. Kredit schafft keine Ressourcen aus der Zukunft in die Gegenwart. Kredit bringt lediglich eine Umverteilung von Kaufkraft innerhalb der gegenwärtigen Generation.

Staatlicher Kredit bildet dabei keine Ausnahme. Er ermöglicht dem Staat, mehr zu kaufen und daher mehr Vorhaben in die Tat umzusetzen, als er es ohne den Kredit hätte tun können. Aber die Ressourcen, die der Staat somit erwirbt – die Rohstoffe, die Maschinen, die Arbeitskraft seiner Beamten und Angestellten usw. –, sind nicht durch den Kredit entstanden. Hätte der Staat sie nicht mit Hilfe des Kredits erworben, so wären sie doch immer noch vor-

196 Zur europäischen Staatschuldenkrise siehe P. Bagus, *Die Tragödie des Euro* (München: FinanzBuch Verlag, 2011); D. Howden (Hg.), *Institutions in Crisis* (Cheltenham: Edward Elgar, 2011); M. v. Prollius, *Die Euro-Misere* (Jena: TvR Medienverlag, 2012); M. Kerber, *Mehr Wettbewerb wagen* (Stuttgart: Lucius & Lucius, 2012). Siehe auch J. G. Hülsmann, »Schöne neue Zeichengeldwelt« Nachwort zu M. N. Rothbard, *Das Schein-Geld-System* (Gräfelfing: Resch, 2000), S. 133–136.

handen und wären eben bloß anders – zu niedrigeren Preisen, anderen Bedingungen – in anderen Projekten verwendet worden. Diese Projekte, die somit nicht verwirklicht werden, sind die unsichtbaren Verlierer der staatlichen Verschuldung in der Gegenwart.

Die Staatsverschuldung nützt somit nur wenigen und belastet die Zukunft mit der schweren Hypothek politischer Konflikte. Aber sie ist auch kein unentrinnbares Schicksal. Die Niederlande hatten 1996 noch eine Verschuldungsquote von fast 75 Prozent, die sie in den Folgejahren stetig abbauten, auf weniger als 46 Prozent im Jahr 2007. Ähnliche und teilweise noch spektakulärere Erfolge gelangen im genau gleichen Zeitraum in Irland: von 74 Prozent auf 25 Prozent, in Finnland: von 57 Prozent auf 35 Prozent, sowie in Schweden: von 73 Prozent auf 40 Prozent. Bulgarien gelang es sogar, die Verschuldungsquote in elf Jahren von 105 Prozent (1997) auf weniger als 19 Prozent (2007) zu drücken, und die Türkei verringerte sie in nur sieben Jahren von 104 Prozent (2001) auf 39 Prozent (2007).[197]

Es ist eine Frage des politischen Willens, den Staat nicht oder wenig zu verschulden. Es ist ebenfalls eine Frage des Willens, die einmal vorhandene Verschuldung wieder abzubauen. Rein technisch gesehen ist das in den meisten Fällen möglich, aber es setzt natürlich eine entsprechende Einsicht und Opferbereitschaft voraus. Weil diese gerade in Politikerkreisen wenig vorhanden ist, geht die Politik in der Regel genau in die entgegengesetzte Richtung. Statt die öffentlichen Ausgaben einzufrieren oder gar zurückzufahren wird versucht, immer neue Einkommensquellen zu erschließen und immer größere Teile des Vermögens der Bürger in Griffweite zu bekommen. Im nächsten Abschnitt geben wir einen kurzen Überblick über die einschlägigen Methoden.

Finanzielle Repression

Der Staat ist ein ganz besonderer Schuldner, denn er kann die zum Schuldendienst erforderlichen Mittel zur Not gewaltsam eintreiben, und er kann sich zumindest indirekt (und manchmal auch direkt) aus der Notenpresse bedienen. Aber der heutige Umfang der Staatsverschuldung und der staatlichen

197 Alle Angaben nach Eurostat.

Dominanz auf den Finanzmärkten ist nicht allein auf diese Umstände zurückzuführen. Vielmehr haben wir es hier mit einer langwierigen Entwicklung zu tun, die an ihren entscheidenden Wendungen immer wieder durch staatliche Eingriffe in die gewünschten Bahnen gelenkt wurde.

Der *wichtigste* Eingriff dieser Art bestand im erzwungenen Übergang zu Währungen, die sich besonders leicht und unbemerkt manipulieren lassen: zunächst von der Silber- zur Goldwährung, später vom Gold zur reinen Papierwährung bzw. zur elektronischen Währung. Dadurch wurde der Staat in die Lage versetzt, seine Schulden jederzeit zurückzahlen zu können – wenn auch mit Geld geringerer Kaufkraft –, und seine Verschuldungsfähigkeit stieg somit in geradezu unermessliche Dimensionen.

Gleichzeitig aber haben die Regierungen immer auch auf andere Weise versucht, die Ersparnisse der Bürger in die gewünschten staatlichen Kanäle zu lenken. Dabei kamen insbesondere sechs Techniken zur Anwendung.

Erstens wurden die Bürger gezwungen, mehr zu sparen als sie eigentlich hätten sparen wollen, in der Hoffnung, dass das vergrößerte Sparvolumen seinen Weg nicht zuletzt auch in staatliche Anleihen und Schatzbriefe finden würde. Bei uns in Deutschland erfolgte dies insbesondere durch das Bismarck'sche Triduum der Renten-, Kranken- und Unfallversicherung. Natürlich ging es hier seinerzeit nicht ausschließlich um das Auffüllen der (damals ohnehin noch recht gut gefüllten) Staatskasse – das Hauptziel Bismarcks bestand darin, die breite Masse der Arbeiter und Angestellten staatsabhängig zu machen. Aber der finanzielle Aspekt stand der *Einführung* dieser Reformen zumindest nicht entgegen, und heute ist er der wichtigste unausgesprochene Grund gegen deren Abschaffung.

Zweitens wurden die Finanzintermediäre gezwungen, die ihnen anvertrauten Gelder vornehmlich – und zuweilen ausschließlich – dem Staat zufließen zu lassen. Diese Technik wurde zunächst nur auf die Versicherungsträger der staatlichen Renten-, Kranken- und Unfallversicherung angewendet, später aber auch auf immer größere und staatsfernere Kreise. Gerade in jenen Ländern, die sich – wie heute Griechenland, Portugal und Italien – auf der Zielgeraden zum Staatsbankrott befinden, sind praktisch alle privaten Versicherungen, Rentenfonds und Geschäftsbanken gesetzlich oder per amtlicher

Anordnung verpflichtet, einen großen Teil ihrer Mittel zum Kauf staatlicher Anleihen zu verwenden.

Der gleiche Zweck wurde – drittens – auch auf indirektem Wege angestrebt, indem die Finanzintermediäre gezwungen wurden, vermeintlich sichere Anlagen zu bevorzugen. Ab den 1970er-Jahren wurden (zunächst in den USA) Lebensversicherungen, aber auch die meisten Investitionsfonds verpflichtet, den Löwenanteil ihrer Mittel nur in Anlagen der allerbesten Güteklasse zu investieren. Da es geradezu zum Wesen der Finanzmärkte gehört, dass die Akteure verschiedener Ansicht über die Güte der gehandelten Wertpapiere sind, bedurfte es nun allerdings eines obersten Richters. Zu diesem Amte wurden in den USA seinerzeit drei private Benotungsagenturen berufen. Diese hatten bis dato eine völlige Nebenrolle auf den Märkten gespielt, rückten nun aber zunehmend in den Mittelpunkt. Ihr künstlich geschaffenes Oligopol blieb unangefochten, solange es das gewünschte Ergebnis – beste Beurteilung staatlicher Emissionen – hervorbrachte. In unseren Tagen hat sich die Lage bekanntermaßen gewandelt. Schatzbriefe und Staatsanleihen finanziell zerrütteter Staaten erhalten schlechte Benotungen – wenn auch nicht ganz so schlecht, wie sie es verdienen – und die betreffenden Staaten schreien Mordio und wollen ganz neue Agenturen schaffen, die ihnen Gefälligkeitsbenotungen ausstellen.

Viertens schuf auch die staatliche Reglementierung der Eigenkapitalquoten von Geschäftsbanken im Rahmen der sogenannten Baseler Abkommen starke Anreize zum Kauf von staatlichen Emissionen. Wenn eine Bank 100.000 Euro an einen Bäckerbetrieb verleiht, darf sie nur 92.000 Euro kostengünstig bzw. kostenlos aus Fremdmitteln refinanzieren. Wenn sie dagegen den gleichen Betrag zum Kauf von spanischen Staatsanleihen verwendet, so darf sie den gesamten Betrag aus Fremdmitteln entnehmen. Eine Bank kann somit ihren Geschäftsumfang erweitern, ohne dass sie selber auch nur einen Euro beisteuert, wenn sie ihre Kredite an Staaten bzw. an zwischenstaatliche Organisationen wie den IWF oder die OECD erteilt.

Fünftens hat der Staat die Finanzintermediäre von Zeit zu Zeit schlicht und einfach geplündert. Früher (bis zum 19. Jahrhundert) betraf dies in erster Linie die Banken, in unseren Zeiten vor allem Versicherungen und unter diesen wiederum insbesondere die Träger der staatlichen Rentenversicherung. Der

Übergang vom Kapitalisierungs- zum Umlageverfahren, der bei uns unter der Regierung Adenauer erfolgte, ist nichts anderes als eine Beraubung der Sparer. Auf dieses wichtige Ereignis werden wir noch zurückkommen.

Sechstens und letztens hat der Staat versucht, eventuelle Schlupflöcher zu stopfen. Das Vermögen seiner Bürger soll möglichst lückenlos unter Aufsicht und Lenkung des Staates verwendet werden. Daher strebt der Staat danach, die alternativen Investitionsformen, mit denen die staatlich kontrollierten Finanzmärkte umgangen werden können, möglichst uninteressant zu machen. Dazu zählen insbesondere (1) der Besitz von Edelmetallen und (2) der Besitz von Wertpapieren, Geld und Immobilien im Ausland. Die Freude an solchem Besitz kann grundsätzlich auf zwei Arten und Weisen vergrault werden. Zum einen können die Erträge dieser Investitionsformen durch staatliche Eingriffe gedrosselt werden. Zum anderen können ihre Kosten bzw. die Risiken künstlich erhöht werden.

Der Fall der Edelmetalle ist besonders lehrreich, weil die staatlichen Eingriffe hier sehr massiv erfolgen und gut dokumentiert sind. Das betrifft insbesondere den Goldmarkt.[198] Zwar ist das gelbe Metall wegen seiner hohen Kaufkraft *als Währung* relativ ungeeignet, aber aus dem gleichen Grund eignet es sich hervorragend *als Wertaufbewahrungsmittel.* Goldbesitz ist *die* natürliche Alternative zu den Sparformen, die vom Staat kontrolliert werden. Gold kann schon bei kleinen Beträgen ohne großen Aufwand gekauft und gehalten werden. Die Anreize zum Goldbesitz sind in einem Umfeld schleichender Preisinflation und niedriger Kreditzinsen besonders groß. Das ist aber genau das Umfeld, das auch für die Kreditfinanzierung des Staates eigentlich am günstigsten ist. Daher ist der Kampf gegen den Goldbesitz ein mehr oder weniger zwangsläufiges Ziel der staatlichen Finanz- und Währungspolitik.

Dieses Ziel kann in gravierenden Krisenzeiten geradezu vordringlich werden. Denn im Gegensatz zu Wertpapieren hängt der Wert des Goldes nicht von der finanziellen Gesundheit des Emittenten ab. Je höher der Verschuldungsgrad einer Wirtschaft ist, desto größer ist dieser natürliche Vorteil des Goldes. Aus Sicht der Behörden besteht somit die Gefahr, dass die Sparer sich massenhaft

198 Vgl. Chris Martenson, »Gold is Manipulated (But That's OK)« http://www.chrismartenson.com/blog/gold-manipulated-thats-okay/72892.

von den Wertpapieren ab- und dem Goldbesitz zuwenden. Dies würde den Zusammenbruch der Finanzintermediäre und auch der Staatsfinanzen zur Folge haben.

Beim regierungsamtlichen Kampf gegen Goldbesitz kommen insbesondere die folgenden Techniken zur Anwendung: Verkauf von Gold aus öffentlichem Besitz, häufig in Zusammenarbeit mit ausländischen Behörden, die die gleichen Interessen verfolgen; Gestattung sehr großer Marktkonzentrationen auf den Derivatemärkten; Gestattung sehr großer Leerverkäufe von Gold; Förderung des Handels von goldbasierten Wertpapieren (statt physischem Gold); Androhung der Konfiszierung von Goldbesitz; tatsächliche Konfiszierung von Goldbesitz; Verbot des Goldhandels; Verbreitung negativer Marktberichte über Gold bzw. die künftige Entwicklung des Goldmarktes.

***

Im Ergebnis ist unser gesamtes Finanzsystem heute darauf ausgerichtet, vor allem die Bedürfnisse des Staates zu befriedigen. In den USA fließen 29 Prozent der verfügbaren finanziellen Ersparnisse dem Staat (Bund und Einzelstaaten) zu, im Vereinigten Königreich 26 Prozent, in Deutschland 35 Prozent, in Frankreich 34 Prozent und in Japan sind es sogar 46 Prozent.

	USA (2010)	UK (2010)	Japan (2010)	Deutschland (2009)	Frankreich (2010)
Haushalte & POoE	+92 %	+93 %	+99 %	+92 %	+83 %
Nichtfinanzielle Kapitalgesellschaften	-60 %	-58 %	-33 %	-47 %	-66 %
Finanzielle Kapitalgesellschaften	-1 %	-15 %	+1 %	+8 %	+10 %
Staat	-27 %	-26 %	-46 %	-35 %	-34 %
Übrige Welt	+8 %	+7 %	-21 %	-15 %	+7 %

Tab. 10: Nettofinanzsparer (+) und Nettoverwender von finanziellen Ersparnissen (-), ausgedrückt als Prozentsatz der gesamten finanziellen Ersparnisse *(Quellen: Statistisches Bundesamt, BOG Federal Reserve, INSEE, ONS, Cabinet Office; eigene Berechnungen)*

Diese Zahlen geben kein getreues Abbild der Wirklichkeit, sondern unterschätzen das tatsächliche Gewicht des Staates. Der Grund liegt darin, dass halbstaatliche Betriebe wie Airbus und die Bundesbahn in der Statistik als Betriebe der Privatwirtschaft geführt werden, und sogar bei rein staatlichen Betrieben wie der französischen Staatsbahn ist dies häufig der Fall.

Die politische Bedeutung dieser Zahlen liegt darin, dass der Staat sehr viel mehr Ressourcen beansprucht, als es beispielsweise in der bloßen Steuerquote zum Ausdruck kommt. Ihre wirtschaftliche Bedeutung ergibt sich aus der Tatsache, dass staatliche Ausgaben der Sache nach Konsumausgaben sind – sie erzeugen keine (bzw. nicht genügend) Produkte, deren Verkauf zur Rückzahlung der öffentlichen Schulden dienen könnte. Ein Land, in dem der Staat ein Drittel der Ersparnisse beansprucht, ist somit vergleichbar mit einem Land, in dem ein Drittel der Ersparnisse für Verbraucherkredite verwendet und mithin nur zwei Drittel produktiv angelegt werden. Die Möglichkeiten für Wirtschaftswachstum sind dadurch entsprechend begrenzt und über kurz oder lang droht eine Schuldenkrise der unproduktiven Kapitalverbraucher.

Wie aber ist es zu dieser Lage gekommen? Wir können an dieser Stelle die geschichtliche Entwicklung natürlich nicht im Einzelnen nachzeichnen. Wir wollen uns aber immerhin ein grobes Bild davon verschaffen, wie sich die Dinge in Deutschland entwickelt haben.

Kurze Geschichte der Verstaatlichung des Kredits

Im Jahre 1848 veröffentlichten Karl Marx und Friedrich Engels ihr *Kommunistisches Manifest*, in welchem sie unter anderem ihren Plan zur Verwirklichung der kommunistischen Revolution darlegten.[199] Der erste Schritt bestehe in der Erringung der politischen Herrschaft durch »Erkämpfung der Demokratie«. Das siegreiche Proletariat hätte sodann »der Bourgeoisie nach und nach alles Kapital zu entreißen« und zwar »vermittelst despotischer Eingriffe in das Eigenthumsrecht und in die bürgerlichen Produktions-Verhältnisse«.

199 Siehe K. Marx und F. Engels, *Manifest der kommunistischen Partei* (London: Bildungs-Gesellschaft für Arbeiter, 1848), insb. S. 15–16.

Welche Eingriffe waren gemeint? Für die wirtschaftlich am stärksten entwickelten Länder empfahlen Marx und Engels ein 10-Punkte-Programm: (1) Enteignung von privatem Grundeigentum, (2) starke Progressiv-Steuer, (3) Abschaffung des Erbrechts, (4) Konfiskation des Eigentums aller Emigranten und Rebellen, (5) Zentralisierung des Kredits in den Händen des Staats durch eine Nationalbank mit Staatskapital und ausschließlichem Monopol, (6) Zentralisierung alles Transportwesens in den Händen des Staats, (7) Vermehrung der staatlichen Betriebe und Planwirtschaft, (8) Arbeitszwang für alle, (9) Vereinigung von Ackerbau und Industrie, sowie (10) öffentliche und unentgeltliche Erziehung aller Kinder.

In den letzten Jahren haben zahlreiche Kommentatoren darauf hingewiesen, dass die meisten Punkte dieses Programms bereits entweder ganz (Punkte 2 und 10) oder doch zumindest teilweise (Punkte 1, 3, 4, 5, 6, 7 und 8) umgesetzt worden sind. An dieser Stelle wollen wir einen näheren Blick auf den fünften Punkt werfen. Welche »Fortschritte« wurden seit 1848 bei der Verstaatlichung des Kreditwesens erzielt? Wo stehen wir heute in Deutschland?

Finanzmärkte vor dem 19. Jahrhundert

Dabei müssen wir zunächst eine entscheidende geschichtliche Tatsache hervorheben: Finanzintermediäre spielten bis ins 19. Jahrhundert eine untergeordnete wirtschaftliche Rolle. Sie vermittelten fast ausschließlich Verbraucherkredite, und zwar vor allem an die Fürstenhäuser und in sehr viel geringerem Maße auch an ärmere Bevölkerungskreise. Dagegen war die Unternehmensfinanzierung von ihnen fast völlig unabhängig. Bankkredite an Unternehmen waren vor dem 19. Jahrhundert praktisch unbekannt. Industrie, Handel und Gewerbe finanzierten sich im Wesentlichen durch Eigenkapital und in gewissem Umfang auch durch Warenkredit (Stundung der Zahlung) seitens ihrer Lieferanten. Aber eine eigentliche Geldleihe zu Investitionszwecken gab es nicht. In der Hanse war selbst der Warenkredit verpönt. Alle Zahlungen unter ehrbaren Kaufleuten mussten hier bar erfolgen. Wer Schulden machte oder Kredite gewährte, verwirkte sein Mitgliedsrecht.[200] Daraus ergab sich

200 Siehe P. Dollinger, *La Hanse* (Paris: Aubier, 1988 [1964]), S. 252–256. Der Autor sieht in diesem Umstand eine Schrulle, die er durch den überzogenen Konservatismus der hanseatischen

zwangsläufig, dass die Banken – andere Finanzintermediäre waren vor dem 19. Jahrhundert praktisch unbekannt – ganz wesentlich im Dienst der Adelsfinanzierung standen. Mit dem Aufkommen republikanischer und demokratischer Staatsformen wurde daraus die Staatsfinanzierung. In der bekannten Satzung der Bank von England wurde dieser Gründungszweck klipp und klar benannt: Verabreichung eines Kredites von 1,2 Millionen Pfund an die englische Krone.[201]

Das Kreditwesen stand bei uns in Deutschland also traditionell immer schon vornehmlich im Staatsdienst. Die Banken selber befanden sich in der Regel nicht im Staatsbesitz. Vielmehr herrschte die bis heute vielgerühmte Partnerschaft zwischen Staat und privaten Firmen, auch bekannt als Kumpelwirtschaft. Die Banken wurden in der Regel von wohlhabenden Kaufleuten gegründet, die danach häufig ihren ursprünglichen Handel aufgaben oder zumindest einen ihrer Söhne ausschließlich mit dem Bankgeschäft betrauten. Banken verwalteten zum größten Teil das Kapital ihrer Eigentümer und in geringerem Umfang auch die Ersparnisse von Adligen, höheren Beamten und anderen wohlhabenden Kaufleuten und Unternehmern. Mit der Unterschicht der Bevölkerung hatten sie in der Regel nichts zu tun. Zum einen herrschte zwischen diesen gesellschaftlichen Gruppen ein robustes Misstrauen, zum anderen gab es ganz einfach keine nennenswerten Ersparnisse der breiten Masse. Die wenigen Taler und Groschen, man erübrigen konnte, wurden buchstäblich zur Seite gelegt. Das Horten baren Geldes war jahrhundertelang die vorherrschende – und gewöhnlich sogar die einzige – Sparform der breiten Masse.

Die Lage änderte sich im Verlauf des 19. Jahrhunderts, und zwar unter dem Einfluss zweier grundverschiedener Faktoren. Zum einen wuchsen infolge der industriellen Revolution die Ersparnisse der breiten Masse. Zum anderen wurden diese Ersparnisse durch eine große Vielfalt finanzpolitischer, sozial-

Kaufleute erklärt. In unseren Tagen der systemischen Risiken und kaskadenhaften Insolvenzen – Früchten einer maßlosen Überschuldung – erscheint diese Schrulle in neuem Licht. Man kann hier durchaus einen weisen Grundsatz sehen, der gerade durch seine Radikalität die nötige Klarheit bringt. Es sollte zu denken geben, dass die Hanse in ihrer mehr als fünfhundertjährigen Entwicklung niemals von den finanziellen Pestbeulen, die uns heute so plagen, befallen wurde.

201 Vgl. R. D. Richards, »The first fifty years of the Bank of England (1694–1744)« in J. G. van Dillen, *History of the Principal Public Banks* (London: Frank Cass & Co, 1964), insb. S. 202–208.

politischer und währungspolitischer Maßnahmen aus den Bargeldhorten in die Finanzwirtschaft und von dort in die Staatskasse gelenkt. Im 20. Jahrhundert beschleunigte sich diese Tendenz noch, und zwar vor allem infolge der staatlichen Eingriffe in das Währungssystem. Im Folgenden wollen wir diese Entwicklung in groben Pinselstrichen nachzeichnen.

Politische Kanalisierung der Ersparnisse

Die aus der rechtsstaatlichen Liberalisierung hervorgehende industrielle Revolution erzeugte ein enormes Wachstum des gesamtwirtschaftlichen Sparvolumens. Dieses Sparaufkommen war nicht länger die Leistung einiger weniger reicher Kaufleute und Industrieller. Es war eine Sparleistung der großen Masse der Bevölkerung, und somit entstand ein neues und großes unternehmerisches Betätigungsfeld. Die neuen Finanzunternehmer mobilisierten diese Ersparnisse nun erstmals auch in großem Maßstab zur Unternehmensfinanzierung. Sie schufen Industrie-, Handel- und Gewerbebanken, häufig auf genossenschaftlicher Basis. Sie schufen private Lebens- und Rentenversicherungen, und sie erfanden die völlig neue Unternehmensform des *Trusts* bzw. Investitionsfonds. Zum ersten Mal in der Geschichte der Menschheit gab es eine breite finanzielle Zusammenarbeit zwischen Sparern und Unternehmern. Zum ersten Mal wurde ein Großteil des Geldvermögens nicht länger gehortet oder in die Staatskasse abgezweigt, sondern zum Aufbau immer größerer privatwirtschaftlicher Unternehmen verwendet.

Somit verschoben sich auch die politischen Kräfteverhältnisse. Die Macht des aristokratischen Establishments war bedroht, und ebenso bedroht waren die Pläne all jener Sozialreformer, die wie Saint-Simon, Marx und Engels auf die Eroberung der Staatsgewalt gesetzt hatten. Dadurch entstand jene seltsame Koalition aus konservativen Aristokraten und Sozialrevolutionären, die sich mit aller Macht gegen die aufstrebende Privatrechtsgesellschaft stemmte.[202] Während die radikalen Sozialisten bzw. Kommunisten jedoch die Verstaatlichung der Kreditwirtschaft anstrebten, waren die Sozialdemokraten aller Parteien darauf bedacht, staatliche bzw. öffentliche Banken zu gründen und zu fördern und die private

202 Siehe dazu Ralph Raico, *Die Partei der Freiheit* (Stuttgart: Lucius & Lucius, 1999), S. 121–123 et passim.

Kreditwirtschaft durch staatliche Reglementierungen in die gewünschten Bahnen zu lenken.

Unter dem Einfluss dieser konservativen bzw. sozialdemokratischen Kräfte wurde insbesondere die Struktur der deutschen Bankenlandschaft praktisch eingefroren.[203] Heute wie vor mehr als hundert Jahren besteht in Deutschland ein sogenanntes dreigliedriges System aus privaten Kreditbanken, genossenschaftlichen Instituten und öffentlich-rechtlichen Banken. Zu den Letzteren zählen bei uns insbesondere die Landesbanken, die Sparkassen, die Bausparkassen und die sogenannten Banken mit Sonderaufgaben (Kreditanstalt für Wiederaufbau u. a.).

Die gesamte Bilanzsumme der deutschen Banken beträgt gegenwärtig (März 2012) etwa 8,6 Billionen Euro. Davon fallen auf die Kreditbanken 3,3 Billionen (38 Prozent), auf die Genossenschaftler 1,0 Billionen (12 Prozent), auf die öffentlich-rechtlichen Banken 3,6 Billionen Euro (43 Prozent) und der Rest im Wesentlichen auf Pfandbriefbanken.[204] Diese Proportionen haben sich im Laufe der Zeit nur wenig verändert. Nennenswerte Veränderungen gab es allerdings *innerhalb* dieser drei Sektoren, insbesondere im Bereich der privaten Kreditbanken, wo ein bemerkenswerter Konzentrationsprozess stattfand (die Deutsche Bank ist heute fast so groß wie die fünf nächstgrößten Privatbanken zusammengenommen).

Während die *Struktur* der deutschen Bankwirtschaft in geradezu musealer Konstanz verharrt, ist sie *insgesamt* im Laufe der Zeit sehr stark gewachsen. Im Jahr 1930, kurz nach dem Höhepunkt der blasenartigen Finanzmarktentwicklung der 1920er-Jahre betrug die Bilanzsumme aller deutschen Banken 67 Mrd. Reichsmark und das Volkseinkommen 65 Mrd. RM. Der Umfang der deutschen Bankwirtschaft betrug zu diesem Zeitpunkt also 103 Prozent gemessen am Volkseinkommen. Der Zweite Weltkrieg führte dann zur völ-

203 Wir vernachlässigen an dieser Stelle das Versicherungswesen und die Investitionsfonds. Im Vergleich zu den Banken sind diese Finanzintermediäre in Kontinentaleuropa weniger wichtig als in den angelsächsischen Ländern. Aber auch für sie gilt die allgemeine Tendenz, die wir im nachfolgenden Text umreißen.

204 Siehe Deutsche Bundesbank (Hg.), *Monatsbericht Juni 2012*, S. 24 u. 39. Die für die öffentlich-rechtlichen Institute genannte Summe ergibt sich aus der Addierung der Bilanzsummen der Landesbanken (1.143 Mrd. Euro), der Sparkassen (1.089 Mrd. Euro) der öffentlichen Bausparkassen (56 Mrd. Euro) und der Banken mit Sonderaufgaben (970 Mrd Euro).

ligen Zerrüttung der Kreditwirtschaft, doch in der Nachkriegszeit nahm sie einen starken Aufschwung. Schauen wir wiederum auf die Banken, so erfuhr ihr Geschäftsumfang gemessen am Sozialprodukt bzw. am Bruttoinlandsprodukt ein überproportionales Wachstum (siehe Tabelle 11). Das gleiche Muster findet sich auch in allen anderen entwickelten Ländern.[205] Der wesentliche Grund dieser Entwicklung liegt in den zeitgleichen Veränderungen des Währungssystems.

	1930 [Mrd. RM]	1952 [Mrd. DM]	1962 [Mrd. DM]	1972 [Mrd. DM]	1992 [Mrd. DM]	2002 [Mrd. €]	2011 [Mrd. €]
Bilanzsumme deutscher Banken	67	64	326	1 060	6 143	6 394	8 467
Sozialprodukt bzw. BIP	64	146	360	835	3 224	2 132	2 571
Quotient	103 %	44 %	91 %	127 %	191 %	300 %	329 %

Tab. 11: Entwicklung der relativen Größe deutscher Banken gemessen am BIP *(Quellen: Deutsche Bundesbank (Hg.), Wirtschaft und Währung in Deutschland 1876–1975 (Frankfurt a. M.: Knapp, 1976), S. 323, 334 u. 696; Deutsche Bundesbank (Hg.), Deutsches Geld- und Bankwesen in Zahlen 1876–1975 (Frankfurt a. M.: Knapp, 1976), S. 136. Deutsche Bundesbank (Hg.), Monatsbericht Juni 2012, S. 24; eigene Berechnungen)*

Geldpolitische Förderung der Finanzwirtschaft

Der Übergang von der Goldwährung zur immateriellen Zwangswährung, der sich zwischen 1871 und 1971 allmählich und mit einigen Unterbrechungen vollzog, brachte einerseits immer größere Erleichterungen bei der Refinanzierung der Finanzintermediäre und erzeugte andererseits für Haushalte und Unternehmen geradezu die Notwendigkeit, mit diesen Finanzintermediären zusammenzuarbeiten.

---

205 Siehe R. W. Goldsmith, *Financial Structure and Development* (New Haven: Yale University Press, 1969); A. Demirgüç-Kunt und R. Levine (Hg.), *Financial Structure and Economic Growth* (Cambridge, MA: MIT Press, 2001).

Mit der Schaffung der Reichsbank im Jahre 1875 wurde das Währungswesen in Deutschland zentralisiert, und zwar ganz nach dem Skript des *Kommunistischen Manifests* »in den Händen des Staats durch eine Nationalbank mit Staatskapital«. Die Reichsbank und ihre Nachfolgerinnen hatten das Monopol auf die Produktion des sogenannten Grundgeldes (Banknoten und Sichtguthaben bei der Zentralbank), aber kein ausschließliches Monopol auf Geld und Kredit insgesamt. Denn zum einen gab und gibt es weiterhin eine Produktion von privatem »Bankgeld« (Sichtguthaben bei den Geschäftsbanken), und zum anderen gab und gibt es zahlreiche private Finanzintermediäre, insbesondere Geschäftsbanken, Versicherungen und Fonds. Dennoch ist das Monopol auf das Grundgeld der Schlüssel zur *indirekten* politischen Förderung und Steuerung der gesamten Kreditwirtschaft. Die Zentralbank refinanziert nämlich die einzelnen Institute und kann dadurch ihrem Willen Geltung verschaffen. Außerdem erzeugt sie durch die ständige Ausweitung der Grundgeldmenge eine schleichende Inflation, was es wiederum für alle Bürger ratsam macht, ihre Ersparnisse nicht in Bargeld, sondern in Finanzprodukten anzulegen. Davon profitieren letztlich alle Kreditinstitute.

Die Finanzwirtschaft hat die Realwirtschaft somit letztlich infolge der Währungspolitik überrundet. Nicht der freie Markt, sondern der staatliche Interventionismus stand hier Pate. Als sichtbarste Folge ergab sich eine durchgreifende Politisierung und Bürokratisierung der Finanzintermediäre. Keine andere Branche der Wirtschaft hat eine solch frappierende Ähnlichkeit mit unseren Einwohnermeldeämtern. Dies betrifft natürlich insbesondere die öffentlich-rechtlichen Banken. Aber auch die privaten Kreditbanken agieren nur in sehr begrenztem Umfang nach rein privatwirtschaftlichen Kriterien.[206]

Zwei weitere Folgen sind weniger sichtbar, aber zumindest genauso schwerwiegend.

206 Die privaten Banken wurden gerade in den letzten Jahren immer stärker durch den Staat in Anspruch genommen: von der Berechnung und Abführung von Lohnsteuern und Sozialabgaben über die Erhebung der Umsatzsteuer bis zu Auskunfts-, Aufbewahrungs-, Melde-, Bescheinigungs- und Abzugsverpflichtungen. Dies betraf insbesondere die Erhebung der Abgeltungssteuer und die Einrichtung eines (für die Banken und ihre Kunden) anonymen Kontoabrufverfahrens zugunsten der Strafverfolgungsorgane und der Finanzämter. Siehe D. Hoffmann, »Banken als Erfüllungsgehilfen des Staates« *Die Bank* (06/2010).

Zum einen besteht infolge der soeben genannten Politisierung und Bürokratisierung eine starke Tendenz zur Verschwendung der vorhandenen Mittel. Diese erweist sich insbesondere darin, dass der größte Teil der von den Finanzintermediären verwalteten Geldvermögen nicht produktiv in Unternehmen investiert wird, sondern für Kredite an den Staat, für Verbraucherkredite und für Kredite zum Wohnungskauf verwendet wird. Die Geschäftsbanken der Eurozone hatten am Ende des Jahres 2011 nur 31 Prozent ihrer Bankkredite an nichtfinanzielle Unternehmen erteilt, und sogar nur 22 Prozent ihrer Anlagen stecken in nichtfinanziellen Unternehmen.[207]

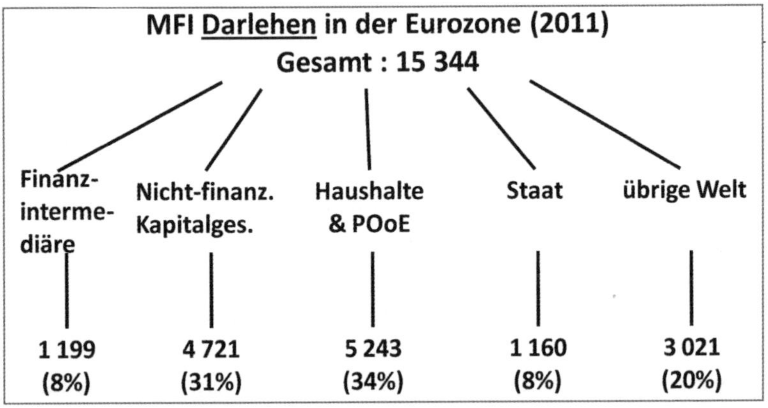

Abb. 9: Darlehen erteilt von den monetären Finanzinstitutionen (MFI) der Eurozone *(Quellen: EZB, Monthly Bulletin (April 2012), Seiten S15, S16; konsolidierte Zahlen, nicht saisonal bereinigt, MFI ohne das Eurosystem; eigene Berechnungen; alle Angaben in Mrd. Euro)*

Zum anderen bestehen für die Finanzintermediäre starke Anreize zu unverantwortlichem Handeln. Banken und Versicherungen wissen, dass Staat und Zentralbank hinter ihnen stehen. Daher haben sie guten Grund, die eigene Risikovorsorge zu minimieren, in der berechtigten Hoffnung, im Ernstfall durch billige Kredite der Zentralbank und zur Not auch durch direkte Zuwendungen des Staates refinanziert zu werden. Genau in diesem Sinne haben sie sich in den letzten hundertfünfzig Jahren zunehmend verhalten, und zwar unter stillschweigender Duldung – und manchmal unter ausdrücklicher Er-

207 Europäische Zentralbank, *Monthly Bulletin* (April 2012), S. S10, S15.

mutigung – der Zentralbanken und der staatlichen Regierungen. Das kann natürlich nicht ewig gutgehen, und heute stehen wir vor dem Scherbenhaufen dieser Politik.

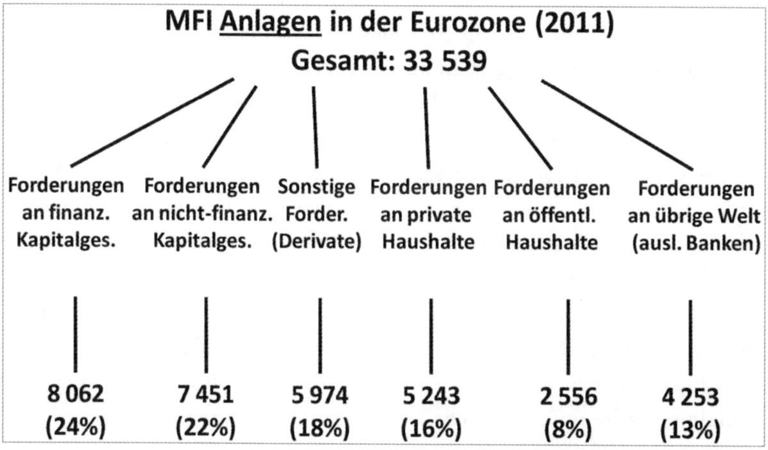

Abb. 10:Anlagen der Monetären und Finanzinstitutionen (MFI) der Eurozone *(Quellen: EZB, Monthly Bulletin (April 2012), Seiten S10, S15, S16; aggregierte Zahlen, nicht saisonal bereinigt, MFI ohne das Eurosystem; eigene Berechnungen; alle Angaben in Mrd. Euro)*

Wir sahen bereits, dass eine staatliche Förderung der Finanzintermediäre aus gesamtwirtschaftlicher Sicht vollkommen überflüssig ist. Es gibt keinen guten Grund, die Kreditfinanzierung vor der Eigenkapitalfinanzierung bzw. vor der Selbstfinanzierung der Unternehmen gesetzlich zu bevorteilen. Wie wir dargelegt haben, hat diese Förderung keineswegs »die« Wirtschaft belebt, sondern erleichterte im Gegenteil die Verschwendung der vorhandenen Ersparnisse zugunsten einiger privilegierter Teile der Wirtschaft. Darüber hinaus hat sie das Prinzip der Verantwortung ausgehöhlt und die Finanzwirtschaft in ein Pulverfass verwandelt.

Allerdings sieht unser politisches Führungspersonal nicht, dass die gegenwärtige Krise das Scheitern einer sehr alten Entwicklungslinie bedeutet. Die Präsidenten und Kanzler versuchen sich an marginalen Änderungen, die letztlich nur kurzfristige Verschnaufpausen bringen, zum Preis einer umso stärkeren Schwächung der Finanzwirtschaft auf längere Sicht. Somit trudeln wir von

Krise zu Krise, indem wir immer nur an den Symptomen pfuschen, ohne zum Kern der Probleme vorzustoßen.

Marx und Engels hatten genau diese Folgen des staatlichen Interventionismus seinerzeit sehr klar verstanden. Sie gaben zu: Jeder einzelne der zehn Punkte des *Kommunistischen Manifests* ist an und für sich »ökonomisch unzureichend und unhaltbar«. Aber gerade weil diese Eingriffe keine Probleme lösen, sondern ganz im Gegenteil immer neue Probleme schaffen, entstehen ständig neue »Gründe«, mit denen der Staat immer weitere und tiefere Eingriffe rechtfertigt. Die klassischen Ökonomen hatten diese eigentümliche Dynamik des Interventionismus verstanden und lehnten daher auch die kleinsten Eingriffe prinzipiell ab. Marx und Engels hingegen wollten genau diese Dynamik lostreten. Die »despotischen Eingriffe in das Eigenthumsrecht« seien zwar an und für sich unhaltbar, aber sie würden »im Lauf der Bewegung über sich selbst hinaus treiben« und seien somit »als Mittel zur Umwälzung der ganzen Produktionsweise unvermeidlich«.

Der Fall der gesetzlichen Rentenversicherung

Wir wollen noch auf einen weiteren, besonders wichtigen Fall eingehen: den der gesetzlichen Rentenversicherung (GRV). Unsere staatliche Rentenversicherung ist ein Umlagesystem. Die Einzahlungen der jüngeren bzw. aktiven Mitglieder werden direkt an die bereits im Ruhestand befindlichen Mitglieder weitergereicht. Die Ersparnisse der einen werden von andern verbraucht. Es wird kein Kapital gebildet, und es bestehen somit auch keine Rechte an einem eventuellen Kapitalfonds, die verschenkt oder vererbt werden könnten.

Das Umlageverfahren funktioniert somit grundsätzlich anders als etwa ein privater Rentenfonds, der auf einem Kapitaldeckungsverfahren beruht. Hier werden alle Einzahlungen der Versicherungsnehmer investiert, und bei kluger Investition kommt es somit während der (typischerweise jahrzehntelangen) Einzahlungszeit zu einer Anhäufung der Ersparnisse, vermehrt um eventuelle Zins- bzw. Kapitalerträge. Aus diesem langsam angesparten Kapitalfonds werden schließlich und endlich die Auszahlungen an die Versicherungsnehmer gespeist. Letztere haben wiederum allen Anreiz, ihr jeweiliges Kapital nicht auf einen Schlag, sondern nur allmählich und mit der gebotenen Umsicht zu verbrauchen, da sie zum einen ihr persönliches Lebensalter nicht genau vorhersehen können und sie zum anderen bestimmte Vermögensteile auch noch vererben möchten.

Diese scheinbar rein technischen Unterschiede sind von großer gesellschaftlicher und kultureller Bedeutung. Umlage- und Kapitaldeckungsverfahren setzen Wirtschaft, Gesellschaft und Kultur auf grundverschiedene Entwicklungsbahnen.

Ursprung

Die GRV wurde vor 56 Jahren auf ein Umlageverfahren gestellt. Der hauptsächliche Grund für dessen Einführung lag darin, dass sie der Regierung Adenauer erlaubte, die sogenannte Rentenkasse zu plündern. Streng genommen handelte es sich nicht um eine »Kasse«, da die eingezahlten Beträge in Wertpapiere investiert waren. Aber jedenfalls lief es auf eine Plünderung hinaus. Die Regierung konnte jene Wertpapiere veräußern und über den Erlös verfügen, unter anderem zum Aufbau der Bundeswehr.

Ein geringer Teil der Mittel wurde auch dazu verwendet, um höhere Rentenzahlungen an die Generation zu verabreichen, die nach dem Krieg das Rentenalter erreicht hatte. Der Rentenfonds war im Jahr 1957 immerhin auf etwa 40 Mrd. DM angewachsen – neun Jahre nach der Währungsreform und zwölf Jahre nach einem Krieg, der das Land in Schutt und Asche versenkt hatte. Doch die Erträge dieses Fonds lagen bei nur etwa 1 Prozent des deutschen Bruttoinlandsproduktes, das im gleichen Jahr 217 Mrd. DM betrug. Die Rentner hatten also kein großes Polster, und ihre Lage wurde durch die schleichende Inflation – Folge der ständigen Geldmengenausweitung – noch weiter erschwert. Durch das Umlageverfahren wurden ihre Bezüge nun an die (mit der Inflation wachsenden) Einkommen der aktiven Bevölkerung gekoppelt. Das war die offizielle Begründung der Rentenreform, und sie führte auch zum gewünschten Ziel: Adenauer gewann 1957 die Bundestagswahlen mit absoluter Mehrheit.

Von nun an wurden die Renten aus den Beiträgen der Arbeitnehmer bezahlt. Viele Jahre lang gab es einen Einzahlungsüberschuss. Dieser wurde aber nicht dazu genutzt, die Renten anzuheben, sondern diente vornehmlich als politische Verfügungsmasse. Der Rentenversicherung wurden nach und nach immer neue »versicherungsfremde Lasten aufgebürdet« – eine rhetorische Verbrämung für die mehr oder weniger willkürliche Verwendung der Beiträge durch den Staat. Dazu zählten beispielsweise großzügige Rentenzahlungen für Professoren und andere hohe Beamte, die erst spät in den Staatsdienst traten und daher selber nur wenige Jahre in die GRV einzahlten (ein Beispiel ist Friedrich von Hayek, der erst mit 63 Jahren Ordinarius in Freiburg wurde). In den letzten Jahren kamen ähnliche Regelungen für Aussiedler und die Einwohner der neuen Bundesländer hinzu, und selbst Mitglieder der letzten DDR-Regierung kamen noch in den Genuss der GRV-Pfründe. Mit einem Wort war die »Rentenversicherung« von Anfang an kein reines Rentensystem, sondern auch – und zunehmend – eine Art finanzielle *Blackbox*, ein rhetorischer Vorwand, unter dem der Staat die Bevölkerung schröpfte, ohne von Besteuerung zu sprechen. Mehr als 500 Mrd. DM sollen es in den vierzig Jahren nach Einführung des Umlageverfahrens gewesen sein.

Die Todesstunde des Umlageverfahrens schlug, als die Alterspyramide der deutschen Bevölkerung sich umkehrte. Der vormalige Einzahlungsüberschuss wandelte sich in ein Defizit, und die Auszahlungen wurden nicht mehr stark genug erhöht, um die ständige schleichende Preisinflation auszugleichen. Nun begann die zunehmend verzweifelte Suche nach Lösungen. Am schnellsten wurden die Bürger fündig, die den vollmundigen Versprechungen der Politiker (»Die Rente ist sicher«) nicht trauten und sich daher entschlossen, ihren Ruhestand in eigener Verantwortung vorzubereiten. In der Tat ist es jedem gesunden jüngeren Menschen zu empfehlen, alle Einzahlungen in die GRV ganz pragmatisch als eine de-facto-Steuer – also eine Zwangszahlung, der keine konkrete Gegenleistung entspricht – zu betrachten und alle Versprechungen seitens der Politik einfach zu überhören. Niemand kommt an der Tatsache vorbei, dass es einem aktiven Haushalt unmöglich ist, vier Rentnerhaushalte zu unterhalten. Genau darauf steuert Deutschland aber zu.

Gesamtwirtschaftliche Bedeutung des Umlageverfahrens

Aus gesamtwirtschaftlicher Sicht ist vor allem zu unterstreichen, dass das Kapitaldeckungsverfahren – wie sein Name bereits andeutet – zur Kapitalbildung führt und somit Investitionen erleichtert. Machen wir eine schnelle Bierdeckelrechnung zur Veranschaulichung der Dimensionen, um die es hier geht: Die jährlichen Ein- bzw. Auszahlungen in unser gesetzliches Rentensystem betragen ungefähr 250 Mrd. Euro. Bei Kapitaldeckung mit angenommener 5-prozentiger Rendite würde dies einem Kapital von 5 Billionen Euro entsprechen – bei geringerer Rendite müsste das von den Rentenfonds investierte Kapital entsprechend größer sein. 5 Billionen Euro sind ziemlich genau die Hälfte des heutigen Nettovolksvermögens, von dem wiederum etwa 30 Prozent bzw. 3 Billionen Euro in Privatunternehmen investiert sind. Wenn wir davon ausgehen, dass auch jene 5 Billionen Euro zu etwa gleichen Teilen in Immobilien, Unternehmen und staatliche Wertpapiere investiert würden, so könnten deutsche Firmen und ihre ausländischen Filialen etwa 1,7 Billionen Euro mehr investieren, und die Investitionen der öffentlichen Hand könnten um den gleichen Betrag steigen.

Das sind keine marginalen Unterschiede. Das sind vielmehr genau jene Welten, die eine dynamisch wachsende Wirtschaft – wie wir sie beispielsweise in den Jahrzehnten vor dem Ersten Weltkrieg und auch in den 1950er-Jahren hatten – von einer (wenn auch auf hohem Niveau) dümpelnden Wirtschaft unterscheiden.

Chile hat Anfang der 1980er-Jahre sein Rentensystem reformiert und dabei den Schritt vom Umlage- zum Kapitalisierungsverfahren vollzogen. Danach hatte die chilenische Wirtschaft viele Jahre lang die höchsten Wachstumsraten in ganz Südamerika, unter anderem eben deshalb, weil immer reichlich Kapital vorhanden war. 2007 hatte das ressourcenarme Land schließlich das höchste Pro-Kopf-Einkommen Lateinamerikas (erst in den letzten vier Jahren sind Rohstoffexporteure wie Venezuela an Chile vorbeigezogen).

Ein Denkfehler

Die Einführung des Umlageverfahrens wurde in Deutschland seinerzeit mit dem sogenannten Mackenroth-Theorem begründet. Demzufolge könne der private und staatliche Sozialaufwand (der Verbrauch) immer nur aus dem Volkseinkommen der *laufenden* Periode gedeckt werden. Es gäbe keine andere

Quelle, keinen angesammelten Fonds, aus dem die entsprechenden Summen geschöpft werden könnten.[208]

Aus dieser im Großen und Ganzen richtigen Feststellung wurde jedoch ein vollkommen falscher Schluss gezogen. Mackenroth meinte, dass eine Kapitaldeckung der Renten keine gesamtwirtschaftliche Auswirkung habe und man daher genauso gut zum Umlageverfahren übergehen könne. Hier geriet ihm jedoch der Zusammenhang zwischen dem Sparvolumen und dem realen Volkseinkommen vollkommen unter die Räder. Je höher das Sparvolumen, desto größer auch die Produktion und desto höher kann schließlich auch der »Sozialaufwand« sein. Auf diesen Einwand erwidern die Fürsprecher des Umlageverfahrens, dass die Sparquote in Ländern mit Umlageverfahren keineswegs niedriger sei als in Ländern mit Kapitaldeckung. Aber wie wir bereits betont haben, betrifft die statistische Größe »Sparquote« nur die *zusätzliche* Sparleistung aus dem sogenannten *Volkseinkommen* der laufenden Periode. Sie errechnet sich für das Jahr 2012 als Verhältnis zwischen der Sparleistung aller Sektoren im Jahr 2012 und dem Volkseinkommen desselben Jahres. Es ist offensichtlich, dass das Volkseinkommen in jeder halbwegs entwickelten Wirtschaft nur einen Bruchteil der *gesamten Einkommen* aller Privathaushalte, Firmen und öffentlichen Haushalte ausmacht. Entsprechend stellt auch das Sparen aus dem Volkseinkommen nur einen Bruchteil des *gesamten Sparvolumens* dar. Die weitaus größten Einkommen (genauer gesagt: Bruttoeinkommen) werden von den Firmen in Form von Umsätzen erzielt. Der weitaus größte Teil dieser Einkommen wird reinvestiert, also gespart. Wenn beispielsweise eine Firma einen Umsatz von 1,2 Millionen Euro dazu verwendet, für 1 Million Euro Rohstoffe und halbfertige Produkte zu kaufen und Löhne zu bezahlen, dann hat sie nichts anderes gemacht, als 1 Million Euro zu sparen (die Eigentümer hätten ihr Unternehmen ja im Prinzip auch schließen und den gesamten Umsatz für ihren persönlichen Verbrauch verwenden können) und zu reinvestieren.[209]

208 Siehe Gerhard Mackenroth, »Die Reform der Sozialpolitik durch einen deutschen Sozialplan« *Schriften des Vereins für Sozialpolitik* (Neue Folge, Bd. 4, 1952). Außerhalb Deutschlands wurde die gleiche Auffassung vor allem durch den amerikanischen Keynesianer Paul Samuelson bekannt.

209 Vgl. unsere obigen Ausführungen, in Kapitel I (Zahlenbeispiel) und Kapitel V (Gesamtinvestitionen).

In Ländern mit Umlageverfahren wird folglich vom *gesamten Einkommen ein relativ geringerer Anteil gespart und investiert* als in Ländern mit Kapitaldeckung. Dieser Unterschied ergibt sich als notwendige Folge der unterschiedlichen Verwendung der Ersparnisse der laufenden Periode. In Ländern mit Umlageverfahren werden die laufenden Ersparnisse, die in die Rentenversicherung eingezahlt werden, gerade nicht investiert, sondern für Konsumausgaben (»Sozialaufwand«) verwendet. Ganz anders in Ländern mit Kapitaldeckung. Hier vermehren diese Ersparnisse den insgesamt vorhandenen Kapitalbestand und ermöglichen somit immer umfangreichere Investitionen. Die investierten Summen lösen sich nicht in Luft auf. Sie führen zu künftigen Umsätzen, und aus diesen Umsätzen erneuern und vermehren sich die ursprünglich gesparten und investierten Summen.

Im Jahr 2007 erzielten die inlandsdeutschen Firmen aus dem Verkauf von End- und Zwischenprodukten ein Bruttoeinkommen von etwa 4.750 Mrd. Euro (abzüglich der Ausgaben für Importe). Welche Summen wurden im gleichen Jahr investiert? 446 Mrd. für Anlagen, 2.318 Mrd. zum Kauf von Zwischenprodukten und 1.180 Mrd. für Lohnzahlungen – insgesamt also 3.944 Mrd. Euro.[210] Woher kommen diese 3,9 Billionen Euro? Es handelt sich zum weitaus größten Teil um Reinvestitionen, d. h. um den erneuten Einsatz von Summen, die bereits in der Vergangenheit gespart wurden und durch ihren klugen Einsatz zur Erzielung jener Umsätze geführt haben, die nun erneut investiert werden konnten. Das gesamtwirtschaftliche, in die Güterproduktion investierte Sparvolumen betrug bei uns also 3,9 Billionen Euro im Jahr 2007 – ein Vielfaches der Konsumausgaben (1,8 Billionen) und auch ein Vielfaches des Bruttoinlandsproduktes (2,4 Billionen). Dagegen lagen die *zusätzlichen* Ersparnisse aus dem laufenden Volkseinkommen in der Größenordnung von lediglich 280 Mrd. Euro, also nur etwa 7 Prozent des gesamten Sparvolumens bzw. der gesamten Investitionen zur Güterproduktion.

Kulturelle Folgen

Wenden wir uns den kulturellen Folgeerscheinungen des Kapitalisierungsverfahrens zu, so ist insbesondere hervorzuheben, dass dieses Verfahren die

210 Vgl. Tabelle 3 im obigen Kapitel V (Gesamtinvestitionen).

materielle und gesellschaftliche Stellung der älteren Generationen hebt und auch den familiären Zusammenhalt zwischen den Generationen stärkt. Der Grund liegt in der Existenz eines frei verfügbaren Kapitalfonds. Durch ihn bleibt auch der Ruheständler noch ein begehrter Kunde bzw. Geschäftspartner. Zudem macht es die Verwaltung seines Kapitalfonds erforderlich, vertrauenswürdige Personen zu finden, die diese Aufgabe übernehmen können, wenn er selber mit fortschreitendem Alter dazu immer weniger in der Lage ist. Solche Personen finden sich in erster Linie im Familienkreise und insbesondere unter den eigenen Kindern. Je mehr Kapital es zu vererben gibt, desto größer sind somit die Anreize zu persönlichen und sachlichen Investitionen in die Kindererziehung.

Wo dagegen die Renten per Umlageverfahren zugeteilt werden, ist der Ruheständler auf die Rolle eines finanziellen Mündels reduziert. Entsprechend wird er von den staatlichen Entscheidungsträgern und von der nachfolgenden Generation insgesamt behandelt. Ganz entsprechend verhält er sich auch selber. Da es weniger zu vererben gibt, spielt es keine ganz so große Rolle, ob man überhaupt Erben hat und welche Kenntnisse und charakterliche Eigenschaften diese Erben haben. In einem Wort: Wer nach einem Rentensystem suchte, das die geringsten materiellen Anreize zur Gründung möglichst gesunder und kinderreicher Familien bietet, der fände kaum etwas Wirksameres als unser heutiges System. Hier fallen die Kosten der Kindererziehung ganz auf die betreffenden Familien, während der materielle Nutzen (künftige Einzahlungen in die Rentenkasse) zu einem großen Teil vergesellschaftet ist.[211]

---

211 Der französische Ökonom Jacques Bichot schlägt daher vor, das Zuteilungsprinzip beim Umlageverfahren zu ändern. Die spätere Rente jedes Bürgers soll nicht mehr von seinen eingezahlten Beiträgen abhängen, sondern von der Anzahl der Kinder, die er aufgezogen hat. Vgl. J. Bichot, *Retraites en péril* (Paris: Presses de Sciences Po, 1999); ders., *Urgence retraites* (Paris: Seuil, 2008). Dieser Plan wirft jedoch zahlreiche zusätzliche Probleme auf. Zum Beispiel gibt es dann überhaupt kein objektives Kriterium mehr, um das *Niveau der laufenden Einzahlungen* zu bestimmen. Das müsste am (politischen) Verhandlungstisch geregelt werden. Des Weiteren besteht die sehr reale Gefahr, dass durch dieses Zuteilungsprinzip Anreize zur Masse statt zur Klasse geschaffen werden. Einer Gesellschaft ist keineswegs dadurch gedient, einfach nur zahlreicher zu werden. Die Qualität der Kindererziehung ist mindestens genauso wichtig wie die Kinderzahl. Da hier rein materielle Anreize zur regelrechten Aufzucht von Menschen geschaffen würden, ergäbe sich zudem die Gefahr der Aushöhlung und Entmenschlichung des Familienlebens. Außerdem bietet dieser Plan keinerlei Anreize zur Kapitalakkumulation. Genau wie bei Mackenroth gibt es in Bichots Gedanken keine Berücksichtigung der Kapitalstruktur und der Bedeutung des Sparens.

»Kinder kriegen die Leute sowieso.« Das soll Konrad Adenauer bei der Einführung des Umlageverfahrens zur Beruhigung seiner Kritiker gesagt haben. Die Geschichte hat uns eines Besseren belehrt. Menschliche Entscheidungen fallen nicht in einem institutionellen Vakuum. Das Umlageverfahren wurde selber zu einem Stützpfeiler jener »Kultur des Todes« – niedrige Geburtsraten, hohe Abtreibungs- und Scheidungsraten, Homosexualität, Suizidgefährdung – die der selige Papst Johannes Paul II bereits vor achtzehn Jahren diagnostizierte.[212] Es verführt zu größerer Gleichgültigkeit und Lieblosigkeit zwischen den Generationen. Es stärkt die gerade bei jüngeren Menschen verbreitete Illusion, niemanden zu brauchen und sich um niemanden kümmern zu müssen.

Aus genau diesem Grund fördert das Umlageverfahren auch die Verwendung gegenwärtiger Einkommen zu Konsumzwecken. Warum sollte man selber besonders große Ersparnisse bilden, wenn man damit rechnen darf, in Zukunft sowieso durch die Einzahlungen der nachkommenden Berufstätigen unterhalten zu werden? Aber wo nicht gespart wird, schrumpfen auch die Investitionen. Das Umlageverfahren führt zur Ausdünnung der verfügbaren Kapitaldecke, somit zu verringerter Produktivität der Arbeit und geringerem Wachstum bzw. schrumpfender Wirtschaft. In den letzten dreißig Jahren sind diese zerstörerischen Wirkungen durch das gleichzeitige Auftreten anderer Faktoren – vor allem Informationstechnologie und Globalisierung – zum Teil kompensiert worden. Aber dies spricht natürlich keineswegs *für* das Umlageverfahren. Ein Auto kann auch mit angezogener Handbremse fahren, aber daraus wird niemand den Schluss ziehen, mit der Bremse ließe sich die Fahrt beschleunigen.

Solange das Umlageverfahren ansprechende Rentenzahlungen garantierte, gab es für den Einzelnen kaum einen Anreiz, diesen zerstörerischen Tendenzen entgegenzuwirken. Erst das nachhaltige Absinken der realen (inflationsbereinigten) Zahlungen hat bei uns seit etwa zwanzig Jahren immer mehr Menschen dazu veranlasst, ihre Lebensplanung und -führung von Grund auf neu zu gestalten. Bei diesem Neuanfang stand die Besinnung auf stärkere Eigenvorsorge und entsprechend größere Sparleistungen Pate, in vielen Fällen auch die Neuentdeckung der Familie als natürlicher generationenübergreifender Solidargemeinschaft.

---

212 Vgl. Johannes Paul II, *Evangelium Vitae* (1995), § 28.

Man könnte also schließen: Das Umlageverfahren ist eine treibende Kraft zur Zerstörung von Wirtschaft und (traditioneller) Gesellschaft. Aber indem es sich dadurch auch selber zerstört, erzeugt es starke Anreize zu genau jenen Verhaltensänderungen, die diese Tendenzen letztlich überwinden. Ein *Happy End*? Ja, aber leider nur ein gutes Ende auf Raten. Denn der Staat versucht, seine Kreatur zu retten, und seine Rettungsversuche führen das Zerstörungswerk fort.

Es lassen sich vier Typen von Rettungsmaßnahmen unterscheiden: (1) staatliche Familien- und Kinderförderung, (2) Förderung der Einwanderung, (3) Enteignung privater Kapital- bzw. Rentenfonds, sowie (4) Rekrutierung neuer Zwangsmitglieder für die GRV. Keine dieser Maßnahmen wird die GRV retten. Die sogenannte Familienförderung könnte – wenn sie darauf hinausliefe, den Kinderreichtum der Familien zu fördern – überhaupt erst in einer oder zwei Generationen wirksam werden. Tatsächlich stützt sie vor allem das Heer der Alleinerziehenden, die schon mit einem Kind überfordert sind, und bietet Anreize zur Berufstätigkeit beider Eltern. Die Förderung der Einwanderung könnte die GRV theoretisch retten, aber die Einwanderung müsste dann einen solchen Umfang annehmen, dass sie auf eine Auswechslung der Bevölkerung hinausliefe. Das ruft Bertolt Brechts Kommentar zum 17. Juni in Erinnerung: »Das Volk hat das Vertrauen der Regierung verscherzt. [Im Fall der GRV: Denn es vermehrt sich nicht genug, um die GRV zu erhalten.] Wäre es da nicht doch einfacher, die Regierung löste das Volk auf und wählte ein anderes?« Bleibt also die Enteignung der privaten Rentenfonds (wie schon im Bereich der Krankenversicherung) und die Rekrutierung neuer Zwangsmitglieder, wie in unseren Tagen unter Einschluss der Selbstständigen.

Kapitel X
Inflationskultur

In den vorigen Kapiteln haben wir dargelegt, dass unser Währungssystem eine bemerkenswerte Anzahl von Folgen hervorbringt, die die meisten Bürger vermutlich keineswegs begrüßen. Dazu zählen das geradezu krebsartige Wachstum der Vermögensmärkte und die strukturelle Schwächung der Wirtschaft durch übermäßige Schuldenwirtschaft. Dazu zählt auch die massive Umverteilung der Einkommen und Vermögen, die nicht zuletzt auch zu einer schleichenden Verstaatlichung von Wirtschaft und Gesellschaft führt. Diese tiefgreifenden Folgen können aber nicht fein und säuberlich auf den bloßen Bereich der Wirtschaft oder des Staates begrenzt werden. Sie ziehen weitere und tiefere Kreise. Die Verhaltensänderungen, die durch ein inflationäres Währungssystem hervorgerufen werden, machen sich auch in allen anderen Lebensbereichen bemerkbar. Sie geben der ganzen Kultur eine eigenartige Färbung und können sie sogar völlig in ihren Bann ziehen. Diese Inflationskultur ist der Gegenstand der folgenden Seiten.

Bereits vor sechs Jahren haben wir dieses sehr vernachlässigte Thema aufgegriffen.[213] Wir haben insbesondere hervorgehoben, dass staatliches Zwangsgeld das Wachstum von politischen Zentralgewalten begünstigt, sei es auf regionaler, nationaler oder auch internationaler Ebene. Es ermöglicht die Finanzierung besonders zerstörerischer Staatsaktivitäten, die keinen Rückhalt in der Bevölkerung finden, wie zum Beispiel der Kriegführung und der Verfolgung einer verfehlten Wirtschaftspolitik. Es erleichtert die Kreditfinanzierung zu-

213 Vgl. Hülsmann, *Ethik der Geldproduktion*, a. a. O., Kap. 13. Die Bedeutung des Themas war den Kritikern staatlicher Eingriffe in die Geldordnung schon seit Langem klar. Bereits Charles Carroll bemerkte, dass die moralischen Schäden, die das Schuldengeld verursacht, noch größer als die materiellen Schäden seien (vgl. *Organization of Debt into Currency*, a. a. O., S. 47 f., 105). Ludwig von Mises schrieb: »The boom produces impoverishment. But still more disastrous are its moral ravages. It makes people despondent and dispirited.« (*Human Action*, a. a. O., S. 574) Aber solchen allgemeinen Erklärungen sind bislang keine systematischen Untersuchungen gefolgt. Immerhin haben die kulturellen Folgen von *Hyperinflationen* eine gewisse Aufmerksamkeit erregt. Siehe A. Spitta, »Wie lebt sich's mit der Hyperinflation? Die Entwicklung einer Inflationskultur« *Wirtschaftswissenschaftliches Studium*, Bd. 19, Heft 6 (Juni 1990); P. Cantor, »Hyperinflation and Hyperreality: Thomas Mann in Light of Austrian Economics«, *Review of Austrian Economics*, Bd. 7, Nr. 1 (1994).

lasten der Eigenkapitalfinanzierung und erzeugt somit eine wachsende materielle und geistige Unselbstständigkeit der Bürger. Es kann dazu missbraucht werden, unmoralisches Verhalten wie Drogenkonsum und Ehescheidungen zu subventionieren, und untergräbt dadurch den sittlichen Zement, der die Gesellschaft letztlich zusammenhält. Schließlich und endlich erzeugt der ständige Wertverlust des immateriellen Geldes sehr starke Anreize zur Geldanlage in Finanzprodukten und zur ständigen Überwachung des jeweiligen Portfolios. Im Ergebnis werden die Leute sehr viel materialistischer und abhängiger, als sie es in einer wettbewerblichen Geldordnung wären.

Unsere damalige Liste der kulturellen und spirituellen Inflationsfolgen war recht unvollständig, und wir streben auch diesmal keine erschöpfende Darstellung an. Das Thema ist so groß, dass es ein eigenes Buch verlangen würde. Nachfolgend wollen wir lediglich einige jener Facetten der Inflationskultur besprechen, die sich als mehr oder weniger direkte Folgen jener Inflationsfolgen ergeben, die im Mittelpunkt der vorangegangenen Kapitel standen.

Ursprung der Inflationskultur

Diese Inflationswirkungen wurzeln allesamt in den besonderen Anreizen zur Schuldenwirtschaft, die unter einem inflationären Währungssystem bestehen. Obwohl wir diese Anreize bereits untersucht haben, ist es hilfreich, sie sich anhand eines Beispiels nochmals vor Augen zu führen.

Wenn Peter jeden Monat 500 Euro spart, hat er nach zwanzig Jahren 120.000 Euro zusammen und kann sich davon ein Appartement oder ein kleines Haus kaufen. In der Zwischenzeit wird eine Wohnung gemietet, beispielsweise für einen monatlichen Mietzins von 600 Euro. Genauso würden die Dinge in einer natürlichen Geldordnung in der Regel auch gehandhabt werden; denn die Häuserpreise würden tendenziell stagnieren oder sogar leicht sinken, sodass die heute gesparten Euros ihre Kaufkraft erhalten oder sogar mehren. In der Zwischenzeit kann Peter seine monatlichen Sparsummen eventuell bei niedriger Verzinsung in einer Lebensversicherung oder einem Bausparvertrag anlegen. Dadurch kann er entweder die Wartezeit bis zum Kauf der Wohnung verkürzen oder sich noch ein zusätzliches Sparpolster anhäufen.

In unserem gegenwärtigen Währungssystem besteht dagegen ein starker Anreiz, den Kauf bereits in der Gegenwart mit Hilfe eines Immobilienkredites vorzunehmen. Paul interessiert sich genau wie Peter für ein Haus, das gegenwärtig zum Preis von 120.000 Euro angeboten wird. Nur lebt Paul unter einem inflationären Währungssystem. Er rechnet damit, dass sowohl sein Einkommen als auch der Wohnungspreis in zwanzig Jahren doppelt so hoch sein werden wie jetzt, während die Kaufkraft einer Geldeinheit auf die Hälfte sinkt. Das Sparen von Bargeld lohnt sich unter diesen Umständen überhaupt nicht. Bliebe also die Möglichkeit einer Anlage seiner Ersparnisse in Finanzprodukte, denn dadurch könnte er einen Ausgleich für den verfallenden Geldwert erzielen. Wählt er risikoreiche Anlagen, so muss er viel Zeit darauf verwenden, sich zu bilden, zu informieren und sein Portfolio zu überwachen, um es gegebenenfalls umzustellen. Außerdem braucht er eine gute Portion Glück.[214] Wählt er also doch lieber eine sichere Anlage, so muss er sich auf eine *feste* Verzinsung einlassen. Doch dann kann die Preisinflation ihm noch einen Strich durch die Rechnung machen. Sie kann nämlich durchaus noch höher ausfallen, als er es im Moment erwartet. Daher wird sich Paul mit großer Wahrscheinlichkeit für eine dritte Option entscheiden. Er wird einen Kredit von 120.000 Euro aufnehmen und mit monatlichen Zahlungen von 1.100 Euro bedienen, was jährlichen Kreditkosten von etwa 9 Prozent entspräche. Auf diese Weise sind seine Verpflichtungen von vornherein begrenzt, während er durch die eventuell nach oben schnellende Preisinflationsrate noch gewinnen kann. Selbst auf kurze Sicht stellt er sich nicht schlechter als Peter, da sein monatliches Budget für Wohnen und Sparen insgesamt genauso hoch ist.

Langfristig scheint Pauls Lage sogar noch um einiges besser zu sein als Peters, denn Pauls Haus wird nach zwanzig Jahren 240.000 Euro wert sein. Wenn also alles klappt wie geplant, hat Paul nach zwanzig Jahren ein höheres Einkommen *und* ein wertvolleres Haus. Er scheint sich durch den Kredit zu bereichern. Aber dieser Schein trügt natürlich. Denn in der angenommenen inflationären Wirtschaftsordnung steigt der Geldpreis des Hauses nach zwanzig Jahren auf das Doppelte seines ursprünglichen Wertes. Doch *relativ zu allen anderen Gütern* muss dies nicht unbedingt eine Verbesserung bedeuten. Wenn

214 Das ist eine sehr seltene Kombination von Fähigkeiten und Interessen. Die meisten Privatleute sind sehr viel weniger agil als die Profis. Vgl. für den Fall des französischen Sparerverhaltens B. Séjourné, »Volatilité des marchés boursiers et comportement des épargnants français« *Revue d'économie financière*, Bd. 74 (2009), S. 21–230.

die Preise aller anderen Güter ebenfalls auf das Doppelte steigen, nützt es Paul gar nichts, nunmehr der Besitzer eines 240.000 Euro schweren Hauses zu sein. Wenn er es verkauft, könnte er aus dem Erlös genau die gleichen Gütermengen kaufen wie Peter. Paul wäre dann zwar reicher an Geldscheinen, aber gemessen an realen Gütern wäre er genauso reich wie Peter.

Selbst zu diesem neutralen Ergebnis wird es jedoch gewöhnlich nicht kommen. In einer inflationären Wirtschaftsordnung wird Paul nämlich wohl kaum der Einzige sein, der auf den Gedanken des kreditfinanzierten Wohnungskaufs kommt. Die gleichen Gründe, die ihn dazu bewegen, verleiten auch alle anderen Marktteilnehmer dazu, bereits in jungen Jahren einen Kredit aufzunehmen, um Immobilien und andere langlebige Konsumgüter zu erwerben. Genau die gleichen Gründe veranlassen auch die *Verkäufer* dieser Güter dazu, höhere Preise zu fordern. Das aber bedeutet nichts anderes, als dass die Preise langlebiger Güter in einem inflationären Wirtschaftssystem höher sind als unter einer natürlichen Geldordnung. Mit anderen Worten kann Paul für 120.000 Euro keineswegs ein gleichartiges Haus wie Peter kaufen. Für das gleiche Geld wird er schlechter bedient. Um ein vergleichbares Objekt zu erwerben, muss er tiefer in die Tasche greifen bzw. er muss sich höher verschulden.

Wir sehen hier jene Verschiebung der Gewichte zwischen der Güterproduktion und den Vermögensmärkten, die wir bereits in Kapitel VIII hervorgehoben haben. Die Einkommen, die durch die Güterproduktion erzielt werden, sinken relativ zu den Preisen der Vermögensgüter. Unter einem inflationären Währungssystem muss Paul länger bzw. härter arbeiten oder mehr sparen, um sich die gleichen Vermögensgüter leisten zu können, die Peter sich unter einer natürlichen Geldordnung schon nach kürzerer Arbeitszeit kaufen kann. Aber es sind hier noch drei weitere charakteristische Folgen zu erkennen.

Erstens kann Paul einen eventuellen Vermögensverlust sehr viel schwieriger ausgleichen. Er muss daher mehr als Peter darauf bedacht sein, solche Verluste nach Möglichkeit zu vermeiden. Er wird tendenziell mehr Zeit als Peter aufwenden, um die Funktionsweise von Vermögensmärkten zu studieren, um sich über die aktuellen Marktentwicklungen auf dem Laufenden zu halten und um sein Portfolio den wechselnden Bedingungen anzupassen. In einem Wort: Paul wird tendenziell materialistischere Interessen und Sichtweisen haben als Peter. Wenn er Finanzprodukte besitzt, ist sein materielles Glück auch in größerem Maße als bei Peter vom Wohlverhalten anderer Menschen abhängig.

Zweitens finanziert Paul seinen Kauf tendenziell anders als Peter. Während Letzterer in der Regel zuerst spart und dann kauft, wird Paul zuerst kaufen und anschließend sparen, um seine Schulden zu begleichen. (Zwar ist es Paul auch in einer Inflationswirtschaft möglich, zuerst zu sparen und dann zu kaufen; aber das setzt wie gesagt voraus, dass er ein besonders guter oder ein besonders glücklicher Investor ist.) Auch aus diesem Grund wird Paul somit tendenziell abhängiger von anderen Menschen sein, als es bei Peter der Fall ist.

Drittens hat Paul allen Grund, sich mit seinem Kreditkauf zu *beeilen*. Das gilt insbesondere dann, wenn die Geldeinkommen im Laufe der Zeit steigen und die Zinssätze fallen. Denn wie wir bereits sahen, vervielfachen solche Ereignisse die Nachfrage nach Vermögensgütern. Um also an ein Haus oder ein Paket Wertpapiere noch möglichst kostengünstig heranzukommen, muss Paul den Kauf so früh wie möglich tätigen.

Diese Folgen betreffen natürlich nicht nur einzelne Menschen wie Paul. In einer Inflationswirtschaft betreffen sie mehr oder weniger alle Mitglieder der Gesellschaft. Alle verhalten sich daher tendenziell wie Paul, und somit entsteht eine Inflationskultur. Nachfolgend wollen wir einige Aspekte dieser Kultur noch stärker herausarbeiten.

Kurzatmigkeit

Paul muss sich mit seinem Kreditkauf beeilen. Er wird nicht herumtrödeln, sondern zusehen, dass er so früh wie möglich ein möglichst hohes Einkommen erzielt. Er wird nicht Kunstgeschichte, sondern BWL studieren; seine Semesterferien nicht auf ignatianische Exerzitien, sondern auf Praktika verwenden; keine Romane, sondern Fachliteratur lesen; keine Zeit im Park verplempern, sondern ein paar Wochen komprimiert Urlaub machen und sich dann wieder zurück in den Berufsalltag stürzen. Er sucht keine Abenteuer und keine unerforschten Wege. Seine Kinder kosten ihn Nerven, seine Lebensgefährtin viel Zeit. Er will sich nicht aufhalten, nicht zurückfallen hinter seinen

Freunden, die es ganz schlau anstellen und sich möglichst früh möglichst hoch verschulden.

Wir haben hier ein Kennzeichen unserer Zeit etwas überzeichnet, aber dafür umso deutlicher gemacht: die alle Lebensbereiche durchdringende Tendenz zur Gegenwartsorientierung und Kurzatmigkeit. Denken und Handeln richten sich an kurzfristigen Problemen und Zielen aus, unter Vernachlässigung der längerfristigen Folgen. Diese Tendenz entspringt nicht nur der inflationären Wirtschaft, aber sie wird auch durch sie getrieben. Die materiellen Anreize liegen auf der Hand: (Materiell) große Vorhaben verlangen frühzeitiges Handeln und völlige Hingabe. Man kann es sich nicht leisten, erst einmal ein paar Jahre zu reifen, bevor man sich einer Lebensaufgabe verschreibt. All die immateriellen Aktivitäten, die den Reifeprozess ausmachen, kosten Zeit, und Zeit ist in einem inflationären Wirtschaftssystem Geld. Also fehlt immer die Zeit zum Nachdenken, zum Gespräch, für die Familie und natürlich für Gott.

Einer landläufigen Auffassung zufolge ist diese Tendenz insbesondere in der Welt der Wirtschaft stark ausgeprägt. Die Gier verleite die Unternehmer dazu, kurzfristig zu planen und zu investieren, somit die Zukunft auf dem Altar der Gegenwart zu opfern. In Wirklichkeit ist jedoch genau das Gegenteil der Fall. In den Firmen – und selbst in der vielfach kritisierten Finanzwirtschaft – ist die einseitige und übertriebene Orientierung auf kurzfristige Ziele *relativ schwach* ausgeprägt. Natürlich kommen auch hier solche Fälle vor. Zudem sind die Firmen nicht immun gegen den allgemeinen Trend zur Kurzatmigkeit, der sich aus dem Zwangsgeldsystem ergibt. Aber sie widerstehen diesem Trend besser als Familien, Vereine und der Staat. Das liegt an zwei miteinander zusammenhängenden Ursachen.

Zum einen besteht der Kernzweck der Firmen nun einmal darin, Geldeinkommen zu erarbeiten. Daher kann es ihrer Aufmerksamkeit nicht entgehen, dass eine kurzfristig orientierte Unternehmensführung mittel- und langfristig zu Wettbewerbsnachteilen und daher zu Einkommenseinbußen führt. Gerade die Orientierung an Geldgrößen und Zahlungsströmen bewahrt sie vor den gröbsten Fehlentscheidungen.

Zum anderen aber – und das ist der eigentliche Knackpunkt – können Firmen gekauft und verkauft werden. Anders als Familien, als die meisten Vereine und als der Staat haben sie einen Marktpreis, und dieser Preis spiegelt *bereits in der Gegenwart* die zukünftige Entwicklung des Unternehmens wider, wie sie von den potenziellen Käufern erwartet wird. Eine übertrieben kurzfristige Firmenpolitik macht sich daher nicht erst in der Zukunft bemerkbar, sondern belastet bereits in der Gegenwart das Vermögen der Eigentümer.

Außerhalb der Firmen liegen die Dinge bekanntermaßen anders. Die falsche Wahl eines Ehepartners schlägt sich nicht bereits im Hier und Jetzt in den Einkommens- und Vermögensverhältnissen nieder. Ähnliches gilt von einer falschen Aufgabenteilung innerhalb der Familie, falscher Wahl der Freizeitaktivitäten, falscher Kindererziehung, falscher Schulwahl, falschem Umgang usw. Gewiss, was eine richtige oder falsche Wahl ist, bestimmt sich im Familienleben nicht (oder höchstens zum Teil) danach, ob dadurch Einkommen und Vermögen wachsen. Das ist ja gerade einer der wichtigsten Unterschiede zwischen einer Familie und einer Firma. Der springende Punkt liegt vielmehr darin, dass es für Firmen einen eindeutigen Fehlermeldemechanismus gibt, durch den falsche Entscheidungen recht rasch bekannt werden, auch wenn diese Entscheidungen ihre Folgen erst in der Zukunft entfalten werden. Familien haben so etwas nicht. Natürlich sind auch sie nicht ganz ohne Kompass. Es gibt guten Rat von Freunden und manchmal auch mahnende Worte von Eltern und Großeltern. Aber es ist ungleich schwerer, diese Ratschläge von Außenstehenden auf einen gemeinsamen Nenner zu bringen. Vor allem jedoch ist es in einer Inflationskultur recht unwahrscheinlich, dass überhaupt der richtige Rat kommt. Denn letztlich sind die Ratgeber selber auch ein Teil dieser Kultur, und sie werden daher in der Regel wohl kaum das bemängeln, was als üblich gilt.

Unersättlichkeit

Unter einer Edelmetallwährung führt die Kapitalakkumulation unweigerlich dazu, dass die Entlohnung der Ersparnisse in den kommerziellen Verwendungen sinkt. Das gilt unabhängig von der Form der Investition. Immer weitere *Kredite* können nur zu sinkenden Zinsen erteilt werden, immer weitere *betriebliche Investitionen* führen zu sinkenden Profitraten. Das wiederum hat sehr bedeutende Auswirkungen auf die Art und Weise, wie Ersparnisse verwendet werden.

Wenn die Erträge aus Investitionen bereits niedrig sind, besteht kein großer Anreiz, irgendwelche zusätzliche Ersparnisse weiterhin zu investieren. Vielmehr werden diese Ersparnisse nun in immer größerem Umfang verschiedenen nichtkommerziellen Verwendungen zugeführt. Dazu zählen einerseits die Errichtung von privaten Bauwerken und die Finanzierung der Ausbildung der Nachkommen, andererseits aber auch altruistische Verwendungen im Mäzenatentum und zu karikativen Zwecken, Beteiligungen an städtischen Verschönerungsmaßnahmen u. v. a. m.

Diese Tendenzen waren in der westlichen Welt im 19. Jahrhundert und bis etwa zum Ersten Weltkrieg vorherrschend. Sie änderten sich unter den inflationären Zwangsgeldsystemen des 20. Jahrhunderts. Wie bereits gesehen besteht hier der Anreiz, alle verfügbaren Ersparnisse zum Schutz vor kommender Preisinflation möglichst werterhaltend anzulegen, d. h. vor allem in Immobilien und Wertpapieren. Wie des Weiteren bereits erörtert wurde, besteht hier außerdem der Anreiz zu einer möglichst starken Verschuldung – d. h. zur »Hebelung« der aus der Preisinflation entspringenden Gewinne.

Das bedeutet aber nichts anderes, als dass hier der natürliche Sättigungsprozess der kommerziellen Kapitalverwendung außer Kraft gesetzt wird. *Selbst wenn* jemand bereits sehr vermögend ist, kann er weiterhin hoffen, durch die Anlage seiner Ersparnisse in Immobilien und Wertpapieren auch eine ansprechende Kapitalverzinsung zu erzielen. Mehr noch: *Gerade wenn* er bereits sehr vermögend ist, kann er sich besonders leicht verschulden und die geliehenen Beträge zur weiteren Vermehrung seines Vermögens investieren.

Die natürliche Ordnung der Dinge wird hier vollkommen auf den Kopf gestellt. Wachsender Wohlstand bedeutet wachsende Einkommensüberschüsse (Ersparnisse). In einer natürlichen Währungsordnung würden die vorhandenen Ersparnisse zunehmend in nichtkommerzielle Verwendungen fließen. In der verkehrten Zwangsgeldwelt hingegen bestehen große Anreize, möglichst alle verfügbaren Mittel als Kapital zu investieren – und zwar nicht nur die eigenen Mittel, sondern auch fremde Mittel. Anstatt finanzielle Überschüsse zu erzeugen, die insbesondere auch außerhalb des Marktes zur Verfügung stehen, absorbieren gerade wohlhabende Leute die finanziellen Überschüsse anderer Leute, die sich nicht so sehr verschulden können oder verschulden wollen.[215]

Eine unmittelbare und sichtbare Folge besteht darin, dass es immer schwieriger wird, privates Kapital aufzutreiben, um nichtkommerzielle Vorhaben in die Tat umzusetzen. Das sogenannte »soziale Wirtschaften« schrumpft. Hier und da gibt es noch Vereine zur Stadtverschönerung, und auch das sportliche und kulturelle Vereinsleben wird wahrscheinlich nie vollkommen versiegen. Aber überall macht sich Kapitalknappheit bemerkbar, vor allem in geradezu spartanischen Vereinsräumlichkeiten, im Personalmangel und in der ständigen Suche nach Werbeinnahmen. Es kann nicht überraschen, dass der Ruf nach staatlichen Hilfen in diesen Bereichen nie verklingt.

Eine eher mittelbare und unterschwellige Folge ist die Verschandelung der menschlichen Lebenswelt. Eine der bedrückendsten Tatsachen der westlichen Kultur ist die allgegenwärtige und geradezu markdurchdringende Tendenz zum Hässlichen, die in den letzten dreißig Jahren geradezu galoppierend geworden ist. Diese Tendenz macht sich vor allem in der Architektur bemerkbar, aber auch in Kleidung, Literatur, Musik und den bildenden Künsten. Es mag zwar schwer sein, ästhetische Urteile allgemeinverbindlich zu begründen, aber die ökonomischen Mechanismen der ästhetischen Gleichgültigkeit liegen auf der Hand, zumindest diejenigen, die der Notenpresse entspringen.

Ökonomie der Hässlichkeit

Wenn die Ersparnisse unter einer Edelmetallwährung zunehmen, werden sie tendenziell in immer größerem Umfang zur Finanzierung von nichtkommerziellen Vorhaben verwendet. Bei all diesen Verwendungen waltet die größte Sorgfalt, bis in die Einzelheiten. Bauten werden vor allem für die Baumeister selbst errichtet. Der persönliche Geschmack ist hier das ausschlaggebende Kriterium, und dieser Geschmack ist häufig gebildet und fein. Künftige Generationen ziehen weiterhin den größten Nutzen daraus. Auch heute noch sind

215 Das ist auch *einer* der Gründe, aus denen die USA – eines der reichsten Länder der Welt – ein permanentes Zahlungsbilanzdefizit haben. Ein anderer Grund liegt darin, dass andere Länder noch sehr viel schlechtere Währungen haben, sodass die Bürger dieser Länder ständig US-Dollars importieren, um sich vor dem Preisverfall der heimischen Währung zu schützen.

beispielsweise die Bauwerke der Gründerzeit des deutschen Reichs besonders begehrt.

Anders stehen die Dinge unter dem Einfluss der Zwangsgeldsysteme unserer Tage. Hier besteht ein größerer Anreiz zur kommerziellen Verwertung aller verfügbaren Ersparnisse. Dabei stehen wiederum Fragen des Geschmacks in zweiter Reihe. Bauwerke werden nun nicht für die persönliche Verwendung des Baumeisters errichtet, sondern als Kapitalanlage. Der Baumeister steht seinem Werk also in ästhetischer Hinsicht sehr viel gleichgültiger gegenüber als zuvor in einer natürlichen Währungsordnung. Wenn Fragen des Geschmacks für ihn überhaupt in Betracht kommen, so richtet er sich nicht nach seinem *eigenen* Geschmack, sondern nach den Anschauungen der potenziellen Käufer, also nach dem Durchschnittsmenschen. Er will kein besonders schönes Werk schaffen, sondern lediglich ein Werk, das potenzielle Käufer nicht abschreckt.

Selbst wenn es also schwerfällt, in allgemeinverbindlicher Art und Weise festzustellen, was hässlich und was schön ist, steht eines doch fest: Aus ästhetischer Sicht ist die Inflationskultur ein ziemliches Desaster. Aber es kommt noch schlimmer. In den meisten europäischen Ländern wird ein großer Teil der Neubauten von *öffentlichen bzw. staatlichen Auftraggebern* finanziert. Dadurch kommen aber drei weitere nachteilige Faktoren ins Spiel.

Zum einen sind die beteiligten Beamten nur Treuhänder der öffentlichen Hand, d. h. sie sind von den langfristigen Auswirkungen ihrer Entscheidungen weder positiv noch negativ betroffen. Sie haben somit kein besonderes Interesse daran, solide Bauwerke zu schaffen, die sie noch ihren Kindern und Enkeln hinterlassen können. In Zeiten knapper Budgets besteht für sie ganz im Gegenteil der Anreiz, mit den Mitteln zu sparen. Politiker möchten vor allem die *gegenwärtigen* Wähler beeindrucken. Daher drängen sie tendenziell auf den Bau möglichst vieler Wohnungen, die die gesetzlichen Qualitätsanforderungen gerade noch erfüllen.

Zum anderen werden öffentliche Entscheidungen typischerweise im Kollektiv bzw. unter Beteiligung zahlreicher Interessenträger gefällt. Eine Einigung unter so zahlreichen Leuten ist gewöhnlich nur auf der Grundlage des kleinsten gemeinsamen Nenners möglich – also tendenziell noch schlechter als der

Durchschnittsgeschmack. Die Ergebnisse sind im sogenannten sozialen Wohnungsbau aller Länder zu bewundern.

Häufig wollen Politiker und vor allem Beamte jedoch überhaupt keine eigene Entscheidung fällen. Gerade bei öffentlichkeitsträchtigen Projekten scheuen sie die Verantwortung für einen Misserfolg. Politiker schieben die Verantwortung dann gewöhnlich irgendwelchen Experten zu. Wenn das Ergebnis den Wählern gefällt, können die Politiker sich rühmen, dass sie die richtigen Leute angeheuert haben. Geht etwas schief, so hätten sie immerhin ihrer Sorgfaltspflicht Genüge getan und könnten die Verantwortung auf die Experten abschieben. Wer aber sind die Experten? Im Bereich der Architektur können hier zwei Gruppen unterschieden werden.

Die erste Gruppe sind Wissenschaftler und Künstler aus dem Staatsdienst. Das sind Leute, die auf dem freien Markt typischerweise nur einen Bruchteil des Einkommens erzielen könnten, das der Staat ihnen bietet. Der Grund liegt darin, dass ihre Produkte kaum jemandem gefallen. Sie meinen natürlich, dass liege einzig und allein an der Unbildung der breiten Masse. Es gelte, diese Unwissenden zu erziehen, indem man ihnen möglichst viele Bauwerke des Professors X und möglichst viele Skulpturen und Gemälde der Professorin Y ständig vor Augen hält. Große Horden solcher Quacksalber mit Sendungsbewusstsein wurden nach dem Zweiten Weltkrieg beauftragt, den öffentlichen Raum zu gestalten. Das Ergebnis ist bekannt.

Die zweite Gruppe sind berühmte freiberufliche Architekten und Ingenieure. Es müssen *berühmte* Leute sein, denn sonst könnte man sie den Politikern und Wählern nicht als Experten verkaufen. Diese Stars werden in unseren Tagen von Land zu Land und teilweise über den ganzen Globus herumgereicht. Das Ergebnis ist die Vereinheitlichung und Standardisierung der Baulandschaft. Aber richtig berühmt sind natürlich nur wenige Leute, deshalb ist die erste Gruppe immer noch massiv vertreten.

Diese Veränderungen sind bei der Einführung eines immateriellen Zwangsgeldes kaum bemerkbar, denn sie werden durch zahlreiche andere Faktoren neutralisiert bzw. überkompensiert. Familientraditionen, Schulbildung und allgemein vorherrschende Anschauungen sind anfangs noch ganz von der hergebrachten Währungsordnung geprägt. Nur nach und nach machen sich die soeben erörterten ökonomischen Kräfte bemerkbar. Schließlich und endlich führen diese Kräfte aber zu einer allgemeinen Veränderung des Verhaltens. Es kommt zur Umwertung aller Werte, und zwar zunächst in den soeben besprochenen Bereichen, die mehr oder weniger direkt von der inflationären Geldordnung betroffen sind. Die hier entstehenden neuen Gewohnheiten spiegeln sich über kurz oder lang auch in anderen Lebensbereichen wieder, die eigentlich gar nicht – oder zumindest nicht direkt – von der veränderten Wahl der Sparverwendungen betroffen sind.

Seifenopern und Rationalitätsfallen

Wuchernde Finanzmärkte werden häufig und sehr treffend mit Seifenblasen verglichen. Seifenblasen sind groß, aber hohl. Ihr Wesen ist das Äußerliche und Oberflächliche. Daher sind sie auch zerbrechlich und müssen vor dem Aufeinandertreffen mit harten Gegenständen bewahrt werden. Auch ohne solche Kollisionen zerplatzen sie irgendwann einmal, weil ihre Haut sich schon unter der bloßen Berührung von Luft und Licht verdünnisiert. Der Raum, den sie zuvor noch einnahmen, wird zwar weiterhin von ihrer gasartigen Substanz ausgefüllt, aber der Schein verschwindet. Erst mit dem Platzen der Blase stimmen Form und Inhalt wieder überein.

Die Seifenoper ist ein typisches Produkt der Inflationskultur. Auch sie ist ganz Schein und Oberfläche. Sie bildet nicht und gibt keine Orientierung. Sie bietet keine weiteren Horizonte. Sie öffnet keine neuen Perspektiven. Sie spiegelt den Mikrokosmos einer seichten Seele mit ihren kleinen Ängsten, kleinen Hoffnungen und Problemchen. Melodrama rückt an die Stelle der tragischen Wirklichkeit und wird dadurch leichter fassbar und verträglich. Auch das meiste dessen, was dem europäischen Publikum in den letzten Jahren als große Politik vorgesetzt wurde, gehört eigentlich in das Genre der Seifenoper. Die stets erfolglosen Versuche der europäischen Regierungschefs, die Staats- und Bankenkrise in den Griff zu bekommen, erwecken den Verdacht, als habe Groucho Marx hier versucht, eine griechische Tragödie zu inszenieren, etwa unter dem Titel »Die Rettung der Rettung von Banken und Staat«.

Im ersten Akt erfolgt der Auftritt des greisen Odysseus, der vom fiesen Hagen von Tronje Beistand erfleht. Im zweiten Akt gesellen sich Don Quichotte und seine keltischen Komparsen aus Portugal und Irland hinzu, die alle was auf dem Kerbholz hatten und sich ebenfalls bei Hagen verkriechen wollen. Im dritten Akt dann Vorhang auf für La Traviata, eine ehemalige Schönheit, der die Liebhaber ausgingen. Sie entsinnt sich ihres alten Freundes Hagen und singt auf einmal das hohe Lied auf seine Tugend. Noch hinter der Bühne lauert Cyrano de Bergerac und erteilt Hagen in jeder Pause ein paar deftige Ohrfeigen. Das hält den Adrenalinspiegel auf der nötigen Höhe für das von allen Beteiligten sehnlichst erwartete, schaurige Ende der schmierigen Seifenoper. Wann immer die Schauspieler und ihr Publikum ermüden, ertönt der schrille Gesang des paneuropäischen Zwergenchors: »Rettet die Rettung! Rettet die Rettung! Solidarisch sollt ihr sein!«

Die Seifenoper hat ihren legitimen Platz im menschlichen Leben, aber in der Inflationskultur wird sie dominant, weil sie auf ein Publikum trifft, das nach leichter geistiger Nahrung verlangt; nach Nahrung, die sofort verdaut werden kann und möglichst geringe eigene Anstrengung erfordert. Die Inflationskultur fördert den Gegenwartskonsum und entmutigt das Sparen und Investieren. Sie opfert den zukünftigen materiellen und geistigen Reichtum auf dem Alter der Gegenwartsgenüsse.

Die Inflation der Geldmenge bietet fast allen Teilnehmern der Vermögensmärkte große Anreize, eigene Anstrengungen zu verringern. Banken und andere Unternehmen haben also auch ihre Eigenkapitalausstattung und Liquidität ständig verringert. Sie haben in risikoreichen Anlageklassen immer neue Wachstumsfelder gesucht und gefunden. Regierungen haben turmhohe Schulden angehäuft, in dem offensichtlichen Glauben, dass an eine Rückzahlung dieser Summen ohnehin nicht zu denken sei. Überall wurden riesige Schattenhaushalte geschaffen, die das wahre Ausmaß der Schuldenwirtschaft verschleiert haben. Im Ergebnis glichen die Finanzmärkte daher seit vielen Jahren einem Kartenhaus. Die »stressgetestete« Gesundheit unserer Banken, gerade der öffentlichen Banken, war und ist hohl. Aber ebenso hohl ist auch unsere Politik. Durch jahrzehntelange Misswirtschaft in eine ausweglose Lage versetzt, schreitet sie nun von einer Verzweiflungstat zur nächsten. Immer neue und höhere Schulden, immer radikaleres und schnelleres Abweichen von lang gehegten Grundsätzen, immer neue und tiefere Eingriffe in die Privatsphäre der Bürger, um vermeintlich Steuerlücken zu schließen und »Spekulanten« zu bestrafen.

So verhielt es sich bereits in früheren Jahrhunderten in jenen Ländern, die damals zu den Wegbereitern der fortschrittlichen Papiergeldsysteme gehörten. Vor hundertvierzig Jahren verfasste der deutsche Ökonom Carl Knies die folgenden Zeilen, als hätte er sie für unsere Tage geschrieben:

> *Man findet sich plötzlich der dämonischen Herrschaft unbekämpfbarer Zufälle preisgegeben, die man als ein bezeichnendes Merkmal »barbarischer« Zustände für wirthschaftlichen Verkehr anzusehen gelernt hatte. Unsicherheit des Vermögens und des Erwerbs greift Platz, trotzdem dass Policei und Gerichte nach wie vor ihres Amtes warten. Der auf erprobten Wegen wandelnde Fleiss, die angestrengte Arbeit auf wohlbekannte Ziele hin sind gelähmt, den »Abenteuern« weit und breit Thor und Thür geöffnet. Auch derjenige Gewinn, welcher Ergebniss vorschauender Berechnung ist, wird nur durch den Verlust Anderer erworben. Niemand ist der Staatsregierung dankbar für seinen unverdienten Gewinn und Jeder klagt sie an ob seines unverdienten Verlustes. War es nicht eine ihrer wichtigsten Aufgaben, für die Richtigkeit des Geldes einzustehen? Aber wie oft, wie zutreffend, wie übereinstimmend sind solche Wahrnehmungen über die Folgen eines entwertheten Papiergeldes ausgesprochen worden!*[216]

Regierungen und Banken gingen immer davon aus, dass letztlich alle Kosten ihres Tuns von anderen beglichen werden würden. Ökonomen nennen den perversen Anreiz zu Fehlverhalten auf Kosten anderer Leute *moral hazard*, auf gut Deutsch also Versuchung zu unsittlicher Bereicherung. Natürlich will auch ein gewöhnlicher Dieb sich auf Kosten seines Opfers bereichern, aber er läuft dabei die Gefahr, erwischt und bestraft zu werden. Ganz anders, wenn der Staat diese Gefahr abschafft und sogar noch eine Belohnung für besonders eifrige Bereicherung zulasten anderer in Aussicht stellt. Dann wird die genannte Versuchung geradezu institutionalisiert, und es kommt somit zu massiver Unverantwortlichkeit.

Aber solche Erscheinungen finden sich nicht nur im Finanzsektor. Sie ziehen sich wie ein roter Faden durch alle Bereiche unseres Lebens, in denen durch staatlichen Zwang die Möglichkeit zur Bereicherung auf Kosten anderer geschaffen wurde. Alleinerziehende werden subventioniert, also verringert

216 C. Knies, *Geld und Credit* (Bd. 1, Berlin: Weidmannsche Buchhandlung, 1873), S. 364.

sich der Anreiz zur Ehe und es gibt immer mehr Alleinerziehende. Kriminelle Kinder und Jugendliche werden nicht bzw. kaum bestraft, daher bereichern sich immer mehr Kinder und Jugendliche durch gewaltsame Übergriffe auf ihre Mitmenschen. Arbeitslose werden durch Zwangsgelder alimentiert, somit steigt der Anreiz zur Arbeitslosigkeit, sobald die Marktlöhne auf das Niveau der staatlichen Zahlungen fallen. Grundeigentum steht unter staatlichem Vorbehalt und kann bei Bedarf enteignet werden, mithin wird der Boden überdüngt und überbewirtschaftet. Die staatliche Rentenversicherung unterhöhlt die Anreize zur Ehe und zur Gründung einer Familie. Die staatliche Gesundheitsfürsorge leistet Nikotin- und Alkoholkonsum, Völlerei, übermäßigem Sport, langwierigen Kuraufenthalten usw. Vorschub. Das staatliche Bildungswesen schafft Anreize, möglichst lange bei möglichst geringen Anforderungen zu studieren; gesamtwirtschaftlich besteht aber kein Bedarf an einem Heer von Sozialpädagogen, Betriebswirten und Germanisten.

Im Jargon der heutigen Ökonomen werden solche Probleme »Rationalitätsfallen« genannt. Der staatliche Interventionismus ermutigt die Einzelnen zu einem Verhalten, das aus ihrer Sicht zwar völlig rational ist, aber durch das ebensolche Verhalten aller anderen *ad absurdum* geführt wird. Hans-Hermann Hoppe hat immer wieder und sehr eindringlich darauf hingewiesen, dass diese Tendenzen geradezu im Wesen des modernen Staates verwurzelt sind.[217] Der ökonomische Kern der modernen Staatsauffassung ist ein faustischer Handel, in dem die Bürger sich gegenseitig verpflichten, auf eigenmächtigen Schutz zu verzichten und dem Staat einen Alleinanspruch auf die Rechtspflege einzuräumen. Hier ist das Grundmuster der Verantwortungslosigkeit angelegt. Dies erkannte bereits der französische Ökonom Frédéric Bastiat, als er den Staat sehr treffend definierte als die »große Fiktion, mit deren Hilfe jeder versucht, auf Kosten aller anderen zu leben«.[218] Die Einzelnen verhalten sich völlig rational, doch das große Ganze geht den Bach hinunter.

Der Witz an der Sache liegt darin, dass den meisten Beteiligten im Grunde bewusst ist, dass alle gerade dabei sind, ihre Zukunft zu opfern. Aber sie verdrängen diese Einsicht und fühlen sich nicht zuständig. Sie glauben letztlich an ein Wunder. Sie glauben, dass durch momentan noch unbekannte Umstände *nur*

---

217 Vgl. H.-H. Hoppe, *Demokratie – Der Gott, der keiner ist* (Leipzig: Manuscriptum, 2003).

218 Vgl. Frédéric Bastiat, *Der Staat, die große Fiktion* (Thun: Ott, 2001).

die anderen von den negativen Folgen des allgemeinen Treibens betroffen sein werden, während sie selbst verschont werden.

Rationalitätsfallen entstehen wie gesagt dadurch, dass durch staatlichen Zwang die Möglichkeit zur Bereicherung *auf Kosten anderer* geschaffen wird. Aber die Allgegenwart solchen Verhaltens färbt und prägt das individuelle Denken in einem solchen Maße, dass es zu Auswüchsen kommt, bei denen die betreffenden Personen die eigene Zukunft auf dem Altar der Gegenwartsgenüsse opfern. Ein harmloses Beispiel ist der ständige Konsum von Seifenopern: Die Zeit, die vor dem Bildschirm verbracht wird, könnte schließlich auch ganz anders genutzt werden. Ähnlich steht es mit übermäßigem Alkohol- und Drogenkonsum, mit übermäßigem Glücksspiel usw.

Willige Knechtschaft

Der durchschnittliche Bürger verbringt heute den größten Teil seines Lebens damit, Kredite zu bedienen, für die ohne das Zwangsgeldsystem in den meisten Fällen kein Anlass bestanden hätte und die er daher nicht aufgenommen hätte. Im Ergebnis wird die Bevölkerung in einen Haufen williger Teilzeitknechte der Finanzindustrie und des Staates verwandelt.[219]

Natürlich ist es nicht sein Bankier oder sein Versicherungsmakler, der Paul dazu zwingt, sich zu verschulden. Der Zwang wird auf einer unterschwelligen Ebene ausgeübt, die der Einsicht und der unmittelbaren Einflussnahme fast aller Personen entzogen ist, nämlich auf der Ebene der Geldordnung. Hier erzwingt der Staat von seinen Bürgern die Verwendung einer Geldart, die sich besonders leicht vermehren lässt. Durch diesen Zwang entstehen dann Schuldenwirtschaft und Inflationskultur.

Wenn der Staat alle Fahrzeuge der Marke X verbieten würde und nur noch Fahrzeuge der Marke Y gehandelt werden könnten, so erfolgten alle Käufe und Verkäufe nach wie vor unter gegenseitigem Einvernehmen bzw. auf

---

219 Ohnehin sind sie Knechte des Staates, dem sie lebenslange Tributzahlungen entrichten, insbesondere auch in der Demokratie. Vgl. Hans-Hermann Hoppe, *Der Wettbewerb der Gauner* (Berlin: Holzinger, 2012); F. Karsten & K. Beckman, *Wenn die Demokratie zusammenbricht* (München: FinanzBuch Verlag, 2012).

freiwilliger Basis. Aber es liegt auf der Hand, dass die Wahlfreiheit der Bürger künstlich eingeschränkt wurde; und dass sie der Firma Y daher tendenziell größere Mengen abnehmen und dabei höhere Preise entrichten, als es sonst der Fall gewesen wäre. In genau diesem Maße sind die Bürger somit zu Teilzeitknechten der Firma Y geworden, selbst wenn diese Firma das staatliche Verbot der Konkurrenzprodukte weder angezettelt hat, noch begehrt oder gutheißt.

Der Form bzw. dem Namen nach herrscht Vertragsfreiheit, aber der Sache nach gilt diese Freiheit nur eingeschränkt. Häufig ist das den Bürgern auch völlig klar, aber im Falle des Geldes fehlt üblicherweise ein solches Bewusstsein. Die schlimmste Tyrannei ist eben diejenige, die den Unterschied zwischen Freiheit und Knechtschaft zum Vergessen bringt.[220] Die Bürger sind *willige* Teilzeitknechte, da sich ihr Verhalten aus einzelwirtschaftlicher Sicht sehr empfiehlt. Das Zwangsgeldsystem gibt dem Staat und den Banken sozusagen die Karotten, die sie den Bürgern vor die Nasen halten und denen fast alle – aus Not, Gier oder wohlverstandenem Interesse – nachhecheln.

Aus dem gleichen Grunde entwickeln die Bürger auch ein Eigeninteresse an der Aufrechterhaltung dieses Systems. Sie verlangen geradezu, dass alles getan wird, um die Funktionsfähigkeit der Kreditmärkte zu erhalten. Wie sonst sollten sie den Häuserkauf finanzieren? Wie sonst eine Firma gründen oder den geplanten Firmenausbau finanzieren? Man kann Menschen wie Paul in unserem obigen Beispiel darlegen, dass die leichte Verfügbarkeit von Krediten aus *gesamtwirtschaftlicher* Sicht keine Verbesserung der Lage bringt. Aber aus ihrer persönlichen Sicht ist das durchaus kein zwingender Grund, dieses System zu ändern. Wer einmal zu den Schuldnern zählt, ist materiell daran interessiert, dass die schleichende Preisinflation ihren gewohnten Gang nimmt. Wenn er also keine allzu großen Skrupel hat, wird er die Institutionen, die diese Preisinflation hervorbringen, durchaus auch dann unterstützen, wenn er sie im Lichte des Gemeinwohls als nutzlos oder sogar schädlich ansieht. Thorsten Polleit hat diese Erscheinung vor Kurzem sehr treffend als »kollektive Korruption« bezeichnet. Er schrieb:

220 Ähnlich lesen wir in den *Wahlverwandtschaften*: »Niemand ist mehr Sklave, als der sich für frei hält, ohne es zu sein.« (2. Teil, Kapitel 5)

> *Nicht nur einige wenige, sondern eine wachsende Zahl von Gemeinschaftsmitgliedern und ganze gesellschaftliche Gruppen werden zu bedingungslosen Befürwortern staatlicher Zwangsmaßnahmen. In der Konsequenz befürwortet das Eigennutzkalkül des Individuums Politiken, durch die die Gesellschaft zusehends in ein kollektivistisch-sozialistisches Gemeinwesen überführt wird: einen immer stärker wachsenden Staat und Regel- und Regulierungswust, zulasten der individuellen Freiheit. Die kollektive Korruption stellt die Weichen in Richtung hoher Inflation oder sogar Hyperinflation: Denn vor die Wahl gestellt, Pleiten von Staaten und Banken und damit eine Rezession-Depression hinzunehmen oder aber neues Geld zu drucken, wird sich im Zuge einer ausgeprägten kollektiven Korruption eine Mehrheit finden, die gegen Pleitewellen und für das Gelddrucken plädieren wird.*[221]

Zu den *Nutznießern* des Zwangsgeldsystems gehören nicht nur die Unternehmen der Finanzindustrie und die Staatsbeamten und Subventionsempfänger, sondern letztlich auch alle Unternehmer, die auf Kredite angewiesen sind, und alle Haushalte, die ihre Träume vom schnellen Erwerb eines Eigenheims und auch ihre sonstige Lebensplanung auf die leichte Verfügbarkeit von Krediten gebaut haben. Zu den *Unterstützern* des Zwangsgeldsystems gehören nicht nur die gegenwärtigen Schuldner, sondern auch jene, die erst für die nächste Zukunft planen, Kredite aufzunehmen, um sich kurzzeitig auf die Gewinnerseite der Inflation zu stellen.

Somit werden nicht zuletzt auch die Interessen der Bürger in Übereinstimmung gebracht mit den Interessen des Staates. Das ist wohl das größte politische Kunststück der Weltgeschichte. Normalerweise besteht ein Antagonismus zwischen den Interessen der Herrscher und den Interessen der Beherrschten. Alle Ressourcen, die von den Herrschern beansprucht werden, müssen schließlich letztlich den Beherrschten entrissen werden. Das Eintreiben von Steuern ist aber sehr kostspielig. Es verlangt den Unterhalt ganzer Heere von

221 Thorsten Polleit, »Kollektive Korruption« in *Smart Investor* (12. September 2012); vgl. auch ders. »Fiat Money and Collective Corruption« in *Quarterly Journal of Austrian Economics*, Bd. 14, Nr. 4 (2011), S. 397–415. Polleit unterstreicht, dass die meisten herkömmlichen ökonomischen Theorien diese Erscheinung nicht beachtet haben. Diese Theorien basieren auf der Annahme, dass eine gesellschaftsschädliche Politik nur durch das Lobbying kleiner, aber mächtiger Minderheiten zustande kommen kann. Ein wichtiges Beispiel ist Mancur Olson, *Aufstieg und Niedergang von Nationen* (2. Aufl., Tübingen: Mohr, 1991).

Soldaten, Polizisten, Steuerbehörden usw. Je größer die Ressourcen sind, die die Herrscher beanspruchen, desto größer sind die Eintreibungskosten, und diese Kosten wachsen überproportional zu den Steuererträgen.

Dieses Problem kann in einem Zwangsgeldsystem elegant umgangen werden. Das Zwangsgeldsystem verwandelt die Bevölkerung in freudige Kunden der Herren des Geldes. Sie händigen ihre Ersparnisse freiwillig an Banken, Versicherungen und Investitionsfonds aus, und der Staat hat nunmehr leichtes Spiel. Anstatt einer großen Anzahl von Menschen die mehr oder weniger begrenzten individuellen Ersparnisse abzuluchsen – wie gesagt, eine sehr kostspielige Unternehmung –, braucht er sich jetzt nur noch um die relativ wenigen Intermediäre zu kümmern. Das lässt sich kostengünstig bewerkstelligen, z. B. durch geeignete gesetzliche Regulierungen, die die Banken und Versicherungen verpflichten, einen gewissen Teil der von ihnen verwalteten Ersparnisse in Staatsanleihen zu investieren. Widerstand von dieser Seite ist nicht zu befürchten bzw. kann auf einfache und kostengünstige Weise im Keim erstickt werden. Wenn eine Bank dem Staat kein Geld mehr leihen will, wird zur Not damit gedroht, die Banklizenz nicht mehr zu verlängern.

Aber die Inflationskultur stärkt noch auf andere Weise die Macht des Staates, indem sie nämlich die Nachfrage nach staatlichen Eingriffen in die Wirtschaft ankurbelt. In einer Schuldenwirtschaft kann jeder Einzelne von den Fehlern aller anderen betroffen werden, und zwar im Prinzip von heute auf morgen. Je weiter verbreitet das Schuldenmachen ist, desto größer ist die Anfälligkeit der Wirtschaft als Ganzes; desto stärker ist somit auch jeder Einzelne von den Fehlern seiner Mitmenschen betroffen. Leute, mit denen wir persönlich nie etwas zu tun haben und mit denen wir persönlich auch nie zu tun haben werden, bedrohen durch ihr eventuelles Fehlverhalten unser materielles Wohlergehen. Daraus ergibt sich ganz von selbst ein erhöhtes Interesse am Geschäftsgebaren der anderen, sowie der Wunsch, vor allem das Geschäftsgebaren der größeren – systemrelevanten – Marktteilnehmer auf politischem Wege zu beeinflussen.

Zum einen möchte man dabei natürlich missbräuchlichen Geschäftspraktiken wie Betrug und Veruntreuung einen Riegel vorschieben. Zum anderen will man aber auch selbst möglichen Fehlern der anderen Marktteilnehmer vorbauen, indem man sie durch staatliche Regulierungen zwingt, bestimmte andere Praktiken zu pflegen, die sie vielleicht nicht aus eigenem Antrieb gewählt hätten.[222]

Eine wachsende Schuldenwirtschaft führt somit der Tendenz nach zu einer wachsenden Politisierung des wirtschaftlichen und gesellschaftlichen Lebens, zu einer immer weitergehenden Einschränkung der Entscheidungsfreiheit der Individuen, Familien, Vereine und Firmen im Namen der finanziellen Überlebensfähigkeit des Gesamtsystems. Im Moment sind davon insbesondere die großen Unternehmen der Finanzwirtschaft betroffen, und im Zuge der europäischen Staatsschuldenkrise sollen nun auch die Nationalstaaten an die Brüsseler Kandare genommen werden. Aber die Entfaltung der Schuldenwirtschaft führt ihrer ganzen Logik nach dahin, dass zunehmend auch mittlere – und irgendwann auch kleine und kleinste – Einheiten betroffen sein werden. Die systemrelevante Größe ist wie gesagt keine Naturkonstante.

Zur Erhaltung und Förderung des Gesamtsystems wird irgendwann einmal jedem Unternehmen und jedem Haushalt bis ins kleinste Detail vorgeschrieben werden, wie und wann er sein Geld auszugeben bzw. anzulegen hat. Auch die drakonischsten Maßnahmen werden sich immer damit begründen lassen, dass abweichendes Verhalten die Funktionsfähigkeit des Gesamtsystems bedroht. Schon heute tritt dieses Argumentationsmuster in anderen staatlichen »Systemen« deutlich zutage, insbesondere im Krankenversicherungssystem.

Die markdurchdringende Politisierung von Wirtschaft und Gesellschaft findet einen *Vorwand* in der Anfälligkeit der Schuldenwirtschaft. Aber daraus sollte nicht leichtfertig der Schluss gezogen werden, dass sie irgendeinen tatsächlichen Beitrag zur Lösung dieses Problems leistet. Wie wir in einem späteren Kapitel noch darlegen werden, zielen die einschlägigen staatlichen Gebote und Verbote einzig und allein auf die Symptome der Schuldenwirtschaft. Das Grundübel – schrankenlose Geldschöpfung – wird dagegen nicht bekämpft. Somit werden die Marktteilnehmer mit immer neuen Vorschriften überhäuft, aber die ursprünglichen Probleme werden nicht gelöst. Häufig werden sie auch vergessen, denn es entstehen immer neue Probleme, insbesondere sol-

222 Natürlich gibt es auch andere Motivationen für die Regulierungswut der heutigen Staaten.

che, die durch die neuen Vorschriften hervorgerufen werden. Somit entsteht über kurz oder lang ein dichter Vorschriftendschungel, der die freie Wirtschaft erstickt. Irgendwann werden auch die letzten Reste der Marktwirtschaft nur noch auf dem Papier existieren. In der Praxis herrscht dann Sozialismus bzw. Totalitarismus.

Auf dem Weg zum totalitären Staat stirbt die Demokratie. Auch dieses Opfer steht in mehr oder weniger direktem Zusammenhang mit der Geldordnung. Die erleichterte Staatsfinanzierung, die durch die Notenpresse möglich wird, unterhöhlt die Grundfeste der demokratischen Politik. Durch die direkte oder indirekte Alimentierung aus der Notenpresse sind die staatlichen Organe nicht mehr darauf angewiesen, für ihre Politik die nötige Unterstützung der Bevölkerung zu erhalten. Sie sind nicht mehr gezwungen, eine Ausgabenerhöhung durch eine Erhöhung der Steuern absegnen zu lassen, sondern können ihre Vorhaben verwirklichen, indem sie sie durch höhere Kredite oder auch direkt aus der Notenpresse finanzieren.

Niemand hat dies klarer zur Sprache gebracht als Ludwig von Mises: »Es ist eine Verhüllung der Ideologie des Absolutismus, wenn die Regierungen es nicht für notwendig erachten, ihre Ausgaben den Einnahmen anzupassen, und für sich das Recht in Anspruch nehmen, fehlende Mittel durch Notenausgabe zu ersetzen.«[223]

Ohne die versteckte »Inflationssteuer« müsste der Staat sich im Großen und Ganzen mit jenen Mitteln begnügen, die ihm per Steuern und ähnlichen Zwangsabgaben zufließen. Der Umfang seiner Tätigkeit wäre somit in finanzieller Hinsicht jederzeit durch die Zustimmung der Bevölkerung begrenzt. Auch an eine Staatsverschuldung in größerem Umfang wäre nicht zu denken, denn der Staat hätte einfach nicht die Mittel, sie zu bedienen. Aber die Möglichkeit einer im Prinzip unbegrenzten Produktion immateriellen Geldes ändert diese Verhältnisse. Der Staat kann sich nun jederzeit zulasten der Restwirtschaft zusätzliche Mittel verschaffen, ohne dabei auf die Zustimmung der Bevölkerung angewiesen zu sein. Dies kann dadurch geschehen, indem die Zentralbank den Staat direkt aus der Notenpresse versorgt (Ausnahme), oder

223 Mises, *Theorie des Geldes und der Umlaufsmittel* (2. Aufl., Leipzig: Duncker & Humblot, 1924), S. 208.

indem sie die Finanzmärkte finanziert und dadurch zusätzliche Kredite an den Staat möglich macht (Regel). In jedem Fall entgleitet der Staat somit der direkten finanziellen Kontrolle durch die Bevölkerung, und dadurch wandelt sich auch das Verhältnis von Bürger und Staat. Letzterer ist immer weniger der Erfüllungsgehilfe der Bürger, sondern schwingt sich zu ihrem Herrn auf.

Dritter Teil:

Zur Krisenbewältigung

Kapitel XI
Der Bock als Gärtner

In den vorigen Kapiteln haben wir dargelegt, dass der währungs- und finanzpolitische Interventionismus tiefgreifende wirtschaftliche Ungleichgewichte und eine massive Verschwendung der verfügbaren Ersparnisse hervorruft. Zahlreiche Ökonomen und Historiker sehen genau darin auch die wichtigste Ursache der heutigen Finanzkrise.[224] Diese Auffassung gewinnt immer mehr Anhänger, und in den USA gibt es bereits eine deutlich vernehmbare politische Bewegung, die nichts weniger als die Abschaffung der amerikanischen Zentralbank fordert.[225]

Die meisten Medien und Ökonomen teilen diesen Standpunkt allerdings nicht. Ihnen zufolge trägt der Staat nur einen Teil der Verantwortung für die Krise, und zwar vor allem deshalb, weil er zu lange untätig geblieben sei. Er habe die Finanzmärkte zu lasch reglementiert und ihrem Treiben nicht früh und energisch genug ein paar dringend notwendige Riegel vorgeschoben. Der Hauptteil der Verantwortung sei hingegen den Finanzmarktprofis, also den Banken, Investmentfonds und ähnlichen Firmen anzulasten. Auf den folgenden Seiten wollen wir diese Auffassung der Dinge einer näheren Prüfung unterziehen.

Die Gier der Märkte

Zunächst stellt sich die Frage, wie und warum die Finanzmarktprofis die Krise herbeigeführt haben.

Über das Wie besteht noch eine gewisse Einigkeit fast aller Beobachter, zumindest was die unmittelbaren Tatsachen anbetrifft. Die Banken und anderen Finanzfirmen haben eine Anlagestrategie verfolgt, die auf (1) sehr geringer

224 Vgl. etwa T. Woods, *Meltdown* (Chicago: Regnery, 2009); P. Salin, *Revenir au capitalisme, pour éviter les crises* (Paris: Odile Jacob, 2010) ; C. Ferlito, *Dentro la crisi* (Chieti: Solfanelli, 2010).

225 Siehe R. Paul, *End the Fed* (New York: Grand Central Publishing, 2009).

Liquidität, (2) sehr geringem Eigenkapital und (3) Investitionen in sehr risikoreichen Anlageklassen beruhte.

Aber *warum* haben sie das getan? Schließlich warnen alle betriebswirtschaftlichen Lehrbücher vor solchen halsbrecherischen Strategien, und es gab auch zahlreiche Vorzeichen der Krise (z. B. die Immobilienblase gepaart mit geringer Sparquote in den USA), die den Beteiligten eigentlich eine Umkehr hätten nahelegen sollen. Warum haben die Finanzinvestoren sich also sehenden Auges ins eigene Fleisch geschnitten?

Auf diese entscheidende Frage geben die meisten Ökonomen und Journalisten zwei Antworten.

Der ersten Antwort zufolge ist die Marktwirtschaft eine logische Fehlkonstruktion, die sich insbesondere auf den Finanzmärkten bemerkbar macht. Sie leidet unter inneren Widersprüchen, die von Zeit zu Zeit ausbrechen müssen und auch ausbrechen.

Diese Antwort ist unter Intellektuellen und zumal unter Berufsökonomen besonders beliebt, da nicht viele mitreden können, wenn von der Tendenz einer fallenden Profitrate oder von asymmetrischen Informationen die Rede ist. Genau deshalb fehlt ihr auch die Breitenwirkung, die die grobschlächtigere zweite Antwort hat.

Ihr zufolge resultiert die Risikofreude der Finanzmarktteilnehmer aus deren grenzenloser Gier. Die Banken bekamen trotz höchster Gewinne und großzügiger Bonuszahlungen einfach nicht den Hals voll, und ihre Mitarbeiter, Wettbewerber und Kunden ließen sich davon anstecken. Alle schmissen den gesunden Menschenverstand über Bord, und die Folge war dann der Zusammenbruch.

Diese dürftige Erklärung, diese karge intellektuelle Kost befriedigt anscheinend auch recht intelligente Menschen. Der deutsche Bundespräsident Horst Köhler ließ im Frühjahr 2008 verlautbaren, die internationalen Finanzmärkte hätten sich »zu einem Monster entwickelt, das in die Schranken gewiesen werden muss.« Er forderte »ein klar vernehmbares Mea Culpa« der Finanzwelt und eine »strengere und effizientere Regulierung«, insbesondere die Schaffung einer globalen Regulierungsbehörde.[226] Köhlers Meinung hatte umso mehr Gewicht, als er in früheren Abschnitten seiner Laufbahn ein leitender Beamter des Bundesfinanzministeriums und auch Direktor des Internationalen Währungsfonds (IWF) war.

Ein anderes Beispiel: Im Frühjahr 2009 wurde der Autor dieser Zeilen zum Zeugen eines Vortrags, in dem ein führender Vertreter eines französischen Bankenverbandes zu erklären versuchte, warum jene außerordentliche Gier gerade im Finanzsektor anzutreffen sei. Seine an eine christliche Hörerschaft gerichtete Antwort lautete: weil dieser Wirtschaftszweig seinem ganzen Wesen nach auf der Erzielung von Zins bzw. von Wucher beruht. Es sei daher Zeit, die Praxis der Zinswirtschaft nochmals zu überdenken. Mir als einzigem deutschen Hörer seines Vortrags ist darauf der Gedanke gekommen: »Wie praktisch, dann endet mit der Gier gleich auch die Brechung der Zinsknechtschaft.«

Die Gier ist eine der sieben Todsünden. Sie ist in jedem Menschen zumindest als Möglichkeit seines Seins veranlagt – sonst könnte ein sehr tugendhafter Mensch auch gar nicht verstehen, was mit Gier überhaupt gemeint sein könnte. Wo sie nicht gebremst wird, führt sie stets direkt zu moralisch falschem Handeln, zu Unmaß, Feigheit, Ungerechtigkeit und Unwahrhaftigkeit.

Aber die Gier führt keineswegs direkt zu jenen großen Gewinnen, die gemeinhin als der sicherste Beweis für die Gegenwart einer besonders großen Gier auf den Finanzmärkten angesehen werden. Die *bloße Absicht* und der *bloße Wille*, sich zu bereichern, reichen keinesfalls, um dieses Ziel auch zu verwirklichen. Das ist die schmerzliche Erfahrung aller Möchtegernunternehmer.

Gier wird gewöhnlich dadurch im Zaum gehalten, dass der gierige Mensch sich letztlich ins eigene Fleisch schneidet. Wer seine Kassenhaltung und seine Eigenkapitalausstattung zurückfährt, läuft Gefahr, illiquide zu werden oder gar bankrott zu gehen. Aber eine Zentralbank, die immaterielles Geld produziert, kann diese negativen Folgen – oder zumindest die Wahrscheinlichkeit ihres Auftretens – für einzelne Marktteilnehmer auf Kosten aller anderen Bürger vermindern. Die Gewinne bleiben dann in Privathänden, während die

226 Vgl. »Köhler bezeichnet Finanzmärkte als ‚Monster'« *Die Welt* (14. Mai 2008).

Verluste der Allgemeinheit aufgebürdet werden. Warum sollten sich Leute, die ohnehin zur Gier neigen, angesichts dieser freudigen Umstände noch zurückhalten? Und wie könnten wir nicht auch jene verstehen, die eigentlich nicht besonders gierig sind, nun aber in große Versuchung kommen?

Tatsächlich besteht ein ursächliches Verhältnis zwischen Gier und Gewinn allenfalls in umgekehrter Richtung. Nicht die Gier erklärt die großen Gewinne im Finanzsektor, sondern die dort zu erzielenden hohen Gewinne ziehen gierig veranlagte Menschen an und verführen auch solche zur Gier, die sonst nicht unter diesem Laster leiden. Die eigentliche Frage lautet also: Woher kommen die großen Gewinne im Finanzsektor? Wie wir bereits sahen, lautet die Antwort: Sie entstehen aus einer Politik, die die möglichen Investitionsgewinne in privaten Händen belässt, während sie die Risiken dieser Investitionen sozialisiert.

Es ist daher nicht recht, dass Politiker sich aufs hohe Ross setzen und den Finanzmärkten ein *mea culpa* abverlangen. Sie sollten sich zunächst einmal selber Asche aufs Haupt streuen. Nicht die Finanzmärkte, sondern die Staaten haben unser Währungssystem geschaffen. Nicht die Finanzmärkte, sondern die Staaten sind somit dafür zu tadeln, dass es sich für institutionelle Anleger immer weniger lohnt, verantwortlich zu handeln und somit auch das Gemeinwohl zu fördern. Das Problem der Ungeheuer sind die irren Schöpfer. Auch Frankenstein jammerte über die Verbrechen seiner Kreatur. Aber die eigentliche Untat war es, dieses Wesen ins Leben zu rufen.

Tummelfeld für Scharlatane

Die genannten Probleme der Finanzmärkte können nicht durch eine verstärkte staatliche Reglementierung beseitigt werden. Banken und Börsen waren auch vor dem Jahr 2007 schon so stark reglementiert wie vielleicht kein zweiter Wirtschaftszweig, mit der möglichen Ausnahme des Gesundheitswesens. Zahlreiche Gesetze und Verordnungen regeln praktisch alle Ebenen der Finanzdienste, von der Abwicklung des Zahlungsverkehrs über die Auswahl des Führungspersonals bis zu den zulässigen Finanzinstrumenten und Handelsstrategien. Das ist der Grund, warum der Besuch einer deutschen Bank so sehr an den Gang zum Einwohnermeldeamt erinnert.

Nun wird diese Tatsache von einigen Fürsprechern der stärkeren Finanzmarktregulierung durchaus zugestanden. Sie beklagen daher auch nicht das Fehlen jeglicher staatlicher Regeln, sondern behaupten, es seien die *falschen* Regeln gesetzt worden. Aber welche Garantie gäbe es dann, dass sich nicht auch die nächsten Regelmacher wieder irren?

Gibt es überhaupt irgendeinen Grund zu der Hoffnung, dass der Staat den Finanzmärkten gute Regeln auferlegen *wollte*? Die Nationalökonomie lehrt uns, dass die von einer staatlichen Regulierung betroffenen Interessengruppen versuchen werden, die Regelsetzung zu beeinflussen bzw. unter ihre Kontrolle zu bringen. Die Erfahrung lehrt uns, dass dieser Versuch immer wieder erfolgreich unternommen wurde. Die Finanzbranche bildet dabei keine Ausnahme. Ganz im Gegenteil ist hier die Einflussnahme der Interessierten besonders stark, denn unter diesen findet sich auch niemand anders als der Regelsetzer selbst – jener Staat, der als Kunde und Dienstleister eine überragende Rolle auf den Finanzmärkten spielt.[227]

Rufen wir uns in Erinnerung, dass der Krisenherd der gegenwärtigen Finanzkrise (Immobilienblase) durch staatliche Interventionen geradezu fahrlässig erzeugt wurde. Seit vielen Jahren schon drängt der amerikanische Staat die Banken des Landes, Kredite an solche Haushalte und Vereine zu erteilen, die nach gewöhnlichen Maßstäben eigentlich nicht kreditwürdig sind (*Community Reinvestment Act*, 1977/1995). Darüber hinaus wurde die künstliche Hausse auf den Immobilienmärkten durch eine Serie von Zinssenkungen in Gang gesetzt, nicht zuletzt, um einer Verringerung der Privatausgaben nach den Anschlägen vom 11. September 2001 zuvorzukommen. Erinnern wir uns auch, dass die Krise in Europa zunächst einige große deutsche Landesbanken (IKB, SachsenLB, WestLB) ereilte. Es waren somit staatliche Akteure, die jenes maßlose Verhalten an den Tag legten, dessen die Privatwirtschaft stets verdächtigt wird. Der Staat war ganz offensichtlich unfähig bzw. überfordert, in seinem eigenen Hause für Ordnung zu sorgen. Und jetzt soll sich das ändern, wenn er sich anschickt, *allen* Finanzmarktteilnehmern strengere Regeln aufzuerlegen?

---

227 In den politischen Instanzen der EU wurde versucht, die Krise zu nutzen, um die »europäische Integration« (im Klartext: die *politische* Integration und Zentralisierung in Europa) voranzutreiben. Die strengere Reglementierung der Finanzmärkte lieferte dazu eine willkommene Vorlage.

Die Regulierung und Beaufsichtigung der Finanzmärkte hat bereits in der Vergangenheit nichts Gutes bewirkt. Sie hat den Marktzugang für Neulinge bzw. Branchenfremde praktisch unmöglich gemacht; sie hat die Anpassungsfähigkeit der Finanzintermediäre an ein sich schnell änderndes Umfeld sehr verringert; und sie hat die Finanzintermediäre zu Handlungen gezwungen, die die Krise zugespitzt haben. Z. B. verpflichten die sogenannten »Baseler Abkommen« die Banken dazu, eine Eigenkapitaldecke in Höhe von mindestens 8 Prozent der Privatkredite zu halten. Wenn nun infolge von Verlusten in irgendeiner Anlage das Eigenkapital schrumpft, *müssen* die Banken ihre anderen Kredite zurückschrauben, auch wenn das weder betriebs- noch gesamtwirtschaftlich sinnvoll ist.

Vor allem aber geht die Regulierung und Beaufsichtigung der Finanzmärkte völlig am Kernproblem vorbei. Sie unterbindet nicht den (durch unser gegenwärtiges Währungssystem gegebenen) *Anreiz* zu verantwortungslosem Handeln, und sie verhindert auch nicht die *Möglichkeit* zu solchem Handeln, zumindest solange es noch irgendeinen Rest von Wahlfreiheit auf den Finanzmärkten gibt. In der Vergangenheit hat die Regulierungswut im Wesentlichen nur dazu geführt, dass die betroffenen Unternehmen neue Organisationsformen ersonnen haben (Holdings, Nebenhaushalte usw.) und in noch nicht allzu stark regulierte Nischen (Derivate, Auslandsmärkte) abgewandert sind.

Die Finanzmarktregulierung ist aber noch aus einem anderen Grund schon im Ansatz ganz verfehlt. Sie geht davon aus, dass die Krisen der Finanzmärkte die Folge von *einzelwirtschaftlichen* Fehlentscheidungen der Marktteilnehmer sind. Wenn das so wäre, könnte man in der Tat versuchen, aus der Vergangenheit zu lernen und die einschlägigen Fehlentscheidungen per Dekret zu unterbinden. Aber die Sachlage ist ganz anders. Wir haben bereits darauf hingewiesen, dass es infolge der (durch das heutige Zwangsgeldsystem verursachten) größeren Risikofreude der Marktteilnehmer zu einer Überdehnung des Gesamtsystems kommt. Es werden mehr Ressourcen beansprucht, als es tatsächlich gibt. Aber es lässt sich nicht sagen, wo sich dieser Ressourcenmangel zuerst bemerkbar machen wird. *Zahlungsausfälle können in einer solchen Überdehnung grundsätzlich in allen Wirtschaftszweigen und aus allen möglichen Gründen erfolgen.* Es ist nicht möglich, ihnen durch geeignete Regulierungen einzelwirtschaftlichen Verhaltens vorzubeugen.[228] Solche Maßnahmen zielen der Sache nach immer auf bekannte Ursachen, d. h. auf Probleme, die in der Vergangenheit zum Ausbruch von Krisen geführt haben. Da das Zwangsgeldsystem aber zu einer *systemischen* Verknappung führt, ist es keineswegs wahrscheinlich, dass genau die gleichen besonderen Umstände auch eine Rolle beim Ausbruch zukünftiger Krisen spielen werden. Das eigentliche Grundproblem ist die Krisen*anfälligkeit* bzw. die *Überdehnung* des Gesamtsystems. Einzelwirtschaftliche Reglementierungen helfen hier gar nicht. Nur ein umfassendes System von Verboten und Geboten, das jedes kleinste Schlupfloch abdichtet, würde den Ausbruch von Krisen verhindern können. Dann wären wir allerdings wieder im Nationalsozialismus, und unsere Wirtschaft wäre entsprechend inhuman und ineffizient.

Es war abzusehen, was bei der neuesten Regulierungswelle herauskommen würde: Den privaten Anbietern und Kunden wurden ein paar weitere Stricke um den Hals gelegt, und die staatlichen Marktteilnehmer kamen mit einem blauen Auge davon. Aber es wurden keine Regeln erlassen, die die Finanzierung des Staates beeinträchtigen könnten.

Das war schon so im Fall der Baseler Abkommen aus den Jahren 1988 und 2004, dem bisherigen Vorzeigestück der internationalen Finanzmarktregulierung. Deren Kernanliegen war die Forderung, dass Geschäftsbanken mindestens 8 Prozent ihrer Anlagen durch Eigenkapital finanzieren müssen. Dadurch sollte der Überschuldung und Anfälligkeit der Finanzdienstleister ein Riegel vorgeschoben werden. Aber die 8-Prozent-Klausel galt (und gilt) in voller Höhe nur für Kredite an die *Privat*wirtschaft. Staatskredite bedurften keiner solcher Absicherung. Die Finanzwirtschaft schritt somit immer weiter auf dem Weg in die Überschuldung, am trauten Arm ihres besten Kunden.

Das neueste Baseler Abkommen (Basel III) verstärkt diese Tendenz sogar noch, da nun auch die Liquiditätsvorsorge der Geschäftsbanken auf solche Weise reglementiert wird, dass die Nachfrage nach staatlichen Wertpapieren

---

228 Aus dem gleichen Grund ist es auch für Investoren unmöglich, aus dem Studium vergangener Börsennotierungen zu richtigen Risikoschätzungen einzelner Wertpapiere zu gelangen. Ein Teil des Risikos ist systemisch, und die konkreten Ausbruchspunkte können mehr oder weniger zufällig verteilt sein.

künstlich steigt, selbst wenn dadurch die tatsächliche Liquidität der betreffenden Bank nicht verbessert wird.[229]

Die staatliche Reglementierung der Finanzmärkte führt noch zu vier weiteren Problemen, die gut bekannt sind und in der einschlägigen Literatur auch gebührend gewürdigt werden.

Erstens wirkt die Reglementierung tendenziell prozyklisch, d. h. sie verstärkt sowohl die Bildung von Finanzblasen als auch den konjunkturellen Einbruch. Diese Tendenz wirkt nicht unbedingt gleichmäßig, sondern kann sich auch ruckartig bemerkbar machen (»Erdrutsch-Effekt«). Wenn sich beispielsweise die Bonität eines großen Schuldners ändert, so können alle Banken gleichzeitig gezwungen sein, die von diesem Schuldner emittierten Wertpapiere abzustoßen. Statt zu einem graduellen Preisverfall kommt es zu einem Einbruch, der die Liquidität und Solvenz der Banken bedrohen kann.

Zweitens ist in solchen Notfällen die Zentralbank gefordert, die betreffenden Wertpapiere zu kaufen, um einen Preissturz zu verhindern. Das führt einerseits zur Konzentration der Risiken in den Händen einer einzigen Institution; andererseits verlassen sich die Geschäftsbanken auf diese Unterstützung und können ihre eigene Risikovorsorge somit auf ein Minimum zurückschrauben. Der Gesamtumfang der Risikovorsorge nimmt somit ab, und die Finanzwirtschaft als Ganzes wird geschwächt.

Drittens erzwingt die Finanzmarktreglementierung eine *Vereinheitlichung* der Maßnahmen zur Risikovorsorge. Dies führt mithin zu zwei schwerwiegenden Folgen. Einerseits hängt fortan alles davon ab, dass die Regulierungsbehörden alle relevanten Risiken richtig erfasst haben. Wenn dies nicht der Fall ist, kann bei Ausbruch einer Krise sofort der gesamte Markt betroffen sein. Andererseits erzwingen die Regulierungen auch einheitliche Verhaltensänderungen, wenn sich die Bedingungen ändern. Es kommt somit zu herdenartigem Verhalten. Liquiditätskrisen werden verschärft und können sich umso leichter zu Insolvenzkrisen ausweiten. Die systemischen Risiken werden also nicht verringert, sondern erhöht.

229 Vgl. M. Neri, »The Unintended Consequences of the Basel III Liquidity Risk Regulation« (Universität Rey Juan Carlos, Arbeitspapier, Version vom 30. Juni 2012).

Viertens versuchen die privaten Marktteilnehmer die einschlägigen Regeln soweit es geht zu umgehen. Das betrifft keineswegs nur illegale Handlungen, sondern insbesondere auch vollkommen legale Anpassungen des Geschäftsgebarens an die neuen Umstände. Es werden neue Produkte ersonnen und neue Geschäftsfelder erschlossen, die sich zuvor nicht rechneten, aber nun auf einmal interessant werden. Die daraus entstehenden Folgen können den behördlichen Bestrebungen zuwiderlaufen und sie mitunter auch völlig zunichtemachen. Es gibt z. B. Anzeichen, dass Basel III durch den Tausch von Aktiva zu den Bilanzstichtagen umgangen werden kann. Das könnte zur Herausbildung eines entsprechenden Marktes (*asset-swap market*) führen.[230] Die Folge wäre eine völlige Aushebelung der von den Behörden gewünschten Liquiditätsvorsorge.

Wir wollen nochmals unterstreichen, dass diese Tatsachen keineswegs nur den Ökonomen der Wiener Schule bekannt sind. Ganz im Gegenteil sind praktisch alle Fachleute bestens mit ihnen vertraut.[231] Das wirft natürlich die Frage auf, wie solche unsinnigen Bestimmungen überhaupt zustande kommen. Die Antwort liegt zum großen Teil im Zynismus der repräsentativen Demokratie. Die Wähler verlangen eine Lösung der Probleme. Aber eine wirkliche Lösung würde verlangen, dass man zu den Ursachen vordringt und insbesondere auch eine Umstellung des Währungssystems vornimmt. Das aber wollen weder die Politiker noch die zahlreichen Lobbygruppen, die das kreditfinanzierte staatliche Füllhorn gern beibehalten möchten. Also wird an den Symptomen herumgepfuscht, getreu dem Motto »lieber noch mehr Probleme schaffen, als sich dem Vorwurf auszusetzen, man habe gar nichts unternommen«. Man kann es leider nicht anders sagen: Die Finanzmarktregulierung ist ein Tummelfeld von Scharlatanen. Man lässt sie gewähren, da »irgendetwas getan werden« soll. Dabei kommen grundsätzlich alle möglichen Reformen in Betracht, *außer* jenen, die die Finanzierung des Staates irgendwie erschweren könnten.

---

230 Vgl. Bank of England, *Financial Stability Report* (Juni 2011), insb. S. 38 f.; Bradley Keoun, »Big Banks Hide Risk Transforming Collateral for Traders« *Bloomberg* (11. Sept. 2012). Ein wichtiger Indikator für die Größe des *Asset-swap*-Markts ist der GCF Repo Index der Depository Trust & Clearing Corporation. Diese Hinweise verdanke ich Vincent Poncet.

231 Statistiker sind bereits vor dem Ausbruch der gegenwärtigen Finanzkrise zu dem Schluss gekommen, dass alle verfügbaren Informationen darauf hindeuten, dass die Reglementierung der Banken kontraproduktiv ist und sich eine internationale Standardisierung der einschlägigen Normen keineswegs empfiehlt. Vgl. insbesondere die sehr gründliche Studie von J. R. Barth, G. Caprio und R. Levine, *Rethinking Bank Regulation* (Cambridge: Cambridge University Press, 2006).

Ein Beispiel unter vielen: die Wiedergeburt der Börsensteuer, diesmal getarnt als »Tobin-Steuer« zur Zähmung der Finanzmärkte. Am 22. Januar 2013 haben die EU-Finanzminister die Pläne zur Einführung einer Kapitalverkehrssteuer bzw. Börsenumsatzsteuer in elf Mitgliedstaaten abgesegnet, nachdem der entsprechende Antrag bereits im Oktober letzten Jahres von der Brüsseler Kommission angenommen wurde. Mit dieser Börsensteuer soll die Spekulation auf den Finanzmärkten gedämpft werden, und außerdem soll sie der EU (genauer gesagt: der Kommission) eine eigenständige Einkommensquelle erschließen.

Solche Steuern gab es früher bereits in allen Mitgliedstaaten der EU. Im Zuge der Umsetzung einer EG-Richtlinie vom 20. Dezember 1985 wurden diese Steuern in den meisten Mitgliedstaaten abgeschafft, in Deutschland mit dem sogenannten »Ersten Finanzmarktförderungsgesetz« aus dem Jahre 1991. In den USA wurde die bundesstaatliche Besteuerung der Börsenumsätze bereits 1966 abgeschafft (seitdem erfolgt nur noch eine Besteuerung durch die Einzelstaaten). Im Vereinigten Königreich besteht die aus dem Jahre 1694 stammende Börsensteuer nach wie vor, betrifft aber nur die Endkunden, nicht die Intermediäre.

Die traditionellen Kapitalverkehrssteuern hatten reine fiskalische Zwecke. Sie wurden beseitigt, als man sie staatlicherseits als zweckwidrig erkannte. Dabei muss man sich vor Augen halten, dass die allermeisten Umsätze auf den Finanzmärkten bei äußerst geringen Gewinnspannen erfolgen, die typischerweise im Bereich von Bruchteilen eines Prozentes liegen. Selbst eine sehr niedrige Besteuerung, etwa im Promillebereich, zerstört diese Margen und führt somit zu drastischen Rückgängen des Gesamtumsatzes. Schweden machte diese schmerzhafte Erfahrung in den 1980er-Jahren. Von der erhöhten Börsenumsatzsteuer versprach man sich Mehreinnahmen von 1,5 Mrd. Kronen, aber es wurden nur 80 Millionen, da die Umsätze dramatisch zurückgingen. Nun mag man denken, dass auch 80 Millionen eine hübsche Summe sind und den Finanzmärkten eine kleine Verschlankung durchaus zum Guten gereicht. Dabei übersieht man allerdings den Zusammenhang zwischen Liquidität, Risiko und Zinsen. Je höher die Börsenumsätze, desto liquider die dort gehandelten Wertpapiere, und desto geringer ist also das Risiko, diese Wertpapiere bei plötzlichem Bedarf nur unter starken Abschlägen veräußern zu können. Daher ist die in den Zinsen enthaltene Risikoprämie umso geringer, je liquider

der Markt ist. Der schwedische Staat machte seinerzeit die bittere Erfahrung, dass die Einnahmen von 80 Millionen aufgrund der höheren Börsenumsatzsteuer keine Nettoeinnahmen waren, sondern mit den höheren Zinsen auf die Staatsschulden verrechnet werden mussten.

Wenden wir diese Erwägungen auf die heutige Lage in Deutschland an. Von der Wiedereinführung einer Kapitalverkehrssteuer verspricht man sich Einnahmen von etwa 20 Mrd. Euro, und zwar unter der gleichen irrigen Annahme wie seinerzeit in Schweden, dass nämlich die Finanzmarktumsätze unter der Steuer nicht leiden. Die tatsächlichen Einnahmen dürften also zehnmal niedriger liegen (oder vielleicht sogar knapp zwanzig Mal niedriger so wie seinerzeit in Schweden). Aber selbst wenn sich die 20 Mrd. wie durch ein Wunder erzielen ließen, stünden uns immer noch höhere Zinsen ins Haus. Die Staatsverschuldung in Deutschland liegt zurzeit bei etwa 2.000 Mrd. Euro. Wenn also die Zinsen nur um ein Prozent stiegen, wäre der Ertrag der Kapitalverkehrssteuer bereits wieder zunichte gemacht. Aber selbst dieses neutrale Ergebnis gälte wie gesagt nur unter völlig realitätsfernen Annahmen. Tatsächlich hätte eine solche Steuer aller Wahrscheinlichkeit nach negative Auswirkungen auf die Haushaltslage des Bundes. Das Haushaltsloch würde sich natürlich umso stärker vergrößern, wenn die Einnahmen aus der neuen Steuer der EU-Kommission und nicht der Bundesregierung zuflössen.

Seit etwa vierzig Jahren werden Kapitalverkehrssteuern auch anders begründet als mit rein fiskalischen Erwägungen. 1972, inmitten des Zusammenbruchs des Systems von Bretton Woods, plädierte der amerikanische Ökonom und spätere Nobelpreisträger James Tobin unter Berufung auf seinen Lehrmeister Keynes dafür, mit Hilfe einer möglichst weltweiten Kapitalverkehrssteuer auf Devisengeschäfte die Spekulation einzudämmen und dadurch allzu starke Schwankungen der Wechselkurse zu verhindern.[232] Diese Argumentation wurde in der Folge auch auf alle anderen Finanzmärkte angewandt und führte die Idee einer Besteuerung des Kapitalverkehrs unter dem Schlagwort der »Tobin-Steuer« zu neuer Popularität. Heute wird sie mit einigem Nachdruck von der französischen Regierung vertreten. Auch die Bundesregierung scheint zunehmend auf diese

232 Vgl. J. Tobin, »A Currency Transactions Tax, Why and How« *Open Economics Review*, Bd. 7 (1996), S. 493–499; J. M. Keynes, *The General Theory of Employment, Interest, and Money*, a. a. O., S. 160.

Linie einzuschwenken, während die meisten deutschen Ökonomen weiterhin wohl eher der Auffassung zuneigen, es handele sich hier um eine Schnapsidee.

Die Fallstricke der Tobin'schen Argumentation sind in der Tat nur allzu offensichtlich. Sicherlich führt die Besteuerung des Kapitalverkehrs zu verringerten Finanzmarktumsätzen. Aber es ist überhaupt nicht klar, warum dies zu verringerten *Schwankungen* irgendwelcher Wertpapierkurse oder Devisenkurse führen sollte. Um eine Analogie zu bemühen: Wenn ein Arzt einer Mutter empfiehlt, das Fieber ihres Kindes nur einmal am Tag und nicht jede Stunde zu messen, so würde dies keineswegs die Schwankungen, sondern lediglich die Kenntnis über den augenblicklichen Stand der Temperatur verringern. Wenn überhaupt, so sind infolge von Kapitalverkehrssteuern *stärkere* Schwankungen der Finanzmarktkurse zu erwarten, da sich die Marktliquidität verschlechtert und Intermediäre somit nur bei höheren Margen tätig werden.

Zerstörerische Erhaltungspolitik

Jahrelange Staatseingriffe haben nicht nur zur strukturellen Schwächung der Finanzmärkte geführt. Ähnlich schwer fällt ins Gewicht, dass die Realwirtschaft durch die Unordnung auf den Finanzmärkten in die falschen Bahnen gelenkt wurde. Die zwei aufeinanderfolgenden großen Finanzblasen der amerikanischen Wirtschaft (Börsenblase 1996–2001, Immobilienblase 2002–2007) haben große Schein-Einkommen und Schein-Vermögen entstehen lassen, die die gesamte internationale Arbeitsteilung in ihren Bann gezogen haben.

Industrien wurden in Amerika ab- und woanders aufgebaut, die Konsumgüterindustrien wurden weltweit erweitert, jeweils verbunden mit zahlreichen Folgeinvestitionen und verringerter Aktivität in anderen Bereichen. Mit dem Platzen der Blase wurde offensichtlich, dass sich viele dieser Investitionen nicht rechneten. Die Güter, die die in der Blase entstandenen Industrien fertigten, rechneten sich nur in einer relativ reichen Welt. Die reale Welt war jedoch ärmer als jene reiche Welt, die nur in den falschen Vorstellungen der Investoren bestand. In der realen Welt rechneten sich daher andere Güter. Sie brauchte vielleicht weniger Autos mit großem Hubraum, vielleicht mehr Investitionen im industriellen Bereich als in den Dienstleistungen.

Die Lösung dieser Probleme würde nichts weniger als eine Reallokation der Ressourcen, d. h. eine geänderte Verwendung von Arbeit, Rohstoffen, Infrastruktur und Zwischenprodukten verlangen. In einer Marktwirtschaft erfolgt dies über einen Prozess »schöpferischer Zerstörung«, in dem Konkurse und vorübergehende Arbeitslosigkeit letztlich die Verwirklichung neuer Produktionsvorhaben begünstigen. Ein Konkursverfahren verhindert die weitere Verschwendung von Ressourcen durch unfähige Unternehmer. Zugleich leitet es die Liquidationsmasse zu günstigen Preisen in andere Hände. Ebenso zwingt auch die Arbeitslosigkeit bzw. der mit ihr einhergehende Einkommensausfall die betroffenen Menschen, eine andere Tätigkeit zu schlechteren als den vorherigen Konditionen (geringerer Lohn, entfernter Arbeitsort usw.) anzunehmen. Konkurse und vorübergehende Arbeitslosigkeit senken somit die Faktorpreise, und dadurch werden Produktionsvorhaben möglich, die zuvor – bei den höheren Preisen – nicht verwirklicht werden konnten.

Dieser Prozess vollzieht sich ständig, und normalerweise erregt er keine große Aufmerksamkeit. In jedem normalen Jahr gehen Zigtausende Unternehmen in den Konkurs, und Millionen Menschen verlieren ihre bisherige Stelle, auch wenn dies nicht immer mit einem Konkurs des Arbeitgebers einhergeht. Beispielsweise waren von diesem Prozess in Frankreich vor der Krise etwa 2,3 Millionen Stellen pro Jahr betroffen – 15 Prozent aller Stellen, etwa 10.000 Stellen an jedem einzelnen Arbeitstag.[233] Aber jedes Jahr werden auch neue Unternehmen in mehr oder weniger gleicher Zahl gegründet und entsprechend viele Stellen geschaffen. Produktionsstopp und Arbeitslosigkeit sind somit vorübergehende Erscheinungen. Sie sind schmerzhaft für die unmittelbar Beteiligten, aber notwendig, um mit den vorhandenen knappen Ressourcen nachhaltig zu wirtschaften.

Zwar gab es bei uns in Deutschland und auch anderswo einige zarte Ansätze, die dringend notwendige Andersverwendung der Ressourcen Arbeit und Rohstoffe nicht auf politischem Wege zu behindern. Aber sobald die notleidenden Betriebe als »systemrelevant« erschienen – d. h. groß genug, um durch ihren Konkurs die verschuldete Restwirtschaft mitzureißen und dadurch nicht zuletzt auch politisches Ungemach zu bereiten –, wurde die Flinte ins Korn geworfen und auf eine Erhaltungspolitik umgeschwenkt. Im Ergebnis hängen daher nun immer mehr Unternehmen am öffentlichen Tropf. Während sie eigentlich Gü-

233 Vgl. P. Cahuc und A. Zylberberg, *Le chômage, fatalité ou nécessité?* (Paris: Flammarion, 2004).

ter schaffen sollten, vernichten sie mehr Güter, als sie hervorbringen. Die mittel- bis langfristige Folge ist eine relative Verarmung der Gesellschaft.

Diese Verarmung wird noch durch zwei weitere Umstände verstärkt.

Zum einen wird das Investitionsklima durch den staatlichen Aktivismus getrübt. Wenn z. B. eine Firma vor dem Konkurs steht, fangen die Wettbewerber gewöhnlich an, ihre eigene Produktion auszuweiten, um die freiwerdenden Marktanteile zu erobern. Wenn dagegen nicht auszuschließen ist, dass die notleidende Firma staatliche Hilfen erhält, geschieht das natürlich nicht. Ähnlich investitionsabschreckend wirkt die Rede von einer vermeintlich notwendigen Erhöhung der Steuern. Der amerikanische Historiker Robert Higgs hat dargelegt, dass die lange Dauer der Wirtschaftskrise der 1930er-Jahre nicht zuletzt darauf zurückzuführen war, dass das Umfeld der Investitionen durch politische Eingriffe ständig und in nicht absehbarer Weise verändert wurde.[234] Wir sind auf dem besten Wege, diese Erfahrung zu wiederholen.

Zum anderen bedroht die explosionsartig wachsende Staatsverschuldung über kurz oder lang die Stabilität unserer Währung. Wenn der Anteil des Schuldendiensts innerhalb des staatlichen Haushalts wächst, werden Rufe laut, die eine Monetisierung der Staatsschuld bzw. eine Finanzierung der staatlichen Ausgaben durch die Notenpresse der Zentralbanken verlangen. Wenn das in größerem Umfang geschieht, ist es nur noch ein kleiner Schritt bis zur Hyperinflation.

All diese Zusammenhänge werden von keynesianischen Ökonomen als zweitrangig bzw. irrelevant angesehen. Daher gehen auch ihre wirtschaftspolitischen Empfehlungen am Kern des Problems vorbei. Die »Stabilisierung« der Wirtschaft durch Fiskalpolitik und Geldpolitik ist aus gesamtwirtschaftlicher Sicht nicht zweckmäßig. Kurzfristig hilft sie bestimmten Gruppen zulasten der Restgesellschaft. Auf längere Sicht lähmt sie das Wachstum insgesamt.

Symptomatisch war die orientierungslose Wirtschaftspolitik in den ersten Monaten des Jahres 2008, als die Schwierigkeiten der Finanzwirtschaft nicht mehr zu leugnen waren. Seinerzeit gab man sich dem seligen Glauben hin, dass man

234 Vgl. Robert Higgs, »Regime Uncertainty – Why the Great Depression Lasted So Long and Why Prosperity Resumed after the War«, *Independent Review*, Bd. I, Nr. 4 (1997).

es lediglich mit einer sehr massiven Liquiditätskrise der Finanzmärkte zu tun habe. Solche Krisen können grundsätzlich durch vermehrte Geldproduktion (»Geldpolitik«) bereinigt werden. Die Zentralbanken leiten neu geschaffenes Geld per Kredit an die schlecht geführten Unternehmen weiter und überwinden somit deren Zahlungsschwierigkeiten. Die Unternehmen sind gerettet – wenn auch auf Kosten aller anderen Geldbenutzer, da infolge der Geldproduktion die Kaufkraft der Geldeinheit unter das Niveau sinkt, das sie sonst erreicht hätte.

Aber dieser Trick funktioniert nur bei *Liquiditäts*krisen. Im Verlauf des Sommers wurde es dagegen klar, dass es sich bei der heutigen Krise um eine ausgewachsene *Insolvenz*krise handelt. Die betroffenen Unternehmen haben nicht einfach nur ihre Betriebskasse zu stark geleert, um dieses Geld anderweitig, aber immerhin noch gewinnbringend zu verwenden. Sie haben ihr Kapital verschwendet. Sie haben mehr oder minder langfristige Investitionen getätigt (Anlagen, Maschinen, Patente), aber die Einnahmen aus dem Verkauf der Produkte reichen nicht, um das Kapital zu erhalten, geschweige denn, um es zu verzinsen. Der Bilanzwert der Anlagen, Maschinen und anderen Aktiva muss daher abgeschrieben werden, um dem wirklichen Marktwert zu entsprechen. Dabei kann sich herausstellen, dass der Gesamtwert der Aktiva geringer ist als der Gesamtwert der Schulden (Insolvenz).

Bei Insolvenzfällen ist die herkömmliche Geldpolitik völlig wirkungslos. Zentralbanken dürfen das von ihnen neu geschaffene Geld nicht auf beliebige Art und Weise verwenden. Sie dürfen z. B. nicht einfach anfangen, dem Staat unbegrenzte Mittel zu verschaffen, und sie dürfen auch keine Aktien und andere Eigentumspapiere kaufen. Sie dürfen ihr Geld nur sehr kurzfristig *verleihen*. Aber bei Insolvenz helfen zusätzliche Kredite nicht. Sie füllen zwar die Kasse des betreffenden Unternehmens, aber seine Schulden steigen im gleichen Maß. Der Gesamtwert der Aktiva ist daher weiterhin geringer als der Gesamtwert der Schulden – das Unternehmen ist immer noch insolvent.

Diese Zusammenhänge wurden im Sommer 2008 schließlich offensichtlich. Die Geldpolitik trat zurück ins zweite Glied, und es kam zur Wiedergeburt der vom orthodoxen Keynesianismus empfohlenen »Fiskalpolitik« – Erhöhung der Staatsausgaben, finanziert durch größere Staatsverschuldung. Die westlichen Regierungen fingen an, den insolventen Firmen Subventionen in Form von Eigenkapital zuzuschießen bzw. diese Firmen teilweise oder ganz zu verstaatlichen.

Kurzfristig ist Fiskalpolitik in der Tat geeignet, den bedrängten Firmen eine wirksame Hilfe zu bieten, denn die Subventionen füllen die Kasse, ohne gleichzeitig die Schulden zu erhöhen. Der Gesamtwert der Aktiva steigt über den Gesamtwert der Schulden hinaus, und das Unternehmen wird somit wieder zahlungsfähig.

Dieser kurzfristige Erfolg wird jedoch häufig völlig missverstanden. Es handelt sich hier keinesfalls um eine Rettung »der« Wirtschaft und auch nicht um ein geeignetes Mittel, die Gesamtwirtschaft wieder anzukurbeln.

Der Grund liegt darin, dass sie keine neuen Ressourcen (vor allem Arbeit, Vorräte, Rohstoffe) schafft, sondern die vorhandenen Mittel lediglich umverteilt. Rettungspakete sind ohne Zweifel für die betroffenen insolventen Unternehmen von Vorteil. Die staatliche Rettungsaktion erlaubt ihnen, weiterhin die höchsten Preise für die von ihnen benötigten Mengen an Arbeit, Vorräten und Rohstoffen zu bezahlen, und somit diese Ressourcen bei sich zu binden. Aber aus gesamtwirtschaftlicher Sicht bessert sich die Lage nicht. Erstens werden nur wenige unrentable Betriebe dadurch in die schwarzen Zahlen geführt, dass man ihnen staatliche Krücken verpasst. Wenn es wirkliche Aussicht auf eine erfolgreiche Zukunft gäbe, so würden sich auch in der Privatwirtschaft die nötigen Mittel finden lassen. Zweitens – und dies ist hier die ausschlaggebende Erwägung – hätten die gleichen Mittel, die nun weiterhin in den staatlich gestützten Firmen verbleiben, auch in *anderen* Unternehmen verwendet werden können – und sie *würden* dort verwendet werden, falls ihre Preise fielen.

Fiskalpolitik bedeutet somit im besten aller Fälle ein Nullsummenspiel. Sie bewirkt die kurzfristige Erhaltung unrentabler Firmen auf Kosten der Restwirtschaft. Aus gesamtwirtschaftlicher Sicht ist das *kurzfristig* genauso wirkungslos wie Geldpolitik. *Langfristig* ist die Fiskalpolitik allerdings sogar noch schädlicher als Geldpolitik, da sie Firmen am Leben erhält, die Kapital vernichten und somit den zukünftigen Lebensstandard der Bevölkerung verringern.

Wenn die Finanzierung der Fiskalpolitik durch Steuererhöhungen erfolgte, wären diese Zusammenhänge mehr oder weniger offensichtlich. Die Steuerzahler würden sich nicht in die Irre führen lassen, wenn ihnen jemand die Erhaltung einiger Betriebe als Erfolg der staatlichen Wirtschaftspolitik verkaufen wollte. Denn sie wüssten ja, dass der Preis dieser Rettung darin besteht, dass ihr eigener Aktionsradius eingeschränkt wird.

Bei einer Finanzierung per Staatsverschuldung liegen die Dinge letztlich auch nicht anders. Kredite schaffen keine zusätzlichen Ressourcen, sondern bestimmen nur die Verwendung der ohnehin schon vorhandenen Mittel. Wenn der Staat die Subventionierung von bankrotten Unternehmen aus Krediten finanziert, bindet er die vorhandenen Ressourcen (insbesondere Arbeit, Rohstoffe und Vorräte) in ebendiesen Unternehmen. Ihre rentable Verwendung an anderer Stelle wird somit im gleichen Atemzug verhindert. Die Gesamtlage verschlimmert sich, da knappe Mittel verschwendet werden.

Nur wenn der Staat die zusätzlichen Kredite im Ausland aufnimmt, können der nationalen Wirtschaft zusätzliche Ressourcen zugeführt werden. Nun ist allerdings genau diese Möglichkeit durch das gemeinsame Vorgehen aller G-20-Staaten geradezu ausgeschlossen. Wenn jede Regierung ihre Ausgaben durch weitere Kredite finanzieren will, können unmöglich alle von ihnen gleichzeitig ausländische Ressourcen für ihr Land mobilisieren.

Die weltweit steigende Kreditnachfrage der öffentlichen Haushalte schafft keine neuen Ressourcen herbei. Sie immobilisiert die vorhandenen Mittel in unrentablen Projekten und erzeugt dadurch eine relative Verarmung der betroffenen Länder. Das gilt übrigens völlig unabhängig von der vielfach erörterten Frage, ob die Zinsen durch die öffentliche Kreditnachfrage nach oben getrieben werden. Auch wenn die Zinsen nicht steigen, erzeugen die staatlichen Eingriffe eine Umverteilung der Ressourcen zugunsten politisch privilegierter (und i. d. R. unrentabler) Unternehmen und zulasten aller anderen Marktteilnehmer.

Mit einem Wort: Fiskalpolitik funktioniert nicht. Auch in der Vergangenheit hat sie ein ums andere Mal versagt: im New Deal, in Japan, beim deutschen »Aufbau Ost«. Sie wird auch jetzt keine Besserung unserer gesamtwirtschaftlichen Probleme hervorbringen. Die amerikanische Regierung hat nach offiziellen Angaben mehr als 5 Billionen Dollar (zur Orientierung: Das ist eine Zahl mit zwölf Nullen) zur Rettung der Finanzwirtschaft investiert. Dazu kommen noch die Stützungsmaßnahmen der amerikanischen Zentralbank, die nach Schätzungen einen Umfang von mehr 29 Billionen US-Dollar erreicht haben.[235] Dennoch hat sich die Lage keineswegs gebessert.

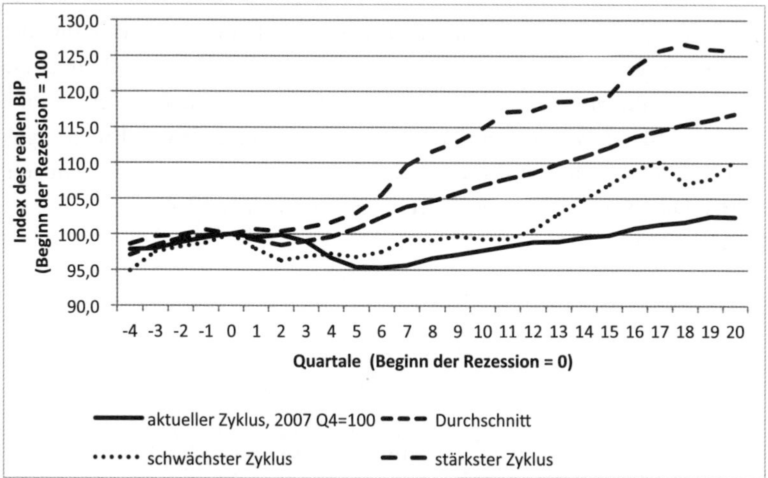

Abb. 11: Reales BIP in den USA nach den letzten zehn Rezessionen *(Quelle: Federal Reserve Bank of St. Louis, recession charts, real GDP)*

Auf der beistehenden Abbildung ist die Entwicklung des realen Bruttoinlandsproduktes der USA seit dem offiziellen Ausbruch der letzten Rezession im vierten Quartal 2007 dargestellt (die durchgehende Linie). Zum Vergleich finden sich auf der gleichen Abbildung drei andere Kurven: Die gestrichelte Linie in der Mitte zeigt die *durchschnittliche* Entwicklung des realen BIP nach den letzten zehn Rezessionen; die obere gestrichelte Linie zeigt die Entwicklung des BIP in der *besten* dieser zehn Rezessionen; und die gepunktete Linie zeigt die Entwicklung des BIP in der *schlechtesten* dieser zehn Rezessionen. Der Abbildung ist zu entnehmen, dass trotz der Rekordsummen, trotz aller Milliarden und Billionen, die der amerikanische Staat zur vermeintlichen Ankurbelung der Wirtschaft ausgegeben hat, die gegenwärtige Lage schlimmer ist als nach allen zehn vorangegangenen Rezessionen.

235 Vgl. J. Felkerson, *$29,000,000,000,000: A Detailed Look at the Fed's Bailout by Funding Facility and Recipient* (Annandale-on-Hudon: Levy Institute Working Paper Nr. 698, 2011).

Ein anderes Beispiel, diesmal aus Europa: Griechenland und Lettland sind zwei EU-Länder von etwa vergleichbarer Wirtschaftsleistung und geographischer Randlage. Beide Länder gerieten in den Strudel der Finanzkrise, aber ihre Regierungen reagierten auf gegensätzliche Weise. Während die griechische Regierung ihr Heil in einer expansiven Wirtschaftspolitik suchte, verfolgte ihr lettisches Pendant eine Sparpolitik. In Lettland brach daraufhin die Wirtschaft zunächst einmal ein. 2009 und 2010 sank das BIP um 24 Prozent. Aber schon im Jahr darauf kehrte das Wachstum zurück, und im letzten Jahr erzielte Lettland sogar die höchste Wachstumsrate in der EU – bei ausgeglichenen öffentlichen Haushalten. Griechenland dagegen ist heute nicht nur nicht erholt, sondern ganz im Gegenteil in einer weitaus schlechteren Lage als im Jahr 2009.[236]

236 Vgl. A. Aslund, V. Dombrovskis, *How Latvia Came Through the Financial Crisis* (Washington, D.C.: Peterson Institute for International Economics, 2011).

Kapitel XII
Weniger Krisen durch weniger Staat

In der etatistischen Gedankenwelt spielt der Staat bei allen gesellschaftlichen Veränderungsprozessen die Hauptrolle. Dagegen sind die Bürger bestenfalls ausführende Organe des politischen Willens. Nur dann, wenn sie sich so verhalten, wie es der Obrigkeit genehm ist, dürfen sie frei walten und schalten. Aber das ist ja sehr häufig nicht der Fall. Übermut und übertriebene Furcht, vor allem aber unverbesserlicher Egoismus verwandeln die Bürger in Störenfriede der staatlich gewünschten Ordnung. Dann greift der Staat ein.

Die erste und wichtigste Maßnahme besteht in der Regel darin, das Vertrauen der Bürger in die Richtigkeit der staatlichen Politik zu stärken. Es gibt heute viele Journalisten und Ökonomen, die im Vertrauensverlust eine wichtige Ursache der gegenwärtigen Krise sehen und meinen, die Wirtschaftspolitik solle darauf abzielen, Vertrauen zu schaffen, um durch größere Neuverschuldung den Konsum zu beleben. Das ist allerdings ein Holzweg.

Selbst wenn wir von allen Erwägungen über Konsum und Sparen einmal absehen, ist die Hoffnung keineswegs an sich bereits tugendhaft. Nur die *rechte* Hoffnung ist tugendhaft, d. h. eine Hoffnung, die sich auf nachvollziehbare, objektive Gründe stützt. Die Christen glauben an das Wort ihres Heilands und hoffen auf Erlösung, weil Jesus verschiedene Wunder an anderen tat, schließlich mit Vorankündigung selber von den Toten auferstanden ist und so nebenbei auch die Verheißungen der Propheten erfüllte. Im Wirtschaftsleben glauben wir dem Wort eines Kreditnehmers, wenn begründete Hoffnung auf Rückzahlung besteht.

Aber diese Hoffnung kann uns natürlich auch trügen. Es ist geradezu verwerflich, sich bekanntermaßen falschen Hoffnungen hinzugeben. In der gegenwärtigen Lage ist blindes Vertrauen gegenüber den Behörden völlig unangebracht. Es geht schließlich um die Bewahrung knapper Mittel, und da ist es nicht ratsam, auf Teufel komm raus mit dem Geld um sich zu schmeißen. Es ist gut und angemessen, mit Ausgaben zu warten, bis begründete Aussicht auf wirtschaftlichen Erfolg besteht.

Man muss sich zudem immer wieder klar vor Augen halten, dass die gegenwärtige Krise nicht einfach nur ein vorübergehender Einbruch ist. Sie entstand nicht aus schlechtem Wetter, ungünstigen Ernten, plötzlichen Technologieschüben oder der Umstellung von der Kriegs- auf die Friedenswirtschaft. Sie ist ein Ausdruck einer grundsätzlichen Fehlentwicklung, die bereits so lange andauert, dass sich unser Denken, Handeln und Fühlen auf sie eingestellt hat. Krisen dieser Art werden sich daher ständig wiederholen, solange jene Fehlentwicklungen nicht berichtigt werden.

Daher müssen zwei Aufgaben streng unterschieden werden.

Die erste Aufgabe besteht darin, einen Weg aus der Überschuldung zu finden, in die wir durch die langjährige Inflationskultur geraten sind. Diese Aufgabe kann auf verschiedene Weisen gelöst werden. Es gibt liberale Lösungen unter Bürgerbeteiligung, und es gibt verschiedene Lösungen, die mit mehr oder weniger starken Eingriffen des Staates einhergehen, so wie in Lettland. In jedem Fall aber werden diese Lösungen auf Dauer nicht reichen, wenn nicht auch die zweite Aufgabe gelöst wird.

Diese besteht darin, einer ständigen Wiederholung der gegenwärtigen Probleme vorzubeugen. Dazu ist es notwendig, das gegenwärtige Währungssystem von Grund auf zu reformieren. Solange dies nicht geschieht, ist es recht sinnlos, auf die Lösung der ersten Aufgabe besonders viel Zeit und Energie zu verwenden. Es wäre auch zynisch, von den Bürgern die Opfer zu verlangen, die sie bringen müssen, wenn man genau weiß, dass es anschließend wieder von vorn losgeht.

Leider gibt es nicht den geringsten Anlass zu der Hoffnung, dass das heutige politische Führungspersonal in der westlichen Welt diesen Aufgaben gewachsen ist. Es fehlen nicht nur die nötigen Kenntnisse um wirtschaftliche Zusammenhänge. Es fehlt diesen Leuten zumeist auch an der moralischen Kraft, um eine als richtig erkannte Politik umzusetzen. Überzeugungspolitiker gelangen heute nur dann an die Schalthebel, wenn sie auf eine weitere Ausdehnung der staatlichen Macht drängen. Aber auch fast alle anderen Politiker sind hauptsächlich nur daran interessiert und dazu fähig, unter ihresgleichen einen Konsens zu finden und alle einschneidenden Veränderungen, die sich zu ihren Lasten auswirken könnte, nach besten Kräften zu unterbinden.[237] Es wäre daher sowohl blauäugig als auch moralisch falsch, solchen Personen zu erklären, was sie unter den gegebenen Verhältnissen tun könnten und sollten. Deshalb werden wir nachfolgend nur solche Initiativen und Reformschritte erörtern, die die Bürger den Politikern als Zugeständnisse abtrotzen können, und nicht solche, die dem Staat und seinen Vertretern zusätzliche Betätigungsfelder andienen. Noch weniger als in den vorigen Kapiteln geht es uns hier darum, eine vollständige Erörterung aller relevanten Gesichtspunkte zu liefern oder gar ein neues »System« zu entwerfen. Das Ziel der folgenden Ausführung besteht darin, zu zeigen, dass es durchaus Alternativen zu der gegenwärtigen, vermeintlich alternativlosen Politik gibt, und dass diese Alternativen z. T. auch in aller Öffentlichkeit erprobt werden. Wer Augen hat, der sehe!

Lob der Spekulation

Die zarten Anfänge einer privatwirtschaftlichen Lösung des Überschuldungsproblems konnten in den letzten Jahren vereinzelt beobachtet werden. Sie wurden aber in der Regel völlig missverstanden und von politischer Seite im Keim erstickt. Der Preis dieser Politik war wie üblich eine Verschärfung der Probleme.

Sehr deutlich wurde dies im Fall der zerrütteten südeuropäischen Staatsfinanzen. Hier kam es zum Schulterschluss der EU-Regierungen gegen (anonyme) Spekulanten, die für die steigenden Zinsen in Griechenland, Spanien und Italien, und somit für eine drohende Finanzkrise im Euroraum verantwortlich gemacht wurden. Dabei wurde u. a. das Prinzip der einzelstaatlichen Haushaltsverantwortlichkeit aufgegeben und somit einer noch stärkeren zukünftigen Verschuldung der Weg bereitet.

Was war geschehen? Der griechische Staat ist seinerzeit in die Währungsunion aufgenommen worden, obwohl er die Maastricht-Kriterien nicht erfüllte.[238]

237 Niemand hat diese Probleme im Fall der deutschen Politik gründlicher untersucht als Hans Herbert von Arnim. Vgl. Arnim, *Vom schönen Schein der Demokratie* (München: Droemer, 2000); ders., *Das System* (München: Droemer, 2001).

238 Inflationsrate nicht über 3 Prozent, Neuverschuldung nicht über 3 Prozent und Staatsverschuldung nicht über 60 Prozent des Bruttoinlandsproduktes.

Zwar hatten auch fast alle anderen Euroländer eine zu starke Staatsverschuldung, aber im Falle Griechenlands war die Abweichung besonders stark, und auch die anderen beiden Kriterien wurden im Wesentlichen nur im Beitrittsjahr, und nur mit Ach und Krach erfüllt. Die Griechen mussten also hoch und heilig versprechen, dass sie ihre Schulden abbauen. Sie haben dann jedoch genau das Gegenteil getan. Dank der Mitgliedschaft im Euroraum sanken die Zinsen, die der griechische Staat zu entrichten hatte, und er konnte somit bei gleichem Schuldendienst eine sehr viel höhere Kreditsumme bedienen.

Das konnte nicht ewig gut gehen, vor allem nicht mitten in einer Wirtschaftskrise. In Krisenzeiten kommt es wegen der Kapitalknappheit über kurz oder lang zu einem Steigen der Zinsen. Wenn die öffentliche Verschuldung dann nicht abgebaut, sondern nur durch neue Anleihen weitergewälzt wird, so muss der Staat einen immer größeren Anteil seines Haushalts auf den Schuldendienst verwenden. Daraus erwachsen immer größere Verteilungskonflikte und politische Spannungen, bis irgendwann der Staatsbankrott erklärt wird. Der Staat weigert sich dann, seine Schulden weiterhin im vollen Umfang zu bedienen, und er enteignet somit seine Gläubiger. Daraus ergibt sich als weitere Folge, dass der betreffende Staat kurzfristig überhaupt keine weiteren Kredite mehr erhält. Mittel- und langfristig erhält er neue Kredite nur noch zu einem höheren Zins, denn er hat ja nun erst einmal einen Ruf als schlechter Zahler.

Die Spekulation mit Staatsanleihen nimmt diese Ereignisse vorweg, indem sie die Zinserhöhung bzw. die Verringerung des Marktwertes der betreffenden Staatsanleihen bereits in der Gegenwart herbeiführt. Der Spekulant kann dazu beispielsweise Leerverkäufe vornehmen. Er leiht sich griechische Staatsanleihen von ihren gegenwärtigen Besitzern und verkauft sie auf dem Markt. Dadurch sinken die Preise der Anleihen, und ihre Verzinsung steigt. Ein fiktives Zahlenbeispiel: Der Spekulant leiht sich für 100 Millionen Euro Staatsanleihen zum Stückwert von 100 Euro bei einem Coupon von 7 Euro (also Verzinsung von 7 Prozent). Er wirft sie auf den Markt und drückt dadurch den Stückpreis auf 70 Euro. Die Verzinsung steigt auf 10 Prozent, da der Coupon von 7 Euro nun bei einer Investition von 70 Euro erzielt wird. Da der betreffende Staat bei allen Neuemissionen zumindest gleichziehen muss, kann er sich nicht mehr zu 7 Prozent verschulden, sondern muss jetzt 10 Prozent bezahlen – wenn der Spekulant recht hat mit seiner Annahme, dass das Sparangebot nicht ebenfalls steigt. Das wiederum bedeutet eine Vorverlagerung der Zahlungsprobleme des Staates. Wenn er seine Anleihen nun nicht mehr bedienen kann, wenn er zum Beispiel nur noch 50 Eurocents auf jeden Euro zurückzahlen kann, so sinkt der Wert der Anleihen entsprechend weiter, von 70 Euro auf 35 Euro. In diesem Moment tritt der Spekulant erneut auf. Er kauft nun die zuvor verkauften Staatsanleihen wieder zurück, um sie ihren Besitzern zu übergeben. Seine Nachfrage erhöht die Preise (bzw. verhindert ein weiteres Fallen) und deckelt dadurch auch die Verzinsung.

Ohne Spekulation auf Staatsanleihen würde ein überschuldeter Staat erst in der Zukunft zahlungsunfähig werden. Es käme dabei *erst* zum Staatsbankrott und *dann* zu einer Zinserhöhung. Die Spekulation verlagert diese Ereignisse in die Gegenwart und dreht ihre Reihenfolge um. Zuerst kommt es zur Zinserhöhung und daraufhin zu Zahlungsschwierigkeiten des Staates.

Die gesamtwirtschaftlichen und politischen Vorteile liegen auf der Hand. Die Spekulation vollbringt genau das, was keine parlamentarische Opposition vollbringen will und was die Bürger am Wahltag nur sehr unvollkommen vollbringen können: Sie bremst das ausufernde Wachstum des Staates, indem sie die Kosten der Neuverschuldung erhöht. Sie zwingt den Staat, seine Ausgaben in Einklang mit den gesamtwirtschaftlich verfügbaren Ressourcen zu bringen. Im Fall von völlig überschuldeten Staaten erzwingt sie eine Vorwegnahme des Staatsbankrotts und verhindert somit, dass immer weitere Ersparnisse in das staatliche Fass ohne Boden versenkt werden. Kurz gesagt erzwingt die Spekulation einen schonenden Umgang mit Kapital. Sie bremst die Verarmung bzw. begünstigt Wachstum.[239]

Sparen, Sparen, Sparen

Der gerade Weg aus der Überschuldung besteht im Sparen – dem Verzicht auf unnötigen Konsum. Für staatliche Einrichtungen bedeutet dies insbesondere:

---

239 Der Schulterschluss der EU-Regierungen hat der Spekulation mit den Anleihen der *einzelnen* Staaten einen Riegel vorgeschoben. Von nun an richtet sich die Spekulation auf EU-Anleihen insgesamt. Das ist bequem für die griechische Regierung und auch für einige andere Regierungen, die sonst sehr bald schon in Zahlungsschwierigkeiten geraten wären. Aber aus Sicht der Bürger stellen sich die Dinge anders dar. Zum einen werden sie nun in immer stärkerem Umfang für die Ausgaben ausländischer Regierungen zur Kasse gebeten. Zum anderen schreitet die politische Zentralisierung Europas voran, denn die Haushaltspolitik Griechenlands und anderer überschuldeter Staaten wird demnächst mehr und mehr in Brüssel und Frankfurt entschieden.

kein weiteres Eingreifen der Geldpolitik und keine Fiskalpolitik, stattdessen Verringerung bzw. Abschaffung der Erbschaftssteuern und der Besteuerung von Unternehmensgewinnen. Der Regierung kann die entsprechende Lücke in ihrem Haushalt dadurch ausgleichen, dass sie ihre zahlreichen und umfangreichen Ausgaben zusammenstreicht.

Gerade in der Wirtschaftskrise ist das Sparen von größter Bedeutung. Eine Krise ist die Folge einer umfangreichen Fehlverwendung der verfügbaren Ressourcen (vor allem Arbeit und Rohstoffe). Zur Bewältigung der Krise müssen die Ressourcen anders verwendet werden als bisher. Es müssen andere Maschinen gebaut, andere Fabriken errichtet und andere Konsumgüter produziert werden als zuvor. Aber das geht nur, wenn genügend Ersparnisse (d. h. nicht verbrauchte Konsumgüter) zur Entlohnung derjenigen bereitstehen, die bei der Umsetzung dieser neuen Produktionspläne mitwirken. Das Hauptproblem bei der Bewältigung der Krise ist somit die Knappheit des Ersparten. Die einzige Lösung ist zusätzliches Sparen – *echtes* Sparen (d. h. Sparen unter Konsumverzicht), nicht jenes falsche Sparen, das durch die Betätigung der Notenpresse hervorgerufen werden kann.

Wenn Privatleute und Regierungen ernsthaft anfingen zu sparen, so wäre die nächste Folge wahrscheinlich eine Rezession, die sich zu einer Deflationsspirale verschärfen könnte. Es käme dann zu massenhaften Konkursen und großer Arbeitslosigkeit. Kredite wären nicht mehr zu haben, da es sehr bald kaum noch eine Bank gäbe. Die Produktion würde stocken, Preise und Einkommen stark sinken.

Genau um dies zu verhindern, haben die Regierungen und Zentralbanken in den letzten Jahren immer wieder in das Marktgeschehen eingegriffen. Es ist auch nicht zu erwarten, dass sich das in der Zukunft ändern wird. Dennoch wollen wir uns kurz vor Augen führen, was andernfalls geschähe. Denn das Nichteingreifen ist in der Tat die grundsätzliche Alternative, deren Existenz heute so eifrig bestritten wird. Es ist schließlich technisch und wirtschaftlich *möglich*, dem deflationären Selbstheilungsprozess freien Lauf zu lassen. Es ist auch *möglich*, ihn sogar zu beschleunigen, indem man möglichst viele Hindernisse aus seinem Weg räumt, insbesondere Mindestlöhne und Agrarpreispolitik, Arbeitslosenversicherung und das Währungsmonopol der Zentralbanken.

Infolge dieser Rosskur würde die Wirtschaft jedoch nicht, wie es vielfach unterstellt wird, in einem großen schwarzen Loch versinken. Vielmehr würde sie in Rekordzeit gesunden, genau wie sie auch in früheren Zeiten – vor der Ära der »Stabilisierungspolitik« – in einem Zeitraum von etwa ein bis drei Jahren gesundete. Denn wie wir bereits sahen, vernichtet die Deflation zwar das Vermögen der Schuldner, nicht aber die realwirtschaftlichen Ressourcen eines Landes. Charakter und Kenntnisse der Menschen, Klima, Infrastruktur, Gebäude, Maschinen, Vorräte, Rohstoffe – dies alles wird von der Deflation nicht zerstört, sondern nur anders verteilt, nämlich von den Schuldnern zu den Gläubigern. Daher kann auch die Produktion im Prinzip auf unverändert hohem Niveau fortgeführt werden, sobald die Eigentumsverhältnisse geklärt sind. Bereits auf mittlere Sicht werden die Realeinkommen also an das alte Niveau anknüpfen können, und auf längere Sicht besitzt die neugeordnete Wirtschaft sogar ein stark vergrößertes Wachstumspotenzial. Denn zum einen werden die bekanntermaßen unrentablen Unternehmen nicht mehr weitergeführt, und zum anderen gäbe es infolge der deflationären Flurbereinigung praktisch keine privaten Schulden mehr.

Gleichzeitig würde die Struktur der Realwirtschaft den tatsächlichen Bedürfnissen angepasst. Praktisch alle Bürger müssten ihr Leben umstellen. Arbeit und Rohstoffe würden anders verwendet werden als bislang. Viele Unternehmen würden ihre Pforten schließen, andere erweitert bzw. neu gegründet werden. Viele Familien würden den neuen Arbeitsplätzen nachziehen. Überschuldete Unternehmen würden von den Gläubigern übernommen werden. Überschuldete Haushalte würden in den Konkurs gehen, ihre Häuser und Autos liquidieren und dann ihr Leben neu beginnen.

Eine Deflationspolitik würde zunächst eine wirtschaftliche Durststrecke ohnegleichen schaffen. In diesen dunklen Tagen würde es zur Umstellung der Produktion und der Eigentumsverhältnisse kommen, und zwar in Rekordzeit. Bei unbehindertem Marktgeschehen würden fallende Preise und Insolvenzen diese Umstellungen erzwingen.

Man sollte die Option dieser Rosskur nicht von vornherein zur Seite schieben. Ihre kurzfristigen Folgen sind in der Tat verheerend, aber sie lassen sich durchaus rechtfertigen. Denn erstens sind ganz ähnliche Veränderungen der Besitzverhältnisse auch bei politischen Lösungen der gegenwärtigen Probleme zu erwarten; auch wenn die Überschuldung durch eine Währungsreform am grünen Verhandlungstisch gelöst wird, werden die meisten Bürger enteignet werden und anschließend gezwungen sein, ihr Leben ganz umzustellen und neu zu entwerfen. Zweitens bietet die Deflationsoption mittel- und langfristig eine *wirklich nachhaltige Lösung unserer gesamtwirtschaftlichen Probleme* – ganz im Gegensatz zur sogenannten Stabilisierungspolitik. Es wäre ein Ende mit Schrecken statt immer nur ein Schrecken ohne Ende.

Man wende nicht ein, dass gerade die Schwächsten in einer Deflationsspirale unter die Räder geraten. Die Schwächsten brauchen immer die Hilfe ihrer Mitmenschen. Ein Land, das von heute auf morgen 500 Mrd. Euro für die Finanzwirtschaft mobilisieren kann (wie geschehen im Herbst 2008) und 190 Mrd. zur vermeintlichen Rettung der europäischen Währungsunion (wie geschehen im Sommer 2012), wird sicher auch die Mittel finden, jenen durch die Krise zu helfen, die das nicht aus eigener Kraft schaffen.

Man wende auch nicht ein, dass unmöglich gespart werden kann, wenn der Geldwert aller Anlagen ins Bodenlose versinkt. Dieser Einwand beruht auf der Annahme, dass zusätzliches Sparen nur mit Hilfe der Finanzmärkte erfolgen kann; dass der Sparer also Zahlungsversprechen erwerben müsste, deren Geldwert bei einem deflationären Zusammenbruch der Finanzwirtschaft vernichtet werden würde. Aber diese Annahme trifft nicht zu. Beispielsweise würden unternehmerisch gesinnte Leute ihre Ersparnisse sehr wahrscheinlich zum Kauf von Produktionsfaktoren verwenden. Zwar sinkt der Geldwert dieser Güter in der Deflation, aber er wird keinesfalls vernichtet, und die Güter selber leisten ihre Dienste ganz unabhängig vom Preis. Alle anderen Sparer können ihr Vermögen durch den Kauf von Gold- und Silbermünzen mehren; und dieselbe Strategie lässt sich auch verallgemeinern. Wenn *alle* Sparer Edelmetalle statt Aktien und Anleihen kaufen, bricht die Finanzwirtschaft sicherlich sofort zusammen, aber der reale Gegenwert der Edelmetalle schießt dementsprechend in die Höhe. Auch die Gesamtersparnisse (Gold, Silber, Aktien usw.) werden somit keinesfalls unvermeidlich verringert, sondern eher erhöht. Auch hier gilt somit, dass verstärktes Sparen die Grundlage für verstärkte Investitionen bildet.

Zurück zum Goldstandard?

Selbst wenn man der privatwirtschaftlichen Initiative freien Lauf ließe und es zu einem deflationären Entschuldungsprozess käme, wäre auf diese Weise erst die halbe Arbeit getan. Aus den bereits genannten Gründen ist es darüber hinaus erforderlich, das Währungssystem zu reformieren. Andernfalls würden all die großen Opfer, die durch die Bewältigung des Schuldenproblems nötig werden – und die in der Zukunft in der einen oder anderen Form sowieso auf uns zukommen –, ganz umsonst erbracht.

Aus freiheitlicher Sicht sind Reformen in keinem Bereich so dringend erforderlich wie in dem der Geldproduktion. Staatliches Geld – Papiergeld – ist das weitaus gefährlichste Mittel, mit dem moderne Staaten ihre Herrschaft sichern und die von ihnen regierten Länder zugrunde richten. Per Notenpresse verschafft der Staat sich und seinen Bütteln jene zusätzlichen Mittel, die er den Bürgern nicht offen in Form von Steuern abzuknöpfen wagt. Am Ende jedes Experiments mit Papiergeld wartet unweigerlich die Hyperinflation oder der Kollaps einer überregulierten Wirtschaft. Aber schon auf halbem Wege ist der Schaden geradezu unermesslich groß. Wir sahen bereits, dass das Anschwellen der Kredite die Wirtschaft nicht beflügelt, sondern lediglich einer massiven Verschwendung von Ressourcen Vorschub leistet. Trotz aller informationstechnologischen Wunderwerke blieben die Wachstumsraten der vergangenen dreißig Jahre, gerade in Europa, aber auch in den USA, auf sehr mäßigem Niveau. Die immensen Produktivitätsgewinne versickerten in einer kreditfinanzierten Blase des Sozialstaats und der Militärabenteuer. Die billigen Kredite haben die Wirtschaft auch nicht stabilisiert, sondern ihr die Widerstandsfähigkeit genommen und sie abhängig gemacht von staatlicher Bezuschussung. Die Finanzwirtschaft ist dafür selber das beste Beispiel.

Wie wird man ein solches System am besten wieder los? Diese Frage ist von den Ökonomen sträflich vernachlässigt worden. Überhaupt wird die Diskussion währungspolitischer Probleme häufig nicht grundsätzlich genug geführt. Gerade Fachleute begeben sich allzu schnell auf das enge Gebiet rein technischer Probleme und begnügen sich damit, die Abwicklung des Tagesgeschäfts von Währungsbehörden (das sind heute zumeist die Zentralbanken) zu erörtern. In den einschlägigen Lehrbüchern wird heute das Thema Währungspolitik in der Regel als eine beschreibende Darstellung der Mittel und Zwecke von Zentralbanken abgehandelt.

Die Folge ist, dass die institutionellen Gegebenheiten rechtlicher und moralischer Art, unter denen die Betätigungen der Währungsbehörden überhaupt erst möglich sind, aus dem Blick fallen.[240] Dazu gehört u. a. die Monopolstellung der Zentralbanken und ihrer Produkte, aber auch die Verwendung von Papiergeld bzw. von elektronischem Geld. Diese institutionellen Gegebenheiten stehen somit außerhalb der in Fachkreisen geführten geldpolitischen Diskussion. Gerade sie verdienen es aber, befragt und hinterfragt zu werden. Gerade hier muss die Reform ansetzen.

Auch in dieser Richtung gab es in den letzten Jahren auf Seiten der Behörden die ersten zarten Denkansätze. Anfang November 2010 sorgte der Präsident der Weltbank sogar für einen regelrechten Skandal. Es sei vielleicht ratsam, meinte er in einem Interview, das internationale Währungssystem so zu reformieren, dass Gold wieder eine gewisse Rolle als Stabilitätsanker spielen könne.

Diese vage Äußerung wurde von den Medien umgehend aufgegriffen und sogar noch zugespitzt. »Weltbank-Chef fordert neuen Goldstandard« hieß am nächsten Tag die Schlagzeile.[241] Die Zunft der staatsfrohen Ökonomen reagierte mit einer Mischung aus Häme und Hochnäsigkeit. Gold soll irgendeine volkswirtschaftliche Funktion haben? Das ist doch eine Idee aus der Mottenkiste! Überhaupt ist ja auch gar nicht genug Gold vorhanden, um die moderne Weltwirtschaft auf diese schmale Grundlage zu stellen. Und sollte es nicht offensichtlich sein, dass goldene Ketten die Kreditwirtschaft lähmen und somit das Wachstum ersticken würden? Auch so etwas wie Geldpolitik wäre dann ganz unmöglich. Mit einem Wort sei der Gedanke vom Goldstandard rückwärtsgewandt und kein sinnvoller Beitrag zur Lösung unserer gegenwärtigen Probleme.

Diese Reaktion war vorherzusehen, und dennoch war der ganze Zwischenfall – passend zur damaligen Adventszeit – ein erstes frohes Anzeichen für

---

240 Vgl. weiterhin die glänzenden Ausführungen von Wilhelm Kasch, »Geld und Glaube. Problemaufriß einer defizitären Beziehung«, in ders. (Hg.), *Geld und Glaube* (Paderborn: Schöningh, 1979), S. 19–70.

241 Vgl. G. Wearden, »World Bank head calls for debate on new gold standard« *The Guardian* (8. November 2010).

den Zerfall der bis dato monolithischen Front der Zentralbankfans. Robert Zoellick, der Präsident der Weltbank, ist ein klarer Kopf, der seit mehr als zwanzig Jahren an leitender und entscheidender Stelle die Geschicke der Weltpolitik und Weltwirtschaft mitgestaltet hat. Unter anderem war er seinerzeit der amerikanische Chefunterhändler bei den Zwei-plus-vier-Verhandlungen im Vorfeld der deutschen Wiedervereinigung. Wenn ein Mann wie er mehr oder weniger stillschweigend, aber dennoch in aller Öffentlichkeit den geballten Sachverstand der regierungsnahen Ökonomen infrage stellt, so kann man daraus zweierlei entnehmen.

Erstens hat ein Umdenkungsprozess begonnen, und dieser Prozess ist anscheinend schon recht weit fortgeschritten. Vor ein paar Jahren noch wurde ein edelmetallbasiertes Währungssystem im Großen und Ganzen nur von Ökonomen der Wiener Schule gefordert. Unter dem Eindruck der sich überschlagenden Ereignisse der Wirtschaftskrise haben sich die Vorteile eines solchen Systems nun auch vielen anderen Intellektuellen und Entscheidungsträgern aufgedrängt. Seit etwa vier Jahren findet wieder eine öffentliche und internationale Debatte über die Vor- und Nachteile verschiedener Währungssysteme – darunter der Goldstandard – statt.[242] Auch vormalige Monetaristen wie Robert Mundell haben ihre Meinung geändert und sich in großen Schritten der Position der Wiener Schule genähert. Mundell hatte noch vor sechzehn Jahren kategorisch ausgeschlossen, dass zukünftige Währungssysteme in irgendeiner Form auf Edelmetallen basiert sein sollten, geschweige sein würden.[243] Nun sieht er die Dinge anscheinend anders. Diese Kehrtwende wird unter dem Begriff »neuer Monetarismus« verbreitet – ein Monetarismus, der nicht mehr die Geld*menge*, sondern (wie die Wiener Schule) die Frage der Geld*qualität* in den Mittelpunkt währungspolitischer Überlegungen stellt.[244]

---

242 Aus der Fülle der Veröffentlichungen vgl. insbesondere N. Lewis, *Gold: The Once and Future Money* (Hoboken: Wiley, 2007); Ambrose Evans-Pritchard, »The Death of Paper Money« *The Telegraph* (25. Juli 2010); D. S. Schlichter, *Paper Money Collapse* (Hoboken: Wiley, 2011); Ph. Simonnot und Ch. Le Lien, *La monnaie – histoire d'une imposture* (Paris : Perrin, 2012); J. Butler, *The Golden Revolution* (Hoboken: Wiley, 2012); L. E. Lehrman, *The True Gold Standard* (2. Aufl., Lehrman Institute, 2012); Daniel Eckert, *Alles Gold der Welt* (München: FinanzBuchVerlag, 2013).

243 R. Mundell, »The International Monetary System in the 21st Century: Could Gold Make a Comeback?« Vortrag gehalten am St. Vincent College in Pennsylvania (12. März 1997).

244 Vgl. R. Banko, »The Emerging New Monetarism: Gold Convertibility To Save The Euro« *Forbes* (13. Juni 2011). Zur zentralen Bedeutung der Geldqualität vgl. Ph. Bagus, »The Quality of Mon-

Zweitens scheint sich die Einsicht zu verbreiten, dass die Ereignisse den Regierungen aus der Hand gleiten könnten und es in diesem Fall sehr wahrscheinlich zu einer spontanen Wiedereinführung des Goldstandards durch den Markt käme. Zoellick unterstreicht, dass der Goldpreis ständig steigt und dass das gelbe Edelmetall dabei nicht zuletzt als stabile Währung immer mehr nachgefragt wird. Diese Entwicklung könnte sich spiralförmig verstärken und wäre dann politisch vielleicht nicht mehr steuerbar. Wäre es also aus Sicht der Staaten nicht besser, den Ereignissen zuvorzukommen und sich an die Spitze dieser Bewegung zu stellen? Um zu vermeiden, dass eine Goldwährung in (womöglich naher) Zukunft ganz ohne staatliche Beteiligung auf kaltem Wege eingeführt wird, könnten die Staaten eine »Goldanbindung« ihrer schwindsüchtigen Währungen bereits jetzt aus eigenem Antrieb herstellen.

Rein technisch gesehen würde eine solche Reform keine größeren Schwierigkeiten bereiten, und sie würde gewiss einen großen Fortschritt gegenüber der heutigen Lage bedeuten. Die üblichen Argumente, die ihr entgegengestellt werden, sind völlig unzutreffend. Zum Beispiel wird argumentiert, dass es gar nicht genug Gold auf der Welt gebe, um die umlaufende Geldmenge mit Gold zu decken. Aber eine vollkommene Golddeckung der jetzigen Geldmengen ist jederzeit möglich, wenn nur der Goldpreis hoch genug veranschlagt wird. Sobald unsere Politiker ernsthaft über die Einführung eines Goldstandards debattieren, wird der Marktpreis des gelben Metalls auf die notwenige Höhe hinaufschnellen.

Daraufhin geben andere zu bedenken, dass die Staaten bzw. die Notenbanken gar nicht in der Lage sind, das Edelmetall zu solchen hohen Preisen zu bezahlen. Aber man sollte sich gedanklich nicht allzu sehr an die Idee klammern, dass die Zentralbanken unbedingt erhalten werden müssen. Eine Goldwährung kann sehr gut auch ohne Zentralbanken eingeführt werden: durch einen Wettbewerb von privaten Münzfabrikanten und privaten Geschäftsbanken, die auf Gold lautende Noten und Sichtguthaben emittieren. Die bisherigen

---

ey« *Quarterly Journal of Austrian Economics*, Bd. 12, Nr. 4 (2009). Charles Carroll war bereits vor 165 Jahren zu dieser Einsicht gelangt: »The quality, not the quantity of money should be our constant care.« (Carroll, *Organization of Debt into Currency*, a. a. O., S. 79). Er begriff außerdem, dass die unmäßige Aufmerksamkeit, die der Geldmenge gewidmet wird, daraus entspringt, dass Geld fälschlicherweise nicht als Vermögensbestandteil, sondern als bloßes Zeichen von Vermögen aufgefasst wird (vgl. ebd., S. 380).

Zentralbanken könnten dann abgewickelt werden und würden nach einer Übergangszeit vom Markt verschwinden.

Die eigentlichen Probleme sind anderer Art. Sie betreffen die Qualität des zukünftigen Währungssystems. Man macht sich die Sache zu einfach, wenn man von »dem« Goldstandard spricht, denn es gibt bessere und schlechtere Goldstandards. Überhaupt ist es ein Fehler, sich von vornherein auf die Einführung eines Goldstandards zu fixieren. *Viel wichtiger ist der Weg, auf dem man zu einer guten Währungsordnung gelangt.*

Mit einer politisch orchestrierten »Goldanbindung« des Euros bzw. des Dollars käme es zu einer Wiederauflage jener korrupten und instabilen Währungssysteme, die der westlichen Welt bereits im 19. und 20. Jahrhundert aufgezwungen wurden.[245] Das Bretton-Woods-System dient hier als warnendes Beispiel. Nicht alles, was glänzt, ist Gold. Nicht alle »Goldstandards« garantieren gutes Geld. Nur jene Goldstandards oder Silberstandards, die sich in einer wirklich wettbewerblichen Geldordnung herausbilden und erhalten, verdienen unsere Unterstützung. Der klassische Goldstandard, wie er von etwa 1870 bis 1914 existierte, wurde den Bürgern seinerzeit aufgezwungen, und er hat auch den großen Nachteil, dass Goldmünzen eine viel zu hohe Kaufkraft haben, um sie im täglichen Verkehr zu benutzen.

Aus gesamtwirtschaftlicher Sicht wäre eine spontane Einführung der Edelmetalle Silber und Gold »von unten« die vorteilhafteste Entwicklung, und zwar gerade weil sie dem Staat die Macht über das Geld (zumindest bis auf Weiteres) vollkommen entzöge. Der Staat wäre dann währungspolitisch wieder ganz am Anfang, sozusagen »zurück auf Los« und müsste sich all die Privilegien, die er sich im Laufe der Jahrhunderte angemaßt hat, erst wieder eins nach dem anderen mühsam zurückerkämpfen. Aus Sicht der Staatsfans wäre das ohne Zweifel ein alptraumhafter Rückfall in barbarische Zeiten, aber in den Augen der Freiheitsfreunde stellt sich die Sache natürlich genau umgekehrt dar.

245 Vgl. Hülsmann, *Ethik der Geldproduktion*, a. a. O., Kap. 15–17.

Grundsätze einer liberalen Währungsreform

Eine wahrhaft liberale Währungsreform dürfte sich nicht dazu versteigen, ein neues »System« an die Stelle des alten zu setzen. Sie müsste sich davon verabschieden, eine enge technokratische Vision, die gerade den Beifall der herrschenden Klassen findet, auch für alle anderen Bürger verpflichtend zu machen. Sie dürfte keine Verantwortungslosigkeit begünstigen, aber verantwortliche Initiativen auch nicht lähmen. Ihre treibenden Kräfte müssten Firmen, Vereine und Privatleute sein; nicht die staatlichen Zwangsorgane. Sie müsste die Geldproduktion vollkommen privatisieren, sie auf die gleiche Grundlage stellen, auf der jeder zwischenmenschliche Verkehr in einer freien Gesellschaft fußt. Das bedeutet, dass einerseits niemand daran gehindert werden darf, ein Geldproduzent zu werden. Andererseits dürfen die Geldproduzenten auch nur ihr eigenes Eigentum verwenden, und sie müssen das Eigentum anderer Menschen respektieren.

In einem Wort: Eine wahrhaft liberale Reform muss sicherstellen, dass *die Reform selber* privates Eigentum respektiert. Sie darf daher zum Beispiel nicht vorsehen, dass irgendwelche steuerfinanzierten Ausschüsse mit der Umsetzung der Reform betraut werden.

Außerdem darf die Umsetzung einer liberalen Währungsreform nicht davon abhängig gemacht werden, dass andere Staaten ihrem Beispiel folgen. Man muss das ändern, was man hier und jetzt ändern kann, und diese Änderung muss *bedingungslos und einseitig* erfolgen. Jedes andere Vorgehen würde bedeuten, dass man den Schutz desjenigen Eigentums, das man hier und jetzt schützen kann, hinter anderen Erwägungen zurückstellt, und damit würde man die oberste liberale Zielsetzung selbst infrage stellen. (Zudem wäre zu erwarten, dass eine solche »bedingte und konzertierte« liberale Reform im Verlauf endloser Verhandlungen bis zur Unkenntlichkeit entstellt würde.)

Diese Zielsetzungen folgen unmittelbar aus dem obersten liberalen Grundsatz, dass rechtmäßig erworbenes privates Eigentum unter allen Umständen zu respektieren ist.[246] Wir können eine liberale Währungsreform daher nun mit fünf abgeleiteten Grundsätzen näher kennzeichnen:

(1) muss sie vergangene Eigentumsverletzungen im Bereich der Geldproduktion rückgängig machen, wo immer das möglich ist; (2) muss sie gegenwärtige Eigentumsverletzungen in diesem Bereich verhindern; (3) darf sie keine neuen Eigentumsverletzungen herbeiführen, und insbesondere darf sie selber keine weitere Eigentumsverletzung erforderlich machen; (4) muss sie sofort und unmittelbar umzusetzen sein; (5) muss sie bedingungslos und einseitig (unilateral) sein.

Diese Grundsätze müssen bei der Auswahl geeigneter Maßnahmen zur Reform der bestehenden Institutionen maßgebend sein. Die wichtigste Maßnahme ist die sofortige Abschaffung des Währungsmonopols im weitesten Sinne dieses Begriffs. Darunter fallen alle Beschränkungen der Produktion und des Handels mit Geld und Besitztiteln für Geld.

Kein Marktteilnehmer soll daran gehindert werden, selbst Geldproduzent zu werden. Insbesondere soll jeder das Recht haben, nach Edelmetallen zu suchen und das von ihm entdeckte Metall als sein Eigentum zu behalten. Ferner muss es jedem erlaubt sein, die von ihm oder anderen Leuten gefundenen Edelmetalle zu Münzen zu verarbeiten. Niemand soll den Münzprägern vorschreiben, *wie* sie ihre Münzen zu prägen haben, d. h. welche Namen sie ihren Münzen geben und welche Wert- und Gewichtseinheiten sie wählen sollen, wie die Form der Münzen oder das Münzgepräge auszusehen hat usw.

Niemand soll auch daran gehindert werden, irgendeine Geldart zu kaufen und zu verkaufen. Das betrifft insbesondere den Handel mit Edelmetall – sei es in Form von Münzen oder in Form von Barren – und mit ausländischem Papiergeld (Devisen). Es bedeutet aber auch umgekehrt, dass niemand gezwungen werden darf, eine Zahlung in irgendeiner bestimmten Währung zu akzeptieren, wenn er eine andere Zahlungsweise vertraglich ausbedungen hat. Das Institut des gesetzlichen Zahlungsmittels ist mithin unverzüglich abzuschaffen.

246 Vgl. die wegweisenden Ausführungen zur »Strategietheorie der Freiheit« in M. N. Rothbard, *Die Ethik der Freiheit* (Sankt Augustin: Academia, 1999), S. 253–270.

Darüber hinaus ist zu verlangen, dass der Staat alle anderen wettbewerbsverzerrenden Eingriffe in den Währungsmarkt unterlässt. Insbesondere müssen Verträge, die die Zahlung mit Devisen oder Edelmetall vorsehen, von den nationalen Ordnungskräften (Gerichte, Polizei) genauso durchgesetzt werden wie alle anderen Verträge auch. Zumindest aber dürfen die staatlichen Ordnungshüter die Durchsetzung dieser Verträge durch private Organisationen nicht behindern. Des Weiteren muss es den Bürgern erlaubt sein, ihre Steuern auch in Devisen und Edelmetallen zu entrichten. Die Mehrwertsteuer und ähnliche Verkaufssteuern, die beim Handel mit Edelmetallen erhoben werden, sind sofort abzuschaffen. Gleiches gilt für die Kapitalertragssteuer auf Kursgewinne von Devisen und Edelmetallen.

Jede dieser Maßnahmen ist ein Schritt zu mehr Freiheit im Geldwesen. Am besten wäre es natürlich, wenn sie allesamt sofort umgesetzt würden, aber auch jede einzelne Reform ist als ein Schritt in die richtige Richtung zu begrüßen, solange sie nicht mit faulen Kompromissen verbunden ist und das Ziel eines vollständig freien Geldwesens nicht aus den Augen verloren wird.

Bei vollständiger Umsetzung dieser liberalen Reform wird es einen blühenden Markt für die Produktion und den Handel von Edelmetallmünzen geben. Sehr wahrscheinlich werden Silbermünzen für die weitaus meisten Geschäfte des täglichen Lebens (Einkäufe von Lebensmitteln u. Ä.) verwendet werden, während Zahlungen in Gold den größeren Transaktionen (teure Kleidung, Möbel usw.) vorbehalten bleibt. Daneben wird es natürlich noch viel Platz für die Verwendung von Schecks, Kreditkarten und andere Formen des bargeldlosen Zahlungsverkehrs geben.

Die Münzen werden unterschiedliche Größen und Gewichtseinheiten haben. Das Standardgewicht für Goldmünzen wird wahrscheinlich die Unze sein, da diese Einheit jetzt schon am weitesten verbreitet ist, während sich bei Silbermünzen wahrscheinlich ein auf dem Gramm beruhendes System durchsetzen wird, mit Münzen von 10, 20, 50, 100 Gramm usw. Es ist sehr wahrscheinlich, dass dasjenige Land, das als Erstes die liberalen Reformen umsetzt, diese Standardisierung maßgeblich prägen wird.

Darüber hinaus genießen die liberalen Avantgarde-Länder den folgenden Vorteil: Sie beginnen die Reform bei den momentanen Edelmetallpreisen,

d. h. ihre Bürger kaufen Gold, Silber usw. zu relativ niedrigen Preisen auf dem Weltmarkt ein. Wenn andere Länder dann nachziehen, so erhöht ihre Nachfrage den Preis der Edelmetalle, und die metallbesitzenden Bürger der Avantgarde-Länder erzielen eine hübsche Dividende für ihre größere Voraussicht und Weisheit.

Des Weiteren ist es klar, dass das nationale Papiergeld in diesem Wettbewerb aus den genannten Gründen nicht wird bestehen können. Die Einsicht in das fatale Risiko des Papiergeldgebrauchs wird zwar zunächst nur die weitsichtigsten Menschen dazu bewegen, ihre Noten zu verkaufen und zum Gebrauch von Warengeld überzugehen. Doch früher oder später folgen die anderen unweigerlich nach. Nur besonders dumme und besonders staatsgläubige Bürger werden bis zum bitteren Ende am Papiergeld festhalten – und dann erkennen müssen, dass ihnen nichts als ein Bündel Altpapier bleibt. Das ist natürlich mit Härten verbunden, und spätestens hier stehen die liberalen Reformer vor der entscheidenden Aufgabe, den Sinn der Reform zu verteidigen.

Dabei sollten sie sich von vornherein über eines im Klaren sein: *Es gibt keine Reform ohne kurzfristige Gewinner und Verlierer*. Liberale Reformen sind keine Ausnahme. Sie haben allerdings den Vorteil, dass die durch sie in Gang gebrachte kurzfristige Umverteilung *gerecht* ist und dass ihre Maßnahmen auf längere Sicht den Interessen *aller* Bürger dienen. Am besten lassen die liberalen Reformer von Anfang an keinen Zweifel darüber bestehen, was die voraussichtlichen Folgen ihrer Politik sind. In jedem Fall sollten sie ihren Mitbürgern gegenüber stets betonen, dass die von einigen Leuten zu tragenden Verluste *einmalig* sind, während die Ausplünderung durch das vorherige System ein ständiger Vorgang war, der besonders zulasten der ärmeren Bürger ging.

Betroffen von dem Untergang der nationalen Währung sind in erster Linie die Besitzer von Barvermögen und die Gläubiger aus Schuldverträgen. Hingegen sind die Begünstigten der staatlichen Rentenversicherung kaum betroffen, da der Staat die Steuern nun in einer anderen Geldart erhebt und in dieser Form an seine Mündel weiterreicht. Und auch jener Teil der privaten Vermögen, der in Form von Aktien und anderen Anteilsscheinen (Investmentfonds u. Ä.) vorliegt, wird von der Reform kaum berührt. Nach dem Verschwinden der nationalen Währung wird der Wert der Unternehmen – und mithin der Aktien – in einer anderen Geldart ermessen, und gegen dieses Geld kann der Anleger dann seine Aktien verkaufen. Ähnlich steht es mit Vermögen, das der Sparer in eine Lebensversicherung investiert hat. Die Versicherung hat das Geld ihrer Kunden gewöhnlich in Aktien und Anleihen angelegt. Die Anleihen werden nach der Reform zwar bald wertlos, doch das schadet nicht der Versicherung, da sie die wertlosen Coupons an die Kunden weiterreichen kann. Die Dividenden aus dem Aktienbesitz hingegen werden in einer anderen Geldart an die Versicherung ausbezahlt und können in dieser Form auch an den Kunden weitergereicht werden.

Wir wollen diese Überlegungen nicht bis in alle Einzelheiten weitertreiben. Es geht uns wie gesagt nur darum, die möglichen Alternativen zur vermeintlichen Einbahnstraße der heutigen Wirtschaftspolitik aufzuzeigen. Nur zwei besondere Probleme sollen noch kurz angerissen werden, die sich vor dem Hintergrund des Außenhandels und durch eine internationale Währungspolitik ergeben.

Ein erstes Problem entsteht immer dann, wenn die Währungsreform nicht in allen Ländern zugleich, sondern zunächst nur in einigen liberalen Avantgarde-Ländern erfolgt. Die Abschaffung des Währungsmonopols führt über kurz oder lang zum Zusammenbruch der Staatswährung dieser Länder, doch ausländisches Papiergeld, das noch von einem Währungsmonopol profitiert, wird davon nicht betroffen. Solange die Untertanen ausländischer Regierungen sich nicht dazu entschließen, das Währungsmonopol in ihren Ländern abzuschaffen, wird ihr Staatsgeld immer einen »Markt« haben, in dem es – wenn auch zwangsweise – Verwendung findet. Und daher werden diese ausländischen Papierwährungen auch nicht sofort zusammenbrechen, wenn in anderen Ländern eine liberale Währungsreform durchgeführt wird. Ganz im Gegenteil könnten sie sogar einen größeren Marktanteil in den liberalen Reformländern erzielen.

Wäre das nicht ein widersinniges Ergebnis? Soll man die nationale Staatswährung nur deshalb abschaffen, um den Währungen anderer Staaten ein freies Feld zu bieten? Darf man das zulassen? Die Antwort lautet natürlich: ja. Denn erstens muss die liberale Reform von uns und für uns durchgeführt werden. Unser *eigenes* Denken und Handeln müssen wir ändern – und das können wir auch hier und jetzt. Das ist die Bedeutung des Grundsatzes, dass liberale Reformen bedingungslos und einseitig sein sollten. Zweitens würde eine folgerichtige Anwendung des entgegengesetzten Grundsatzes – dass ausländische Güter, die von einem staatlichen Monopol begünstigt sind, nicht bei uns gehandelt werden dürfen – im Ergebnis zu einem völligen Abbruch aller Handelsbeziehungen führen. Denn solange ein Staat existiert, können *alle* Güter, die unter seinem Schutz produziert und auf seinen Straßen befördert werden, als Monopolgüter angesehen werden. Eine sinnvolle Abgrenzung ist im Einzelfall nicht möglich. Der Kauf und Verkauf ausländischen Papiergeldes ist daher nicht zu behindern.

Mit der Währungsunion der europäischen Staaten ergibt sich ein weiteres Problem aus dem Umstand, dass die Währung kein nationales, sondern ein internationales Staatsgeld ist. Müssen daher nicht alle Reformen des Geldwesens im europäischen Verbund erfolgen? Jeder echte Liberale wird das bestreiten. Wer an die Unverletzlichkeit privaten Eigentums glaubt, der wird auch jedem Individuum und jeder Vereinigung von Individuen ein Recht zur freien Selbstbestimmung einräumen müssen. Jedes Individuum und jede Gruppe (sei es eine Nation, eine Region, eine Straße usw.) hat das natürliche Recht, eine liberale Reform durchzuführen.[247] Im gegenwärtigen Rechtsrahmen betrifft dieses Recht zumindest die nationale Selbstbestimmung. Wenn Deutschland völkerrechtlich souverän ist, kann das europäische Währungsmonopol auf deutschem Boden einseitig außer Kraft gesetzt werden.[248] Die Noten der europäischen Zentralbank mögen dann in anderen Ländern das gesetzliche Zahlungsmittel sein, aber nicht bei uns. Woanders mag man die Bürger daran hindern, ihre eigenen Münzen zu prägen und Handel mit allen Geldarten zu betreiben, aber nicht hier.

Nun wird man einwenden, dass eine solche Politik auch deshalb mit dem Feuer spielt, weil sie das Ende der Europäischen Union einläuten könnte. Das mag zutreffen, aber dieser Gedanke beunruhigt uns nicht. Die EU ist lediglich eine Organisation der europäischen *Regierungen* und keineswegs der Inbegriff Europas. Die Liberalen des 19. Jahrhunderts haben uns gezeigt, wie man ein in Freiheit vereintes Europa schafft: indem nämlich jedes Land *seine*

247 Vgl. Mises, *Staat, Nation, Wirtschaft*, a .a. O., Kap. 1, II, 1; ders., *Liberalismus* (St. Augustin: Academia, 1993 [1927]), S. 95–97; D. Gordon (Hg.), *Secession, State, and Liberty* (New Brunswick: Transaction, 1998).

248 Vgl. M. Kerber, *Mehr Wettbewerb wagen* (Stuttgart: Lucius & Lucius, 2012).

Beschränkungen des Verkehrs einseitig abschafft. Europa braucht keine Kommission und keine zentrale Bürokratie, um ein internationaler Kultur- und Wirtschaftsraum zu sein. Wenn die Bürger nicht daran gehindert werden, sich nach ihren eigenen Vorstellungen mit Ausländern zusammenzutun, so ist dieses gemeinsame Europa *ipso facto* da. Wenn eine liberale Währungsreform mithin das frühzeitige Ende des europäischen Zentralstaates herbeiführen würde, so wäre allein dies schon ein guter Grund, sie zeitig zu beginnen.

Anhang[249]

Kritik der Zwangsinflation

Herr Hülsmann, Sie schreiben in Ihren Publikationen immer wieder über »erhebliche moralische Defizite« des staatlichen Papiergeldsystems. Welche Defizite sind das?

Diese Defizite betreffen vor allem die Tatsache, dass das staatliche Geld ein Zwangsgeld ist. Die Bürger sind nicht frei, die für ihre Zwecke besten Geldarten zu wählen. Sie müssen die Euros (und früher die DM) verwenden, die Ihnen der Staat vorschreibt. Das wird häufig damit begründet, dass Geld ein besonders wichtiges Gut sei. Aber warum wählt der Staat dann nicht auch unsere Ehepartner, Familienmitglieder und Freunde aus? Warum legt der Staat dann nicht auch fest, welchen Gott wir anbeten sollen? Die Wahrheit ist, dass der Staat hier aus reinem finanziellem Eigeninteresse handelt. Er verfolgt nicht das Gemeinwohl, sondern schreibt den Bürgern ein Geld vor, das besonders leicht vermehrt werden kann und welches vor allem zu seinen Gunsten in der Tat auch ständig vermehrt wird. Das ist eine schreiende Ungerechtigkeit. Unser immaterielles Zwangsgeld ermöglicht dem Staat eine letztlich unbegrenzte Bereicherung auf Kosten seiner Bürger. Er entledigt sich der finanziellen Fesseln, die jedes Mitglied einer wohlgeordneten Gesellschaft binden, und entwickelt sich schleichend, aber zielstrebig zum Tyrannen.

Die moralischen Defizite unseres Zwangsgeldes betreffen aber auch die Veränderungen, die es in Wirtschaft, Gesellschaft und Kultur hervorbringt. Es

249 Dieses Interview wurde am 6. Juli 2012 auf misesde.org unter dem Titel »Am Ende steht dann entweder eine Hyperinflation oder eine Währungsreform« veröffentlicht. Die Fragen stellte Andreas Marquardt.

ermöglicht dem Staat, überall als eine Art »Problemlöser in letzter Instanz« aufzutreten, auch wenn er die dazu nötige Unterstützung in der Bevölkerung eigentlich gar nicht hat. Daraus erwächst nach und nach eine Kultur der Lieblosigkeit, der Gleichgültigkeit und der Verantwortungslosigkeit. Der aus der Notenpresse finanzierte Wohlfahrtsstaat finanziert Frauen und Männer, die sich nicht mehr mit ihren Ehepartnern und Familien arrangieren wollen, und dadurch steigen dann eben die Scheidungsraten. Der Wohlfahrtsstaat verspricht Renten und gesundheitliche Versorgung bis ans Lebensende, und dadurch sinkt bei den Bürgern die Bereitschaft (und irgendwann auch die Fähigkeit), ihr Leben in eigener Verantwortung zu führen. Am größten ist die Verantwortungslosigkeit natürlich dort, wo die Finanzspritzen aus der Notenpresse auf die Spitze getrieben werden, nämlich bei den großen öffentlichen, halböffentlichen und privaten Banken. Die ersten bösen Früchte dieser langen Entwicklung haben wir in der gegenwärtigen Krise zu kosten bekommen.

Wie schafft es der Staat eigentlich, dass kaum jemand das staatliche Geldmonopol hinterfragt, obwohl jeder weiß, dass ein Monopol schlecht für den Verbraucher ist?

Geld wird allgemein als eine Ausnahme angesehen. Bereits im Mittelalter haben die Juristen der Könige die Lehre von den »Regalien« entwickelt, derzufolge bestimmte Tätigkeiten ihrer Natur nach dem König bzw. dem Souverän vorbehalten sind. Dazu gehörten unter anderem die Rechtspflege und eben auch die Geldproduktion. Später wurde dieser Sonderstatus des Geldes mit ökonomischen Theorien begründet. Sehr einflussreich war John Law, der Anfang des 18. Jahrhunderts die Vorzüge des Papiergeldes bzw. der Papiergeldinflation pries. Sein Einfluss wurde zwar vorübergehend durch die klassischen Ökonomen gebremst, aber letztendlich setzte sich die staatsfreundliche Theorie durch, vor allem in den Varianten von Irving Fisher (Urvater der Monetaristen) und von John Maynard Keynes.

Dieser Siegeszug ist ganz wesentlich darauf zurückzuführen, dass die westlichen Staaten in der zweiten Hälfte des 19. Jahrhunderts begannen, Lehrstühle für Volkswirtschaftslehre zu schaffen und sie mehr oder weniger ausschließlich mit staatstreuen Kandidaten zu besetzen. Genau wie einst die mittelalterlichen Juristen im Dienst des Königs haben diese Professoren Lehren verbreitet und fortentwickelt, die vor allem den Interessen des Staates dienlich waren. Die

Wahrheit und das Gemeinwohl blieben dabei mitunter auf der Strecke – und zwar nicht, weil staatliche Professoren durch und durch korrupt sind, sondern weil für die Lehrstühle vornehmlich jene Kandidaten ausersehen wurden (und werden), die von der gewünschten Denkrichtung ohnehin überzeugt sind.

Daraus resultiert heute die eigentümliche Schizophrenie des ökonomischen Denkens, die Sie in Ihrer Frage ansprechen. Einerseits verdammen die Gralshüter der Wirtschaftswissenschaft jede Art von Monopol und verlangen sogar deren kartellamtliche Bekämpfung. Andererseits stellen sie die Geldproduktion als ein natürliches Monopol dar und preisen somit letztlich den Geldsozialismus.

Was glauben Sie, würde der Mathematiker, Physiker, Ökonom und Bischof Nicolas von Oresme, den Sie in Ihrem Buch *Die Ethik der Geldproduktion* häufig zitieren, zur heutigen Lage unseres Geld- und Finanzsystems sagen?

Oresme war nicht nur ein großer Wissenschaftler, sondern auch Bischof von Lisieux und Beichtvater des französischen Königs. Die Schwächen und Abgründe der menschlichen Seele waren ihm daher bestens bekannt, und ihm war auch klar, dass moralisch falsches Handeln in der Politik sich häufig in falschen Weichenstellungen niederschlägt. Unser heutiges Währungs- und Finanzsystem ist das Ergebnis einer ganzen Reihe von falschen Weichenstellungen im Verlauf der letzten 140 Jahre. Oresme wäre nicht besonders überrascht, dass wir diesen Irrweg beschritten haben. Er wäre nur vielleicht erstaunt, wie schnell und tief wir in diesen wenigen Jahren gefallen sind.

Als katholischer Wissenschaftler würde er mit trauriger Anteilnahme die Tatsache zur Kenntnis nehmen, dass die heutigen Staaten ihre Bevölkerungen mit Hilfe der Banken und Zentralbanken weitgehend versklavt haben. Er würde des Weiteren feststellen, dass die Staaten diese neue Pfründe vor allem dazu verwendet haben, um die weitere Fortentwicklung der christlichen Gesellschaftsordnung an allen Ecken und Enden zu untergraben und zu bekämpfen. Trotz der großen wirtschaftlichen Entwicklung ist es daher in den letzten 140 Jahren politisch, gesellschaftlich und kulturell mit wenigen Unterbrechungen bergab gegangen. Oder vielmehr: Gerade weil wir durch Sparsamkeit, technische Errungenschaften und Unternehmertum bedeutende wirtschaftliche

Fortschritte gemacht haben, sind wir satt und bequem geworden. Wir haben es geduldet, dass der Staat immer mehr auf die schiefe Bahn geriet, seine Bürger mit immer neuen Finanztricks beraubte und mit den Erträgen einen gnadenlosen Kampf gegen alle nichtstaatlichen Organisationen und Autoritäten führte.

Nicolas von Oresme würde schließlich feststellen, dass es kein weitverbreitetes Bewusstsein für diese Tatsachen gibt. Daraus würde er den Schluss ziehen, dass unsere allererste Aufgabe heute darin besteht, der Wahrheit zu ihrem Recht zu verhelfen. Vor der Praxis bedarf es der Einsicht. Um die nötigen Reformen auf parlamentarischem bzw. politischem Weg in Gang zu setzen, müssen die zentralen wirtschaftlichen Irrtümer des (tendenziell totalitären) Etatismus bekämpft werden. Diese Irrtümer betreffen insbesondere die vermeintlich wohltätigen Folgen der Geldproduktion durch Banken und Zentralbanken sowie die damit zusammenhängenden Irrtümer über das Wachstum der Kreditwirtschaft und der Finanzmärkte.

Woran aber liegt es, »dass es kein weitverbreitetes Bewusstsein für diese Tatsachen gibt«, wie Sie sagen? Die Menschen sind doch nicht weniger intelligent als vor 100 Jahren. Ist es die Komplexität des Geldsystems oder gibt es noch andere Gründe?

Hier muss ich ein wenig weiter ausholen, aber kurz gesagt liegt das insbesondere daran, dass der Staat in den letzten 140 Jahren massiven Einfluss auf die volkswirtschaftliche Lehre genommen hat.

Zu Adam Smiths Zeiten gab es keine organisierte Wirtschaftswissenschaft und keine staatlichen Professoren für Volkswirtschaftslehre. In Deutschland hatten wir eine im staatlichen Dienst stehende »Kameralwissenschaft«. Das war eine Art Betriebswirtschaftslehre mit besonderer Anwendung auf die Führung staatlicher Einrichtungen. Dabei wurden natürlich auch immer volkswirtschaftliche Erwägungen bemüht, aber die Kerneinsichten der klassischen Ökonomen in die Funktionsweise einer Marktwirtschaft blieben ihnen versagt. Friedrich August von Hayek hat dies viel später mit der Unterscheidung zwischen *Kosmos* und *Taxis* veranschaulicht. Eine Taxis ist eine vom Menschen geschaffene, planmäßig organisierte Ordnung, wie etwa ein Unternehmen, ein Sportverein oder ein Ministerium. Ihr charakteristisches Merkmal ist die zentrale Leitung. Dagegen ist ein Kosmos eine unorganisierte Ordnung, die aus dem wettbewerblichen Zusammenspiel einer Vielzahl von Personen und Organisationen spontan hervorgeht. Der wichtigste Fall eines Kosmos im Hayek'schen Sinne ist die Marktwirtschaft. Sie ist eine wirkliche Ordnung der menschlichen Zusammenarbeit, aber sie untersteht nicht einer zentralen Leitung. Die deutschen Kameralisten haben nie richtig verstanden, dass es so etwas wie einen Kosmos gibt. Diese Einsicht entstand wahrscheinlich erst im 17. Jahrhundert unter den Spätscholastikern im spanischen Salamanca. Die von Adam Smith inspirierten klassischen Ökonomen haben sie dann weiter verfeinert und unters Volk gebracht. Vor allem aber – und das ist der zur Beantwortung Ihrer Frage wesentliche Punkt – haben sie eine wettbewerbliche Ordnung selber vorgelebt.

Zur Mitte des 19. Jahrhunderts gab es in der westlichen Welt eine florierende Wirtschaftswissenschaft mit großem Einfluss auf die Wirtschaftspolitik, aber ohne nennenswerte staatliche Beteiligung. Die klassischen Ökonomen dieser Zeit betrieben ihre volkswirtschaftlichen Studien typischerweise im Nebenberuf oder als Rentner. Ihre Foren waren private Clubs, und sie veröffentlichten Zeitschriften und Bücher. Sie standen in einem echten Wettbewerb der besseren Ideen. Es gab nur wenige Universitäten, an denen man die Politische Ökonomie bzw. Volkswirtschaftslehre studieren konnte, aber ein breites Publikum interessierte sich für volkswirtschaftliche Fragen und bildete sich seine Meinung durch Lektüre. Das waren die großen Tage des Liberalismus.

Seitens der Politik wurde diese Entwicklung als tödliche Bedrohung angesehen, und man verfiel auf die Strategie der Kooptation, um dieser Bedrohung Herr zu werden. Die Staaten schufen eine Vielzahl von volkswirtschaftlichen Lehrstühlen und besetzten sie mit Persönlichkeiten, die dem staatlichen Expansionsdrang offen bis freundlich gegenüberstanden. Man lese zu diesem Thema beispielsweise die Ausführungen über das »System Althoff« im Deutschen Reich, zu finden in Ralph Raicos großartigem Buch *Die Partei der Freiheit.*

Die »offizielle« (d. h. staatlich besoldete) Wirtschaftswissenschaft war immer ausgesprochen staatsfroh, auch wenn es z. T. große nationale Unterschiede gab und gibt. Heute sind beispielsweise die Ökonomen in Frankreich sehr viel etatistischer als in allen anderen westlichen Ländern, und die deutschen

Ökonomen zählen in ganz Europa (hinter den Tschechen) zu den liberalsten Intellektuellen. Jedenfalls findet sich in der staatlichen Besoldung der Wissenschaft die Erklärung für die Tatsache, dass die Wissenschaftler dazu neigen, auf einem Auge blind zu sein, wenn es an die Untersuchung staatlicher Interventionen geht.

Das gilt übrigens nicht nur für die Ökonomie. Historisch gesehen war die Jurisprudenz das erste »Opfer« des Staates in der Wissenschaft, und in den letzten Jahren sind sogar naturwissenschaftliche Disziplinen politisiert worden, insbesondere im Zusammenhang mit der Klimaforschung.

In Ethik der Geldproduktion bezeichnen Sie die Zwangsinflation als »Dampfwalze« der gesellschaftlichen Zerstörung. Wo hinterlässt diese Dampfwalze für Sie die größten Schäden?

In ihrer Wirkung auf Geist und Seele der Menschen. Die materiellen Verluste aus der geradezu ungeheuren staatlichen Verschwendungsorgie dürfen sicherlich auch nicht vernachlässigt werden, denn sie betreffen vor allem die Ärmsten und Hilflosesten. Aber die langfristig fatalste Folge der Zwangsinflation besteht darin, dass sie dem Staat die Mittel zum Aufbau einer Scheinwelt verschafft und die Menschen dadurch in den Wahnsinn und in die Vereinsamung treibt. Ideen und Vorstellungen bilden sich in Auseinandersetzung mit logischer Kritik und Wirklichkeit. Erfolgreiche Ideen nehmen wir schon aus Eigeninteresse an und entwickeln sie fort, alle anderen werden früher oder später als »unsinnig« abgelehnt und vergessen. Der Staat unterhöhlt diesen Vorgang, zum einen durch staatliche Propaganda, zum andern durch Subventionszahlungen. Durch Sozialhilfe und andere staatliche Zahlungen kommt man heute materiell gesehen zurecht, selbst wenn man nie einen Beruf gelernt hat und seinen Mitmenschen keine Dienste erweist. Die noch viel massivere staatliche Unterstützung der Banken hat ähnliche Folgen. Sie erhält ebendiese Firmen im Markt, obwohl die von ihnen geleisteten Dienste – rein privatwirtschaftlich gesehen – die enormen Kosten ihrer Rettung nicht rechtfertigen. Als Folge ergibt sich eine ungeheure Verschwendung von Kapital. Vor allem aber wird jeglicher Lern- und Umstellungsprozess, der hier Abhilfe schaffen könnte, behindert.

Für die Pensionäre des Wohlfahrtsstaates ist es nicht notwendig, sich für die Bedürfnisse anderer Menschen zu interessieren, sich der Kritik anderer Menschen zu stellen und mit anderen Menschen kompromissbereit zusammenzuarbeiten. Asoziales und gesellschaftsschädigendes Verhalten wird somit erleichtert und sogar gefördert. Der arrogante Egoismus der Bankenvorstände springt aus der gleichen Wurzel wie der verzweifelte Egoismus der Penner, die sich um eine Flasche Wein schlagen. Es kommt zu jener Atomisierung der Individuen, die in den Erzählungen der Staatsfans gern als Folge des Kapitalismus hingestellt wird.

Aus dem gleichen Grund leben die Betroffenen sehr häufig in einer Wahnwelt. Ist der Wahn bloß individuell, führt er zu immer stärkerer Isolierung. Wird er von einer Gruppe geteilt, führt er leicht zur Bandenbildung. Beispielsweise war der organisierte sexuelle Missbrauch von Kindern in Westfrankreich, der vor etwa acht Jahren durch die Presse ging, vornehmlich das Werk von Sozialhilfeempfängern. Oder denken wir an die sogenannten »autonomen« Gewalttäter, die ihren Lebensunterhalt häufig aus staatlichen Zahlungen bestreiten. Und auch unsere Parlamentarier, die heute mit Verweis auf die Finanzlage alle verfassungsrechtlichen Beschränkungen staatlicher Allgewalt im Hauruckverfahren aus dem Wege räumen, auch diese Männer und Frauen beziehen ihre Einkommen fast ausschließlich vom Staat.

Wagen Sie zum Schluss noch eine Prognose, was die Zukunft für uns bereithält, sollte es nicht gelingen, zu einer besseren Währungsordnung zurückzukehren?

Bevor ich auf Ihre Frage antworte, möchte ich unterstreichen, dass wir vor allem eine moralische und politische Neubesinnung brauchen. Es wäre zwecklos, einfach nur die Währungsordnung zu ändern, wenn diese Reform nicht auch einen breiten Rückhalt in der Bevölkerung hätte. Aus welcher Quelle könnte jedoch diese Neubesinnung kommen? Traditionell war dies die Rolle der Religion. Bei uns aber stehen ja selbst die Kirchen im staatlichen Dienst und Lohn. Gerade in den Kirchen wird ständig über den vermeintlich bösen Kapitalismus geklagt und nach immer umfangreicheren Interventionen des Staates gerufen. Es sieht also nicht gut aus. Was hält die Zukunft für diesen Fall bereit?

Infolge seiner zerrütteten Finanzlage wird sich der entfesselte Staat immer rücksichtsloser aus dem Vermögen seiner Bürger bedienen. Er wird sich zunächst auf die Verwalter von Finanzvermögen (Versicherungen und Investitionsfonds) stürzen und früher oder später auch den Immobilienbesitz ins Auge nehmen. Gleichzeitig wird er versuchen, seine Ausgaben dort zu kürzen, wo es den geringsten politischen Widerstand gibt (Rentenkasse und Krankenversicherung). Wenn das alles nicht mehr reicht oder wenn es zu viel Widerstand gibt, wird die Notenpresse noch stärker angekurbelt. Am Ende steht entweder eine Hyperinflation oder eine Währungsreform. Das bringt ein paar Jahre Entspannung für den Staat und die Finanzwirtschaft. Die meisten Haushalte werden jedoch ruiniert sein und z. T. ums blanke Überleben kämpfen. Wenn es auch dann nicht zu einem großen Befreiungsschlag kommt, versinken wir bis auf Weiteres in einer Spirale aus Armut und Korruption.

Dieser Prozess muss keineswegs besonders schnell vor sich gehen. Er kann sich durchaus auch über ein paar Jahrzehnte hinziehen. Dann bestünde die Hoffnung, dass zwischenzeitlich andere Teile der Weltwirtschaft, die ihr eigenes Haus in Ordnung halten bzw. in Ordnung bringen, eine solche wirtschaftliche Entwicklung durchliefen, dass auch wir irgendwann einmal in den Genuss von Kapitalexporten dieser Länder kämen. Das ist allerdings schon Wunschdenken, also schließe ich meine Überlegungen besser an dieser Stelle.

Verzeichnis der Abbildungen und Tabellen

Literaturverzeichnis

Alchian, Armen A., und Benjamin Klein. 1973. »On a Correct Measure of Inflation« Journal of Money, Credit and Banking, Bd. 5, Nr. 1, Teil 1 (1973), S. 173–91.

Allais, Maurice, La crise mondiale d'aujourd'hui (Paris: Clément Juglar, 1999).

Allen, Franklin und Douglas Gale, Comparing Financial Systems (Cambridge: MIT Press, 1999).

Altmiks, Peter (Hg.), Im Schatten der Finanzkrise: Muss das staatliche Zentralbankwesen abgeschafft werden? (München: Olzog, 2010).

Arnim, Hans Herbert von, Vom schönen Schein der Demokratie (München: Droemer, 2000).

———, Das System (München: Droemer, 2001).

Aslund, Anders und Valdis Dombrovskis, How Latvia Came Through the Financial Crisis (Washington, D. C.: Peterson Institute for International Economics, 2011).

Baader, Roland, Geld, Gold und Gottspieler (Gräfelfing: Resch, 2004).

———, Geldsozialismus (Gräfelfing: Resch, 2010).

Bagus, Philipp, Deflation – Is it Really Harmful? (Diss. Universidad Rey Juan Carlos, 2008).

———, »The Quality of Money« Quarterly Journal of Austrian Economics, Bd. 12, Nr. 4 (2009), S. 22–45.

———, »Austrian Business Cycle Theory: Are 100 Percent Reserves Sufficient to Prevent a Business Cycle« Libertarian Papers, Bd. 2, Art. 2 (2010).

———, Die Tragödie des Euro (München: FinanzBuch Verlag, 2011).

Bagus, Philipp und David Howden, »The Term Structure of Savings, the Yield Curve, and Maturity Mismatching« Quarterly Journal of Austrian Economics, Bd. 13, Nr. 3 (2010), S. 64-85.

Bank of England, Financial Stability Report (Juni 2011).

Barth, James R., Gerard Caprio und Ross Levine, Rethinking Bank Regulation (Cambridge: Cambridge University Press, 2006).

Bastiat, Frédéric, »Gratuité du crédit« Œuvres complètes (Paris: Guillaumin, 1863), Bd. V, S. 94–335.

———, Der Staat, die große Fiktion (Thun: Ott, 2001).

Banko, Ralph, »The Emerging New Monetarism: Gold Convertibility To Save The Euro« Forbes (13. Juni 2011).

Bernanke, Ben S. und Vincent R. Reinhart, »Conducting Monetary Policy and Very Low Short-Term Interest Rates« American Economic Review, Bd. 94, Nr. 2 (2004), S. 85–90.

Bernholz, Peter, Monetary Regimes and Inflation (Cheltenham: Edward Elgar, 2003).

Beutter, Friedrich, Zur sittlichen Beurteilung von Inflationen (Freiburg: Herder, 1965).

Bichot, Jacques, Retraites en péril (Paris: Presses de Sciences Po, 1999).

———, Urgence retraites (Paris: Seuil, 2008).

Block, Walter, William Barnett und Joseph T. Salerno, »The relationship between wealth or income and time preference is empirical, not apodictic: a critique of Rothbard and Hoppe« Review of Austrian Economics, Bd. 19 (2006), S. 69–80.

Böhm-Bawerk, Eugen von, Kapital und Kapitalzins (4. Aufl., Jena: Fischer, 1921).

Bökenkamp, Gérard, »Heinrich Brüning, der Geschmähte: Der Mythos vom Nationalsozialistischen Wirtschaftswunder« erstaunlicherweise frei online (23. Mai 2012)

Bofinger, Peter, Grundzüge der Volkswirtschaftslehre (München, 2003).

Bofinger, Peter, Zurück zur D-Mark? Deutschland braucht den Euro (München: Droemer-Knaur, 2012).

Borchardt, Knut, »Zwangslagen und Handlungsspielräume in der großen Weltwirtschaftskrise der frühen dreißiger Jahre: Zur Revision des überlieferten Geschichtsbildes« Jahrbuch der Bayerischen Akademie der Wissenschaften (1979), S. 85–132.

Brachinger, Hans Wolfgang, »Der Euro als Teuro? Die wahrgenommene Inflation in Deutschland« Wirtschaft und Statistik, Heft 9 (2005), S. 999–1013.

———, »A New Index of Perceived Inflation: Assumptions, Method and Application to Germany«Journal of Economic Psychology, Band 29, Nr. 4 (2008), S. 433–457.

Braun, Eduard, »The Subsistence Fund in Ludwig von Mises's Explanation of the Business Cycle« in Hülsmann (Hg.), Theory of Money and Fiduciary Media (Auburn, Ala.: Mises Institute, 2012), S. 193–208.

Brüning, Heinrich, Memoiren 1918–1934 (Stuttgart: Deutsche Verlags-Anstalt, 1970).

Bryan, M.F., »On the Origin and Evolution of the Word Inflation« Federal Reserve Bank of Cleveland Economic Commentary (15. Oktober 1997).

Buchanan, James M., »Predictability: the Criterion of Monetary Constitutions« in L. B. Yeager (Hg.), In Search of A Monetary Constitution (Cambridge, Mass.: Harvard University Press, 1962), S. 182–218.

Buiter, Willem, »Is this the Right Time for the Fed to Go Negative?« Wall Street Journal (10. September 2010).

Butler, John, The Golden Revolution (Hoboken: Wiley, 2012).

Cahuc, Pierre und André Zylberberg, Le chômage, fatalité ou nécessité? (Paris: Flammarion, 2004).

Cantillon, Richard, Abhandlung über die Natur des Handels im allgemeinen (Jena: Fischer, 1931).

Cantor, Paul, »Hyperinflation and Hyperreality: Thomas Mann in Light of Austrian Economics« Review of Austrian Economics, Bd. 7, Nr. 1 (1994), S. 3–29.

Carlin, Wendy und Colin Mayer, »Finance, investment, and growth« Journal of Financial Economics, Bd. 69 (2003), S. 191–226.

Carroll, Charles H., Organization of Debt into Currency (Princeton: Van Nostrand, 1964).

Cowen, Tyler, Risk and Business Cycle Theory (London: Routledge, 1997).

Klein, Peter und Nicolai Foss, Organizing Entrepreneurial Judgment (Cambridge: Cambridge University Press, 2012).

Demirgüç-Kunt, Asli und Ross Levine (Hg.), Financial Structure and Economic Growth (Cambridge, Mass.: MIT Press, 2001).

Deutsche Bundesbank (Hg.), Wirtschaft und Währung in Deutschland 1876–1975 (Frankfurt a. M.: Knapp, 1976).

——— (Hg.), Deutsches Geld- und Bankwesen in Zahlen 1876–1975 (Frankfurt a. M.: Knapp, 1976).

Dollinger, Philippe, La Hanse (Paris: Aubier, 1988 [1964]).

Dudley, William C. und R. Glenn Hubbard, How Capital Markets Enhance Economic Performance and Facilitate Job Creation (New York: Goldman Sachs Global Market Institute, 2004).

Eckert, Daniel D., Alles Gold der Welt (München: FinanzBuch Verlag, 2013).

Eggoh, C. Jude, »Financial Development and Growth: A Panel Smooth Regression Approach« Journal of Economic Development, Bd. 35, Nr. 1 (März 2010).

Eggoh, C. Jude und Khan Muhammad, »On the Non-Linear Relationship between Inflation and Economic Growth« (Universität Angers, Arbeitspapier, November 2012).

Elias, Norbert, Über den Prozess der Zivilisation (Frankfurt a. M.: Suhrkamp, 1968).

Evans, Anthony J. et al., Public Attitudes to Banking (London: Cobden Centre, Juni 2010).

Evans-Pritchard, Ambrose, »The Death of Paper Money« The Telegraph (25. Juli 2010).

Favara, Giovanni, »An Empirical Reassessment of the Relationship between Finance and Growth« (Universität Lausanne, working paper, Mai 2009).

Felkerson, James, $29,000,000,000,000: A Detailed Look at the Fed's Bailout by Funding Facility and Recipient (Annandale-on-Hudon: Levy Institute Working Paper Nr. 698, 2011).

Ferlito, Carmelo, Dentro la crisi (Chieti: Solfanelli, 2010).

Fetter, Frank, Principles of Economics (New York: The Century Co., 1905).

Fillieule, Renaud, L'école autrichienne d'économie: Une autre hétérodoxie (Lille: Presses Universitaires du Septentrion, 2010).

———, »The Monetary Theory of Current Textbooks in Light of The Theory of Money and Credit« in Hülsmann (Hg.), Theory of Money and Fiduciary Media (Auburn, Ala.: Mises Institute, 2012), S. 247–271.

Fisher, Irving, The Purchasing Power of Money: Its Determination and Relation to Credit, Interest, and Crises (New York: Augustus M. Kelley, 1963 [1911]).

———, »The Debt-Deflation Theory of Great Depressions« Econometrica, Bd. 1, Nr. 4 (1933), S. 337–357.

Friedman, Jeffrey und W. Kraus, Engineering the Financial Crisis (Philadelphia: University of Pennsylvania Press, 2011).

Friedman, Milton und Anna J. Schwarz, A Monetary History of the United States, 1867–1960 (Princeton: Princeton University Press, 1963).

Gabriel, Amadeus, »Why Was the Reception of the First Edition of Mises's Theory of Money and Credit so Lukewarm? « in J. G. Hülsmann (Hg.), Theory of Money and Fiduciary Media (Auburn, Ala.: Mises Institute, 2012), S. 37–61.

Gaettens, Richard, Inflationen: Das Drama der Geldentwertungen vom Altertum bis zur Gegenwart (2. Aufl., München: Pflaum, 1955).

Gall, Lothar et al., Die Deutsche Bank, 1870–1995 (München: Beck, 1995).

Garrison, Roger, Time and Money (London: Routledge, 2001).

Gertchev, Nikolay, »Securitization and Fractional Reserve Banking« in J. G. Hülsmann und S. Kinsella (Hg.), Property, Freedom, and Society (Auburn, Ala.: Mises Institute, 2009), S. 283–300.

———, »The Inter-Bank Market in the Perspective of Fractional Reserve Banking« in J. G. Hülsmann (Hg.), Theory of Money and Fiduciary Media (Auburn, Ala.: Mises Institute, 2012), S. 209–228.

Goldsmith, Raymond W., Financial Structure and Development (New Haven, CT: Yale University Press, 1969).

Gordon, David (Hg.), Secession, State, and Liberty (New Brunswick: Transaction, 1998).

Graham, Benjamin und David L. Dodd, Security Analysis (New York: McGraw-Hill, 1951).

Greaves, Bettina Bien und Robert W. McGee, Mises: An Annotated Bibliography (Irvington-on-Hudson: Foundation for Economic Education, 1993).

Grözinger, Robert, Wer ist Ron Paul? (Grevenbroich: Lichtschlag, 2008).

Gurley, John G. und Edward S. Shaw, Money in a Theory of Finance (Washington, D.C.: Brookings Institution, 1960).

Hayek, Friedrich August, Preise und Produktion (Wien: Springer, 1931).

———, The Pure Theory of Capital (Chicago: Chicago University Press, 1941).

———, The Counter-Revolution of Science (Glencoe, Ill.: Free Press, 1952).

———, Free Choice in Currency (London: Institute of Economic Affairs, 1976).

Hazlitt, Henry, The Failure of the «New Economics”: An Analysis of the Keynesian Fallacies (Princeton: Van Nostrand, 1959).

——— (Hg.), The Critics of Keynesian Economics (2. Aufl., Irvington-on-Hudson: Foundation for Economic Education, 1995 [1960]).

Heckscher, Eli Filip, Der Merkantilismus (Jena: Fischer, 1932).

Herbener, Jeffrey M., »Introduction« in ders. (Hg.), The Pure Time-Preference Theory of Interest (Auburn, Ala.: Mises Institute, 2011).

Higgs, Robert, »Regime Uncertainty – Why the Great Depression Lasted So Long and Why Prosperity Resumed after the War«, Independent Review, Bd. I, Nr. 4 (1997).

Hochreiter, Gregor, Krankes Geld – kranke Welt (Gräfelfing: Resch, 2010).

Hoffmann, D., »Banken als Erfüllungsgehilfen des Staates« Die Bank (06/2010).

Hoppe, Hans-Hermann, Kritik der kausalwissenschaftlichen Sozialforschung (Opladen: Westdeutscher Verlag, 1983).

———, A Theory of Socialism and Capitalism (Boston: Kluwer, 1989).

———, Economic Science and the Austrian Method (Auburn, Ala./ Mises Institute, 1995)

———, Demokratie – Der Gott, der keiner ist (Leipzig: Manuscriptum, 2003).

———, Sozialismus oder Kapitalismus (Berlin: Schernhammer, 2005).

———, Der Wettbewerb der Gauner (Berlin: Holzinger, 2012).

Howden, David (Hg.), Institutions in Crisis (Cheltenham: Edward Elgar, 2011).

———, »Expansionist Monetary Policies and the Trade Balance« in J. G. Hülsmann (Hg.), Theory of Money and Fiduciary Media (Auburn, Ala.: Mises Institute, 2012), S. 177–191.

Hülsmann, Jörg Guido, »Toward a General Theory of Error Cycles« Quarterly Journal of Austrian Economics, Bd. 1, Nr. 4 (1998), S. 1–23.

———, »Fact and Counterfactuals in Economic Law« Journal of Libertarian Studies, Bd. 17, Nr. 1 (2003), S. 57–102.

———, »The Political Economy of Moral Hazard«, Politická ekonomie (Februar 2006), S. 35–47.

———, Mises – The Last Knight of Liberalism (Auburn, Ala.: Mises Institute, 2007).

———, Ethik der Geldproduktion (Leipzig: Manuscriptum, 2007).

———, Deflation and Liberty (Auburn, Ala.: Mises Institute, 2008).

———, «The Demand for Money and the Time Structure of Production," in J. G. Hülsmann und N. S. Kinsella (Hg.), Property, Freedom, and Society: Festschrift for Hans-Hermann Hoppe (Auburn, Ala.: Mises Institute, 2009).

———, The Structure of Production Reconsidered (Université d'Angers: GRANEM working paper n° 2011-09-034, 2011)

———, »The Meaning of Macroeconomics« Romanian Economic and Business Review, Bd. 7, Nr. 3 (2012), S. 40–54.

——— (Hg.), Theory of Money and Fiduciary Media (Auburn, Ala.: Mises Institute, 2012).

Huerta de Soto, Jesús, Geld, Bankkredit und Konjunkturzyklen (Stuttgart: Lucius & Lucius, 2011).

Issing, Otmar, »Asset Prices and Monetary Policy« Cato Journal, Bd. 29, Nr. 1 (Winter 2009), S. 45–51.

Jablecki Julius und Mateusz Machaj, »The Regulated Meltdown of 2008« Critical Review, Bd. 21, Nr. 2–3 (2009), S. 301–328.

Johannes Paul II, Evangelium Vitae (1995).

Johnson, Harry G., »The Keynesian Revolution and the Monetarist Counter-Revolution« American Economic Review, Bd. 61, Nr. 2 (1971), S. 1–14.

Juglar, Clément, Des crises commerciales et de leur retour périodique en France, en Angleterre et aux Etats-Unis (Paris: Guillaumin, 1862).

Kane, Edward J., »Good Intentions and Unintended Evil: The Case Against Selective Credit Allocation« Journal of Money, Credit and Banking, Bd. 9 (Februar 1977), S. 55–69.

———, »Accelerating Inflation, Technological Innovation, and the Decreasing Effectiveness of Banking Regulation« Journal of Finance, Bd. 36 (Mai 1981), S. 355–367.

Karsten, Frank und Karel Beckman, Wenn die Demokratie zusammenbricht (München: FinanzBuch Verlag, 2012).

Kasch, Wilhelm, »Geld und Glaube. Problemaufriß einer defizitären Beziehung«, in ders. (Hg.), Geld und Glaube (Paderborn: Schöningh, 1979).

Kealey, Terence, The Economic Laws of Scientific Research (London: Palgrave Macmillan, 1997).

Keoun, Bradley, »Big Banks Hide Risk Transforming Collateral for Traders« Bloomberg (11. Sept. 2012).

Kerber, Markus, Mehr Wettbewerb wagen (Stuttgart: Lucius & Lucius, 2012).

Keynes, John Maynard, Das Ende des Laissez-Faire (München: Duncker & Humblot, 1926).

———, A Treatise on Money (Bd. I, New York: Harcourt, Brace & Co., 1930).

———, General Theory of Employment, Interest, and Money (London: Macmillan, 1936).

Klein, Peter, »Risk, Uncertainty, and Economic Organization« in J. G. Hülsmann und S. Kinsella (Hg.), Property, Freedom, and Society (Auburn, Ala.: Mises Institute, 2009), S. 325–337.

Klein, Peter und Nicolai Foss, Organizing Entrepreneurial Judgment (Cambridge: Cambridge University Press, 2012)

Knies, Carl, Geld und Credit (Bd. 1, Berlin: Weidmannsche Buchhandlung,1873).

Köhler, Henning, Deutschland auf dem Weg zu sich selbst (Stuttgart: Hohenheim-Verlag, 2002).

Kohn, Donald L. »Monetary Policy and Asset Prices Revisited« Cato Journal, Bd. 29, Nr. 1 (Winter 2009), S. 31–44.

Kooths, Stefan, »Wirtschaftspolitik mit Weitwinkel« Frankfurter Allgemeine Zeitung (1. Februar 2013), S. 12.

Kroszner, Randall S. und William R. Melick, »Lessons from the U.S. Experience with Deposit Insurance« in A. Demirguc-Kunt, E. J. Kane and L. Laeven (Hg.), Deposit Insurance Around The World (Cambridge, Mass.: MIT Press, 2008), S. 181–217.

La Porta, Rafael, Florencio Lopez de Silanes, Andrei Shleifer und Robert W. Vishny, »Law and Finance« Journal of Political Economy, Bd. 106, Nr. 6 (1998).

Laidler, David, Fabricating the Keynesian Revolution: Studies of the Inter-War Literature on Money, the Cycle, and Unemployment (Cambridge: Cambridge University Press, 1999).

Laffer, William G., »Virtues and Deficiencies of Supply-Side Economics Viewed from an Austrian Perspective« (unveröffentl. Manuskript, 28. September 1990).

Lehrman, Lewis E., The True Gold Standard (2. Aufl., Lehrman Institute, 2012).

Levine, Linda, »An Analysis of the Distribution of Wealth Across Households, 1989–2010« CRS Report to Congress (Washington, D.C.: Congressional Research Service, 2012).

Levine, Ross, »Financial Development and Economic Growth: Views and Agenda« Journal of Economic Literature, Bd. 35, Nr. 2 (Juni 1997), S. 688–726.

———, »Finance and Growth: Theory, Evidence, and Mechanisms« in Ph. Aghion und S. Durlauf (Hg.), The Handbook of Economic Growth (Amsterdam: North-Holland, 2005).

Lewis, Nathan, Gold: The Once and Future Money (Hoboken: Wiley, 2007).

Machlup, Fritz, Börsenkredit, Industriekredit und Kapitalbildung (Wien: Springer, 1931).

———, The Stock Market, Credit, and Capital Formation (London: William Hodge, 1940).

Mackenroth, Gerhard, »Die Reform der Sozialpolitik durch einen deutschen Sozialplan« Schriften des Vereins für Sozialpolitik (Neue Folge, Bd. 4, 1952).

Mahoney, Dan, «Free Banking and the Structure of Production: A Contrast of Competing Banking Systems" Libertarian Papers 3, 14 (2011).

Mankiw, Gregory, »It May Be Time for the Fed to Go Negative« New York Times (18. April 2009).

Marx, Karl und F. Engels, Manifest der kommunistischen Partei (London: Bildungs-Gesellschaft für Arbeiter, 1848).

McKinnon, Ronald I., Money and Capital in Economic Development (Washington, D. C.: Brookings Institution, 1973).

Menger, Carl, Untersuchungen zur Methode der Sozialwissenschaften und der politischen Oekonomie insbesondere (Leizpig: Duncker & Humblot, 1883).

Miller, Merton H., »Financial Innovation: The Last Twenty Years and the Next« Journal of Financial and Quantitative Analysis, Bd. 21, Nr. 4 (1986), S. 459–471.

Miller, Robert C. B., »Systematic Appraisal Optimism and Austrian Business Cycle Theory« Quarterly Journal of Austrian Economics, Bd. 15, Nr. 4 (2012), S. 432–442.

Mises, Ludwig von, Nation, Staat und Wirtschaft (Vienna: Manz, 1919).

———, Theorie des Geldes und der Umlaufsmittel (Neudruck der 2. Aufl., Berlin: Duncker & Humblot, 2005 [1924]).

———, Liberalismus (St. Augustin: Academia, 1993 [1927]).

———, Geldwertstabilisierung und Konjunkturpolitik (Jena: Fischer, 1928).

———, Kritik des Interventionismus (Darmstadt: Wissenschaftliche Buchgesellschaft, 1976 [1929]).

———, Die Gemeinwirtschaft (2. Aufl., Jena: Fischer, 1932).

———, Nationalökonomie (Genf: Editions Union, 1940).

———, Die Bürokratie (Sankt Augustin: Academia, 1997 [1944]).

———, Human Action (Auburn, Ala.: Mises Institute, 1998 [1949]).

———, Theory and History (New Haven: Yale University Press, 1957).

———, The Ultimate Foundation of Economic Science (Princeton: Van Nostrand, 1962).

Mishkin, Frederic S., The Economics of Money, Banking, and Financial Markets (10. Aufl., New York: Pearson, 2013).

Morgenstern, Oskar Über die Genauigkeit wirtschaftlicher Beobachtungen (2. Aufl., Wien: Physica, 1965).

Mundell, Robert, »The International Monetary System in the 21st Century: Could Gold Make a Comeback?« Vortrag gehalten am St. Vincent College in Pennsylvania (12. März 1997).

Neri, Massimiliano, »The Unintended Consequences of the Basel III Liquidity Risk Regulation« (Universität Rey Juan Carlos, working paper, Version vom 30. Juni 2012).

Nocken, Ulrich, »Die Große Deflation: Goldstandard, Geldmenge und Preise in den USA und Deutschland 1870–1896« in Eckart Schremmer (Hg.), Geld und Währung vom 16. Jahrhundert bis zur Gegenwart (Stuttgart: Franz Steiner, 1993), S. 157–189.

North, Gary, Honest Money (Fort Worth: Dominion Press, 1986).

———, Salvation through Inflation: The Economics of Social Credit (Tyler, Texas: Institute for Christian Economics, 1993).

Olson, Mancur, Aufstieg und Niedergang von Nationen (2. Aufl., Tübingen: Mohr, 1991).

Oresme, Nicolas, Traktat über Geldabwertungen (Berlin: Kadmos, 1999).

Palyi, Melchior, The Twilight of Gold (Chicago: Regnery, 1972).

Papaioannou, Elias, Finance and Growth: A Macroeconomic Assessment of the Evidence from a European Angle (Frankfurt a. M.: EZB working paper Nr. 787, 2007).

Pareto, Vilfredo, Manuel d'économie politique (4. Aufl., Genf: Droz, 1966).

Paul, Ron, The Revolution: A Manifesto (New York: Grand Central Publishing, 2008).

———, End the Fed (New York: Grand Central Publishing, 2009).

Piketty, Thomas und Emmanuel Saez, »Income Inequality in the United States, 1913–1998« Quarterly Journal of Economics, Bd. 118, Nr. 1 (2003), S. 1–39.

———, »The Evolution of Top Incomes: A Historical and International Perspetive« American Economic Review, Bd. 96, Nr. 2 (2006), S. 200–205.

Polleit, Thorsten, »Fiat Money and Collective Corruption« in Quarterly Journal of Austrian Economics, Bd. 14, Nr. 4 (2011), S. 397–415.

———, »Kollektive Korruption« in Smart Investor (12. September 2012).

Polleit, Thorsten und Michael von Prollius, Geldreform (Grevenbroich: Lichtschlag, 2010).

Pop, Adrian und Diana Pop, »Requiem for market discipline and the specter of TBTF in Japanese banking« Quarterly Review of Economics and Finance, Bd. 49, Nr. 2 (2009), S. 1429–1459.

Prollius, Michael von, Die Euro-Misere (Jena: TvR Medienverlag, 2012).

Raico, Ralph, Die Partei der Freiheit (Stuttgart: Lucius & Lucius, 1999).

Rallo, Juan Ramón, Los errores de la vieja economía (Madrid: Union Editorial, 2012).

Reinhart, Carmen M. und Kenneth S. Rogoff, This Time Is Different (Princeton: Princeton University Press, 2009).

Reisman, George, Capitalism (Ottawa, Il.: Jameson Books, 1996).

———, »The Value of ‚Final Products' Counts Only Itself« American Journal of Economics and Sociology, Bd. 63, Nr. 3 (Juli 2004), S. 609–625.

Ricardo, David , »Proposals for an Economical and Secure Currency« Works and Correspondence (Cambridge: Cambridge University Press, 1951–73), Bd. IV.

Richards, R.D., »The first fifty years of the Bank of England (1694–1744)« in J. G. van Dillen, History of the Principal Public Banks (London: Frank Cass & Co, 1964).

Rist, Charles, Histoire des doctrines relatives au crédit et à la monnaie de John Law à nos jours (Paris : Dalloz, 2002 [1938]).

Ritenour, Shawn, Foundations of Economics (Eugene, Oregon: Wipf & Stock, 2010).

Roberts, Paul C., »The Breakdown of the Keynesian Model« National Affairs, n° 52 (Summer 1978), S. 20–33.

Rothbard, Murray N., »Toward a Reconstruction of Welfare and Utility Economics« in M. Sennholz (Hg.), On Freedom and Free Enterprise (Princeton: Van Nostrand, 1956), S. 224–262.

———, America's Great Depression (4. Aufl., New York: Richardson & Snyder, 1983).

———, »Keynes, the Man« in M. Skousen (Hg.), Dissent on Keynes: A Critical Appraisal of Keynesian Economics (New York: Praeger, 1992), S. 171–198.

———, Man, Economy, and State (3. Aufl., Auburn, Ala.: Mises Institute, 1993).

———, Die Ethik der Freiheit (Sankt Augustin: Academia, 1999).

———, Das Schein-Geld-System (2. Aufl., Gräfelfing: Resch, 2005).

Salerno, Joseph T., Money, Sound and Unsound (Auburn, Ala.: Mises Institute, 2010).

———, »A Reformulation of Austrian Business Cycle Theory in Light of the Financial Crisis« Quarterly Journal of Austrian Economics, Bd. 15, Nr. 1 (2012), S. 3–44.

———, »Ludwig von Mises as Currency School Free Banker« in J. G. Hülsmann (Hg.), Theory of Money and Fiduciary Media (Auburn, Ala.: Mises Institute, 2012), S. 95–125.

Salin, Pascal, La concurrence (Paris: Presses Universitaires de France, 1991).

———, Revenir au capitalisme, pour éviter les crises (Paris: Odile Jacob, 2010).

Schlichter, Detlev S., Paper Money Collapse (Hoboken: Wiley, 2011).

Schuler, Kurt und Andrew Rosenberg, The Bretton Woods Transcripts (New York: Center for Financial Stability, 2012).

Schulak, Eugen Maria und Herbert Unterköfler, Die Wiener Schule der Nationalökonomie (Weitra: Bibliothek der Provinz, 2009).

Schumpeter, Josef Alois, History of Economic Analysis (Oxford: Oxford University Press, 1954).

Séjourné, Bruno, »Volatilité des marchés boursiers et comportement des épargnants français« Revue d'économie financière, Bd. 74 (2009), S. 21–230.

Selgin, George und Lawrence H. White, »A Fiscal Theory of Government's Role in Money« Economic Inquiry, Bd. 37, Nr. 1 (1999), S. 154–165.

Sennholz, Hans, Money and Freedom (Spring Mills, Penn.: Libertarian Press, 1985).

Shaw, Edward S., Financial Deepening in Economic Development (Oxford: Oxford University Press, 1973).

Shen, Chung-Hua und Chien-Chiang Lee, »Same Financial Development Yet Different Economic Growth: Why?« Journal of Money, Credit and Banking, Bd. 38, Nr. 7 (Oktober 2006), S. 1907–1944.

Simonnot, Philippe und Charles Le Lien, La monnaie – histoire d'une imposture (Paris : Perrin, 2012).

Smith, Adam, The Wealth of Nations (New York: Random House, 1994 [1776]).

Spadaro, Louis, Salvation through Credit Reform: An Examination of the Doctrines of Proudhon, Solvay, and C.H. Douglas (Diss. Columbia University, 1955).

Spahn, Heinz-Peter, Geldpolitik – Finanzmärkte, neue Makroökonomie und zinspolitische Strategien (2. Aufl., München: Vahlen, 2009).

Spitta, Arnold, »Wie lebt sich's mit der Hyperinflation? Die Entwicklung einer Inflationskultur« Wirtschaftswissenschaftliches Studium, Bd. 19, Heft 6 (Juni 1990), S. 307–311.

Strigl, Richard von, »Währungspolitik in der Krise« Mitteilungen des Verbandes österreichischer Banken und Bankiers, Bd. XIII, Nr. 11/12 (1931), S. 299–305.

———, Gibt es eine Sicherung gegen Inflation? (Wien: Vernay, 1932).

———, Kapital und Produktion (München: Philosophia, 1982 [1934]).

Taghizadegan, Rahim, Wirtschaft wirklich verstehen: Einführung in die Österreichische Schule der Ökonomie (München: FinanzBuch Verlag, 2011).

Taleb, Nassim Nicholas, Fooled by Randomness (2. Aufl., New York: Random House, 2005).

Tobin, James, »A Currency Transactions Tax, Why and How« Open Economics Review, Bd. 7 (1996), S. 493–499.

Valdez, Stephen, An Introduction to Global Financial Markets (5. Aufl, New York: Palgrave Mcmillan, 2007).

Viner, Jacob, Studies in the Theory of International Trade (New York: Harper, 1937).

Wagner, Valentin, Geschichte der Kredittheorien (Wien: Springer, 1937).

Wearden, Graeme, »World Bank head calls for debate on new gold standard« The Guardian (8. November 2010).

Weisenthal, Joe »Finally, a German economist who's getting history right« Business Insider (30. Sept. 2012).

White, Lawrence and William Lastrapes und George Selgin, »Has the Fed Been a Failure?« (Cato Institute Working Paper No. 2, 9. Nov. 2010).

White, William R., Is Price Stability Enough? (Basel: BIS Working Paper Nr. 205, 2006).

Wolff, Edward N., Recent Trends in Household Wealth in the United States: Rising Debt and the Middle-Class Squeeze—an Update to 2007 (Annandale-on-Hudson: Levy Institute Working Paper Nr. 589, 2010).

Woods, Thomas, Meltdown (Chicago: Regnery, 2009).

Yilmazkuday, Hakan, »Inflation Thresholds and Growth« International Economic Journal, Bd. 27, Nr. 1 (2013), S. 1–10.

Personenregister